科学版精品课程立体化教材·管理学系列

管理心理学

（第二版）

李 靖 主编

科 学 出 版 社

北 京

内 容 简 介

本书囊括了管理心理学的基本范畴、研究方法、基础知识、理论框架，并对近年来管理心理学的研究重点作了深入、细致的探讨，体现了当今国内外管理心理学的重要理论成果和研究动态。本书共分五篇：导论篇包括管理心理学的研究对象、产生和发展等内容；个体心理篇包括个性概述、个性相关概念、个性心理特征、个性倾向性、激励等内容；群体心理篇包括群体心理概述、群体人际关系、群体沟通、群体冲突等内容；组织心理篇包括组织心理概述、组织结构、组织文化、组织变革等内容；领导心理篇包括领导心理概述、领导者的心理素质、领导理论及模式等内容。

本书结构完整，内容独特新颖，学理性强，反映了中国管理心理学研究的最新进展，并配备多媒体教学课件。本书既可以作为高等院校本科生及研究生的教材、参考书籍，也可供相关领域的科研工作者、党政机关领导者、企事业单位管理者参考。

图书在版编目（CIP）数据

管理心理学/李靖主编. —2版. —北京：科学出版社，2011.6

科学版精品课程立体化教材·管理学系列

ISBN 978-7-03-031363-8

Ⅰ.①管… Ⅱ.①李… Ⅲ.①管理心理学-高等学校—教材 Ⅳ.①C93-05

中国版本图书馆CIP数据核字（2011）第104867号

责任编辑：陈 亮 张 宁/责任校对：张凤琴

责任印制：徐晓晨/封面设计：番茄文化

科学出版社出版

北京东黄城根北街16号

邮政编码：100717

http://www.sciencep.com

新科印刷有限公司 印刷

科学出版社发行 各地新华书店经销

*

2006年2月第 一 版 开本：720×1000 1/16

2011年6月第 二 版 印张：21 1/2

2018年10月第二十二次印刷 字数：430 000

定价：52.00元

（如有印装质量问题，我社负责调换）

Preface 前言

本书第一版于 2006 年 1 月出版。据出版社反映，已经多次印刷，仍有需要扩大供应的趋势。出版社早在 2009 年就提出再版的建议，由于本教材的编写人员或出国进修，或异地工作，因此再版工作一直未能成行。直至今日，在科学出版社的努力下，本书的修订工作才真正成行。

第二版较第一版的框架基本上没有太大的变动，仅仅在增加篇幅不宜过多的原则下作局部调整，主要是在文字和图表上做一些修缮，在内容上，有很小范围上的删减和补充，尽量保持原来的结构和内容。需要指出的是，在第 2 篇“个体心理”中，考虑到个性概述与个性心理特征属于两个不同层次的问题，因此，在第二版中分成第 3 章“个性概述”和第 4 章“个性心理特征”两章进行阐述，内容上没有变动，在第 3 章“个性概述”中增加了一个新的案例。

管理心理学是管理学中的一门专业基础课程。本书编著者在管理心理学第一版的基础上，继续本着理论研究与现实实践相结合的原则，广泛参阅和引用国内外管理心理学理论的精华，并结合中国国情以及国内外一些典型的管理实践案例，经过反复斟酌修订而成。第二版的《管理心理学》共分为 5 篇 17 章，具体内容为：

第 1 篇：导论，共 2 章。第 1 章“管理心理学的研究对象”主要介绍了管理心理学的研究对象、内容、理论基础、研究意义和方法等，对于读者学习和研究该学科起着一定的启发作用。第 2 章“管理心理学的产生和发展”，主要描述了管理心理学的历史沿革及其在我国管理实践中的运用，对逐步创建具有中国特色的管理心理学点明了一个趋势。

第 2 篇：个体心理，共 4 章。第 3 章“个性概述”，从个性的概念、特征及结构出发，重点介绍了个性形成发展的影响要素，为个性心理的研究提供了基础前提。第 4 章“个性心理特征”，主要介绍了各种个性心理特征，并对其相互之间的影响及其与管理之间的联系加以阐述。第 5 章“个性倾向性”，从需要、动机、行为三方面来描述个体活动的基本动力、一般规律及其与行为结果之间的内在联系。第 6 章“激励”，主要剖析了激励的基本理论，并介绍了西方管理学说史上的人性理论和马克思主义关于人性的基本理论。整个第 2 篇对于管理者在实际工作中掌握与运用被管理者的个性心理特征，了解其个性倾向，根据人的需要激发人的动机，充分发挥其积极性、创造性，极具参考价值。

第 3 篇：群体心理，共 4 章。第 7 章“群体心理概述”，主要从群体与群体心理、群体结构、功能、规范、凝聚力与士气等方面来解读这种复杂的心理现象。本章对于揭示社会与个人之间的相互作用、发掘心理现象及发展的内部规律、探求影响群体活动效率的因素具有重要意义。第 8 章“群体人际关系”，主要介绍和论述了人际关系的含义、人际吸引的方式、人际互动分析理论、人际关系的需求类型与基本倾向等，了解和掌握这些知识，对于提高管理者对员工的关心程度、激发员工的积极性具有重要作用。第 9 章“群体沟通”，主要探究了沟通的含义、沟通的过程、沟通的障碍和沟通的改善，对于管理者更好地领导和影响被管理者、建立融洽的人际关系、减少群体的误解和冲突、提高员工的满意感和群体的凝聚力起了至关重要的作用。第 10 章“群体冲突”，主要对冲突过程、起因、预防和引发冲突的策略和方法做出论述，了解和掌握这方面的理论，对于管理者在必要时刻做出处理和引发冲突的策略，进而发挥出群体更大的功能有着借鉴意义。

第 4 篇：组织心理，共 4 章。第 11 章“组织心理概述”，主要介绍了组织的概念、基本特征、功能等内容，这些基本问题是掌握整个组织心理活动规律的理论基础。第 12 章“组织结构”，主要介绍了组织结构的基本概念和基本类型，重点分析了影响组织结构的要素，特别分析了有效组织结构的基本特征以及组织结构与员工行为之间的关系，强调了组织结构在组织心理这篇的重要作用。第 13 章“组织文化”，主要阐述了组织文化的含义、功能、层次及其塑造，对于组织塑造与发展员工群体的价值观、群体规范、共同准则有着指导意义。第 14 章“组织变革”，主要描述了组织变革动力、模式、阻力及其克服等，强调了在当今社会，适应性的变革是组织生存的需要，而革新性的变革是组织发展的需要。进一步阐述了组织变革的目标以及未来组织的预想，特别强调了适应环境变化是未来组织达到更高效能的途径之一。

第 5 篇领导心理，共 3 章。第 15 章“领导心理概述”，从不同的角度阐述了领导的含义、影响力、功能，为领导者依据组织的实际情况采取正确的领导方式和领导行为，团结和带领全体员工高效率地去实现组织目标提供了理论依据。第 16 章“领导者的心理素质”，主要介绍了领导者的个体心理素质、领导群体的心理素质和领导决策的心理素质，对于选拔、培训领导人才和组建高效能的领导团队起着不可估量的作用。第 17 章“领导理论及模式”，主要介绍和讨论了领导特质理论、领导作风理论、领导行为理论和领导权变理论四种具有代表性的传统领导理论，研究的核心在于发掘影响领导有效性的因素，寻求提高领导工作的科学性和有效性的途径。

参与本书第二版修订的人员，基本上仍由原班作者完成，具体如下：吉林大学行政学院教授李靖（主编）、吉林大学行政学院副教授刘雪华（副主编）、北京科技大学文法学院教授冯英、东北师范大学政法学院讲师柳海滨、华中科技大学医药卫生管理学院讲师高红霞、吉林大学行政学院副教授孙德超、吉林大学应用技术学院讲师董亚男、吉林大学行政学院博士生钟哲（新增）。另外，我的研究生高崴、刘娜、曾媛、聂逯松等人在本书修订的文字校对方面做了大量工作。特别需要说明的是，此书的再版得到了科学出版社的大力支持，在此谨致谢忱！

李　靖

2010 年 6 月 8 日

ontents
目 录

第3篇　群体心理

第4篇 组织心理

第5篇　领导心理

第1篇　导　　论

管理心理学创始于20世纪50年代的欧美国家，是一门年轻的学科。虽然它的发展历史较短，在理论和方法上还不够成熟，有待进一步完善，但是，在实践上它却给管理领域带来了新的生机和活力。学习和研究管理心理学，首先应该了解和把握管理心理学的研究对象、研究内容、理论基础、研究意义和研究方法。

第1章

管理心理学的研究对象

1.1 管理心理学的研究对象

每门学科都有自己的特定研究对象，“对于某一现象的领域所特有的某一种矛盾的研究，就构成某一门学科的对象”。研究对象的确立，反映着本学科独立存在的意义，也是区别于其他学科的基本标志。

管理心理学是管理学和心理学交叉互融构成的一门学科。它既是管理科学的分支学科，又是心理科学的应用心理学科。它是运用心理学、管理学、社会学、人类学等学科的原理、原则，研究管理活动中人的心理活动和行为规律，从而有效地调动人们的主动性、积极性和创造性的学科。它是一门综合性学科，也是一门边缘学科。

其实，管理心理学是随着现代管理科学的发展而独立出来的一门新的学科，具有二重性：既有与生产力和社会化生产相联系的自然属性的一面，又有与生产关系和社会制度相联系的社会属性的一面。因此，尽管受不同社会经济制度的影响，各国的研究在理论、观点、方法上不尽相同，但是，管理心理学的研究对象主要是研究管理活动中人的心理活动和行为规律。换言之，它研究处于管理过程中的个体、群体、组织及领导的心理活动和行为规律。要具体把握管理心理学的研究对象，应明确以下两点。

首先，管理心理学研究人的心理活动，主要是通过人的行为来进行研究的。从管理心理学的字面意义上看，人们会以为管理心理学是专门研究人的心理活动的，但是，研究人的心理活动不能脱离人的行为，因为人的心理活动现象与物理、化学等现象不同，它不具有形体性，是人内部世界的精神生活，他人无法直接进行观察。因此，管理心理学通过观察和分析人的行为来客观地研究人的心理活动。管理心理学既要研究人的心理活动规律，又要研究人的行为规律，是把二者作为一个整体来研究，因为心理支配着人们的行为而又通过行为表现出来。

其次，管理心理学研究的是在管理活动中人的心理活动和行为规律。普通心理学和管理心理学虽然都是研究人的心理活动规律的学科，但普通心理学是研究一切人的心理活动的一般规律，而管理心理学只研究在管理活动中管理者和被管理者的心理活动和行为规律，它包括管理活动中所涉及的企业管理、机关管理、行政管理、军事管理、学校管理、社会团体管理等。其中，企业管理最初被限定为管理心理学研究应用的领域，但是随着学科研究日益受重视和研究范围的日益扩展，管理心理学在管理活动中应用的领域也越来越广泛。

由此可见，管理心理学以管理活动中人的心理活动和行为规律为研究对象，以探求调动各方面的主动性、积极性和创造性，增强对人的行为的预测、引导和控制的能力，从而更有效地实现组织目标。

1.2 管理心理学的研究内容

管理心理学的研究内容十分广泛，从研究的主体来说，主要涉及四个方面：个体心理、群体心理、组织心理和领导心理。

1. 个体心理

任何组织都是由个体成员组成的。个体的主动性、积极性和创造性发挥得如何，直接影响整个组织管理活动的效率。因此，个体心理的研究是管理心理学研究的基础。个体心理主要包括心理过程和个性心理两个因素，它们都与行为有着密切的关系。因此，我们将分别研究个体的个性心理特征、个性倾向性的行为规律及其与管理的关系。个体心理探讨的核心是激励和核心创造力问题。

2. 群体心理

在各种形式的社会实践中，任何个体行为都不是也不可能是孤立存在的。为了生存、生活和进行社会活动，个体需要结合成一定的群体，互动互助、互换互补，也就是说必须组成群体，由此产生群体心理与行为。群体心理是管理心理学研究的重要内容。群体心理研究主要包括群体的一般理论、群体人际关系、群体沟通和群体冲突等问题。

3. 组织心理

管理活动存在于组织之中，而组织是由两个或多个不同层次、执行不同职能的群体，为实现一定的组织目标而组成的系统。组织心理和行为是管理心理学研究的重点内容。组织心理研究的具体内容主要包括组织心理的一般理论、组织理论的发展、组织文化、组织变革和组织发展等内容。

4. 领导心理

在管理过程中，领导心理是通过影响个体心理、群体心理、组织心理，从而影响整个管理活动的关键因素。尽管领导者作为个体，领导集体作为群体，有其个体心理和群体心理的一般性规律，但是，他们所处的地位、承担的职责及所具有的功能的特殊性，决定了领导心理是管理心理学研究的特殊内容。领导心理研究主要包括领导心理的一般理论、领导的影响力、领导者的个体心理素质、领导理论及模式等内容。

1.3　管理心理学的理论基础

管理心理学是一门由管理学、心理学等诸多学科交叉互融形成的综合学科。虽然它具有自身独立的研究对象、研究内容和研究任务，但与管理学、心理学、社会学、人类学、社会心理学、经济学、政治学及与管理邻近的学科都有着极为密切的关系。正是在这些相关学科的基础上，管理心理学才能形成和发展起来。因此了解这些相关学科的基础理论知识，将有助于我们正确认识和掌握管理心理学的理论和解决管理实践中的问题。

1.3.1　管理学

管理学是管理心理学的实践基础学科。管理心理学是符合管理活动过程及其规律的，是管理学的应用分支学科之一。

管理学是从管理实践中形成和发展起来的，是研究管理活动过程及其规律的科学，是由一系列管理理论、职能、原则、形式、方法和制度等构成的科学体系。这门科学是由社会科学、自然科学和科学技术与管理相关的理论知识相互渗透而形成的一门综合性科学。所谓管理，就是社会组织中的主管人员通过实施计划、组织、协调、领导、控制等职能，优化配置组织资源，高效实现组织既定目标的活动过程。

管理理论产生于 19 世纪末 20 世纪初。伴随着资本主义的发展，资本主义管理科学也随之发展起来。管理理论的发展，大体经历了古典管理理论、行为科学理论、现代管理理论和创新管理理论四个阶段。

1. 古典管理理论

19 世纪末 20 世纪初，“古典管理理论”的形成标志着管理理论与实践进入一个崭新的时代。古典管理理论对于管理的科学化及企业劳动生产效率的提高产生巨大的影响。

倡导古典管理理论的代表人物主要有美国的泰罗（F. W. Taylor）、法国的法约尔（H. Fayol）、德国的马克斯·韦伯（M. Weber）、美国的古利克（L. Gulick）和英国的厄威克（L. Urwick）等。

1）泰罗的“科学管理”理论

泰罗认为，“科学管理”的核心目标就是要从根本上克服劳资对抗和扭转效率低下的现实状况。要达成这一目标，必须对劳动过程进行全面系统的研究，找到控制工人行为的有效方法，最终使生产效率获得根本性的提高。

泰罗把科学管理思想简化为四条管理原则：①建立真正科学的劳动过程；②科学地挑选和渐进地培养工人；③将经过科学挑选和训练的工人与科学的劳动过程相结合；④管理者和工人之间亲密和持久的团结合作。

此外，泰罗还对企业的计划职能和执行职能进行划分，对职能管理制的采用和组织结构上的管理控制原理作了深入的研究。另外，他还提出了“例外原则”。这一原则是指厂长或经理把权限委让给下级经营者或助理管理人员，只保留例外事项的决定权或控制权。

由于泰罗在管理方面的开拓性工作，他的“科学管理理论”成为资本主义生产的管理科学基础。后人把他的管理理论形成的制度称为“泰罗制”，他则被称为“科学管理之父”。

2）法约尔的管理理论

法国的法约尔是与泰罗并驾齐驱的科学管理理论的创始人和代表人物。他主要论证了企业组织的职能、管理的要素和管理的一般原则。

法约尔将企业的全部生产和经营活动划分为六大职能：技术职能、商业职能、财务职能、安全与保养职能、会计职能、管理职能。法约尔认为，不论企业规模大小，生产劳动是复杂还是简单，上述六项职能都是客观存在、必不可少的。

法约尔还提出管理活动的五种要素及管理的一般原则。管理的五要素是计划、组织、指挥、协调、控制。管理的一般原则如下：劳动分工、权利与责任、纪律、统一指挥、统一领导、个人利益服从整体利益、人员和报酬、集权、等级制度、秩序、公平、人员的稳定、首创精神、人员的团结。

企业组织要求管理人员具有的真正才干是协调企业内部的各种力量、激发企业员工的工作热情、发挥每个人的才能、奖励每个人的功绩，而不引起其他人的忌妒，以免破坏企业人员之间的和谐关系。

法约尔还特别强调管理教育的重要性，强调管理人员必须促进企业人员道德水平的提高，认为通过教育可以使人们学会管理并提高管理水平。

3）韦伯的组织理论

马克斯·韦伯在组织理论方面的研究，尤其是对行政组织理论的研究，确立了他在管理理论发展史上的地位，被人们称之为“组织理论之父”。

韦伯在组织理论方面的贡献是提出理想的行政组织体系理论。韦伯根据组织内部的权威关系，把社会组织从理论上区分为三种形态：神授的组织、传统的组织、合理-法律化组织。这三种组织形态都有其独特的管理机构和管理体制。当然，现实的各种社会组织都可以是三种组织形态的不同结合。

与上述三种不同的组织形态相适应，权力也存在三种合法的纯粹形式，即神授的权力、传统的权力、合理-合法的权力。

第一，神授的权力。在神授的组织形态中，权力的行使方式基于领导者个人的人格。韦伯用“超凡的魅力”一词来说明领袖人格的特性。借助这一特性，领袖从凡人中超脱而出，被赋予了超自然、超人的权力。在韦伯看来，先知、救世主、政治领袖就是这类神秘化的人物。

第二，传统的权力。在传统的组织形态中，命令和权威的基础是传统，是先例和惯例。在这种组织中，习惯成了伟大的仲裁者，领袖凭借他在组织中所继承得来的地位拥有了权威，而权威的内容由习惯而定。世袭制和封建制都属于这种组织形式。

第三，合理-合法的权力。韦伯认为，合理-合法的组织作为一种在现代社会占主导地位的权威制度，是以官僚组织的形式存在的。官僚组织同习惯上的官僚制度的含义截然不同，前者是三种组织形式中效率最高的组织形式。因为这种组织为管理的连续性提供了基础；这种组织是合理的，即担任管理职务的人员是按照他完成任务的能力来挑选的；这种组织的领导人具有行使权力的法律手段；而且，所有的权力都有明确的规定，是按照完成组织任务所必需的职能加以仔细划分的。所以，合理-合法的权力优于传统权力和神授权力。

在上述三种权力形态中，合理-合法的权力，才是现代企业和行政组织体系的基础。在这种权力基础上形成的理想的组织体系应具备下述七个特征：①明确分工，规定每个成员的权力和责任，职、责、权分明；②各种公职或职位按权力组织成一个指挥链；③通过正式考试或教育训练获得技术资格来挑选组织成员；④所有公职人员是任命的，而不是选举的（单位负责人例外）；⑤行政管理人员领取固定的“薪金”，他们是“专职的”公职人员；⑥行政管理人员不是他所管辖的那个企业的所有者；⑦行政管理人员要遵守有关他的官方职责的严格规则、纪律和制约。这些规则和制约将不受个人情感的影响，而且毫无例外地普遍适用于各种情况。

4）厄威克和古利克的管理原则

厄威克和古利克在管理学史上的地位，与其说是因为他们在现代管理思想上有所创新而确立的，倒不如说是因为他们在收集、整理和阐述古典管理思想家，如泰罗、法约尔等管理科学先驱者的思想上所做的大量工作并融进自己的思想而确立的。具体内容可概括为两个方面。

(1) 组织的原则。厄威克在其代表作《组织的科学原则》一书中，充分汲取古典管理理论中的管理思想和原则，提出他认为适用于一切组织的八项原则：①目标原则；②相符原则；③职责原则；④组织阶层原则；⑤控制广度原则；⑥专业化原则；⑦协调原则；⑧明确性原则。

(2) 管理的职能。古利克和厄威克在1937年合作出版了《管理科学论文集》。在该文集中，古利克把古典管理学派有关管理职能的理论加以系统化，提出有名的管理七职能论（POSDCORB）：①计划（planning），为了实现企业所设定的目标而制定出所要做的事情的纲要及如何做的方法；②组织（organizing），为了实现企业所设定的目标，就必须建立权力的正式机构和组织体系，并规定各级的职责范围和协作关系；③人事（staffing），包括职工的选择、训练、培训和恰当的安排等；④指挥（directing），对下属的领导、监督和激励；⑤协调（co-ordinating），使企业各部门之间工作和谐，步调一致，共同实现企业的目标；⑥报告（reporting），包括下级对上级的报告和上级对下级的考核、调查和审核；⑦预算（budgeting），包括财务计划、会计、控制等。

古利克提出的这七项管理职能，以后虽然有人加以增减或修改，但基本上包括了古典管理学派有关管理过程论述的各个方面，成为此后同类问题研究的出发点。

2. 行为科学理论

科学管理学派强调严格管理，认为管得严才能出效率。随着资本主义社会矛盾的加剧，劳资冲突再度表现出来。西方的管理学者尝试把心理学、社会学引入企业管理领域，提出通过调节人际关系，改善劳动条件，注重人的内在心理因素等办法来提高劳动生产率。

3. 现代管理理论

第二次世界大战之后，现代科学技术日新月异的发展，生产和组织规模的急剧增大，生产力水平的迅速提高，生产社会化程度的日益增强，引起了人们对管理理论的普遍重视。继行为科学之后，出现了各种各样的新理论和新学说，形成了许多学派。其中比较有影响的是社会系统学派、决策理论学派、系统管理学派和权变管理学派。

1) 社会系统学派

社会系统学派是以美国学者巴纳德（C. I. Barnard）为代表建立的。巴纳德认为，社会的各级组织都是一个协作的系统，即由相互进行协作的各个个体组成的系统。这些协作系统是正式组织。正式组织是人们自觉的、有意的、有目的的一种协作，包括三个要素，即协作的意愿、共同的目标、信息联系。作为个人，可根据自己的目的、愿望、动机来选择是否参加某一特定的协作系统（即正式组织），而组织则通过经理人员的职能，用影响和控制的手段对个人行为和动机进行修正。

除了探讨正式组织的协作性问题之外，巴纳德还研究了非正式组织的一般原理。他认为非正式组织的作用有三个：一是信息交流，二是通过对协作意愿的调节，维持正式组织内部的团结；三是维持个人人格与自尊。非正式组织的这些职能是普遍存在的，从而使非正式组织成为正式组织不可或缺的部分。

巴纳德认为，组织系统的经理人员具有三项职能：①提供一个信息交流系统；②获得必要的个人努力；③制定和规定目标。由此可见，组织中经理人员的作用就是在协作系统中作为相互联系的中心，并对协作的努力进行协调，以便使组织维持正常运转。

2）决策理论学派

决策理论学派的代表人物是曾获得诺贝尔经济学奖的美国学者赫伯特·西蒙(Herbert Simon)。这一学派是在社会系统学派的基础上发展起来的，他们把第二次世界大战以后发展起来的系统理论、运筹学、计算机科学等综合运用于管理决策问题，形成了一个有关决策过程、准则、类型及方法的较完整的理论体系，其理论要点包括四个方面。

(1) 决策贯穿于管理的全过程，管理就是决策。

(2) 决策过程包括四个阶段：搜集情况阶段、拟订计划阶段、选定计划阶段、评价计划阶段。这四个阶段中的每一个阶段也都是一个相对独立的复杂的决策过程。

(3) 在决策标准上，用“令人满意”的准则代替“最优化”准则。

(4) 一个组织的决策根据其活动是否反复出现可分为程序化决策和非程序化决策。

3）系统管理学派

系统管理学派是以美国学者卡斯特（F. E. Kast）和罗森茨韦克（J. F. Rosenzweig）为首建立的。

系统管理学派主张把企业看成一个开放的、有限的概率系统。该系统是由相互关联的各个要素（或子系统）构成的，具有统一、一致的目标。企业中的子系统包括目标和准则子系统、技术子系统、社会心理子系统、组织结构子系统和外界因素子系统等。运用系统观点来考察管理的基本职能，可以提高组织的整体效率，使管理人员不至于只重视某些与自己有关的特殊职能而忽视了大目标，也不至于忽视自己在组织中的特定地位和作用。

4）权变管理学派

权变管理学派是 20 世纪 70 年代在美国兴起的管理理论中的一个流派。权变管理学派注重在实际的管理过程中寻求事物的基本关系，主张因人、因时、因事、因环境、因目标需要、因国情而对管理采用不同的方法，做到有的放矢、对症下药。权变管理理论认为，要根据组织所处的内外部条件的变化而随机应变。这种理论认为没有什么一成不变或者是普遍适用的“最好的”管理理论和方法，即否认存在普遍适用于所有环境的管理原则。

权变管理理论也叫情境理论，代表人物有卢桑斯（F. Luthans）、伍德沃德（J. Woodward）、汤普森（G. Thompson）、劳伦斯（P. P. Lawrence）和洛斯奇（J. W. Lorsch）等。总之，权变管理理论认为管理工作一般受到三个方面因素的影响：①环境变数；②管理变数；③权变关系。所谓权变关系是指环境、管理两类变数中两个或多个变量间的函数关系。因此，权变管理就是依据环境自变数与管理因数（管理思想、管理技术等）之间的函数关系来确定采用何种管理方式。但是，函数关系是变化无穷的，要求寻找几种固定模式或类型都是有困难的，即使能找到也只是近似的，在实践运用中还会发生变化。

4. 创新管理理论

进入 20 世纪 80 年代以后，整个世界处于一种极度动荡的状态中，政治动荡起伏，经济变幻莫测，科学技术日新月异，各种文化相互冲撞又相互渗透，市场竞争和国力竞争日益激烈。西方管理学者对在全球竞争条件下的企业的生存和发展进行了深入的思考，形成一些新的管理理论，我们称之为创新管理理论。伴随着生产力的高度发展，社会生产力的发展进入智力发展阶段，市场进入品牌战略阶段，组织的文化和发展成为组织制胜的关键，信息资源的多寡将形成组织不同的竞争力度。市场结构、世界经济一体化板块式发展趋势，使所有国家和组织都需要根据市场调整自己的战略目标，由此形成一系列创新管理理论。这个时期比较有代表性的管理理论是企业再造理论、企业识别系统（CIS）理论、企业战略理论、柔性管理理论、组织文化理论、知识型企业管理理论等，其中最具典型意义的就是美国麻省理工学院的彼得·圣吉（Peter Senge）的学习型组织理论。

彼得·圣吉在《第五项修炼》一书中开宗明义地指出：“九十年代最成功的企业将会是‘学习型组织’，因为未来唯一的、持久的优势，是有能力比你的竞争对手学习得更快。”① 彼得·圣吉认为：“未来真正出色的企业，将是能够设法使各阶层人员全心投入，并有能力不断学习的组织。”② 彼得·圣吉提出，在学习型组织中，有五项新技能正在逐渐会聚起来，使学习型组织演变成一项创新。虽然五项技能的发展是分开的，但它们都紧密相关，其中的每一项技能对学习型组织的建立都是不可或缺的。彼得·圣吉把学习和掌握这五项技能称为“五项修炼”，即自我超越、改善心智模式、建立共同愿景、团体学习、系统思考。

彼得·圣吉把系统思考叫做第五项修炼，它是整个五项修炼的基石。如果没

---

①② 彼得·圣吉．第五项修炼．上海：上海三联书店，1998.

有系统思考，各项学习修炼到了实践阶段，就失去了整合的方法。因此彼得·圣吉在阐述其他四项修炼，即自我超越、改善心智模式、建立共同愿景、团体学习中都与系统思考相联系，以贯通五项修炼的关系。

管理学是管理心理学的重要基础，也是影响管理心理学的研究方向和目的的学科。因为管理学研究如何合理配置人力、物力、财力、技术、信息等资源，研究通过计划、组织、协调、领导、控制等职能建立、完善组织机构和组织机制，高效实现组织目标，探求管理过程的规律，其研究的核心就是人。而管理心理学则通过对管理过程中人的行为，即个体、群体、组织的行为规律的研究，达到充分发挥人力资源的优势和潜能的目的，从而高效地实现组织目标。从研究的内容和范围来看，管理心理学要比管理学狭窄得多，但管理学所阐释的关于管理活动中的组织、人员的一般规律对于管理心理学的研究和应用都具有指导意义。

1.3.2　心理学

心理学是管理心理学的理论基础学科。管理心理学是心理学基本原理在管理实践中的具体运用，是心理学的应用分支学科之一。

心理学是研究人的一般心理现象及其规律的科学，其研究内容由两个大的部分构成，即心理过程和个性心理。心理过程包括认识过程（感觉、知觉、记忆、想象、思维）、情绪和情感过程、意志过程；个性心理包括个性心理倾向（需要、动机、兴趣、信念、世界观）和个性心理特征（能力、气质、性格）（图 1-1）。

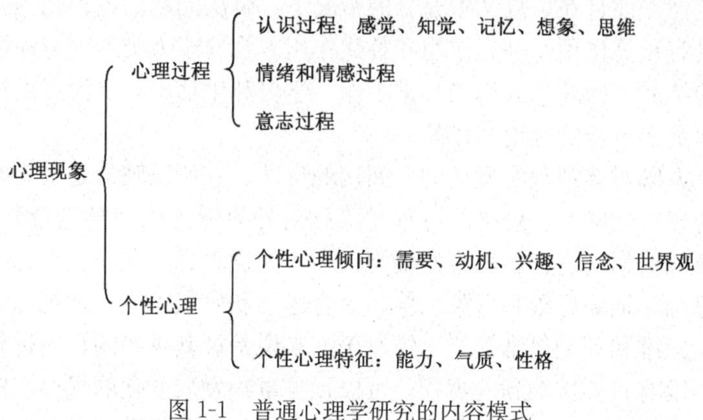

图 1-1　普通心理学研究的内容模式

1. 心理过程

心理过程，即心理活动过程，通常概括为知、情、意三种心理过程。

1）认识过程

认识过程指人们对客观事物的认识过程，即人们对客观事物个别属性的各种不同的感觉加以联系和综合的反映过程。认识过程可以分为感性认识和理性认识两个阶段，整个认识过程通过人的感觉、知觉、记忆、思维等心理活动来完成。

感觉是认识的开端，是对事物个别属性的认识。客观事物的个别属性直接作用于人的感觉器官，在人脑中产生反映。例如，看到颜色，听到声音，闻到气味，尝到滋味，触摸到软硬、光滑或粗糙的物品等。

知觉是直接作用于感觉器官的客观事物的整体属性在人脑中的反映。它是在感觉的基础上形成的，而且在很大程度上依赖主体的知识经验和态度系统。知觉具有选择性、整体性、理解性和恒常性。人们习惯上把感觉和知觉结合起来使用，称为感知觉，简称感知。感知是认识事物的开端和基础。

记忆是过去经历过的事物在人脑中的反映，是指人脑对外界输入的信息进行加工、编码、储存和提取的过程，主要包括识记、保持、回忆和再认四个环节。记忆连接着人们心理活动的过程和现在，是人们学习、工作和生活的基本机能，也是经验积累和心理发展的前提。因此，人们要注意培养良好的记忆品质：记忆的敏捷性、记忆的持久性、记忆的正确性、记忆的准备性。

想象是人脑对已有表象进行加工改造，创造出新形象的过程。感知过的事物在人脑中出现形象是记忆活动，人在此基础上可以创造出新的形象，也可以拟订出行为的程序。想象在创造过程中的作用是极为重要的，甚至可以说，没有想象就没有创造。想象与思维密切相连。当问题的原始材料是已知的、问题的方向是基本明确的时候，解决问题的进程主要服从于思维规律。如果问题的情境具有很大的不确定性，而且在信息又不充分的情况下，解决问题的进程则主要依赖于想象。想象具有预见作用、补充作用和替代作用。凡属于人类的创造性活动，无一不是想象的结晶。因此，人们在日常工作、学习和生活中，要注意发挥人的想象力，创造出更多更新的理论和作品。

思维是人脑对客观现实概括的、间接的反映。它所反映的是事物的本质特征和事物间的规律性联系。思维的过程是人脑对外界输入的信息进行分析、综合、比较、抽象和概括的过程。思维的种类很多，如逻辑思维和非逻辑思维，形式思维和辩证思维，抽象思维和形象思维，聚合思维和发散思维，常规思维和创造性思维，经验思维和理论思维等。思维对于人来说是极其重要的。通过思维，人可以认识那些没有直接接触到的事物，可以预见事物发展变化的规律。借助思维人的认识能够从个别到一般，从现象中透视本质，从偶然中看到必然，从现在推测过去，预见未来。因此人们要注意培养良好的思维品质，即思维的广阔性、深刻性、灵活性、敏捷性、独立性、预见性、跳跃性、反常性、创造性等，使思维具有一定的广度、深度、速度、力度、高度、精度、强度、灵敏度和自由度等。

2）情绪和情感过程

情感是人们对客观事物的一种态度和主观体验。人们在认识客观事物的过程中，不仅可以了解事物的表面特征，揭示事物的本质，同时还会对所反映的事物产生某种态度，如喜好或厌恶的态度、肯定或否定的态度、热情或冷漠的态度、支持或反对或中立的态度等。情感过程包括情绪和情感两类。

情绪主要是对生理的需要是否得到满足而产生的体验，往往与低级的心理过程相联系。情绪是人与动物共有的心理活动。情绪带有较大的情景性和不稳定性；具有较明显的冲动性与外部表现。情绪一般可分为心境、激情、应激三种状态。我国古代思想家把人的情绪分为喜、怒、哀、乐、爱、恶、惧七种基本形式。

情感是对人的高级的社会性需要是否得到满足而产生的体验。情感是人特有的心理活动。情感具有稳定而持久、深沉而内隐等特征。情感主要包括道德感、理智感、美感三大类。在日常生活中，人们常常把情绪和情感结合起来使用，因为这两者之间的联系确实相当紧密。情绪、情感对于人自身的身心健康、工作、学习效率均有极大的影响。

3）意志过程

意志过程是人们自觉确定目的，支配和调节自己的行动，克服种种困难，以达到预期目的的心理活动过程。良好的意志品质包括意志的自觉性、果断性、坚韧性和自制力。

（1）自觉性是指一个人在行动中具有明确的目的性并充分认识自己行动的社会意义，使自己的行动服从于自己的认识和社会要求的品质。自觉性反映人的立场和信念。具有自觉性的人不屈服于外界的压力，不随波逐流，能根据自己的认识和信念独立采取决定，而且能自觉地听取有益的意见。与自觉性相反的不良的意志品质是受暗示性和独断性。受暗示性表现为易受他人的影响和左右。独断性则表现为一意孤行，脱离实际，主观武断。

（2）果断性是指一个人能及时地、有根据地作出决定，并且在深思熟虑的基础上实现这个决定。果断性表现为审时度势、准确判断、当机立断。与果断性相反的不良的意志品质是草率决定和优柔寡断。草率决定以冲动性和鲁莽为特征，不考虑主客观条件，不顾及行动的后果而贸然行动。优柔寡断则表现为犹豫不决，前怕狼后怕虎，左右摇摆，以至于拖延时间，贻误时机。

（3）坚韧性是指一个人以坚强的毅力、顽强的精神，不屈不挠地为实现目标而努力奋斗的品质。具有坚韧性的人不怕困难，不怕挫折，在压力面前不屈服，在引诱面前不动摇，胜不骄、败不馁，义无反顾地去完成任务。与坚韧性相反的不良的意志品质是执拗和固执，表现为缺乏理智、不灵活、僵化、保守、固执己见。

（4）自制力是指一个人能控制自己的情绪并有意识地支配和调整自己的行动的能力。自制力表现在意志行动的全过程。采取决定时能冷静分析，全面考虑，合理决策；对行动的结果能正确对待，不忘乎所以，不大吹大擂，不自暴自弃。

与自制力相反的不良的意志品质是任性，即不能约束自己的言行，放纵自己。顺利时为所欲为，不顺利时则垂头丧气、暴跳如雷。

良好的意志品质对于管理者来说极为重要。

2. 个性心理

人在认识客观事物和改造客观事物的过程中，不仅有认识、情感、意志各种心理过程，而且还表现出每个人特有的心理特点。每个人不同的心理特点，就构成人们心理上的差异。人们在生活中形成的那些稳定的而且经常出现的心理特点，叫做个性心理特征，包括能力、气质、性格。每个人在心理活动过程中，对喜欢的事物具有选择性，对事物有不同的态度，行为上有不同的表现，这就构成了个性的倾向性。个性倾向性是人活动的基本动力，不仅决定着人的活动内容，而且决定着活动的目的和行为模式。个性倾向性包括兴趣、爱好、需要、动机、态度、理想、信念、人生观、价值观等（关于个性心理的有关理论在后面的章节会详细阐释，此处不赘述）。

心理学是管理心理学的重要基础，也是对管理心理学影响较大的一个学科，因为心理学研究的对象是人的心理活动和行为规律；而管理心理学研究的对象则是在管理实践中人的心理活动和行为规律。在管理实践过程中的管理者和被管理者的心理活动和行为特征是在一般的心理活动和行为规律的基础上的，具有管理特点的行为。心理学认为人的行为的主要决定因素是人的认识和动机。人是在认识事物的过程中形成个性心理特征和个性倾向性的。心理学研究的出发点和归宿就是要了解引发行为和决定行为的动力来源，从而达到预测行为的目的。而管理心理学则正是通过在管理过程中了解人的心理活动和行为动力，预测其行为动力来源，调动其行为的主动性、积极性和创造性，达到高效地实现管理目标的目的。

1.4 管理心理学的研究意义

管理心理学是将心理学、管理学的基本概念、基本理论和管理实践相结合而形成的一门应用学科。因此，它的研究意义就在于为管理实践、社会组织提供有效的人力资源。具体体现在三个方面：①提高管理者的管理水平；②提高组织的劳动生产率；③加强对员工的管理教育，从而调动员工的主动性、积极性和创造性。

1. 提高管理者的管理水平

无论是社会管理还是组织管理，都是复杂的系统工程。仅就管理对象来说，主要有人、事、物、财、信息等，而其中人是管理的中心。这不仅仅因为人既是管理的客体，又是管理的主体，更在于人具有无限的主动性、积极性和创造性。研究管理心理学，其重要目的在于使管理者能够了解、尊重、关心员工，以人为本，充分合理有效地开发和利用人力资源，更好地发挥员工的主动性、积极性和创造性；同时也帮助管理者提高人际交往能力。

研究管理心理学，可以使管理者更好地掌握组织中人的心理活动和行为规律，了解人的需求，注意满足人的合理需求，不断激发人的行为动机。为了维护人们良好的行为动机，光靠一时满足需求是不够的，而是需要有科学的奖惩体系，有一整套科学有效的制度安排；同时也要善于通过思想政治工作和文化建设，将外部规章和社会要求不断内化成人们的个体意识和行为动机。换言之，在管理活动中，主张在研究人们心理和行为活动规律的基础上，采用非强制的方式，使人们的心中产生一种潜在的自我说服力，从而使组织意志变为人们自觉的行动，真正达到提高管理者管理水平的目的。

2. 提高组织的劳动生产率

管理心理学旨在研究人的心理活动和行为产生的原因，目的在于激发人们的合理的良好的行为动机，帮助管理者解释行为、预测行为、推动行为、改造行为、控制行为，提高员工的主动性、积极性和创造性，以实现组织目标，提高劳动生产率。

为了建成完善的社会主义市场经济体制和更具活力、更加开放的经济体系，适应经济全球化和科技进步加快的国际环境，以及现代化企业生产与经营管理的需要，管理心理学的任务就是遵循国际化经营、现代化生产、市场化管理的客观规律，以及人们的心理特点和社会心理活动规律，采用科学的管理方法，调动人的主动性、积极性和创造性，提高劳动生产效率和各项工作效率，增强竞争、生存、发展的能力，从而提高整个社会的生活水平和生活质量。

3. 加强对员工的管理教育

管理科学化与现代化不仅表现为管理过程适应组织成员的心理规律，因势利导，提高其生产劳动的热情，而且还表现为管理行为致力于不断提高组织成员的心理素质和思想道德素质。因此，管理心理学研究不仅把提高组织劳动生产率作为自身的任务，而且还把提高组织人力资源素质作为研究的重要目的。

当今世界，各国都在适应知识经济的发展和走新型工业化道路的要求，致力于建设学习型社会，实施构建国民教育体系和终身教育体系。在这种大形势下，组织一方面是为社会创造财富的机构，另一方面还是组织成员接受终身教育的熔炉。组织成员在工作和劳动过程中，不断接受组织中其他个体、群体及组织运用的规则、规范的影响，自身的工作经验、技能技巧、思想态度、知识水平、能力、个性等因素都在不知不觉地发生变化。管理者必须正视这种变化的必然性和规律性，运用科学有效的方法，使组织成员的思想道德素质、工作技能、知识水平不断得到提高，人际关系日益和谐，个性品质日臻完善。

我国的组织管理，历来都较为重视对员工进行思想、知识、技能方面的教育，但随着改革开放的不断深入，也逐渐暴露出一些弊病，出现一些新的问题。具体表现如下：组织片面强调劳动生产率的提高和劳动者物质利益的获得，忽视了对成员的思想教育，从而使劳动者在短期内虽然获得了较好的物质利益，但诸如敬业爱岗、服务意识、主体意识等品质却被弱化，使得组织的进一步发展失去后劲；思想教育脱离实际，不能发挥其应有的作用，表现为教育过程流于形式、教育内容僵化、教育方法单一、教育效果无力。如何克服上述弊病，进行员工管理教育创新，将增进组织的生产效率与劳动者素质的提高有机结合在一起，是管理心理学的重要任务。

我国实行的是社会主义市场经济体制，面对经济全球化与科技进步加快的新形势和继续完善社会主义市场经济体制的艰巨复杂的战略任务，政府、市场、企业的职能与相互之间的关系发生了巨大变化，但对员工进行思想教育、政策法律教育、职工技术和文化教育及管理教育仍是主要任务。因此，管理心理学要研究组织内部员工的心理活动和行为规律，预测、控制和调适人的行为，使各项教育工作更有预见性、针对性，培养员工的主体意识、责任感和事业心，培养员工的良好品质，因人而异地实施管理，使对员工的管理教育走上科学化的道路。

1.5 管理心理学的研究方法

管理心理学是一门实践性较强的应用性学科。由于它的研究对象是有思想、有感情的人，所以决定了它的研究方法有其自身的特点。管理心理学的研究方法要注意多样性和综合性，同时也要注意研究的客观性和研究者的主观能动性。因此管理心理学的研究主要采用社会调查方法，通过社会调查、观察，了解和掌握各种情况和变化，然后加以综合分析，概括出原理原则，再运用到实践中，接受实践检验。

管理心理学的具体研究方法主要有观察法、调查法、实验法等。

1. 观察法

观察法是研究者在自然情况下（即在日常工作和生活条件下），有目的、有计划、有系统地直接观察、记录研究对象（被试者）的言行表现，分析并推测人内心的心理活动和行为规律的方法。

(1) 按程序形式化的程度，观察可分为无控观察与可控观察两类。无控观察不预先确定要观察（研究过程）对象的形成因素，也没有严格的计划，预计确定的只是加以直接观察的客体本身。这种观察可以查明客体存在问题的原因、客体的边界和客体的基本因素，可以确定哪些因素对于研究工作来说是最重要的。它通常运用于研究的初期和探索性研究之中。它的缺点是研究者容易陷入主观主义的危险。可控观察可以预先确定在被研究的过程中，哪些因素对于研究工作最富决定性意义，并且集中注意这些因素，在研究进程中有严格的计划。

(2) 根据研究者参加到被研究的情势中的程度，观察可分为参与观察和非参与观察两类。在非参与观察中，研究者处于被研究客体的外部，他们不干预客体变化的进程，不提出任何问题，作为中介者从旁边观察和记录事件发生的进程。非参与观察的优点是比较客观，不足之处是只能观察并记录公开的、表面的变化，对于这些变化的背后或潜在的原因，则很难准确地了解。在参与观察中，研究者在某种程度上直接参与被研究的过程，与被观察对象发生联系，参与他们的活动，并获得相应的真实感受。

(3) 根据地点和组织条件，观察可分为实地观察和实验观察两类。实地观察的特点是在自然环境和现实生活中进行。实地观察与被研究客体直接发生联系。在实验观察中，周围环境的条件和被观察的情势可由研究者来规定。它的主要优点是能最大限度地阐明一切因素和条件，并确定它们之间的相互联系，不足之处是它的人为性可能改变参与者的行为。

(4) 根据进展的规则性，观察可分为系统观察和随机观察两类。系统观察的特点是有规律地记录被观察对象在一定时间内的行动、情势和过程，能查明过程的变化，大大提高推论某过程及其发展趋势的可能性。对预先未计划到的现象、活动和情况的观察都属于随机观察。

2. 调查法

调查法是研究者根据所要研究的问题的实际，运用一定的手段（问卷、调查表、电话访问和网络调查等），对特定人群进行调查，以确定其心理活动和行为规律的方法。

调查法一般可细分为访谈调查、问卷调查、电话调查和网络调查等具体方法。

(1) 访谈调查是研究者通过与被调查者直接交谈，以期了解对象的行为、动机及相关事实的重要信息。访谈可以是两人之间进行的，也可以是多人座谈会方式进行的。访谈通常以个人的叙述为基础，但又要求研究者有较好的把握访谈进程的能力和技巧，既要注意发问的方式，又要注意对象的神态和肢体语言，以便获得更多有效的信息和研究资料。访谈具有信息量比较丰富、确切、全面的优点，也有比较费时费力的不足。

(2) 问卷调查适用于了解大范围人群对于某些事物所持的观点和态度。问卷调查要求被调查者对经研究者严格设计的问题的若干选项进行选择回答，以期了解被调查者的需求、愿望、动机、态度、满意度等情况。它的优点如下：通过科学的抽样选择调查样本，从而使得调查结果具有普遍性和代表性；调查覆盖面广，相对来说比较经济；调查过程的匿名性，使得调查者容易如实回答一些比较敏感的问题等。它的不足之处：由于问题基本上属于限制性问题，选项设计再多也不属于开放性问题，所以不能真切了解人们的思想。问卷有发送问卷、报刊问卷和邮政问卷等形式。一般来说，直接发送问卷回收率较高，而通过报刊和邮政方式发送的问卷回收率较低。

（3）电话调查的特点是简短，往往只用几分钟。它的优点在于能较快地了解人们对问题的大致反应。但由于提问的问题都比较简单直接，无法综合全面地了解被调查者的想法，所以主要适用于媒体效度调查；而且由于只能够调查有电话的人，所以影响到研究的广泛性和代表性。随着我国拥有电话的人员越来越多，电话调查也逐渐兴起，但电话调查通常有唐突造访的倾向，往往使得某些被调查者产生被打扰的感觉而拒绝这类调查。

（4）网络调查主要是通过分析人们对某种网络信息的点击率来把握他们对问题所持态度的社会倾向性。它的优点是快捷、地域覆盖广。不足之处是具有一定的虚拟性，况且点击本身并不意味着就是接受。

调查法比较容易进行，有利于在不同场合从多方面发现问题，验证研究结果。但是，在调查法所得的结果中，不易排除某些外来因素。因此，为了保证研究工作的可靠性，调查的结果还需要多方面对照和验证，并要和其他研究方法的结果互相补充。

由于人的行为和心理现象是极其复杂的，所以在进行研究时通常不是单纯地使用某一种方法，而是根据对象与任务的不同，以某种方法为主，辅之以其他方法，使之互相补充。这样，可以更准确、客观地反映人的行为和心理活动的规律和特点。

不论采用哪种方法进行研究，都要经过如下四个步骤：①选择和确定研究的问题和对象（被试者）；②制订研究计划；③收集和整理研究材料；④分析材料，从中得出科学的结论。

3. 实验法

实验法是研究者有目的地严格控制或创设一定条件来探索影响组织成员心理活动和行为规律的方法。它的特点是可以提出若干条与被研究对象之间存在因果联系的假设，然后运用各种手段对这种假设进行验证。

在管理心理学研究中，实验法有两种形式：实验室实验法和自然实验法（也称现场实验法）。实验室实验法是运用专门实验仪器测试被试心理品质的研究方法。例如，测试驾驶人员的注意品质测试、反应速度，测试生产人员的操作能力等均可采用这种方法。管理心理学研究运用更多的是自然实验法。自然实验法是在工作实践中，有目的地控制和改变某些因素或条件，探索影响组织成员心理和行为的原因的一种方法。例如，影响员工工作积极性的因素可能是奖金，可能是职业兴趣，可能是人际关系，也可能是能否从工作中获得成就感。究竟哪一种因素是关键性的，通过自然实验法就可以找到答案。其方法是尽量保持其他因素不变，人为地改变某一种因素，观察其对员工工作积极性的影响程度和影响方式。通过对以上诸因素的逐一实验，就能够较全面地了解影响员工工作热情的原因。

由于人的行为和心理现象、社会现象的复杂性，管理心理学的研究方法也多种多样，每种方法都有自己适用的范围，也都存在优点和不足。在实际研究中，必须根据研究目的和研究对象的不同，选择合适的方法。一般地说，研究目的比较单纯、单向度，只需采用一两种方法；研究目的比较复杂、多向度，则需要将几种方法结合起来使用。

关键词

管理心理学　个体心理　群体心理　组织心理　领导心理　心理学　管理学
观察法　调查法　实验法

思考与练习题

1. 管理心理学的含义。
2. 管理心理学的研究内容及其相互之间的内在联系。
3. 管理心理学的性质是什么？
4. 如何理解管理心理学的理论基础？
5. 研究管理心理学的意义是什么？
6. 管理心理学研究方法的特点是什么？

第2章

管理心理学的产生和发展

管理心理学产生于管理学之后。在19世纪末20世纪初，心理学从哲学中脱离出来成为一门独立的学科。随着科学管理运动的兴起，心理学与管理学逐步交叉互融。管理心理学于20世纪50年代初进一步发展成为一门独立的学科。管理心理学产生于美国，其学科发展背景和经历过程可概述如下。

2.1 管理心理学产生的历史背景

管理心理学是适应现代化大生产、缓和阶级矛盾，随着管理者认识的提高与转变而产生的。

1. 现代化大生产的需要

20世纪初，西方国家已由自由资本主义过渡到垄断资本主义，现代化工业生产进入一个新的历史阶段。在这个时期，一方面，工业生产已由简单的机器生产发展成为高级的机械化或自动化体系。为此，要求劳动者具有相应的科学文化和技术知识，否则就无法了解其原理、结构和性能，无法掌握其运行规律。另一方面，随着机械化、自动化水平的提高和专业化分工的进一步深化，各道生产工序的操作也更加单调乏味，严重影响工人的生产劳动情绪。为了进一步提高生产效率，就需要寻求新的管理理论与方法来研究和解决企业中人的组织与管理问题。因此说，管理心理学的产生是与现代生产力、生产技术相联系的社会化大生产的发展分不开的。

2. 缓和阶级矛盾的需要

20 世纪初，资本主义国家的企业管理进入了“科学管理”时代。为了提高工效，科学管理的创始人泰罗进行了时间研究和动作研究，创造了标准操作方法、工作定额管理、差别计件工资、计划职能管理和管理专业化等制度。这种制度被人们称之为“泰罗制”（Taylorism）。泰罗制推行的初期，对资本主义生产发展起到了积极的推动作用，大大提高了工效。但是，由于这种制度把工人当做机器的附属物，忽视了人们的心理需要，并不断加大劳动强度，所以引起了工人的强烈不满，劳资矛盾日益尖锐，罢工风潮此起彼伏。在这种形势下，资本家不得不寻找新的管理理论来缓和阶级矛盾。因此，管理心理学的产生也是资本家为缓和阶级矛盾、稳定资本主义生产秩序、进一步榨取工人血汗、获得更大剩余价值的需要。

3. 管理者认识的提高与转变

随着现代化大生产的发展，人的因素对提高劳动生产率的影响和作用日益明显，从而使一些企业管理专家逐渐认识到发挥人的作用、挖掘人的潜力的重要性。正如科学管理的先驱者吉尔布雷斯夫妇（Frank and Lillian Gilbreth）所提出的，“最大的工作效率来源于工具、材料和方法的改革，应该使人的能力获得充分的发挥”。著名美国管理专家甘特（Henry L. Gantt）也强调管理要注意“人性”，提倡企业开展民主管理。甚至一些资本家认为，过去企业管理过分依靠效率工程师，今后要多注重心理学，否定了泰勒把工人看成经济人的观点。他们认为，管理人员如果仅仅关注员工们的生活和经济欲望，而不去关注他们的心理因素，管理工作必将归于失败。

综上所述，管理实践的需要是管理心理学这一新学科产生的客观基础。

2.2　管理心理学的产生

在管理者寻求新的管理理论和方法的同时，科学的发展，尤其是心理学的发展，为管理心理学的产生提供了理论基础。

2.2.1　管理心理学产生的理论准备

1879 年，德国心理学家冯特（Wilhelm Wundt）在莱比锡大学建立了第一个心理学实验室，从而使心理学正式脱离了哲学的怀抱，成为一门独立的学科。到 20 世纪初，心理学得到了飞速的发展。普通心理学已初具规模，各种心理学学派也相继出现。越来越多的人从事心理学的研究，注重心理学的应用。从此，出现了工业心理学、群体动力学、社会测量学等学科。社会心理学、社会学均已发展为独立的学科。上述这些学科的形成与发展，为管理心理学奠定了比较坚实的理论基础，从而使管理心理学的产生成为必然。其中，行为主义心理学派、精神分析学派，以及工业心理学和社会心理学对管理心理学产生的影响和作用最大最直接。

1. 行为主义心理学派

行为主义心理学派是20世纪20年代在美国兴起的一个心理学派。其创始人华生（John B. Watson）于1919年发表了《从行为主义者的立场看心理学》一文，宣告了行为主义心理学派的诞生。行为主义心理学派理论的核心概念是某个人在某一确定的情境下，学会了某些行为，一旦他遇到这一情境，就倾向于作出同样的行为。华生曾提出了“刺激-反应”（S-R）公式，即有什么样的刺激就有什么样的反应。行为主义者认为，行为习惯是通过三种途径实现的，即联想、强化、模仿。

2. 精神分析学派

精神分析学派的创始人弗洛伊德（Sigmund Freud）是奥地利心理学家。弗洛伊德在他的心理学著作中强调，本能的欲望所形成的心理能量的积累，会引起人的焦虑和痛苦，就需要发泄出去，发泄的渠道不只是歇斯底里大发作，还有其他渠道。例如，做梦就是一种发泄的渠道，被压抑的欲望可以在睡眠中通过梦得以实现。而最高级的发泄形式则是升华，升华就是把自己的欲望变成被社会所接受，做对人类有益的工作，如科学技术工作、文学艺术工作等，使人在创造性的活动中得到满足。

弗洛伊德在晚年将人的心理过程分为无意识、下意识和意识三个层次，根据他的下意识理论提出了比较完整的人格结构学说。

弗洛伊德的理论向人们展示了这样一个道理：一切行为都是由动机引起的。尽管他对动机的研究过多地局限在人的生物性本能上，但对以后人们对动机的深入研究，提供了一定的启示。因此一般认为弗洛伊德的主要贡献是关于人类行为动机的研究。

3. 工业心理学

20世纪初，随着心理科学的日趋成熟，出现了将心理学运用于工业企业管理系统中的情况，于是，一个新学科就诞生了，这就是工业心理学。工业心理学的创始人是雨果·闵斯特伯格（Hugo Munsterberg）。他出生于德国，后来移居到美国，受聘于哈佛大学。他在哈佛大学建立了工业心理学实验室，作为工业心理学的研究基地。1912年，闵斯特伯格发表了名著《心理学与工业效率》，论述了用心理测验方法选拔合格工人等问题，也研究疲劳及劳动合理化问题，提出创造心理条件，使每个员工获得最大满意的产量及满足人的需要，符合个人与企业双方利益等观点。

闵斯特伯格的研究要点有两个方面。一是要发现人们心理素质的个别差异，在此基础上考虑把职工安置在最适合他们的工作岗位上。这与当时的科学管理专家们有较大区别。科学管理专家们主要偏重于对工具的选择、动作的标准化，即选择何种工具，实现动作的标准化，以提高工作效率。而闵斯特伯格则注重人的选择，从人与事的匹配上，考虑提高工作效率，即辨别、挑选最适合某种工作的人。二是要发现在什么样的心理条件下，能够从每个人那里得到最大的、最能使人满意的产量。这里所说的心理条件，主要是指人的感觉、知觉、情绪等心理因素。闵斯特伯格认为，人若在不良的工作环境里工作，将给心理状态造成不良影响。例如，光线太暗、温度太高或噪声太大，都可能影响人们的感觉、知觉和情绪，从而对工作效率和工作质量产生不良影响。好的心理状态往往来自于好的工作环境。因此，企业管理者应重视工作环境的改善。他曾指出，通过改善影响心理条件的工作环境，以提高工作效率，不仅符合工厂主的利益，而且更符合职工的利益：他们的劳动时间可以缩短，工资可以增加，生活水平可以提高。

闵斯特伯格不但提出了目标，而且做了大量的实际工作。例如，他利用实验室的测验去选择工人；利用心理学的学习原理去培训工人；利用心理技术去改善工作条件；根据心理学的原理去研究工作动机和怎样减轻疲劳的问题等。他的研究方向及采取的方法与管理心理学的发展方向是一致的。但是，闵斯特伯格的研究也存在不足，如考虑的范围比较窄，还缺乏社会心理学的观点和论据。

4. 社会心理学

社会心理学诞生于 20 世纪初，是研究社会心理及个人在心理上的相互影响的学科，是一门介于心理学和社会学之间的边缘科学。1908 年，美国社会学家罗斯（Edward Ross）发表专著《社会心理学导论》。同年，英国心理学家麦独孤（William MacDougall）也写了一本《社会心理学导论》。这标志着社会心理学学科地位的正式确立。社会学家和心理学家同年在不同国家首次出版同一学科同一名称的书，这一点是耐人寻味的。

社会心理学是研究社会心理及个体心理在社会情境中或者说在特定社会条件下的种种心理过程和行为表现的科学。它涉及人与人相互作用的所有领域。社会心理学的一些基本内容，如社会认识、社会态度、群体对个体心理的影响、群体中的人际关系、人际沟通，以及群体的团结、竞争与合作等都具有直接的重要的管理意义。可以说，管理心理学就是社会心理学在管理实践这一特定领域的应用。

2.2.2　管理心理学的初创时期

管理实践的需要和心理科学的发展，预示着一个新学科，即管理心理学的产生，而霍桑实验（hawthorne experiment）则为这一学科的产生拉开了序幕，从此，心理学开始在管理实践中应用。

霍桑实验是1924～1932年在美国芝加哥郊外的西方电器公司所属的霍桑工厂进行的。这是一项由美国国家研究委员会赞助的研究计划。该工厂制造电话交换机，具有较完善的娱乐设施、医疗制度和养老金制度等。但工人仍愤愤不平，生产状况也很不理想。为探究其原因，1924年11月，美国国家研究委员会组织了一个由工业心理学等多学科的专家组成的研究小组，在该厂开展实验研究。实验的课题是生产效率与工作物质条件之间的关系。实验的主要内容和过程如下。

1. 照明实验

照明实验研究照明条件的变化对生产效率的影响。研究小组挑选了一批女工，分别编成两个小组，一个为实验组，一个为控制组。实验组是被施加实验条件的小组，控制组是未被施加实验条件的小组，其职能是与实验小组的实验结果加以比较，以检验实验组发生的变化是否由实验条件所引起，因此，控制组也叫对照组。两个小组除在实验条件上存在区别外，在其他条件上没有区别。比如，实验照明对工作效率的影响，两个小组只在照明条件上有区别。而在噪声、温度、湿度等方面，两组完全是一致的。在照明实验开始时，实验人员设想，增加照明度会使实验组的产量提高。但实验结果竟是两个小组的产量几乎等量上升。因此，也就不能说明增加照明是提高产量的原因。因为，控制组没有增加照明，产量也同样提高了。于是他们又采取了相反的措施，逐渐降低实验组的照明度，认为这样一来产量可能下降。尽管实验组的照明度降低到相当月光的程度，产量并没有明显的下降。实验进行两年半的时间（1924年11月至1927年4月）却无法得出照明影响工作效率这一结论。研究小组感到茫然，实验也难以继续进行。在这紧急的关头，擅长研究社会心理学的哈佛大学教授梅奥（Elton Mayo）带领一支调查小组参与了实验。这支队伍除梅奥外，还有罗特利斯伯格(F. J. Roethlisberger)、唐海姆等著名学者。

继照明实验后，在梅奥教授领导下，霍桑实验于1927年继续进行。梅奥首先对照明实验进行了总结，认为产量的提高既然不能确定是受到照明的影响，必定受到其他因素的影响。他认为，很可能是心理上的原因。因为，让工人在特定的条件下进行实验，被选拔参加实验的人会认为这是管理当局对他们的格外重视，因而有着良好的合作态度。此外，因为实验有著名的学者参与，工厂里的管理人员可能改变以往对待工人的态度，所以管理者与被管理者的关系融洽了。为使这个判断有更充实的论据，梅奥又设计了福利实验。

2. 福利实验

福利实验试图确定福利与工作时间等其他条件的改善对工人生产效率的影响。研究小组选择了六名女工在单独的房间里从事装配继电器的工作。在实验中逐步增加一些福利措施，如缩短工作时间、延长休息时间、免费供应茶点等。总之，从这些女工的切身利益出发满足她们的愿望。在实验方法变动时，要同女工们商量，求得她们的同意，还让她们尽情地对管理者发表意见。这些做法使产量急剧增加。

当福利政策执行了一段时间以后，梅奥有意将它们统统取消。一般会认为，取消这些福利，产量定会下降。但事实并非如此，产量仍然是上升的。这证实了梅奥对照明实验所得出的推论。同时也说明，在提高产量方面，管理者与被管理者的融洽关系和工人的合作态度，比工作条件和福利待遇更为重要。

梅奥总结这阶段的实验时指出，实际情况是，六个人变成一支队伍。而这支队伍全心全意地、自发地在实验中进行合作，结果是，她们感到自己自由地、自觉地参与了这项工作，并且意识到，她们并不是在自上而下的强制或限制下工作，而是愉快地在工作着的。

3. 谈话实验

几乎在进行福利实验的同时，研究小组又组织了大规模的态度调查，即谈话实验（1928～1931年）。在两年多的时间内，实验人员找工人个别谈话2万余人次。在谈话过程中，谈话者耐心听取工人对厂方的意见和不满，并作详细的记录，对工人的意见不加反驳和训斥，还要为工人的谈话保守秘密。谈话实验也收到了良好的成效，使得霍桑工厂的产量大幅度提高。这是工人把自己对工厂的不满情绪发泄出来，感到心情舒畅而带来的结果。

4. 群体实验

1931～1932年，梅奥又组织了群体实验。研究小组选择了14名男工组成一个工作小组在单独的房间里从事绕线圈、焊接和检验的工作。这个工作小组一向根据小组集体产量计算工资。根据研究小组的分析，就组员的生产能力而言，都可能超过他们目前的实际产量。实行严格的个人计件工资制，会使他们更加努力地工作，以获得更多的报酬。但是在实验过程中，经过几个月的观察，工作小组的产量始终维持在中等水平上，每个工人的平均日产量都差不多。经过仔细分析，发现工作组内存在一种默契，即有一种无形压力，限制着个人突破生产纪录。比如，公司给每个焊工定的标准是每天7312个焊接点，可是每个工人都把自己的日产量限制在低于这个数字的水平，他们会自定一个标准，如6000～6600个焊接点。如果超过这个标准，便会受到其他组员的冷遇、讽刺、打击，整个小组的压力就会倾向他。在工人中，还有自己的行为规范，如不应完成太多的产量，也不应完成太少的产量，不应向监工告诉任何损及同伴利益的事情等。

进一步调查发现，工人们之所以维持中等水平的产量，是因为担心产量的提高会使管理当局改变现行奖励制度或裁减人员，使部分工人失业，或者使干得慢的伙伴受到惩罚。这一实验表明，工人为了维护班组成员的共同利益，可以放弃物质利益的引诱。梅奥由此提出了“非正式群体”（informal group）的概念，认为在正式组织中存在着自发形成的非正式群体，这种群体存在自发形成的群体领袖，并有自己的特殊行为规范，对人们的行为起着调节作用。

霍桑实验一直进行到 1932 年方告结束。最后得出了如下四个方面的结论。①物质工作环境的变化与生产效率之间并不存在直接的因果关系；②休息时间、工作日、工作周的长短及工资的支付方式等都不是影响生产的第一要素；③改善劳动者的士气（态度）与人际关系，使人们心情愉快地工作并对自己的工作感到满足，这才是生产增加、影响工效的决定性因素；④正式组织内部存在自发形成的非正式群体，非正式群体有其特殊的行为规范，影响群体成员的行为。

2.2.3 人群关系理论的形成

梅奥在霍桑实验的基础上，1933 年在其所写的《工业文明中人的问题》一书中，提出了人群关系理论（亦称人际关系学说）。

与古典管理理论相比，梅奥的人群关系理论提出了四个方面崭新的观点。

1. 人是“社会人”，企业管理应注意从社会心理角度调动人的积极性

传统的科学管理理论把人看做“经济人”，认为金钱与物质刺激是调动人的积极性的唯一因素。企业家以“经济人”的身份追求最大的利润，工人则以“经济人”的身份追求最高的工资。而霍桑实验的结果表明，人是“社会人”，影响人的生产积极性的因素，除了物质利益等因素之外，还有社会和心理的因素。因此人群关系理论主张把工人当做“社会人”加以尊重，而不应将人视为“机器”。

2. 生产效率主要取决于工人的态度和企业内部的人际关系

传统的管理理论认为，生产效率纯受工作方法和工作条件的制约，因而在管理上，只强调实行工作方法的科学化、劳动组织的专业化、作业程序的标准化。总之，传统管理是以“事”为中心的管理。而霍桑实验的结果表明，生产效率主要取决于职工的积极性，职工积极性的提高又主要取决于职工的工作情绪、态度与士气，以及企业内部的人际关系。

3. 企业组织内部存在“非正式群体”，它们对职工的行为产生不可忽视的影响

传统管理理论只注重诸如组织机构、职权划分、规章制度等“正式组织”的作用，而霍桑实验发现，除了正式组织群体之外，还有“非正式群体”存在。这种无形的、非正式的群体，有其自身特殊的感情、规范和态度倾向，对成员的行为产生十分重要的影响。

4. 民主管理有助于提高生产效率

霍桑实验还发现，新型领导、民主管理的模式，对于提高职工工作的积极性和生产效率具有十分重要的作用。梅奥主张“工人参与管理”、“倾听职工的意见”、“沟通人际关系”、“改善工人对公司的态度”，以此增强管理的效果。

以上观点构成人群关系理论早期的主要思想体系。人群关系理论为管理理论

和管理实践指出了新的方向，它突出了生产中人的因素，是管理心理学的一个新的起点。

2.3　管理心理学的发展

霍桑实验的结论及由此总结出来的人群关系理论，第一次正式将社会学和心理学引入企业管理中，因而有力地冲击了传统的管理理论，使管理者认识到他们的下属是一些有思想、有情感的活生生的人，而所谓的组织、群体，就是由这些具有不同心理特征的人所组成的。因此，作为一个管理者或领导者，不仅必须具有组织、控制整个组织经营事业的能力，还必须具备满足员工社会与心理需求，激发员工主动性、积极性和创造性的能力，以及控制或操纵整个群体的能力。显然，人群关系理论的出现，使得企业管理开始注重人的因素的研究。管理者们认识到人和物比较起来，人是企业的主体，只有充分发挥人的主观能动作用，才能充分发挥现代技术的作用。因此，企业管理由原来只重机器、设备等物的作用逐步转变为更加重视人的作用。

与此同时，霍桑实验和人群关系理论开创了企业管理中研究员工的需要、动机、行为激励、群体心理和领导行为的新方向。“行为科学”便是以人群关系理论为基础和开端而形成的一门管理科学。1958 年，美国斯坦福大学的莱维特（H. J. Leavitt）正式用“管理心理学”（managerial psychology），取代原来沿用的工业心理学、工业社会心理学等名称。管理心理学从此成为一门独立的学科。

管理心理学的诞生是与梅奥的人群关系理论，以及由此带动起的大量学者对企业内部人际关系和员工行为方面广泛深入的研究分不开的。这些研究及其取得的成果极大地拓展了心理学理论在管理理论和实践中的应用范围。这一时期的研究成果主要有以下四个方面。

1. 有关员工需要、动机与激励问题的研究

代表性的理论研究首推马斯洛（A. H. Maslow）关于人类需要与动机问题的研究。他提出了著名的“需要层次理论”（hierarchy of needs theory），被广泛地应用于管理实践中，获得了良好的评价。

赫茨伯格（F. Herzberg）主要从事影响生产效率的人的动机因素的研究，并提出“双因素理论”（Two-factory Theory）。该理论将影响工人动机的因素区分为激励因素和保健因素：前者是指直接影响工作效率的因素；后者则是指保持现有工效不被降低的维持因素。

斯金纳（B. F. Skinner）的“强化理论”（reinforcement theory），即操作性条件反射学说是以行为学习的奖惩原则为基础，对认识、理解和修正人的行为的

一种探讨。

弗罗姆（V. H. Vroom）提出了“期望理论”（expectancy theory）。他认为，对活动结果意义的评估和对活动成功可能性的估计，是决定活动对人行为激励力量大小的两种基本因素。

2. 关于管理者“人性观”问题的研究

麦格雷戈（D. McGregor）提出了“X 理论与 Y 理论”。他把传统的对工人严加管束和以强制为主的管理观念称为“X 理论”（theory X），而把以诱导的办法鼓励职工发挥主动性和积极性的管理观念称为“Y 理论”（theory Y）。

阿吉里斯（C. Argyris）提出“不成熟-成熟理论”，主张根据职工成熟水平的不同，采取不同的管理方式。

3. 企业中的“非正式群体”及“人际关系”问题的研究

勒温（K. Lewin）的“群体动力学理论”（group dynamics）论述了非正式群体的群体要素、目标、内聚力、规范、结构、领导方式等。

布雷福德（L. Bradford）的“敏感性训练”是通过对受训者进行情感、角色、人际关系的学习与敏感性训练，从而改进个人和群体行为，达到提高效率和满足职工需要的目的。

4. 关于企业中领导方式问题的研究

代表性的研究成果主要有坦南鲍姆和施密特（R. Tannenbaum and W. H. Schmidt）的“领导方式连续统一体理论”，利克特（R. Likert）的“支持关系理论”，斯托格第尔和沙特尔（R. M. Stogdill and C. L. Shartle）的“双因素模式理论”，布莱克和莫顿（R. R. Blake and J. S. Mouton）的“管理方格理论”等。

上述管理心理学理论的详细内容将会在此后的相应章节中作具体介绍，这里不予赘述。

2.4 管理心理学在中国管理实践中的应用

西方的管理心理学是在 20 世纪 70 年代末以行为科学的概念介绍到中国来的。1980 年 5 月，在第一机械工业部和全国机械工会联合召开的思想政治工作座谈会上，孙友余同志第一次系统地阐述了思想政治工作与行为科学的关系。1980 年 3 月，第一届全国行为科学学术讨论会召开。1985 年，在机械工业部孙友余同志的倡导下，在北京成立了中国行为科学学会，孙友余被选为会长。到 1989 年 3 月，已先后召开了五次全国性的行为科学学术讨论会。同年 7 月，北京行为科学学会成立，我国著名工业心理学家徐联仓出任第一、二届会长。30 年来，学会在行为科学的研究和普及发展方面开展了大量工作，多次召开学术讨论会，发表了近百篇论文，出版了多部教材、专著，培训专业人员和企业管理人员千余人次，为多家企业提供咨询和帮助。

1998 年，江泽民同志在俄罗斯西伯利亚科学城会见科技界人士讲话时指出："认知科学、心理学和行为科学的进展，为科技教育和经济社会发展带来了新的推动力。"2004 年《中共中央关于进一步繁荣发展哲学社会科学的意见》强调，在全面建设小康社会、开创中国特色社会主义事业新局面、实现中华民族伟大复兴的历史进程中，哲学社会科学具有不可替代的作用。行为科学是当代管理科学的三大基础学科之一，管理心理学、组织行为学课程也已成为管理教育特别是工商管理硕士（MBA）、公共管理硕士（MPA）教育的必修课程。在当今世界经济一体化、全球化的大背景下，在我国以人为本的科学发展观的指导下，顺应知识经济发展趋势，管理心理学的应用价值必将得到空前体现。

随着我国的改革开放的逐渐深入，管理心理学在我国的研究主要围绕经济体制、政治体制、行政管理体制和企业体制改革来进行。研究内容比较广泛，并取得了一定的成果。学者们仍在探索在我国的管理实践中如何运用西方管理心理学的基本观点和研究成果，逐步创建具有中国特色的管理心理学。

案例：三株集团兴衰的启示

在中国企业群雄榜上，"三株"曾经是一个响当当的名字。1994 年 8 月，吴炳新父子成立了济南三株实业有限公司（三株公司），三株口服液同时宣告研制成功。在几年时间里，三株口服液的年销售额从 1.25 亿元升至 80 亿元，在全国拥有 600 家子公司、2000 个办事处，各级行销人员总数超过了 15 万。从 1997 年上半年开始，三株公司开始向医疗、精细化工、生物工程、材料工程、物理电子及化妆品等领域进军，发展势头势不可当。但是，到了 1997 年，其全国销售额却比上年锐减 10 亿元。1998 年，常德又闹出"八瓶三株口服液喝死一老汉"事件，接着，又流传三株公司申请破产的消息。1999 年，三株公司的 200 多家子公司已经停业，几乎所有的工作站和办事处全部关闭。2000 年，三株公司网站消失，全国销售近乎停止。

为什么一个叱咤风云的企业在短短的时间内居然销声匿迹了呢?

其实，早在 1997 年的年终大会上，吴炳新就曾痛陈三株公司"15 大失误"，首次把"三株危机"曝光于天下。

(1) 公司管理体制不适应市场发展，集权与分权的关系没有处理好。公司采取的是"集团军式"的管理模式，高度中央集权。对子公司采取的是"填鸭式"的管理。

(2) 未能完全理顺经营机制。转轨以前，实行的是中央集权式核算管理，保证了公司的最大利益。但随着公司的急剧发展，子公司内不讲工作效率、不讲经营效益的现象越来越严重，盲目扩张，盲目投入。

(3) 企业机构臃肿，部门林立，等级森严，层次繁多，程序复杂，官僚主义严重，信息流通不畅，反应迟钝。

(4) 市场管理的宏观分析、计划、控制职能未能有效发挥，对市场形势估计过分乐观。

(5) 市场营销策略、营销战术与市场消费需求出现了严重的不适应。对城市市场缺乏开拓，没有培育起新的经济增长点。对投入产出比强调不够，仍旧坚持大规模的投入，造成无效投入，严重浪费广告费。有些子公司还在随意扩大疗效范围，宣传三株口服液百病皆治，引起消费者很大的反感。

(6) 分配制度不合理，激励机制不健全。形成"干的不如坐的，坐的不如躺的，躺的不如睡大觉的"现象；公司思想政治工作淡化，员工的思想教育薄弱，缺乏现代企业理念，激励机制畸形发展。

(7) 决策的民主化、科学化有待进一步加强。过去，采取的是中央集权制，决策权过分集中，缺少"智囊团"，出现了一些失误。

(8) 相当一部分干部骄傲自满，少数干部腐化堕落。

(9) 浪费问题极为严重。由于财务、法纪的监督制约没有及时跟上，浪费现象在许多子公司表现得极为严重。

(10) 山头主义盛行，自由主义严重。员工不是从工作需要出发，而是从个人的利益出发。利用职权，打击异己，拉帮结派，培养个人势力。

(11) 纪律不严明，较少处罚违纪干部。公司"干部终身制"盛行，能上不能下，在这个地方犯了错误，过几天，又到另一个地方去任职。

(12) 后继产品不足，新产品未能及时上市。

(13) 财务管理出现严重失控。部分财务人员的责任性差，没有认真履行"当家人"的职责，有的甚至与经理串通一气，共同"作案"。呆账、死账很多，而且难以处理。有的子公司的方案存在明显的分配比例不合理和严重的"亏总部，富个人"的现象。

(14) 组织人事工作与公司的发展严重不适应。人事考评机制不规范，没有制度化的考评程序；干部培训工作没跟上；招聘把关不严，一批素质不高的人甚至是社会"渣滓"混进了公司。

(15) 法纪制约的监督力度不够。事前防范措施不力，忙于事后控制；法纪人员的专业素质与工作要求之间也存在一定差距；惩处力度不够；信息反馈不及时；干部的约束机制不健全；总部、省指挥部个别领导对法纪工作的干预较多。

在短短的三年时间里，三株公司打造出了一个迄今无人能超越的保健品帝国。可是，三株公司自己的"寿命"却不过短短的六七年。其中的原因的确发人深省。

资料来源：吴晓波．大败局．杭州：浙江人民出版社，2001.

讨论题

1. 三株是被别人打败的，还是被自己打败的？
2. 在吴炳新的15条失误原因中，哪些与管理心理学相关？

关键词

霍桑实验　行为科学　人群关系理论

思考与练习题

1. 试述管理心理学与其产生的时代背景的关系。
2. 如何理解管理心理学产生的理论基础?
3. 霍桑实验在管理心理学产生和发展过程中的地位和作用是什么。
4. 论述人群关系理论对管理心理学发展的价值。

第2篇　个体心理

管理，简而言之就是管理者通过实施各项管理职能来协调他人活动，以实现既定管理目标的过程，因此，管理在本质上是对人的管理。要深刻理解并把握管理的本质和规律，就必须首先正确认识和理解人的本质和本性。管理心理学是研究管理中的各种主体的心理的学科，个体、群体、组织、领导都是管理中的主体，其中个体又是管理主体的最小层面。在管理中，个体有其独特的心理活动过程和行为方式，并能够对群体心理、组织心理、领导心理产生重要的影响。因此，管理者只有在正确认识和理解个体心理的基础之上，才能进一步认识和理解群体心理、组织心理和领导心理。众所周知，用人是管理者的一项基本工作任务，而要正确选择、使用、激励人，就必须首先对个体心理有一个全面、准确的了解。为此，管理者掌握关于个性的知识是非常必要的。个体心理篇以人的个性为主要内容，个性又包括个性心理特征和个性倾向性两个方面。正是每个人个性的不同，每个人在气质、性格、能力、需要、动机和行为等方面有不同的表现形式，才使得世界上人人都在实现独特的自我。了解人的个体心理，使之与管理相结合，对于有效发挥个体的积极性和创造性具有重要作用。因此，掌握个体心理知识，是管理者做到“知人善任”的前提。

第3章

个性概述

个体是管理中的基本主体，个体研究对于各类组织开展管理工作都是十分重要的，因此，个体心理是管理心理学研究的重要内容。个体心理包含丰富的内容，管理者要想管好人，必须首先了解个性的基本知识。

3.1 个体心理与个性

德国哲学家莱布尼茨（G. W. Leibniz）有一句名言："世界上没有两片相同的绿叶。"我们同样可以说，世界上也没有两个完全相同的人。这种不同不仅体现在体形与外貌方面，而且进一步表现为其内在的心理活动过程和表现于外的行为举止的差异。例如，孪生子，长相可能极其相像，但在实际生活中所表现出来的行为方式、处事方法却不尽相同。管理心理学认为，这主要是由个体的不同心理特点来决定的。因此，管理心理学的研究首先是从个体心理开始的。

人的心理活动总是在一定的个体身上发生的，个体心理是形成群体心理、组织心理的基本单位，又是形成一定的领导心理的基础。单就个体心理本身而言，每个人的心理活动和过程都体现出不同于其他人的特点。这些特点一旦固定下来，并且在个体身上经常地、稳定地表现出来，成为稳定的心理特点，就形成了个性。

直至目前，心理学界对于个性的含义仍然争论不休。个性一词最早可追溯到拉丁语 persona，原指演员戴的假面具，后来引申为演员在舞台上所扮演的角色。心理学沿袭了 persona 的意义，用以指一个人在人生舞台上，在他的行为模式中表现出来的内心活动，称为 personality。例如，在日常生活中，人们都能观察事物，有的人粗枝大叶，有的人却能细致入微；人们都有情感，有的人热情奔放，有的人却冷漠含蓄。所有这些都是个性的不同表现形式。目前，比较公认的关于个性的含义：个性是指一个人区别于其他人的特殊本质，是在个体身上经常地、稳定地表现出来的心理特点的总和。从某种意义上可以说，个性是一个人心理特征的外在反映。

个性差异决定了世界上没有两个完全相同的个体。个性具有以下四个方面的基本特征。

1. 个性是个别性与共同性的统一

个性的特征首先是个别性，这是个人与个人之间的个别差异，也是每个人不同于其他人的特殊性。正是这种个别性使得地球上众多的人口彼此区别，各不相同。我国著名作家林语堂在他所著的《苏东坡传》一书中感慨地说："个性永远是个谜。世界上有一个苏东坡却不可能有第二个，个性的定义不能满足于下定义的专家。"其实，这句话不仅适用于苏东坡，也同样适用于每一个人。每个人都是独一无二的存在，在空间上不可替代，在时间上不可重复。每个人都有着不同的气质、性格与能力，每个人又都有着不同的需要、动机与行为。

人的个性千差万别，彼此区别，但人与人之间、个性与个性之间又由于生理因素的共同性，如人们生活在其中并接受其制约的自然环境、社会历史条件，包括生产劳动、文化教育、传统习惯等方面的共同性而彼此联系着，这又使得个性表现出共同性的特点。

总之，个性是个别性与共同性的统一。个别性包括共同性，共同性又通过个别性表现出来，两者不可分割，有机统一。

2. 个性是多侧面的统一

个性从其构成和表现内容看是个多侧面的复合体。它不是指一种或几种特性，而是指个体带有本质倾向的、比较稳定的心理特征的总和。用现代科学的观点来分析，个性是个系统，是具有整体功能和内在结构的系统。它包括心理活动的动力特征，即气质；完成某种活动的潜在可能性的特征，即能力；完成活动任务的态度和行为方式方面的特征，即性格；活动倾向方面的特征，如需要、动机、行为等。这些特征及各组成要素皆处于有机的整体联系中。个体在各种活动和各种关系中所表现出来的个性特征之间也是密切联系着的。每一种个性特征都由于它同其他个性的不同联系而具有不同的意义，所以也只有在整体的联系中去认识它才有意义。

3. 个性是稳定性与可变性的统一

个性是指一个人在生活中经常地表现出来的具有一定一贯性和持续性的品质，是在不同的条件下表现出来的自我同一性，它是一个人较为固定的思想方式和行为方式。个性一经形成，就具有稳定性的特点。我们不能把个体在行为中偶然表现出来的心理倾向和心理特征表征为他的个性，只有那些比较稳定的、在行为中经常表现出来的心理倾向和心理特征才能表征为他的个性。例如，一个处事稳重的人，偶然表现出轻率的举动，不能说他具有轻率的性格特征。正因为个性具有稳定性，才能把一个人同另一个人在精神面貌上区别开来。

虽然个性具有稳定性，但个性也并非是一成不变的，个性具有可变性。个性不是天赋的，主要是在社会环境、主观努力的影响下形成的。一个人随着年龄的增长、实践活动的改变及自己的主观努力，其个性在不同程度上也随之改变。为此，管理者应创造时机与有利环境，利用教育、引导等手段，逐渐改变下属的不良个性，塑造适合岗位工作要求的个性。

4. 个性是生物性与社会性的统一

人是自然实体与社会实体的统一体，因此，从个性的形成与发展因素来看，个性既具有社会性，又具有生物性。所谓社会性，是指个性受一定的社会历史条件和所处社会地位的制约；所谓生物性，是指个性必须以遗传因素为自然前提，才能为它的形成和发展提供可能。

3.2 个性的形成与发展

关于个性形成与发展的影响因素，不同的学者有着各种不同的看法。有人认为，个性是由先天遗传因素决定的；也有人认为，个性是由后天环境因素决定的。例如，美国著名心理学家华森（J. B. Watson）曾经说过：一个人生下来以后，我培养他什么样子他就是什么样子，我培养他成法官，他就是法官；我叫他成小偷，那他就是小偷。这两种看法虽然具有一定的合理性，但同时也具有一定的片面性。其实，影响个性形成和发展的因素有三个，即遗传因素、后天环境和主观努力。

1. 遗传因素对个性的作用

遗传是指经由基因的传递，使后代获得亲代的特征。它对人的个性有一定影响，如一个人的智力、知觉等特征和遗传有密切关系。在个性特征中所讲到的生物性，则是遗传因素作用的最集中表现。但我们要认识到，遗传因素只是形成个性的一个不可或缺的物质前提，而不是唯一要素。那种将遗传因素归结为是影响个性的形成与发展的唯一因素的看法是错误的。

2. 后天环境对个性的影响

一个人个性的形成与发展，是一个复杂的过程。虽然遗传因素对其有一定的影响，但更主要是在一定的环境中，特别是在一定的社会实践中，经过长期的塑造而逐渐形成和发展的。人由于所出生的地理环境、家庭环境、接受的学校教育、所处的文化氛围、参加的社会活动不同，而具有不同的个性。

3. 个人的主观努力在个性形成中的作用

人是具有主观能动性的，并不是被动地接受外界的影响与作用，而具有主体的主动性。个体在积极改造客观世界的同时，也在改造自己的主观世界，改变自己的认识能力、气质、性格。人的个性就是在社会关系的交往中逐渐磨炼而形成的。另外，人的主观努力程度是不同的，有的人严于律己，力求上进；有的人对自己放松要求，任性散漫。这也是导致个性差异的主要因素。

总之，个性是非常复杂的心理特点的总和，是人与人相互区别的内在标志。人由于生活在一定的社会关系中，其个性的形成和发展不但要以先天遗传因素为基础，而且深受后天的社会生活实践的影响。个性就是遗传因素、后天环境与个人的主观努力共同作用的结果。

3.3 个性的结构

个性的结构是指个性所包含的成分及各成分之间的关系。个性是复杂的、多侧面的、多层次的统一体。管理心理学认为，个性主要由个性心理特征和个性倾向性组成。

1. 个性心理特征

个性心理特征是指一个人身上经常地、稳定地表现出来的心理特征。它是个性结构中比较稳定的成分，表明一个人的典型的心理活动和行为，带有经常、稳定的性质。但是，个性心理特征并不是一成不变的，在人与环境相互作用的过程中，个性心理特征又缓慢地发生变化。个性心理特征主要包括能力、气质和性格等，其中以性格为核心。一个人的性格影响着他的言行举止，反映出个体的基本精神面貌和意识倾向，集中地体现了人的心理活动的独特性。

2. 个性倾向性

个性倾向性是指决定个体对待事物的态度与行为的内部动力系统。它决定着人对现实的态度，决定着人对认识和活动对象的趋向和选择。个性倾向性是人进行活动的基本动力，是个性结构中最活跃的因素。它制约着所有的心理活动，表现出个性的积极性，实质上是人的主观能动性。个性倾向性主要包括相互联系、相互影响、相互作用的需要、动机、行为、兴趣、价值观等。在这些成分中有一种成分占主导地位，对其他各个成分起支配作用，并影响其他的心理活动。这个成分就是人的价值观，包括世界观和人生观。而世界观在诸成分中居于最高层次，它决定着一个人总的思想倾向。

个性心理特征和个性倾向性相互联系、相互制约，成为个性不可分割的两个侧面。个性对个体的活动有积极的引导作用，使个体活动有目的、有选择地对客观现实作出反应。

案例：马加爵性格扭曲的成长路

如果不是印有他狰狞面孔、粗壮上身相片的通缉令，张贴于他家乡每一处醒目位置，自小沉默寡言的马加爵或许永远不会被那些曾经知道他的人谈起，昔日的老师、同学也几乎将他遗忘。但是现在，这些熟识他的人正试图将许多支离破碎的回忆，与一个大学生“屠夫”联系起来。他的家人，更无法将大学生与杀人犯联系起来。他的所为，在这个世代以务农为生、老老实实做人的传统农民家庭看来是没法想象的，因为他是马家几代以来唯一的读书人，他本应在这条求学的道路上成为这个质朴家庭中最成熟、最理性的人。

那么问题究竟出在哪里呢？简要地回顾一下马加爵的成长历程，也许可以从中一窥端倪。

1. 木讷的家庭与内向的童年

在马加爵的成长环境里，每个人都安分守己。父亲马建夫是一个性格内向、勤劳能干的人。母亲李凤英，53岁，一个与他父亲性格完全相反的女人，她能说会道，和孩子之间的交流远多于她的丈夫，她经常鼓励几个孩子如何努力，家里的大小事务也基本由她来掌管。另外，马加爵还有两个姐姐和一个哥哥，从小马加爵与他们的关系谈不上亲密。

这个孩子天资聪慧但不善交际，“和村里别的小孩子一起猜谜语，总是他先猜出来”。“他唯一的兴趣就是一个人孤独地坐着，他很少出去玩，通常和我在一起。”他母亲如是说。这样一个懂事的孩子，他的父母也很疼爱他，但他们的沟通却是有限的。面对木讷的父亲、忙碌的母亲，马加爵从未和双亲开心地玩耍过，也未曾和父母进行过长谈类的深入交流。无论是快乐还是悲伤，他都习惯于沉浸在一个人的世界里。时间长了，这个家变得更加沉闷。

2. 跌宕起伏的中学——“三驾马车”、迷茫与觉醒

在小学期间，马加爵在数学方面显示出了一定的天赋，但是他的语文并不好，简单的故事也很难叙述得有逻辑性，总的来说，他仍旧是比较优秀的学生，“他学习很好，但总显得很害羞”。“同学们向他请教问题时，他都很紧张，课外的游戏虽说参加，但很少。”马加爵也曾经获得过很多奖状，但是羞涩的他，从来没让他的家人见过这些荣誉。

较差的语文成绩影响了他的升学成绩，在小升初的过程中马加爵被分到了“中班”，而又因为他出色的数学成绩，他担任了班级的学习委员，但是他却很少履行职务。“他生活的全部就是学习，即便放学后他也不主动去找同伴玩耍。”他渴望通过拼命的努力从中班跳到快班。而这样的结果就是他被公认为是一个没有朋友、只会老老实实读书的孩子。但这种努力并非是没有回报的，在中班的他竟然在初一年级八个班级中名列第一。在他们这个班上，还有两名姓马的学生，他们三个一起脱颖而出，被称为“三驾马车”，并带动了整个班级的学习氛围，最后他们班的整体成绩还要好于快班的成绩。于是学校自动将他们升级为快班。这个时期，马加爵还获得了一次全国物理竞赛的二等奖。“初中时，他无疑是风光的，同学们都非常佩服他。”他的初中班主任说。

1997年，马加爵考进了宾阳中学，这是一所百年名校，是广西16所重点高中之一。他的同学不全来自附近农村，很多都来自外县市，马加爵对世界的看法开始发生变化，他不再像以前那样拼命学习。他开始陶醉在武侠小说的世界里，周末也不再回家。同时，他的不善交际也显得更加明显，没有一个知心朋友。

这时的马加爵在外貌上也产生了变化，开始显得有些凶狠，让人觉得难以接近。由于家境的关系而产生的自卑心理也使得马加爵更加不与外界交流，他的同学回忆："从高一到高三前半学期，他有点破罐子破摔的样子，可以说是混过来的，有时候还会买两瓶啤酒到宿舍喝着解闷。""一开始，同学们认为他很厉害，初中就得过全国竞赛的大奖，到后来都认定他不行了，肯定考不上大学。"而这时马加爵的变化，他的父母并不清楚。

这种状况持续了两年半，但是马加爵在高三的时候，带着20块钱出走到贵港的事件引起了大家对这个平时默默无闻的学生的注意，由于与同学们的交往不多，所以没人知道他可能去了哪里，甚至有人推测他可能选择了轻生。而真实情况是被带进贵港派出所的马加爵惊恐万分，话都说不清楚。警察因为弄不清他的身份就先把他关了起来，直到马加爵把自己的身份讲清后重新回到学校，才结束了这场出走风波。经过这件事情，马加爵如醍醐灌顶，发了疯地恶补以前落下的课，而凭着最后这半年的努力，他竟然考上大学，而且成绩排在班上第四名。

因为他后来拼命苦读，且如愿考上大学，他的家人便没有深入追问他那次突然出走的真相。他用成绩继续掩盖着他性格上的某些缺陷。

3. 扭曲与压抑，大学生活——天堂还是地狱

2000年9月，马加爵在父亲的陪伴下到他亲自挑中的云南大学生物技术专业报到，他也非常喜欢生物技术专业。父子俩带上了家里的全部积蓄——6000元存款，除了留下回去的车费，马建夫将剩余的钱都交给儿子。之后，儿子没有向他开口要过一分钱，但他断断续续给儿子邮寄了几次生活费。"我给他的钱总共不超过1万元，"马建夫说，"他不要钱，说有助学贷款，他还在打零工挣钱。"

大一时，寡言少语的马加爵试图改变自己孤僻的个性，融入大学的文化。看其他同学幽默地开玩笑，他有时也想表现一番，结果往往弄巧成拙，反而让大家觉得他很可笑，情况越来越糟糕。他开始怀疑一切，变得有些神经兮兮，而且脾气越发暴躁乖戾。在和同寝室同学的交往过程中，充满了猜忌和臆断。他说话的次数越来越少，发脾气的叫声却越来越大。伴随时间的推移，他同室友之间的积怨越来越深，严重时，他甚至动手打人。

"大家都觉得他心理有问题，每次同别人闹不愉快，他从不反思自己，总认为是别人找他麻烦。后来，大家只能以远离的方式对待他，但绝没有料到他会如此极端，"马加爵的一位同学说，"一段时间里，不被别人接纳的他变得不羁与反叛。"

久而久之，他找不到倾诉的对象，而遥远的家人并不清楚他内心的痛楚。大学期间，他和父母的沟通几乎是零，老实的父母并不能敏感洞悉儿子的复杂心理，只是在大一时接到过儿子的一封家书。

他的同学说，他越来越孤僻，成为一个严重神经质的大学生。原本丰富的大学生活对马加爵而言是一种折磨。“走上杀人这条路，是他长期压抑之下的被扭曲心理的畸形宣泄。”他的同学说。

在马加爵的老家屋内，有一幅他收集的水墨画，一个特大的“忍”字。说明，他很早就意识到自己的性格缺陷，但是他却始终沉浸在一种“被害意识”中，认为自己是受迫害的一方，他始终没有寻找理性的方法拯救自己，而是选择了可悲的报复手段。从小到大，社会始终选择性地无视了他，学校也很少在学习以外的领域对他予以关怀。就这样，内向、羞涩的性格渐渐地转化成了扭曲和孤僻，马加爵逐渐预谋了自己的凶杀过程，也将自己不断带入到非正常人思维的轨道，最终结出了一颗谁都无法轻易咽下的苦果。

资料来源：新闻晨报，2004-03-16.

讨论题

1. 马加爵的个体心理特征是如何变化发展的?
2. 结合案例，试分析影响马加爵个性形成与发展的因素。

关键词

个性　个性心理特征　个性倾向性

思考与练习题

1. 什么是个性？个性有哪些基本特征?
2. 影响个性形成和发展的因素有哪些?
3. 什么是个性心理特征与个性倾向性?

第4章 个性心理特征

管理者要了解各种个性心理特征之间及其与管理之间的联系，掌握如何在工作中运用被管理者的气质、能力和性格的差异，充分发挥其积极性，提高工作效率。

4.1 气质

4.1.1 气质的定义

在日常生活中，我们常常提到某某人有什么脾气、性情怎样，这里所说的"脾气"、"性情"，即心理学上的"气质"的通俗说法。气质是人的个性心理特征之一，指个人典型地表现于心理过程的强度、速度、稳定性及心理活动的指向性等动力方面的特点的总和。例如，在现实生活中，有的人比较活泼好动，反应灵敏；有的人安静稳重，行动缓慢；有的人干什么事总是比较急躁；有的人则干什么总是慢条斯理。这些人与人在心理特征方面的差异，其实就是气质不同所致的。对气质定义的理解，应从如下三方面入手。

1. 气质是表现心理过程的强度、速度、稳定性及心理活动的指向性方面的动力特征

心理过程的强度是指情绪的强弱、意志努力的程度等；心理过程的速度和稳定性是指一个人的感知速度、注意力集中时间的长短、思维的灵活程度等；心理活动的指向性，即外倾和内倾，指有的人倾向于从外部世界获得新印象，有的人

倾向于从内心世界体验自己的情绪，分析自己的思想和印象。需要注意的是，气质往往只是一个人情感与活动的外部表现形式，它不涉及情绪、活动的动机和内容。例如，同样是工作绩效比较高的员工，有的人表现为精力充沛、热情洋溢，而有的人则表现为任劳任怨、踏实肯干。同样是对组织管理有怨气的员工，有的人表现为大吵大闹，而有的人则表现为忍气吞声。

2. 气质具有天赋性

研究表明，气质与遗传因素有密切关系。每个人生来就具有一种气质，具有某种气质类型的人，常常在各种内容很不相同的活动中会显示出同样性质的动力特点。父母的气质关系到子女具有什么样的气质，同卵双生子的气质类型特征比异卵双生子更为接近，即使同卵双生子不在同一环境中长大，他们的气质类型特征也比较接近。气质具有天赋性，在新生儿期即有表现。例如，有些婴儿好动，喜吵闹，并且不害怕陌生人；有的婴儿安静，害怕陌生人。这些气质的原始特征在人生下来就表现出来，并在随后的儿童游戏、作业和交往活动中保持着，甚至延续到以后多年的发展阶段。更有人研究发现，一个人的气质，在其出生前的几个月就有表现。胎动明显的孩子，出生后易大吵大闹，属“不安型”；胎动不明显的孩子，出生后则比较安静，属“安静型”。

3. 气质具有稳定性

人们常说“禀性难移”，就是指气质与能力、性格相比，更具有稳定性，不容易改变。《三国演义》中的张飞，遇事冲动、急躁、易发脾气、不能三思而后行，这种胆汁型气质不可能在短时间内改变；同理，《红楼梦》中的林黛玉，属抑郁型，也不可能很快转变成一个活泼好动之人。张飞和林黛玉的气质不同，但都是气质稳定性的最好例子。气质虽然具有稳定性，但并不等于气质是绝对不变的。一般说来，气质先在家庭和学校的教育过程中、后在人的职业生涯与社会活动中不断得到发展与改造。在这方面，要注意集体的作用。例如，某组织内一名员工自幼孤僻、胆怯、羞涩，不敢在任何公共场合发表意见，后经主管人员开导，并提供机会使之参加一系列活动和社会工作，委以重任，逐渐克服了孤僻、胆怯和羞涩。此外，研究还发现，气质的某些特征随着年龄的增长而变化。年龄为 5～7 岁的儿童，神经兴奋型的较多；之后，神经兴奋型的人减少，平衡型的逐渐增加；在青春期初期，兴奋型的人又增多；但到青春期结束，兴奋型的人又减少。

4.1.2　有关气质的理论

从古到今，关于气质人们提出了各种不同的学说，形成一系列理论，如体液气质理论、气质的阴阳五行学说、体形气质理论、血型气质理论、激素气质理论及高级神经活动类型气质理论。在此，我们选择其中具有典型意义的两种理论——体液气质理论和高级神经活动类型气质理论予以介绍。

1. 体液气质理论

体液气质理论是古希腊时期的医生和学者希波克拉底（Hippocrates，公元前460年～前377年）在《论人的本性》一书中提出的，它是最早关于气质的理论。希波克拉底认为人体内有四种体液，即血液、黏液、黄胆汁和黑胆汁，分别产生于心、脑、肝、胃。这四种体液在每个人身上所占的比例不一样。血液占优势的人是热和湿的配合，其特点是湿而润，像春天，这就是性情活跃、动作灵敏的多血质（sanguine temperament）；黄胆汁占优势的人是热与干的配合，其特点是热而燥，像夏天，这就是性情急躁、动作迅猛的胆汁质（choleric temperament）；黑胆汁占优势的人是冷与干的配合，其特点是冷而燥，像秋天，这就是性情脆弱、动作迟钝的抑郁质（melancholic temperament）；黏液占优势的人是冷与湿的配合，其特点是冷酷无情，像冬天，这就是性情沉静、动作迟缓的黏液质（phlegmatic temperament）。

希波克拉底还认为，气质在一定程度上依赖于人的生活方式和气候条件，如不爱活动的人的生活方式积蓄黏液，爱活动的人的生活方式则积蓄胆汁，从而产生相应的气质表现。另外，希波克拉底认为，如果四种体液在一个人的身体中所占的比重协调，那么他就健康，即心理正常，否则心理失常。希波克拉底用体液来解释气质类型在本质上是缺乏科学根据的，但他概括出来的这四种气质类型有一定的代表性。至今，心理学家基本上仍沿用这四种气质类型的名称。

继希波克拉底提出体液气质理论500年之后，古罗马的盖伦（Galen，公元129～200年）对其进一步发展，将四种体液搭配成13种类型，并用拉丁语中的“气质”（temperamentum）一词加以命名，这就是今天我们所说的“气质”（temperament）概念的来源。

2. 高级神经活动类型气质理论

高级神经活动类型气质理论是苏联生理学家巴甫洛夫（Ivan Pavlov）于1927年提出来的，主要从高级神经活动过程和类型的差异方面来阐述气质。巴甫洛夫认为，大脑皮质属于人的高级神经活动，其神经活动过程（兴奋和抑制）具有三个基本的特征：强度、平衡性和灵活性。

（1）神经活动过程的强度是指神经细胞接受强烈刺激（或持久工作）的能力，有强弱之分。在一般情况下，神经细胞的兴奋是与刺激的强度相适应的。强刺激可引起神经细胞强的兴奋，弱刺激可引起神经细胞弱的兴奋。但是，在非常强的刺激条件下，情况就不同。兴奋过程强的人对于强的刺激仍能形成条件反射，已经形成的条件反射也能继续保持；而兴奋过程弱的人对于强的刺激就难以形成条件反射，已经形成的条件反射，在刺激强度增加到一定程度时，会出现超限抑制。抑制过程强的人对于要求持续较久的抑制过程能够忍受，而抑制过程弱的人在这种情况下就可能破坏抑制过程，甚至引起中枢神经系统的病理性变化。

（2）神经活动的平衡性指神经的兴奋过程和抑制过程之间的强度是否相当。如果两者的强度是“势均力敌”的，它们的基本神经过程是平衡的；如果其中之一占优势，就是不平衡的。

（3）神经活动过程的灵活性是指对刺激的反应速度，以及兴奋过程与抑制过程相互转换的速度。如果反应迅速，转化容易，说明灵活性较好；反之，则是灵活性较差。

根据神经活动过程的强度、平衡性和灵活性等特性，巴甫洛夫把人类高级神经活动类型划分为四种。①强、平衡而灵活型，又称活泼型，特征是兴奋和灵活。②强、平衡而不灵活型，又称安静型，特征是不大灵活，难以兴奋，迟缓。③强而不平衡型，又称兴奋型，特征是有机体兴奋过程强于抑制过程，很快形成阳性条件反射，阴性条件反射形成得慢而且费力。④弱型，又称抑郁型，特征是难以形成条件反射，持续的或过强的刺激能引起其精力的迅速消耗。

高级神经活动类型同人的气质类型具有一定的关系，主要表现如表 4-1 所示。

表 4-1 高级神经活动类型与气质类型对照表

气质类型	高级神经活动类型	平衡性	灵活性	强度
胆汁质	兴奋型	不平衡		强
多血质	活泼型	平衡	灵活	强
黏液质	安静型	平衡	不灵活	强
抑郁质	抑郁型			弱

巴甫洛夫的高级神经活动类型气质学说，从生理学的角度揭示了气质的先天性这一主要特征，因此，该学说使人们对气质本质的认识前进了一步。但是，气质的心理特征和高级神经活动类型的生理特征之间并不存在一一对应关系，有时几种不同的气质特征可能依赖于同一神经过程的特征；有时一种气质特征依赖于高级神经活动类型的几种不同特征。

4.1.3 气质类型及其表现

1. 判断气质类型的心理动力指标

气质类型以神经系统的基本特征为基础，我们可以根据个体的心理动力指标判断其气质类型。研究表明，人的气质有以下八方面的基本心理特征。

（1）感受性，指人对外界影响的最小强度产生心理反应的能力。

（2）兴奋性，指整个心理反应的产生必需的最小刺激强度及反应速度的快慢。

（3）反应性，指对同一强度内外刺激作出非随意反应的程度。

（4）反应速度，指行为反应和心理过程进行的速度，如动作速度、言语速度、记忆速度、思维的敏捷性、注意力转移的灵活性。

(5) 灵活性，指对外界信号的改造是否敏捷，能否迅速以迂回方式达到目的。

(6) 可塑性，指人在外界情况发生变化时改变自己的行为，以适应环境变化的快慢、变通或保守。

(7) 外倾性和内倾性，指人的心理活动、言语与动作反应表现于外还是表现于内。表现于外叫外倾，即通常所说的"喜形于色"，是神经兴奋过程强的表现；表现于内叫内倾，即通常所说的"沉默寡言"，是神经抑制过程强的表现。

(8) 可交际性，指与人交往的难易程度。

2. 气质类型与行为表现

关于气质的类型，心理学家认为主要有四种：胆汁质、多血质、抑郁质和黏液质。每种气质类型的特征和行为表现如下。

(1) 胆汁质。这种气质类型的人在情绪方面，对喜怒哀乐等情绪的体验非常强烈，且情绪发生速度非常迅速，情绪爆发得快，平息得也快；在智力活动方面，思维活动具有一定的灵活性，但时而有粗枝大叶、不求甚解的倾向；在行动方面，果敢、刚强，工作中表现出顽强力，让人感觉精力充沛，生机勃勃。

(2) 多血质。这种气质类型的人在情绪方面，快而多变，表情丰富，情绪易表露，敏感；在智力方面，思维灵活，反应迅速，但时常表现出浮躁倾向；在行动方面，动作敏捷，对各种事物充满热情，活泼好动，富于生气，喜欢参加一切活动，但工作劲头不长，对环境的适应能力强，好社交而交往不深。

(3) 黏液质。这种气质类型的人在情绪方面，情绪发生慢而弱，沉着冷静，心情一般处于平稳状态；在智力方面，思维迟缓，灵活性差，但头脑冷静，思维较细致；在行动方面，善于从事已经习惯了的工作，且工作热情较高，对新工作难以适应，行动缓慢而踏实。

(4) 抑郁质。这种气质类型的人在情绪方面，情绪发生慢而强，情感生活不丰富，一时失误会导致长时间痛苦；在智力方面，观察力敏锐，对事物的反应有较高的敏感性，思维细致而深刻；在行动方面，动作缓慢，孤僻，胆小，不喜欢表现自己。

以上四种气质类型的划分是相对的，在实际生活中，纯属于某一气质类型的人是极少数的。大多数人是接近于某种气质，又具有其他气质的某些特征，表现为具有中间型或者混合型气质。

4.1.4 提高对气质的认识，树立正确的气质观念

气质对人的社会实践活动有一定的影响，因此，每个人应当认识自己和了解他人的气质特点，特别是对于管理者来说，加深对气质的认识，树立正确的气质观念，对于发挥员工积极性、提高工作效率具有重要意义。

1. 气质类型无好坏之分

气质是人的心理活动和行为动作方面的动力特点的综合，它本身无好坏之分。在很多人看来，胆汁质、多血质的人的思维比抑郁质、黏液质的人更为灵活，在行为上亦更加敏捷；并且随着社会关系在工作中的地位日益突出，前者比后者更容易适应社会。因此认为胆汁质、多血质的人较好，其实这种认识是错误的。因为任何气质类型都既有积极的一面，又有消极的一面。例如，胆汁质的人活动积极、精力充沛，但也有暴躁、任性、感情用事的缺点；多血质的人活泼、敏捷，但有轻浮、多变、不稳定的缺点；黏液质的人冷淡、缺乏活力，但也有沉着、冷静、坚定的优点；抑郁质的人孤僻、胆怯，但有情感稳定、深刻的优点。因此，在现实生活中，我们不能以气质类型来判断一个人的好坏。作为管理者，应认识到不同气质类型的优缺点，时刻注意培养员工的气质，使气质与工作相结合，发扬其积极的一面，克服其消极的一面。

2. 气质不能决定一个人活动的社会价值和成就高低

既然气质类型无好坏之分，那么，气质就不能决定一个人活动的社会价值和成就高低。因为个人的社会价值和成就高低受到很多因素的影响，在社会生活的各个领域中，我们常能发现不同气质类型的杰出人才。以俄罗斯四位著名的文学家普希金、赫尔岑、克雷洛夫、果戈里为例，他们分别具有胆汁质、多血质、黏液质、抑郁质的气质特征，但他们在文学上都取得了杰出的成就。

3. 气质可以影响人的工作效率

不同的工作对气质类型有不同的要求。若某一工作要求作出迅速灵活的反应，多血质和胆汁质的人的工作效率比黏液质、抑郁质的人的效率要高；反之，某一工作要求细致、持久，黏液质、抑郁质的人则比多血质、胆汁质的人更易胜任工作。

4. 气质可以影响人的情感和行动

在对气质进行分类时，我们指出了各种气质类型在情绪和行为方面的不同特征表现。气质对于形成和改造人的某种情感与行动特点或个性特征等方面，都具有很大的影响。因此，在从事管理工作时，应针对不同的气质类型采取不同的管理方式。

4.1.5 气质差异的应用

1. 应用的范围

各种气质类型往往都有积极的一面和消极的一面。许多企业，尤其是某些特殊的工业企业，对人员的气质特征有更高的要求。如果人们能够从事较适合其气质特征的工作，则能扩大气质积极的一面，缩小消极的一面，从而保证工作的安全和效率的提高。因此，应当根据气质的差异，妥善地安排人们的工作岗位。可以从人机关系、人际关系、思想教育等方面考虑应用气质差异。

(1) 人机关系。一般来说，现代工业企业的各种工作，都存在着人与机器的关系问题。机器的操纵要求人员具备某些气质特征。如果人员的气质特征符合操纵机器的要求，使人机关系协调，则能保证工作的正常运行；若是人机关系失调，就有可能导致人的动力性行为失误，轻者影响工作效率，重者造成重大事故。与人机关系有关的气质特征，主要有对工作的胆量和忍耐性，行为的强度、速度和灵活性。

(2) 人际关系。人际关系是影响工作效率的一个重要因素。管理人员应当了解每一个员工与人际关系有关的气质特征，主要是心理过程的倾向性，即外倾性和内倾性。外倾性明显者，人际关系可能较好；内倾性明显者，人际关系可能较差。

(3) 思想教育。在对员工进行思想教育的过程中，如果必须采取批评教育时，也要考虑到不同气质类型的员工对挫折的容忍力的差异而采取不同的批评方式。胆汁质、多血质的人对于挫折的容忍力较大，因此，对他们可以严厉批评，并且只有这样才足以使他们认识并改正错误。但是，抑郁质的人对挫折的容忍力较小，因此，最好避免当众批评，而应对其教育引导，从正面多多加以鼓励。

2. 应用的原则

(1) 气质绝对原则。有些特殊的专业工作要求人员具备某些气质特征，如果这些气质特征未能达到所要求的水平，那么工作将很难进行，甚至造成重大事故。因此，为了适应这种工作，必须以其所要求的气质特征为绝对标准来挑选和培训人员，这叫做气质绝对原则。

(2) 气质互补原则。一般组织的工作，虽然对气质特征有一定的要求，但并非完全必要。有的可以由别的气质特征予以适当的补偿，基本上不影响工作任务的完成，这叫做气质互补原则。前面已经述及，气质特征有积极的一面和消极的一面，在实际生活中，人们常常会发现，某种气质类型消极的一面，对于从事某种工作来说，消极会转化为积极；对从事另一种工作而言，积极可能会转化为消极。这个原则指的就是这两个方面在一定条件下的互补。

(3) 气质发展原则。虽然人们的原始气质特征是遗传的，要对其加以改变并不容易，但在一定主客观条件的影响下，气质特征终究会发生某些变化。何况大多数人都属于中间气质型，更有利于气质类型或特征的改变。因此，对那些经过气质测量而被认为不合格的人，应认识到通过培训可能使其气质得到一定程度的发展，这就是气质发展原则。

综上所述，气质是影响人的心理活动和行为活动的动力，是人的稳定的心理特征之一。不同气质类型的人具有不同的情绪和行为，但并不等于气质决定人的心理和行为。气质作为人的稳定的心理特征之一，与其他心理特征相比，在人的精神世界只有从属的意义。尽管如此，管理者还是应当重视气质的影响，做到因人而用，因人而治。

4.2　性格

4.2.1　性格的定义

性格（character）对每个人来说都不是陌生的心理现象，它是一个非常古老的概念。早在春秋时期，孔子就把人分为庸人、士人、君子、贤人，每种人都有不同的性格。刘劭在所著的《人物志》中划分了 12 种性格类型，即强毅、柔顺、雄悍、惧慎、凌楷、辩博、弘普、狷介、休动、沉静、朴露、韬谲。西方最早关于性格的著作是公元前 3 世纪由古希腊的科学家和哲学家提奥夫拉斯塔（Theophrastus）所著的《各种各样的人》。在此书中，他把不同人身上表现出来的“阿谀奉承”、“吝啬”、“贪婪”等 30 种特征，都用“性格”一词来概括。

管理心理学中所说的性格是指个人对现实的稳定的态度和与之相适应的、习惯化了的行为方式，是表现在态度和行为方面的较稳定的心理特征，是区别个性的主要心理标志。个人偶然表现出来的态度和行为方式，并不是这个人的性格特征。如果某个人一向处事很果断，如果偶尔一次表现得比较优柔寡断，并不能以此说明他的性格就是优柔寡断。因为只有那些经常性的、稳定性的表现才是个人的性格特征。

性格的形成与个性是有机地结合在一起的，是在一个人的生理素质基础上，在社会实践中逐渐形成、发展和变化的。对于性格，我们可以从四个方面理解：首先，性格表现在人对现实的态度和其行为方式中；其次，性格是独特的个性特征；再次，性格是稳定的个性特征；最后，性格是后天获得的，具有鲜明的社会制约性。

4.2.2　性格的结构

性格是一种十分复杂的心理现象，是一个多维结构，包括多个侧面，每个侧面具有不同的特征。这些侧面与其特征共同构成一个完整的性格结构。

1. 性格的态度特征

性格的态度特征主要是指人对现实的态度及在处理各种社会关系方面表现出来的特征。根据不同的态度体系，可把性格的态度特征分为三类。

（1）表现一个人对待社会、集体和他人的态度时的性格特征，如集体主义和个人主义，诚实和虚伪，热情和冷漠等。

（2）表现一个人对待劳动、生活、学习的态度时的性格特征，如积极和懒惰，认真和马虎，耐心和浮躁，具有首创精神和墨守成规等。

(3) 表现一个人对待自己的性格特征，如谦虚和骄傲，自尊和自卑，严格和放任等。

2. 性格的理智特征

性格的理智特征是指人在感知、记忆、想象和思维等认识活动过程中所表现出来的特征。它主要表现在以下四个方面。

(1) 感知方面：①被动感知型和主动观察型；②知觉的详细分析型和综合概括型，前者特别注意事物的细节特征，后者特别注意事物的整体和轮廓；③快速感知型和精确感知型，前者感知快而不深入，后者观察精细而敏锐。

(2) 记忆方面：①直观形象记忆型和逻辑思维记忆型；②主动记忆型和被动记忆型；③机械记忆型和意义记忆型。

(3) 想象方面：①现实主义想象型和超现实主义想象型；②主动想象型和被动想象型；③创造想象型和再造想象型。

(4) 思维方面：①分析型和综合型；②主观片面型和客观全面型；③保守型和创新型。

3. 性格的情绪特征

性格的情绪特征指人在进行情绪活动时，在情绪的强度、稳定性、持续性和主导心境等方面表现出来的特征。这里的情绪活动既包括情绪对人活动的影响，又包括人在活动时对情绪的控制。根据这一定义，可将性格的情绪特征分为四个方面。

(1) 强度特征，表现为一个人受情绪的感染和支配的程度，以及情绪受意志控制的程度。若人情绪体验微弱，即情绪的强度较小，则易于受意志控制；反之亦然。

(2) 稳定性特征，表现为一个人情绪起伏波动的程度。情绪平稳而起伏度较小，对情绪的控制较容易；反之亦然。

(3) 持久性特征，表现为一个人受情绪影响的时间的久暂程度。

(4) 主导心境特征，指不同的主导心境在一个人身上表现的程度。例如，“乐天派”总处于精神饱满、愉快欢乐的情绪中，他们的主导心境是积极的；“忧愁派”总让人感觉精神委靡、抑郁忧伤，他们的主导心境是消极的。

4. 性格的意志特征

性格的意志特征指人在对自己行为的自觉调节方式和水平方面所表现的特征。按照调节行为的依据、水平和客观表现，性格的意志特征可以分为四个方面。

(1) 对行为目的明确程度的性格特征，主要有行动前是否有明确目的；行动中是否坚持主见，不轻易改变决定，是否有严格的纪律性等。

(2) 对行为自觉控制水平的性格特征，主要有行为是主动的还是被动的，是自制力行为还是冲动行为等。

（3）在紧急或困难情况下表现出来的性格特征，是沉着冷静还是惊慌失措，是果敢决策还是犹豫不决，是献身精神还是贪生怕死等。

（4）在长期工作或学习过程中表现出来的性格特征，如持之以恒和见异思迁，坚忍不拔和半途而废等。

4.2.3　有关性格的理论

西方学者有关性格的理论众多，且有学派的分别，这里主要介绍简单的性格类型理论、复杂的性格类型理论和性格的多特质理论。这些理论有助于增强管理人员对员工性格的了解和认识。

1. 简单的性格类型理论

简单的性格类型理论是相对于复杂的性格类型理论来说的，它从两个维度来划分性格类型。提出这类理论的代表人物有培因、荣格、威特金和阿德勒。

（1）培因的心理机能优势理论。培因（A. Bain）是19世纪的英国心理学家，他依据理智、情绪和意志三种心理机能何者在性格结构中占优势，把人的性格分为理智型、情绪型和意志型。在他看来，理智型的人常以理智来衡量周围发生的事物和支配自己的行为；情绪型的人的行为常受情绪所左右；意志型的人具有明确的行动目的和较强的自制力。除了这三种类型，还可以划分出中间的类型，如意志-理智型等。

（2）荣格的内外倾理论。荣格（C. G. Jung）是瑞士心理学家、精神分析学派创始人弗洛伊德的弟子、分析心理学的创始人。他在1921年出版的《心理类型学》一书中，系统地阐述了自己的性格类型观点，将性格分为外倾和内倾两大类型。所谓外倾，是指个体把兴趣和关心倾向于外部客体，并形成习惯化的状态，其特点是情感外露，自由奔放，独立性强，决策果断，领导能力强，善于交际，易轻率；所谓内倾，是指个体把兴趣和关心倾向于自身，并形成习惯化的状态，其特点是谨小慎微，不善于交际，适应环境困难，缺乏实际行动。

荣格认为，任何人都有外倾和内倾两种机制，只是其中某一种占相对优势，从而把人的性格分为外倾型和内倾型。与此相对应，荣格把外倾型和内倾型与思维、情感、感觉和直觉四种基本机能相结合，提出性格的八大模式：外倾思维型、内倾思维型、外倾情感型、内倾情感型、外倾感觉型、内倾感觉型、外倾直觉型和内倾直觉型。

（3）威特金的场独立性-场依存性类型说。威特金（H. A. Witkin）是美国心理学家，最初他在研究知觉时发现有的人很难从视野中分离出知觉的单元，有的人则比较容易分离出来，由此提出知觉的场依存性和场独立性。后来的研究进一步发现，不但在知觉过程中，而且在思维和性格等领域也有场独立性和场依存性问题。在实际生活中，场独立性的人，独立性大，不易受暗示，易于完成需要找出问题的关键成分和重组材料的任务，社会敏感性差，不太注意他人提供的线索。场依存性的人，独立性差，易受暗示，易受他人影响，爱好社会交往。

(4) 阿德勒的独立-顺从理论。阿德勒（A. Adler）是奥地利心理学家，他依据个体竞争性的不同将人的性格划分为独立型和顺从型两种。独立型的人，追求优越感，好胜，不甘落后，奋发图强；顺从型的人，具有自卑感，遇事不甘落后但又不喜欢与人竞争，时而行为举止古怪。

2. 复杂的性格类型理论

复杂的性格类型理论是从两个以上的维度来说明人的性格类型的。代表人物有艾森克和斯普兰格。

(1) 艾森克的性格理论。艾森克（H. J. Eysenck）是英国心理学家，他利用因素分析的方法，在荣格的内外倾理论的基础上提出自己的理论。艾森克从内倾和外倾、稳定性和不稳定性、求实性和不求实性三个维度来划分性格类型。内倾和外倾已如前述；稳定性和不稳定性是指一个人对一类事物的行为是否有变化；求实性和不求实性是指办事情是否常常根据逻辑且实事求是地进行。艾森克的性格理论如图 4-1 所示。

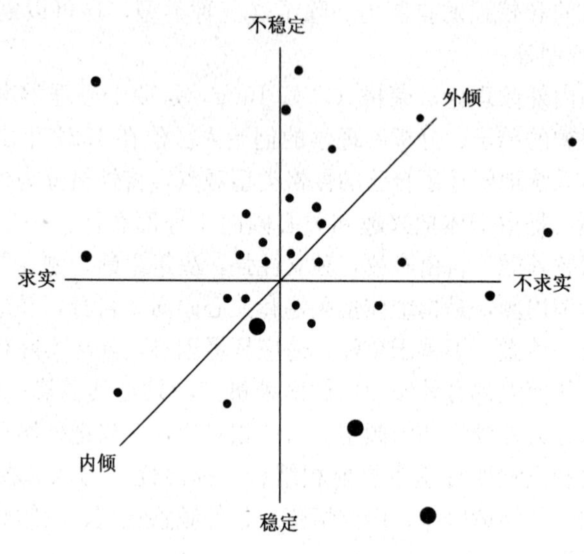

图 4-1 性格的三维度图

艾森克的性格三维度图中黑点表示处于第三维度的内外倾程度，其中黑点越大，表示越内倾，反之则表示越外倾。结果表明，这两类行为模式乃是一个连续体的两个极端。而极端内倾和极端外倾者是少数，多数人介于内、外倾之间。

（2）斯普兰格的文化-社会类型理论。斯普兰格（E. Spranger）是德国心理学家，他在1914年出版的《生活方式》一书中提出以价值观的不同来划分性格类型。他认为，人类的社会生活有六个基本领域，即理论、经济、审美、社会、权力和宗教。依据每个人对这六个基本领域所产生的特殊的价值观而划分出六种性格类型，即理论型（以追求真理为生活目的）、经济型（以获得财产和追求利润为生活目的）、审美型（以追求美为生活目的）、社会型（以重视他人为生活目的）、权力型（以获得权力为生活目的）和宗教型（以爱人、爱物为生活目的）。

3. 性格的多特质理论

特质（traits）即特性，是美国心理学家为了使自己的性格理论区别于其他国家心理学家的性格理论而提出来的一个概念。代表人物有奥尔波特（G. W. Allport）、卡特尔（J. M. Cattell）、吉尔福特（J. P. Guilford）。

（1）奥尔波特的特质理论。奥尔波特认为，特质是个体对环境刺激作出反应的一种内在倾向，由遗传和环境两个因素作用而形成，对个体的行为具有动机的作用。他将特质分为一般特质和特有特质，前者是在一定社会文化形态下，所有的人都具有的概括的倾向，是性格的共同部分；后者是由个体生活方式的特定环境造成的，是使个体相互区别的主要因素。其中特有特质又可分为三类：首要特质、中心特质、次要特质。首要特质是个体最独特性格的特质；中心特质是个体性格特征的核心部分；次要特质是个体在特定情境中才表现出来的一种暂时的性格特质。奥尔波特对特质的看法如图4-2所示。

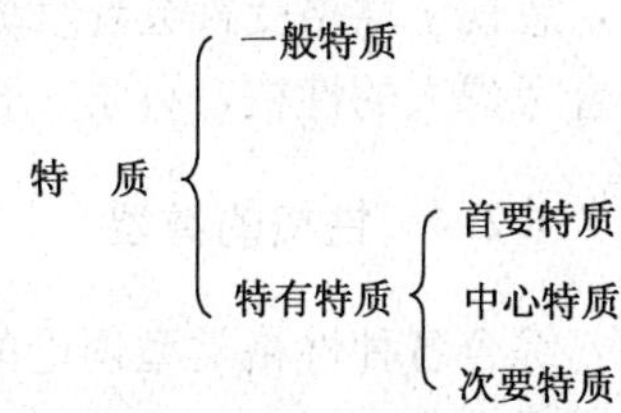

图4-2　奥尔波特的特质分类图

（2）卡特尔的特质理论。卡特尔采用因素分析的方法，把特质分为表面特质和根源特质。表面特质是经常发生的、从外部可以观察到的行为表现，但是它不太稳定，根据表面特质来了解一个人的性格可能会出现偏差；根源特质隐藏在表面特质的背后，需要通过因素分析的方法才能揭示，具有相当持久的特点。卡特尔共总结出16对32种根源特质：含蓄或坦率；迟钝或灵敏；激动或稳定；谦虚或武断；严肃或随和；善变或认真；畏缩或莽撞；硬心肠或软心肠；相信或多疑；重实际或重想象；直爽或善变；自信或谨慎；保守或探新；乐群或自足；随便或自制；轻松或紧张。卡特尔指出，每对特质都可以作为考察人性格的指标。在这16对32种特质中，每对特质的差异都是反向而连续的量的差异，而每对特质之间又有质的区别。

（3）吉尔福特的特质理论。吉尔福特认为，性格是各种特质构成的独特模式，性格特质是个体间有所不同的可以辨别而持久的特性，可以划分为需要、兴趣、态度、气质、能力倾向、形态和生理特点等七类。各个特质组成一个包括三部分的层次式结构。在这个结构中，最底层的特质叫做“基倾”，是个体在特殊情况下表现某种行为的倾向；中间层的特质叫做“基本特质”，由多个基倾组成；最高一层叫做“类型”，位于基本特质之上，由涉及范围更广的多种基本特质构成。

以上各种性格理论从不同侧面揭示了性格的不同类型，各有可取和参考、借鉴之处。但是，每种理论似乎都把人类复杂的性格简单化了。培因的心理机能优势理论忽略了人对现实的态度体系；荣格的内外倾理论只把人的性格分成内倾和外倾两种；威特金只从认知方式来说明人的性格类型；斯普兰格只根据价值观的不同来划分性格类型，却未考虑到人的价值观并不是单一的，而是多种价值观的混合物；卡特尔的特质理论未揭示性格特质形成的社会原因，使人们缺乏从整体上对性格的理解；吉尔福特的特质理论过分强调特质的遗传性、稳定性和不变性，忽视了性格受社会环境影响的一面等。在现实生活中，我们应通过各个侧面综合考虑人的性格，科学、合理地划分性格类型。

4.2.4 性格的类型

综合各种性格类型理论的优点，除却其不足之处，可以从四个方面对性格类型进行划分。

（1）根据知、情、意在性格中的表现程度，可将性格划分为理智型、情绪型和意志型。这是培因的心理机能优势理论在现实中的运用，是日常生活中极典型的性格类型，然而，实际生活中大多数人的性格属于混合型。

（2）根据心理活动的倾向性，可将性格划分为内倾型和外倾型。这是荣格的内外倾理论的运用。同第一种划分方式一样，现实中大多数人性格亦属于混合型。

（3）根据个人独立性程度，可将性格划分为独立型、顺从型和反抗型。独立型和顺从型我们已在阿德勒的独立-顺从理论中了解到。所谓反抗型，是喜欢把自己的意志、愿望强加于人，容易以自我为中心，相信依靠自己的力量可以改变他人的性格特征。

（4）根据文化、社会学等观点，可将性格划分为理论型、经济型、审美型、政治型、社会型和宗教型，这是斯普兰格的文化-社会类型理论的运用。

4.2.5 性格与管理

性格与管理的关系非常密切，它不仅关系到管理者如何更好地选人与安排工作，而且涉及如何针对不同性格类型的人实施不同的思想教育工作。为此，管理者仅仅了解有哪些性格类型是不够的，还必须首先采取合理的方法对员工的性格类型进行鉴定。在一般情况下，人们经常依靠自己的经验去鉴定一个人的性格。

作家在观察人物、教师在评价学生时都是这样做的。但是，比起能力或其他心理方面的鉴定，性格鉴定存在着特殊困难。因为环境因素和人的行为表现十分复杂，若鉴定一个人的性格就必须作系统的观察研究，并善于从极其多样的行为方式中选择典型的行为方式。同时，还要区分一时性的偶然行动和体现性格动力特征的行为方式。性格鉴定的方法有很多，如观察法、谈话法、个案法、实验法等。但由于性格的复杂性，以上方法都不能很完整地鉴定性格类型。为了使被鉴定的性格比较符合实际情况，多采用综合分析法，即把观察法、谈话法等多种方法结合起来加以运用。通过观察法分析一个人的外部表现；利用谈话法直接或间接了解被鉴定者的态度行为；通过对有关人员的访问，了解他过去的背景、现实的状况和未来的向往；最后，把获得的各种资料系统地加以分析整理，鉴定出其性格特征和类型。

环境对个人性格的影响很大，性格的可塑性很大程度上是通过环境中各种因素的作用体现出来的。因此，管理者在鉴定出员工的性格类型后，应尽量创造出一种可以促使其成长与成熟的环境，让员工在潜移默化中逐渐塑造良好的性格。例如，管理者可创造激励竞争的环境，让员工勤奋工作，改变懒惰性格，使他们在竞争中积极主动地发挥才能。除了对员工的性格类型进行鉴定及创造良好的环境外，性格与管理的关系还表现在管理者依据人的性格特征，科学地安排工作，使工作与人的性格相适应，用其所长，避其所短，遵循性格顺应原则、性格互补原则；根据员工的不同性格类型实施不同的思想教育方式，对自尊心强的人做思想工作时应采用个别谈心方式，对感情易冲动的人进行“冷处理”，对性格倔犟的人应尽量心平气和，避免陷入僵局。这些都是性格类型理论在管理中的运用。

4.3 能力

4.3.1 能力概述

1. 能力的定义

能力（ability）是个体顺利完成某种活动所必需的并直接影响活动效率和效果的个性心理特征，通常是指个体从事一定社会实践活动的某种本领。例如，管理人员要具有一定的观察力，工程师要具有一定的想象力，画家要具有一定的视觉记忆力，这些都是能力的最普遍体现。

能力一词有两种含义：一是指个人的“所能为者”，即目前已经具有或表现出来的实际能力；一是指个人的“可能为者”，即潜在能力。潜在能力是一个抽象的概念，它只是各种实际能力展现的可能性，只有在遗传和成熟的基础上，通过学习才可能把潜在能力变成实际能力。潜在能力和实际能力密切联系着，潜在能力是实际能力形成的基础和条件，实际能力是潜在能力的展现。

也有人主张将能力分为智力、性向和成就三种。智力指个体的一般能力；性向指个体可以发展的潜在能力；成就指个人通过教育或训练在学识、知识和技能方面已经达到的较高水平。这种主张在现实中也有其科学成分，但其运用不如前者那样广泛。

能力与活动关系密切，能力总是和一定的活动联系在一起的。例如，教师的教学能力是与教学活动联系在一起的，而医生的诊疗能力又是通过具体的医疗活动来体现的。一方面，人的能力在活动中形成和发展，并且在活动中表现出来；另一方面，从事某种活动又必须以一定的能力为前提和基础。能力是人们成功地完成某种活动所必需的个性心理特征，但并不是说凡与人的活动有关并在活动中表现出来的所有的个性心理特征都可以称做能力，只有那些直接影响活动的效率并使活动的任务能够顺利完成的必需的心理特征才是能力。例如，人的气质和性格虽然也表现在人的活动中，并对活动的完成产生一定的影响，但他们不是顺利完成某种活动的最直接的心理特征，因此不能称之为能力。相反，如果一位教师不具备流畅的口头表达能力、严密的逻辑思维能力和教学组织能力，就不能胜任教学工作，这种教师必备的心理特征才是能力。

此外，要想完成一项活动，需要多种能力结合构成一个系统，单凭一种能力是不行的。如果教师只是口头表达能力强，而其他能力都很差，就不能胜任教学工作，因为他可能由于不善于组织教学而无法传授好知识。同样，一位教师逻辑思维能力很好，知识也很丰富，但口头表达能力很差，那他也不能成为一位好教师，因为他讲的知识可能他自己心里明白却不能使学生明白。

在完成某项任务时，各种不同的能力构成适合于不同工作的能力系统，这种能力间完备的结合，就叫做才能。才能是一个人顺利完成某种复杂活动所需要的多种能力的完备结合。领导才能是领导者顺利完成领导活动的多种领导能力的完备结合。其中，组织领导能力最为关键。领导才能是一个系统功能结构，应包括人际关系能力、授权能力、用人能力等各个方面。

天才是才能的高度发展，是多种能力最完备的结合，能使人迅速地、创造性地完成任务。单一的能力即使达到高度发展的水平也不能称为天才。天才由高度发展的一般能力和特殊能力组成，特殊能力是与所进行的活动最息息相关的能力。天才不是天生的，但天才必须有优良的遗传素质，在此基础上，通过正确的教育方式，再加上自己的勤奋努力及良好的社会历史条件才能形成。

2. 能力与知识、技能的关系

能力与知识、技能不同。能力是人们顺利完成某种活动的本领或条件。知识是整个人类在实践活动中积累起来的经验，从本质上属于认知的范畴。技能则是人们运用知识和经验完成一定实践活动的方式，是个体通过反复的实践活动所得到的熟练的行为方式。

能力和知识、技能又有着密切的联系。能力是掌握知识与技能的前提。没有一定的思维能力、记忆能力、语言能力、操作能力等，知识和技能都难以得到掌握和提高。能力强的人，掌握知识和技能就比较容易，反之就比较困难。另外，能力提高的过程也是掌握知识和技能的过程。离开知识的学习和技能的训练，能力也很难得到发展和提高。

4.3.2 能力的分类

根据不同的标准，能力可分为以下四种。

1. 根据能力使用的普遍性，可将能力分为一般能力和特殊能力

（1）一般能力又称基本能力，是指在很多种基本活动中表现出来的能力，如观察能力、记忆能力、表达能力、思维能力等。通常人们习惯于把一般能力与智力（或智能）作为同一概念来理解。一般能力是人们完成任何活动都必需的，一个人的一般能力比较低，就是人们通常所说的“能力低下”。

（2）特殊能力是指在某种专业活动中所表现出来的能力，如数学能力、音乐能力、各种专业技术能力等。

一般能力和特殊能力是相互联系、相互促进的辩证统一关系。一方面，一般能力是特殊能力的重要组成部分，也是特殊能力发展的基础，某种一般能力在某种活动领域中得到特别的发展，就可能成为特殊能力；另一方面，在特殊能力得到发展的同时，也发展了一般能力。

2. 根据能力表现出来的创造性成分，可将能力分为再造能力和创造能力

（1）再造能力又称模仿能力，是指人们通过观察他人的活动和行为，然后以相同方式作出反应的能力。它所表现出来的创造性成分较低，却是个体早期获得知识、经验的重要途径和手段。

（2）创造能力是指产生新的思想和新的产品的能力，它提出解决问题的新模式、新方式和新途径。衡量创造能力必须以三点为标准：首创性、独特性和社会价值。

3. 根据能力应用的不同方面，可将能力分为认知能力、操作能力和社交能力

（1）认知能力也就是我们一般所讲的智力。人的认识能力，如感知力、观察力、想象力、注意力都属于认知能力。认知能力是人们认识客观世界，获得各种知识的最基本、最主要的能力。

（2）操作能力是人们有意识地调节自己的肢体作用于客观世界的能力。认知能力是操作能力的基础，认知能力越深入，操作能力越顺利；反过来，操作能力又会促进认知能力的提高和深化。

（3）社交能力是人们在社会交往活动中所表现出来的能力，如处理人际关系能力、组织管理能力、领导能力等。社交能力的高低，可以看出一个人社会性成熟的程度。

4. 根据能力本身的主次、高低，可将能力分为优势能力和非优势能力

一个人可能同时兼备多种能力，但是这些能力并不是在同一水平上，而是有高有低，有主有次的，共同形成一个能力系统。通常其中某种能力处于主导地位，而另一些能力处于从属地位。我们将那些处于主导地位的能力称为优势能力，把那些处于从属地位的能力称为非优势能力。在工作实践中，人们应当尽量充分发挥优势能力，以做到才尽其用。例如，某一员工可能在管理能力、人际交往能力、操作能力方面都表现出超出一般员工的水平，但他的人际交往能力属于优势能力，这时作为管理者，在分配任务和岗位时，应创造条件使他的人际交往能力得到发挥。

4.3.3 有关能力的理论

有关能力的理论主要分为两大类：一类是从能力构成要素的角度提出来的，被称为能力的因素说；一类是从能力结构的角度提出来的，被称为能力的结构说。

1. 能力的因素说

（1）能力的二因素说。能力的二因素说是由英国心理学家斯皮尔曼（C. Spearman）于1904年提出来的。他根据人们完成智力作业时成绩的相关程度，将能力分成两种因素：一般因素（G因素）和特殊因素（S因素）。G因素是决定一个人能力高低的主要因素，主要来自遗传。因此，父母能力的高低直接影响下一代的能力水平。S因素是人们从事某些特定的作业或活动时所必需的。任何一项作业的完成都是由G因素和S因素两种因素决定的，如果作业中包含的G因素越多，则各种作业的成绩的正相关值越高；相反，如果作业中包含的S因素越多，则成绩的正相关值越低。能力的二因素说促进了智力测验的兴起和发展，并为智力测验提供了理论依据，但能力的二因素说也存在不足。首先，G因素的具体含义不明确，斯皮尔曼认为G因素在很大程度上来自遗传，具体有多少是来自遗传的，他没有说清楚；其次，他坚决否认群因素的存在，然而，人类在本性上是过群居、群体生活的，群因素对个体能力的影响是不争的事实；最后，他将G因素和S因素对立起来，未看到它们之间的辩证统一的联系，以及两因素在一定条件下的相互转换。

（2）能力的独立因素说。能力的独立因素说是由美国心理学家桑代克（E. L. Thorndike）提出来的。他认为人的能力中不包括G因素，而是由许多独立的成分或因素构成的。不同能力或不同因素间彼此没有联系，能力的发展只能是单

个能力独立地发展。桑代克提出，能力由三种独立的因素组成：①抽象能力，包括心智能力，特别是处理语言和数学符号的能力；②具体能力，指一个人处理事物的能力；③社会能力，指处理人与人之间相互交往的能力。桑代克的能力的独立因素说对能力的二因素说作了补充和发展，这是其主要贡献。但他所说的社会能力并非独立的因素，他也没有说明三个因素之间存在什么样的关系。他否认 G 因素的存在也不符合事实。关于独立因素说的依据，桑代克也未作出任何有说服力的说明。

(3) 能力的群因素说。能力的群因素说是由美国心理学家瑟斯顿（L. L. Thurstone）提出来的。他首先避开使用 G 因素这个概念，而是运用多因素分析方法，将智力分成七种主要的基本心理能力，包括言语能力、数学能力、空间能力、知觉能力、记忆能力、推理能力和词汇流畅能力。最初，瑟斯顿认为这七种能力在功能上是相对独立的，也就是说它们之间的相关性非常低，或者是零相关，但通过研究发现，它们彼此有正相关关系的存在。随着研究的深入，他又提出在七种主要的基本能力因素以外，还有二级的 G 因素的存在。瑟斯顿的能力的群因素说，对于后来的能力研究影响较大。首先，该学说直接影响了当代心理学界对智力结构的研究；其次，该学说以多因素分析方法为基础提出来，为后来研究智力本质开辟了一条新的道路。但是在该学说中，关于 G 因素和群因素二者在智力中的作用及它们之间的关系，瑟斯顿一直没有作出明确的说明。此外，瑟斯顿认为智力由七种基本能力构成，并且这些基本能力是相互独立的，彼此没有任何联系，但实际研究结果却与这种理论假设相矛盾，因而不能不说这是该学说的一大缺点。

2. 能力的结构说

能力的结构说把能力看成具有多种成分的复杂结构，代表性的观点主要有弗农（P. E. Vernon）的智力层次结构说和吉尔福特（J. P. Guilford）的智力三维结构说。

1）弗农的智力层次结构说

弗农的智力层次结构说继承和发展了斯皮尔曼关于能力的有关观点。他认为智力是按层次排列的一个结构体系（图 4-3），且主要由四个层次组成。最高层是 G 因素；第二层是两个主要群因素（又称大因素群），包括言语—教育能力（V∶ED）和实际机械能力（K∶M）；第三层是次级群因素（又称小因素群），包括言语理解、数量、机械信息、空间能力和手工操作能力；第四层是 S 因素，即各种各样的特殊能力。

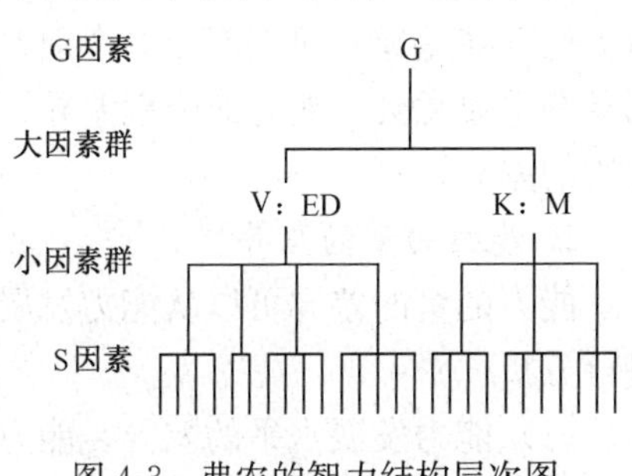

图 4-3　弗农的智力结构层次图

2）吉尔福特的智力三维结构说

美国心理学家吉尔福特（J. P. Guilford）根据智力测验研究结果的因素分析，提出智力三维结构模型。他把智力区分为三个维度：内容、操作和产物。智力活动的内容是测验时给予的信息，是智力活动的对象和材料，包括视觉的、听觉的、符号的、语义的和行为的；智力操作是指智力的加工活动，即根据测验时所给予的信息内容进行加工，包括认知、记忆、发散式思维、聚合式思维和评价；智力活动的产物是指智力加工所产生的结果，包括单元、类别、关系、系统、转换和蕴涵六个方面能力类型。每个维度中的任何一个项目与另外两个项目相结合，就可以得到总共 5×5×6＝150 种结合，每一种结合代表一种能力因素（图 4-4）。

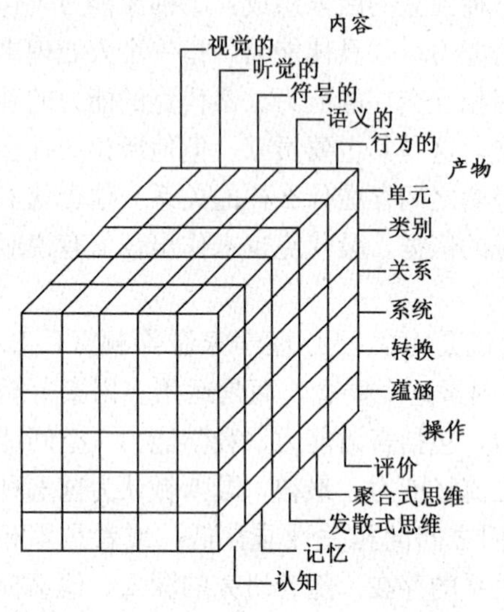

图 4-4　吉尔福特的智力三维结构模型

吉尔福特通过研究，证实了 150 个独立因素中有 105 个因素存在。1988 年，吉尔福特将操作维度改为认知、长时记忆、短时记忆、发散式思维、聚合式思维、评价，最终使智力三维结构模型具有了 5×6×6＝180 个独立因素。

吉尔福特的智力三维结构模型丰富了人们对智力本质，特别是智力的复杂性的认识，并为认识人类智力和开发人类智力资源提供了一定的线索。但这一模型也具有明显的缺点。首先，他否认 G 因素的存在，坚持智力因素的独立性，没有看到二者之间的对立统一的辩证关系；其次，他将智力因素划分为无数个小的分散的因素，使人看不到智力系统的整体性。

4.3.4 能力的个别差异

由于个人的先天素质、后天所受教育、所从事活动的不同，人与人之间在能力上也存在差异。研究能力的个别差异对于管理中人尽其才、适得其所和才尽其用具有重要意义。能力的个别差异一般表现在两个方面：能力的量的差异和能力的质的差异。

1. 能力的量的差异

能力的量的差异可以从能力发展水平的差异和能力表现早晚的差异两个方面进行分析。

（1）能力发展水平的差异。能力的发展水平有高有低。在相同条件下，如果一个人在某种活动中表现出较别人好的成绩，就表示他有较高的能力，能力高度发展有可能成为天才。与此相反，如果一个人活动的效果不好，一般说他是一个在某方面能力低下的人。一般说来，能力的发展可以分为两类：一是能力的全面发展，如毛泽东既有政治领导、军事指挥才能，又有文学、书法才能；二是单方面能力的发展，如在文学方面有杰出创作才能的屈原、杜甫、李白等，艺术方面的画家、音乐家等。

（2）能力表现早晚的差异。能力的表现有早有晚。有些人的能力在儿童时期就表现出来了，心理学家称这种情况为“才能的早期表现”或“人才早熟”。早熟人才在历代屡见不鲜，如李白 5 岁时能通六甲，7 岁时能观百家；莫扎特 5 岁时开始作曲，8 岁时创作出交响乐，11 岁时创作出歌剧。有些人的能力则在年龄很大的时候才表现出来，这常被人称为“大器晚成”。例如，牛顿小时候被老师和同学称为“笨蛋”，因为他的成绩在班里总是倒数第一，后来却成一位伟大的科学家；爱因斯坦 3 岁时才开始说话，被认为智力落后者，他第一次考大学没有被录取，第二次才勉强入学，但后来通过努力，终于创立了改变现代物理学发展的相对论；达尔文、亚里士多德也都是大器晚成者。

2. 能力的质的差异

能力的质的差异是指能力的结构性差异。人的能力是由不同因素构成的，由于各种因素发展的不平衡，人们在能力的不同方面表现出很大的差异，具体包括下列四个方面。

（1）在知觉方面。一些人的知觉属于综合型，特点是富于概括性和整体性，但分析力比较弱；一些人的知觉属于分析型，特点是有较强的分析力，对细节感知清晰，但整体性分析不够好；一些人的知觉属于分析综合型，具有上述两种类型的特点。

（2）在表象活动方面。一些人视觉表象占优势，另一些人听觉表象占优势，还有一些人运动表象占优势，也有一些人几乎能在同等程度上运用各种表象。这样，表象的类型相应地就可以分为视觉型、听觉型、动觉型和混合型四种。

（3）在记忆方面。一些人运用视觉识记的效果较好，另一些人运用听觉识记的效果较好，还有一些人运用运动型知觉识记的效果较好，也有一些人运用多种记忆表象识记的效果比较好。这样，记忆的类型相应地也可以分为视觉型、听觉型、运动型和混合型四种。

（4）在言语和思维方面。高级神经活动类型不同，两种信号系统活动特点的不同，就使得一些人言语特点是形象的，情绪的因素占优势，属于生动的言语类型（或称形象思维型）；一些人的言语特点是概括的，逻辑的联系占优势，属于逻辑联系的言语类型（或称抽象思维型）。绝大多数人兼有这两种类型的特点，称为中间型。

综上所述，正是这些差异的存在，才使得人们相互区别开来。能力的形成和发展，是通过许多因素共同作用而实现的。因素不同导致能力的差异。影响能力发展的诸多因素中，素质是能力发展的自然前提，离开这个物质前提就谈不上能力的发展。生来或早期就聋哑的人难以发展音乐才能，双目失明者无从发展绘画才能。但素质并不是能力本身，它作为先天生成的解剖生理结构，不能现成地决定能力，而只是使能力发展具有了一般可能性。知识和技能也是决定能力发展水平高低的重要因素。知识是能力形成的理论基础，技能是能力形成的实践基础，能力的发展是在掌握和运用知识、技能的过程中实现的。教育是掌握知识和技能的具体途径与方法，对能力的发展起着主导作用。教育不但使学生掌握知识和技能，而且通过知识的传授和技能的养成，促进心理能力的发展。社会实践是能力形成和发展的最根本途径，不同职业的劳动实践，制约着能力的发展方向。人们在实践过程中，不断地克服薄弱环节，从而使能力得到相应的发展和提高。勤奋是获得成功的必由之路，要使能力获得较快和较大的增长，没有主观的勤奋努力是根本不可能的。世界上的知名人士，无论在哪个领域获得伟大成就，他们的共同特点都是坚持不懈、刻苦努力。此外，营养状况、兴趣爱好等，对能力的提高也有重要的影响。各种因素对能力的作用如图 4-5 所示。

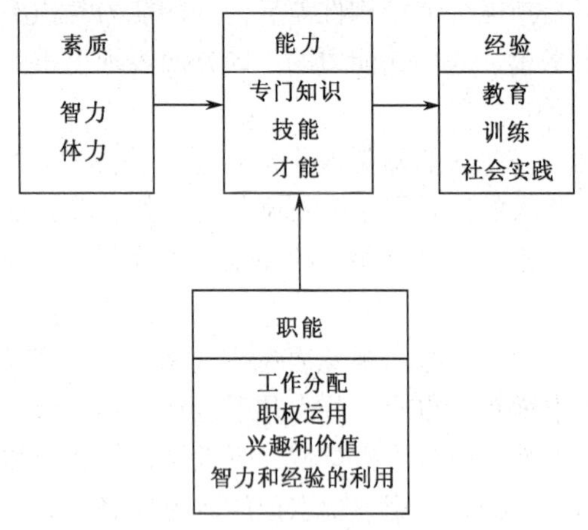

图 4-5　影响能力的因素

4.3.5　能力与管理

能力从种类到水平是千差万别的，现实工作任务对从业者更有不同的基本能力的要求。管理者要想做到合理使用人才，做到“人尽其才，才尽其用”，就要使现实工作任务所需要的基本能力与人员所具备的能力相匹配，达到工作与能力的最佳结合。有人概括出现代管理岗位所需人才应具备以下七种能力：①专业知识的软化能力（即业务能力）；②对上级政策的理解能力；③计划能力；④指挥、协调和控制能力；⑤人员的安排使用能力；⑥人际关系协调能力；⑦公众关系能力。以上七种能力可归纳成三种基本能力，即管理能力、业务能力、人际关系能力。不同层次的管理工作岗位所要求的这三种基本能力的组合不同，如图 4-6 所示。

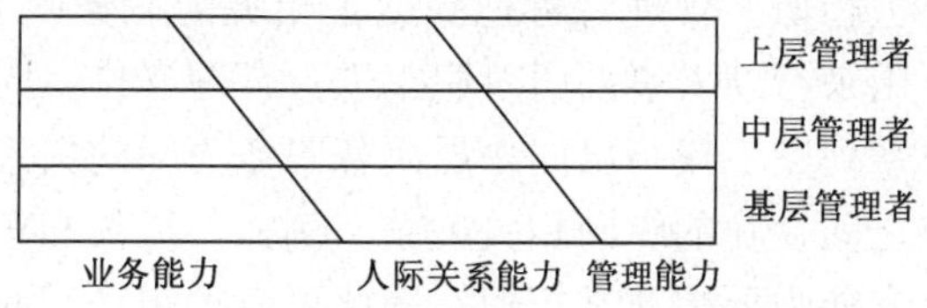

图 4-6　各层管理者基本能力分布示意图

基层管理者由于与一般工作人员的直接接触最多，所以对基本业务能力的要求相对较高。而对于上层管理者来说，组织管理能力显得特别重要，因为只有具备高超的组织管理能力才能使组织形成一个整体，发挥组织系统结构功能，把组织成员凝聚成合力，为共同的目标而奋斗。中层管理者必须兼备基层和上层管理者的能力。此外，人际关系能力对各层次管理者的要求是相近的。

另外，工作岗位性质不同，对从业人员业务能力的组合要求也不同。科研人员可能更多地要求创造思维能力，较少要求操作能力；而操作人员则对创造性思维能力要求较少，对实际操作能力要求较高。因此，针对能力种类和水平的差异状况，管理者的任务之一，就是把具有不同能力的人，安排在不同的工作岗位，即按照工作岗位所需要的基本能力结构安排具有这种能力的人。只有人的能力专长与工作岗位的基本能力相一致时，人的能力才能得到充分的发挥。为此，在管理中，管理者必须做到以下四点。

（1）各部门要有自己选才用人的能力标准。每个组织、部门和岗位都有自己不同的工作内容和特性，对任职者有不同的要求。例如，对从事染织行业的人来说，颜色辨别力非常重要；对司机来说需要具备快速反应能力等。为此，各部门应设定相应的科学的选才用人的能力标准。

（2）掌握能力界限，做好人岗匹配。每一种工作都有一个能力发挥的范围，要求承担工作的人的能力既不要超过这个范围，又不能低于这个范围。孔子说“过犹不及”，即“过”和“不及”都不能使人岗合理匹配。人岗合理匹配，就是要达到工作性质与人的能力发展水平之间的最佳镶嵌。这样，才能使工作效率达到最高。一个好的管理者，并不在于谋求把社会上智力、能力最高的人都聚集在自己周围，而在于根据组织性质正确地确定本组织所需要的能力范围，并据此网罗人才。任何一个组织，客观上都存在着能力高、中、低三种人，能力低的人从事相对简单的工作，能力高的人从事相对复杂的工作，各自适得其所，以有利于各自才能的最佳发挥。

(3) 各类组织要努力寻求各种职务间的相关系列。每个组织中的各类工作，虽然因为分工不同而对任职者的要求也不同，但各种职务间存在着正相关、负相关或不相关的关系。正相关的职务之间往往具有相近的工作内容，对任职者的能力要求也相似。管理者可把高度正相关的职务归为同一职务系列，编制职务系列图，用来帮助人事部门对职工进行合理安排。同时也可以用来指导晋升工作。职务系列图不仅指出同一层次各职务之间的关系，而且也指出不同层次的工作岗位之间存在的纵向相关关系。例如，厂长和车间主任的基本品质要求、知识要求、能力要求非常相似，因此可以把担任车间主任作为晋升厂长的预备岗位。

(4) 管理者要注意用人之长，避人之短。世界上具有各种不同能力的人很多，但兼备各种能力的人则很少。一些特长突出的人，往往缺点、短处也明显。管理者应明白这一事实，在选人用人时注意扬长避短。同时，把能力专长与兴趣爱好结合起来。古人曰："君子用人如用器，各取所长。"这是用人得当的最佳写照。

总的来说，能力是个体完成某种活动所必需的心理特征。能力的大小和种类对个体所从事的活动均有影响。一般来说，每个人都具有一种或几种优势能力，是个体择业的标准，也是其能否取得成就的重要影响因素。个体应首先确定自己的能力类型，管理者更应对员工的能力有清晰认识。只有这样，才能为其能力的发挥奠定基础。

4.4 气质、性格、能力之间的关系

气质、性格、能力都是个性的心理特征，它们是在人的社会生活实践中形成和发展的，三者之间存在相互影响、相互制约的密切关系。

4.4.1 气质与性格的关系

在日常生活中，性格与气质这两个概念常常被人混用。有人把某些性格特征说成气质，如说"这个人有老实稳重的气质"；也有人把某些气质当成性格特征，如说"这个人性格比较活泼"。其实，气质与性格既有区别又有联系。

1. 两者的区别

(1) 在起源上，气质是天生的，性格则是后天形成的。虽然两者都以高级神经系统为生理基础，但气质更多地体现神经类型的自然影响，而性格更多地受环境的制约。

(2) 在性质上，气质没有好坏，性格却有好坏之分。性格是指人对现实的稳定态度和习惯化的行为方式，人具有社会性，对现实的态度和行为方式也具有社会性。一般说来，符合某种社会规范的态度和行为方式，被认为是好的；反之，

则被认为是不好的。

(3) 在可塑性上，由于气质与遗传的先天因素有较大的关系，所以其可塑性比较小，而性格则是后天形成的，所以它的可塑性比较大。

2. 气质对性格的深刻影响

(1) 气质会影响性格的形成。气质在个体的早期阶段就表现出来。例如，有的婴儿安静，有的婴儿好动，他们的父母及教师应根据这些不同的气质类型采取不同的教育方法，性格就是在教育和社会环境中逐渐形成的。

(2) 气质会影响性格的表现形式。例如，同样性格的人，有的人表现为活泼好动，有的人则表现为沉着冷静。

(3) 气质会影响性格特征的形成和改变的速度。例如，同样要形成自制力这种性格特征，胆汁质的人要比抑郁质的人付出更多的努力和进行自我克制。

3. 性格对气质也有深刻影响

性格在一定程度上可以掩蔽或改变气质，使它服从于生活实践的要求。例如，侦察兵必须具备冷静、沉着、机智、勇敢等性格特征，在严格的军事训练中，这些性格特征的形成有可能掩蔽或改变胆汁质的好冲动和不可遏止的气质特征。

4. 相同气质类型的人可以形成互不相同的性格特征

不同气质类型的人也可以形成相同的性格，这一点可以从苏联心理学家列维托夫（1890～1972）的一项研究中看出。他以 40 名高中生为对象，将他们的气质分为多血质、胆汁质、抑郁质、黏液质四组，每组 10 人，分别对他们的自制力和坚忍性进行观察，得出如表 4-2 所示的结果，说明气质类型与性格类型的联系非常复杂。

表 4-2　气质类型与性格类型的关系

气质类型	性格特征			
	自制力强的	自制力弱的	坚忍性强的	坚忍性弱的
多血质	4	6	6	4
胆汁质	5	5	7	3
抑郁质	6	4	5	5
黏液质	8	2	6	4

4.4.2　气质与能力的关系

气质与能力既有区别，又有密切联系。正确认识、对待气质和能力的区别与联系，对管理中的用人和思想教育工作具有重要意义。

1. 气质与能力的区别

（1）气质与能力的含义不同。气质指不依活动目的和内容为转移的典型的、稳定的心理活动的动力特征；能力指个体顺利完成某种活动所必须具备的心理特征。

（2）气质与能力对活动效率的影响力不同。气质不直接决定人的活动效率，也不是顺利完成某种活动所必需的心理条件；能力却直接决定人的活动效率，是顺利完成某种活动所必需的心理条件。

（3）气质具有先天性，主要取决于一个人的高级神经活动的类型特点；而能力除了先天素质外，主要取决于后天环境的影响和教育的主导作用。

2. 气质与能力的联系

（1）气质的动力特征是发展能力的重要前提。一方面，气质可能有利于发展某种类型的能力，如多血质气质类型的人，活泼好动，善于社交，这对于发展人的公关能力有利；另一方面，气质也可能妨碍某种类型能力的发展，如多血质气质类型对发展文字知觉与细微辨别能力不利。

（2）能力的发展在某种程度上可能会促进一个人气质特征的改变。一个内倾型的人，可能由于事业的成功、交际圈的扩大而变得趋于外倾；一个外倾型的人，也可能由于事业的不顺利而整天愁眉不展，变得趋于内倾。

4.4.3 性格与能力的关系

性格与能力的关系，主要是性格的形成必须以一定的能力为基础，性格对能力的发展有重要的影响，良好的性格可以弥补某些能力的缺欠。

（1）性格的形成需要以一定的能力为基础。性格与能力都是在人的统一发展中形成的，在能力的逐步培养和锻炼的过程中，性格也在逐步改变。例如，在培养一个人的观察能力的过程中，其性格的理智特征受到影响，他对外界的感知可能变得更加快速或敏感；一个人在集体中的组织能力、协调能力的增强，也会对他的性格的态度特征产生影响，使其变得更加热情、活泼、关心集体。

（2）能力的发展水平受性格特征的影响。如果一个人的性格本身就在观察方面显得主动而深入细致，那么个体经过观察能力的专业化培训，其观察能力的增强程度和增长速度要比那些被动感知型的个体快得多。

（3）优良的性格特点往往能弥补某一方面的能力弱点。所谓“勤能补拙”，就说明性格对能力发展具有补偿作用。

总之，气质、性格、能力之间不是对立的，而是彼此关联、密不可分的。在运用个性心理特征时一定要反对抛开三者联系而仅仅考虑某一个方面的做法。管理者对此更要审慎处之，不但要注重员工的选拔与应用，而且要仔细思考能力与气质、性格之间的关联性，从各个侧面、角度挑选出最具有发展潜力的个体。

案例：谁当经理更合适

某电子电器工业公司是一个由 10 家小厂组成的专业公司。公司行政领导班子由一正三副四个成员组成。总经理由于年事已高即将退休，需要物色一个合适的新总经理。该公司的上级主管部门经过一段时间的研究考察，认为现任三位副经理都不宜提升，新的总经理需从下面挑选。征询各方面的意见，最后决定在李厂长和王厂长两个人中选一个。

一、李厂长简介

李厂长，男，39 岁，文化程度大学本科（电子专业）；中共党员，原是该厂技术员，高级知识分子家庭出身。“文化大革命”时，父母受到严重迫害，他也受到影响。十一届三中全会以后，他一反过去的消沉，工作十分积极努力，认真学习科学文化知识，并善于把学到的知识用来指导工作，在本厂的产品开发、产品升级换代、提高产品质量、建立科学的检测手段等方面都作出了重要贡献。他从技术科长提升为厂长后，对厂里进行了一系列的改革，加强了科学管理，使工厂的面貌大大改观，经济效益大大提高，年创利和人均创利都居本系统的首位，职工收入也大幅度增加。全厂精神振奋，呈现出一派欣欣向荣景象。

李厂长性格开朗，精力充沛，善言谈，好交际，活动能力很强，积极开展横向联系，在全国 10 多个省市开设了 200 多个经销点，30 多个加工企业，效益都很显著。他认为发展就要靠技术，因此千方百计，不惜重金引进人才，至今该厂已有 10 多位外来的高级工程师和工程师。他还很重视产品的广告，每年要花几十万元广告费。电台、电视台、路边广告牌、电车和汽车，以及铁路沿线都有该厂的广告，可谓“无孔不入”。他担任了市企管协会分会的理事，在协会中积极活动，与各方面关系融洽，对厂里工作也有促进。李厂长事业心强，一心扑在工作上，早出晚归，南来北往，一年到头风尘仆仆，不辞辛苦。该厂曾被评为市企业管理先进单位，李厂长获市优秀厂长称号，该厂的产品也被评为市优质产品。

但李厂长也有一个明显的缺点，这就是骄傲自满，自以为是，常常盛气凌人，有时性情急躁，甚至还会暴跳如雷，不太把公司的领导放在眼里，经常顶撞他们，公司的“指令”常常被他顶回去，因此公司领导对他这一点颇为不满。各科室也不太愿意和他打交道，他同公司下属的其他几个兄弟厂的关系也不融洽。这些厂的厂长们对他敬而远之，对上级表彰他颇有微词。他也不善于做思想工作，认为这是党支部的事。因此平时遇到职工的思想问题，他都是作为“信息”告诉党支部书记，要党支部去做工作，他和几个厂长的关系处理得也不太好，领导几次协调都无济于事。

二、王厂长简介

王厂长，男，37 岁，文化程度大专（企业管理专业）；中共党员，有技术员职称，小业主家庭出身，在“文化大革命”期间，他不参与任何派性活动，而是偷偷学习文化、钻研业务，组建该厂时就担任了厂长，至今已近 10 年。他经历了该厂由衰到盛、几起几落的整个过程。对电子行业的特点非常熟悉，自己又有动手设计的能力。他最大的特点是精于企业管理，在学校学了计算机原理后，率先把计算机运用到企业管理中去。他对整个厂的机构设置、行政人员配备、岗位责任，以及各副厂长、科长、车间主任和各级管理人员的职责都作出了明确的规定，每年考核两次，奖惩分明。因此，平时大家各司其职，他却显得很悠闲自在，常常上这个科室转转，到那个车间看看，以便了解情况，发现问题。公司及有关部门召开的会议，他从来不缺席，而有的厂长常常忙得脱不开身。他似乎比别的厂长“超脱”得多，厂长们都很羡慕他。

王厂长性格内向，沉稳，不喜欢大大咧咧地发议论，对什么事情总要深思熟虑，三思而后行，人们说他有“内秀”。他对于工厂今后五年的发展，有一个远景规划，听起来切实可行，也颇鼓舞人心。他不太喜欢参加一些出风头的社会活动，但对各科开阔思路的业务技术讲座却很感兴趣。他很善于做职工的思想工作，认为企业职工的思想问题都是在生产过程中产生的，都和生产有关。一厂之长，要抓好生产怎么能不做思想工作呢。因此，对一些老大难的问题，他从不推诿，都是亲自处理。他还要求各级行政干部做职工的思想工作，并把它作为考核的内容。他和党支部、工会的关系都很好，积极支持他们的工作。他待人谦和，彬彬有礼，和本公司上下左右关系都不错，公司有什么事，只要打一声招呼，他就帮助解决了。因此，他的人缘挺好，厂里进行民意测验，几乎异口同声称赞他。

和李厂长不同，他不喜欢高价引进工程技术人员，他认为这些人中不乏见利忘义之徒，只能同甘，不能共苦。关键时刻还是要靠自己，宁愿多花些钱来培养自己厂里的技术人员。这几年来，厂里也确实培养了一批技术骨干，有些人还很拔尖。他也不喜欢高价做广告。他说我们的产品质量自己有数，我不能干这边排队卖，那边排队修的事。他把做广告的钱用来购买先进的技术设备，以提高服务质量。他说等质量达到经得起“吹”的时候再做广告。但实际上他们厂的产品质量还是不错的，开箱抽查，合格率达98%。

该厂是市企业管理先进单位，工会是区“先进职工之家”，团支部是区“先进团支部”，他本人则荣获市优秀厂长和局优秀党员称号。但也有不少人认为，王厂长缺乏开拓精神，求稳怕变，按部就班，工作没有多大起色。按厂里的基础和实力，应该发展得更快些。他们的效益都比不上李厂长他们厂。和李厂长比，他显得保守、过于谨慎、处事比较圆通、不得罪人。王厂长听了这些议论，不以为然，依旧我行我素。

李厂长和王厂长谁当总经理更合适，上级领导部门至今议而未定。

资料来源：周文霞，孙建敏. MBA组织行为学教学案例精选. 上海：复旦大学出版社，1998.

讨论题

1. 依据有关个性理论，对两位厂长的能力、气质、性格进行分析、比较。
2. 通过对他们个性的分析比较，运用个性与工作匹配的理论，你认为谁当总经理更为合适？
3. 在用人方面怎样才能做到“扬长避短”、“人尽其才”？

关键词

气质　性格　能力

思考与练习题

1. 什么是气质？如何正确认识气质？
2. 什么是性格？性格与管理的关系是怎样的？
3. 什么是能力？能力与管理的关系是怎样的？
4. 气质、性格、能力三者之间的关系是怎样的？

第 5 章

个性倾向性

在第 4 章我们讨论了个性心理特征问题，明确了气质、性格、能力作为人的基本心理现象，归根结底是通过心理活动过程表现出来的。本章进一步讨论个性倾向性问题。个性倾向性是一个人对现实态度和积极行为的动力系统，是人进行活动的基本动力，它制约着所有的心理活动。个性倾向性包括需要、动机与行为。需要是人的能动性的源泉和动力，当人们产生某种需要时，心理上就会产生不安或紧张的情绪，成为一种内在的驱动力，心理学上称之为动机。人们在动机的驱使下实现需要的活动，就表现为行为。行为可能满足需要，也可能未完全满足需要或根本不能满足需要，之后便又产生新的需要（图 5-1）。

图 5-1 需要、动机与行为的关系

5.1 需要

5.1.1 需要的定义

需要（need）是指人对某种目标的渴求或欲望，是人对客观条件需求作出反应的一种主观状态。例如，某个人有当国家公务员的需要，这个需要是一种主观愿望，但这个愿望并不是他头脑中固有的，而是在长期的工作实践中，经过教育和培养，以及客观环境的熏陶，由社会主义建设事业的需要转化为他的个人需要的。需要是个人心理活动与行为的基本动力，它在人的活动、心理过程和个性中起着重要作用。

首先，需要是个体积极性的源泉。需要通常以一种“缺乏感”被体验着，以意向、愿望的形式表现出来，最终成为推动人进行活动的动机。需要越强烈，由此引起的活动也就越有力。需要具有动力性，不会因暂时满足而停止，而是在一种需要获得满足的同时，另一种新的需要开始产生。

其次，需要是人类认识过程的内部动力。需要总是指向某种具体事物，是对一定对象的需要。人们为了满足需要，必先认识需要，包括认识需要所指向的外部条件。认识越深刻，越有可能实现需要。认识需要的过程，又推动情绪、情感及意志的发展。

最后，需要是个性发展的动力。在某种程度上，一个人所需要的事物是什么样的，他的个性就是什么样的，能激发他的事物也就是什么样的。如果一个人有强烈的交往需要，说明他具有外倾性格，与人友好；如果一个人需要努力工作，以便超过他人，说明他雄心勃勃，精力旺盛。需要的产生有两个条件：一是个体感到缺乏什么东西，有不足之感；二是个体期望得到什么东西，有求足之感。需要就是由这两种状态形成的一种心理现象。图 5-2 将需要过程分成七个阶段，需要产生心理紧张的状态，从而产生动机，有了动机就要选择或寻求目标（目标导向活动），当找到目标后，就进行满足需要的活动（目标行动），最后需要得到满足，紧张解除，然后又产生新的需要，再造成第二个行为，如此周而复始。

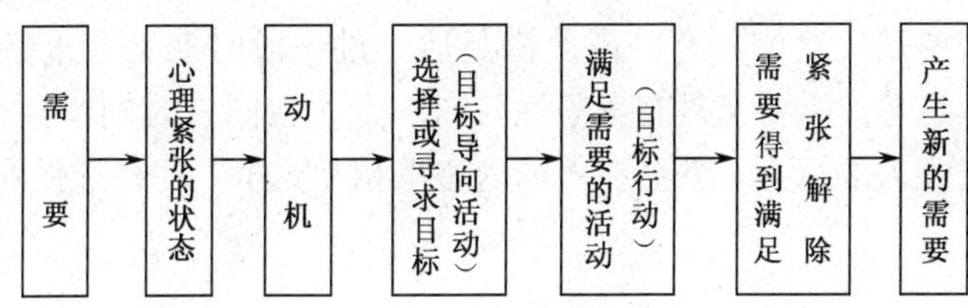

图 5-2　需要过程图

5.1.2　需要的基本特征

需要是一切生物的本能，人类和动物都有需要，但两者之间有本质的区别。对于人类来说，需要是一切社会实践活动的源泉，每个人的实践活动都直接或间接、自觉或不自觉地为了满足一定的需要。人类需要具有以下四方面的基本特征。

1. 物质需要和精神需要结合

物质需要主要是衣、食、住、行等生存方面的需要。除此之外，人类作为有意识、有思想的高级生物，还应有文化、理想、荣誉等精神方面的需要。单是物质需要的满足，并不能使一个人真正感到满足。只有加上精神需要的满足，才能引起强烈的幸福感。

2. 劳动创造与满足需要结合

劳动是人类赖以生存的首要条件，人不是等待自然的恩赐，而是通过唤醒存在于人体中的各种潜能，创造自己需要的对象。其他一切生物，却只有在自然给予它的环境下趋生避死、趋利避害的适应本能。

3. 需要受社会历史条件的影响，特别是受生产力发展水平的制约

马克思指出，没有生产，就不可能满足需要，那么，反过来说，没有需要也就没有生产。这就是说，需要的提出和满足是依靠生产的发展。在不同的生产力水平下，需要的内容和重点有所不同。在原始社会里，人们的需要比较简单，大都是吃、穿、住、行和安全的需要；随着生产力的发展，人们不再满足于一般生活需求，开始追求高级消费品的需要，如使用电视机、电冰箱的需要；在物质需要得到不断满足的条件下，还追求多种多样的精神需要。这也说明需要的发展性。

4. 需要的广泛性、关联性、反复性、竞争性

人类的需要是广泛的，涉及生活的各个方面，从衣、食、住、行的需要，到安全、社交、尊重的需要，以及自我实现的需要，构成一个复杂、广泛、丰富多彩的需要体系。各种需要是相互关联的，往往前一个已经实现的需要是后一个需要的基础。需要是反复的，有些需要满足后，过一段时期又会重新出现，如吃饭、睡觉、休息等。需要又具有竞争性，同一个人在同一时期，会有许多需要，这些需要都支配人的行为，就会在人的内心里相互竞争，往往最强烈的需要会首先得到满足。

5.1.3 需要的种类

按照需要的性质、范围、时间和弹性，可将需要划分为四组八种。

1. 按性质可分为物质需要和精神需要

物质需要是由人的自然属性引起的，源自身体的基本需要，如水、食物、衣服等。物质需要都是生理的、世界性的、普遍的，谁也不能例外。精神需要是由人的社会性、能动性、阶级性引起的，是人对他的智力、道德、审美等方面发展条件的需要的反应。这是属于观念形态的、不太明确的、文化的、成就的、地位的、归属的需要，更为心理化、个人化。物质需要和精神需要虽然具有质的差别，却是任何一个真正的人所不可或缺的。但必须指出，在社会生活中，有些需要既不能归为物质需要，也不能归为精神需要。例如，劳动需要，它是满足需要所必需的手段，是一种特殊的而又极其重要的需要。人类社会发展到共产主义，劳动将成为人们生活的第一需要。

2. 按范围可分为个人需要和集体需要

个人需要是指个人不断增长的物质和文化生活的需要，是个体的、目前的利益，对个体来说更直接、更具体、更为关心。集体需要包括国家和社会的公共需要，如公共福利需要，社会的文化、艺术、体育、科学、卫生事业和其他公共福利设施，它们是个体共同的、长远的利益，较间接、不具体且容易被忽视。

3. 按时间可分为现在的需要和将来的需要

现在的需要主要是个体在近期的需要，因为时间近，能提到日程上来，就容易引起人们的关注，人们对此种需要也容易满足。将来的需要主要指个体在远期的需要，因为时间远，不紧迫，往往不能引起人们足够的重视，容易被忽视。在管理工作中，既要注意满足人们现在的需要，直接调动人们的积极性，又要做好宣传教育工作，让人们重视将来的需要。

4. 按弹性可分为弹性极小的需要和弹性极大的需要

弹性极小的需要指那些必须满足、不满足不行的需要，其中主要是人们的生存需要。在管理工作中必须注意保证满足这种需要，这是保证个体再生产的起码要求。弹性极大的需要指那些可满足、可不满足的需要。

5.1.4　需要与刺激

需要与刺激（stimulus）是分不开的。需要在各种刺激的作用下产生，由于刺激的不同，产生的需要也不同。一般来说，刺激可分为两大类：一是来自自身机体的刺激，也就是有机体内部的刺激，它是通过内部感受器官感受到的，如饥饿、情感等，是人的本能和心理活动的反映；二是外部的刺激，它是通过外部感受器官，如眼、耳、鼻、舌、身感受到的，是客观环境，包括自然和社会的各种事物在人的大脑中的反映。内部刺激、外部刺激与需要的关系如图 5-3 所示。内部刺激是根据，是需要产生的最初萌芽，它表现为有机体对某些影响有敏锐的感应性（即意向）；外部刺激是条件，它使需要具体化（即定向）。以一个人的睡觉需要为例，首先是由于身体内部神经系统的刺激，产生了睡眠意向，当他看到或想到床等可供睡觉的事物时，便产生了较强烈地获取睡觉的需要。

人的本能 ⟶ 内部 ↘
刺激 ⟶ 需要
客观环境 ⟶ 外部 ↗

图 5-3　刺激与需要的关系

在了解内、外部刺激对需要的作用时，我们还应明白，内、外部刺激会受到某些因素的影响。内部刺激的影响因素包括年龄、生理特点等；外部刺激集中体现为受自然环境和社会环境的影响与制约。正因为如此，不同年龄、不同环境会产生各种不同的刺激，因而产生不同的需要。因此，管理者只有在了解每个员工的年龄、生理、心理等特点的基础上，通过对一定环境的控制，来控制员工需要的具体定向，才能激发人的主动性和积极性。

5.1.5 需要的结构

为了掌握人的需要的发展规律，以便实施有效管理，必须搞清楚需要的结构和层次。迄今为止，对需要层次的研究，各派学者提出不同观点。马斯洛在“需要层次论”中将人的基本需要分为生理需要、安全需要、社交需要、尊重的需要、自我实现的需要；大卫·麦克利兰（David McClelland）提出的“成就需要理论”，认为需要由成就需要（achievement need）、权力需要（power need）和合群需要（affiliation need）构成；奥德弗（Alderfer）在大量实证研究基础上提出了“ERG”理论，认为需要由生存需要（existence need）、相互关系需要（relatedness need）和成长需要（growth need）构成。这些理论将在第六章中予以介绍。尽管各派学者的主张表述不尽相同，但我们可以参照他们的观点，概括出需要结构的一些基本内容。

（1）主导需要决定人们行为的主导动机，是人们在一定时期最强烈的需要。同一时期不同需要之间相互竞争，其中占优势的需要首先得到满足。这种占优势的需要，即主导需要。因此，管理者要预测人们的行为，调动人们的积极性，就一定要掌握人们的主导需要，否则就会无的放矢，解决不了问题。同时也应注意对主导需要的引导，尽量引导人们选择较高层次的需要。

（2）人们的需要是由低级向高级逐步发展的，当低一级的需要（lower-order needs）满足以后，就要受高一级需要（higher-order needs）的驱使，追求高一级的需要，这就成了驱使行为的动力。但是，如果只满足了高级需要，而没有满足低级需要，个体可能牺牲高级需要，而去谋取低级需要。古代文人以卖字画为生就是最好的例子。

（3）低级需要是人的自然属性决定的，是人的本能带来的；高级需要是人的社会性、能动性和阶级性决定的，是受后天的培养锻炼才表现出来的；低级需要从外部获得物质上的满足，而高级需要则从内在的精神上得到满足。

（4）低级需要是有限的，一旦得到满足，便不再是激发人们行为的动力；高级需要往往不容易满足，一旦得到了满足，它对激发人的动机、支配人的行为就会有持久的作用。因此，管理者不必过分强调低级需要，而应时刻注意高级需要的作用。

（5）当某一层次的需要得到满足后，存在两种可能性：一是向较高层次发展，二是向同一层次横向发展。前者对社会有利，后者对社会有害。因为对某一层次需要的无限满足，会走向反面。例如，一个人过分追求吃、喝、玩、乐，就会成为社会寄生虫或社会蛀虫。因此，一定要在保证低级需要的基础上，引导人们追求更高层次的需要，这样才会使个人、社会及人类文明不断进步。

5.1.6　需要的满足

1. 需要的分析与确定

要满足需要，首先必须了解员工有哪些需要。一般来说，管理者应在调查研究和综合分析的基础上，确定员工需要的具体内容。调查研究是解决员工需要的一个根本出发点和前提。进行调查研究，管理者可使用“员工需要调查表”，调查表应包括以下三方面内容：①员工基本情况，如性格、爱好、特长等；②员工基本生活方面的需要，如子女、住房等；③员工精神方面的需要，如学习、文体活动等。调查表发到每个员工手中，员工根据实际情况填写。这样，管理者对员工需要就有了总体上的了解。在调查研究的基础上，管理者再进行综合分析。员工的需要多种多样，有的合理，有的不合理；有的属于眼前需要，有的则是长远需要。对合理的需要予以支持，对不合理的需要进行教育引导；对当前能解决的需要采取具体步骤有效解决，对一时解决不了的需要创造条件逐步解决（图 5-4）。

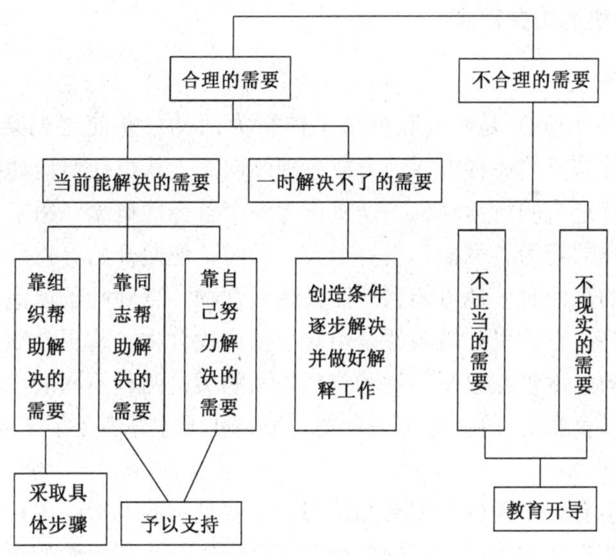

图 5-4　人们的需要综合分析图

管理者对员工需要的分析，不但要考虑到本单位、本组织的内外环境，还要将需要放在中国这一大环境下进行分析。在中国这一大环境下，对员工需要的满足应遵循四个原则，这也是中国各类组织解决员工需要的出发点：①要考虑中国是一个发展中国家，正在建立社会主义市场经济体制；②要从中国将长期处于社会主义初级阶段，人口多、底子薄的基本国情出发；③解决需要的程度必须与生产力发展水平相适应；④解决需要必须正确处理国家、集体、个人三者之间的利益关系。

2. 对员工需要的满足

根据需要的理论，员工的需要可分为两类：一是职务以外的需要；二是职务之内的需要。需要不同，满足需要的途径也不同。第一，职务以外需要的满足（也叫间接满足），不是岗位工作本身获得的，而是岗位工作以外获得的，如工资、奖金、福利、劳动保险、医疗保障等都属于工作之外的满足。第二，职务之内需要的满足（也叫直接满足），是指一个人在进行工作的同时就能得到某种满足。这种满足，主要是指工作环境本身。员工都希望有个安全、舒适的工作环境，在这样的环境中工作，能使人振奋精神。这种对环境的需要与工作本身是同时进行的，即职务之内的满足。

5.2 动机

5.2.1 动机的相关概念

1. 动机的含义

动机（motivation）是激发和维持个体行为活动，并使之朝某一目标进行，以满足个体某种需要的一种内在动力或心理倾向。人从事任何活动都有一定的原因，这个原因就是人的行为动机。动机作为一个解释性概念，用来说明个体为什么有这样或那样的行为。例如，当一个人饥饿时，他便开始寻找食物。当发现家里没什么可吃的东西时，他可能到外面去购买食物，直到肚子填饱，解除了饥饿感，活动才告终。在这里，饥饿便是引起个体寻找食物、购买食物等行为活动的动力和心理倾向。尽管在家里寻找和跑到外面购买是两种不同的活动，但它们都指向同一目标（食物）。等到吃下去食物，填饱肚子才算满足了个体的需要。

2. 动机的产生

动机的产生有两个条件：需要和诱因。需要是引起动机的内在条件，动机在需要的基础上产生。如果说，人的各种需要是个体行为积极性的源泉和实质，那么，人的各种动机就是这种源泉和实质的具体体现。动机离不开需要，但并不是所有的需要都会产生动机，只有需要在强度上达到一定水平，成为引起活动的一种内驱力，并且满足需要的对象存在时，动机才产生。诱因是引起动机的外在条件，是个体行为的外部因素。诱因按其性质可分为正诱因、负诱因。凡个体因趋向或取得它而得到满足时，这种诱因称为正诱因；凡个体因逃离或躲避它而得到满足时，这种诱因称为负诱因。例如，对一个饥饿的人来说，食物是正诱因，寒冷是负诱因，因为寒冷有可能使个体放弃外出购物的行为。诱因可以是物质的，也可以是精神的。任何动机的产生都是需要和诱因相互作用的结果。一个在内心有考大学需要的人，只有在高考招生的环境中，才会产生升学的动机。但在实际生活中，需要和诱因往往不能顺利结合，心理学将需要和诱因顺利结合而产生的行为称为适应性行为；将需要和诱因结合受到阻碍而产生的行为称为挫折性行为。此外，心理学家在分析动机产生的两个条件时，发现需要和诱因在不同的动机中所引起的作用不一样。“拉”和“推”理论即是根据诱因和需要的不同作用而确定的。“拉”理论强调诱因在动机形成过程中的作用；“推”理论则强调需要在动机形成过程中的作用。例如，在某个人由于受美食的诱惑而产生的进食动机和行为中，“拉”的作用明显大于“推”的作用。

3. 动机的功能

动机是行为的直接原因，既能激发人的行为，又能规定行为的方向，保持和巩固行为，使行为减速或消失等，具有活动性和选择性。概括说来，动机有以下三方面功能。

(1) 激发功能。动机是行为的内驱力，人类各种各样的活动总是由一定的动机激发的，没有动机就没有人类活动。

(2) 指向功能。动机对个体活动的方向起到控制作用，它引导人们的行为朝着预期的目标前进。

(3) 维持和强化功能。动机维持着活动的进行，并强化活动。正强化对活动起着肯定和加强的作用，负强化对行为起着抑制、抵制、抵消的作用。

5.2.2　动机的斗争

人的需要是多种多样的，同时，由需要引起的动机也是多种多样的，甚至各种动机会互相矛盾，这些互相矛盾着的动机就形成了动机的斗争。动机的斗争有三种基本形式：双趋冲突、双避冲突和趋避冲突。

(1) 双趋冲突，是指两个目的物对个体具有同样的吸引力，而引起同样强度的动机，迫于情势，二者必选其一，即“鱼和熊掌不可兼得”的难于取舍的矛盾。

(2) 双避冲突，是指两个目标同时对个人有威胁性，产生同等强度的逃避动机，但又迫于情势，必须接受其一，才能避免另一，如前怕狼后怕虎的处境。

(3) 趋避冲突，是指单一目的物同时产生两种动机，一方面好而趋之，另一方面恶而避之，如同事间既竞争又合作的环境。

人的心理活动丰富而复杂，客观外界的刺激和影响纷繁而多变，因此动机斗争也颇为频繁。个体在内心审时度势、权衡利弊、辨别是非、抉择出路时，表现为踌躇徘徊、迟疑不决。但是一旦作出决定，某种动机占主导优势时，就会引起相应的行为。无论是哪种形式的动机斗争，个体在作出选择时，一定要慎重，要仔细考虑有关因素，使行为结果对个人、集体、社会都有利。

5.2.3 动机的分类

在现实生活中，人的动机是千变万化的。不同性质的动机，对人具有不同的意义，对人的行为具有不同的推动作用。按不同的标准，对动机可作如下分类。

1. 按其起源可分为生理性动机和社会性动机

（1）生理性动机起源于生理性需要，是以有机体的生理需要为基础的，具有先天性，是比较低级的动机，如饥饿、干渴、睡眠等。

（2）社会性动机起源于社会性需要，是和人的社会需要相联系的，是后天习得的比较高级的动机，如学习、工作、发明、亲和、爱情、归属等。成就动机和亲和动机（即交往动机）是两种主要的社会动机。

2. 按其社会价值可分为高尚动机和低级动机

（1）高尚动机，又称基本动机，指理想、信念、信仰等方面的动机。它是非直接的动机，符合社会发展规律和人民利益、公共利益、人类共同利益，可以持久地调动人的积极性。

（2）低级动机，又称直接动机，可以直接支配人的行为，有较强的推动力，但没有持久性。例如，个体感到寒冷时的取暖动机，感到饥饿时的饮食动机等。

3. 按其作用大小可分为主导动机和辅助动机

主导动机是一个人的最强烈、最稳定、对行为起支配作用的动机。辅助动机虽对人的行为不起决定作用，但它加强主导动机，坚持主导动机所指向的方向。在个体发展过程中，活动的主导动机是变化的。以一个人的成长过程为例，当他是小学生时，其主导动机可能是“争当三好学生”；当他成为青年时，交际可能成为其主导动机；中年以后，主导动机可能会转向成就这一方面。

4. 按其范围可分为广泛概括的动机和局部狭隘的动机

人的一种行为可能同时被多种动机所推动，这些支配一种行为的多种动机就是广泛概括的动机。例如，学习的动机，除了要找个好工作以外，还包括对社会和人民的责任感、理想、信仰等。相反，那些简单地对人的行为直接起作用的动机就是局部狭隘的动机，如学生单纯为追求好成绩而学习的动机。

5. 动机的其他分类方式

除以上四种常见的分类外，动机还可根据其影响和持续作用的时间长短，分为长远的动机和暂时的动机；根据其性质分为积极动机和消极动机；根据对动机内容的意识程度不同分为潜意识动机和意识动机，这里不再逐一解释。

动机的分类对管理者具有现实意义，管理者不仅要了解分类的方式，还应将它付诸实践。管理者应在满足一定的生理性动机的基础上，逐步培养人们的社会性动机。将主导动机引导到有利于社会、民族、国家、人民的层次上。将员工的低级动机转变为高级动机。只有人的动机发展了，由动机所激发的行为才会进步，才会有利于物质文明、政治文明和精神文明建设，才会有利于社会全面进步。

5.2.4 影响动机的因素

动机受多种因素的影响和制约。大体说来，影响动机的因素有外因和内因之分。外因指个体自身以外的因素，包括两方面：一是现实因素，如现实生活中的社会物质生活条件、社会发展水平、社会风气、党的方针政策、国内外环境和形势、家庭氛围、单位成员的团结程度等。这些因素可以在一定时间内影响人的情绪和行为；二是偶发因素，它会对人的情绪产生暂时影响，如工作中的顺利和不幸的事，意外事故等。内因指与个体自身密切相关的因素，如兴趣、价值观、抱负水准等。在此，我们主要论述内因对动机的影响。

1. 兴趣对动机的影响

兴趣是人的认识需要的心理表现，它使人对某些事物优先给予注意，并带有积极的情绪色彩。兴趣进一步发展为从事实际活动的需要时，就变成了嗜好。如果同时有好几种不同的目标同样可以满足个人的某种需求，那么个人在生活过程中养成的嗜好和兴趣，会影响他选择哪个目标。例如，同在饥饿条件下，有的人会选择吃米饭以解决饥饿，有的人会选择吃面食。由此可见，兴趣能增强人们的紧张程度，成为行为的强大驱动力。

2. 观念对动机的影响

观念主要指人们的世界观、价值观、人生观及一定时期确定的行为理念等。它对人们的动机和行为方向起着持久的主导作用。例如，有人以追求真理为目标，有人则将物质享受作为人生追求。观念是人们在长期的社会生活实践中逐步形成的，它一旦形成，就会强有力地长期影响人们的动机，支配人们的行为。

3. 抱负水准对动机的影响

抱负水准是指一种将自己的工作做到何种质量标准的心理需求。个体的兴趣和观念决定其行为的方向，而抱负水准则决定其行为所达到的程度。影响抱负水准的因素有以下三个：一是个人的成就动机，成就动机强的人，抱负水准就高，反之抱负水准就低；二是过去的成败经验，一个人在从事某件事情时，若经常成功，那么他对此事的抱负水准就会很高，反之，抱负水准就低；三是第三者的影响，如老师、父母、领导、朋友、亲属、同学的影响，在他们的高期盼下，个体的抱负水准自然随之提高。

5.2.5 动机与工作效率

人的各种行为都受不同的动机驱使，动机的强弱直接影响行为的强弱。一般来说，强的动机引起的行为积极性较强，弱的动机引起的行为积极性较弱。然而，是否强的动机所产生的行为效果就一定好，解决问题的效率就一定高？两者的关系并非如此简单。勃尔奇曾通过一个实验证明了动机与工作效率之间的关系。他让人猿解决用竿子取得食物的问题，结果发现，当人猿在受饿不到 6 小时和超过 24 小时的境况下，前者由于取得食物的驱动力太弱，后者因驱动力太强，都未能很好地解决问题。只有受饿 6～24 小时的人猿，由于驱力适度，它们的行为才是灵活的，注意力不易分散，所以问题会比较迅速地得到解决。此时动机与工作效率的关系如图 5-5 所示。

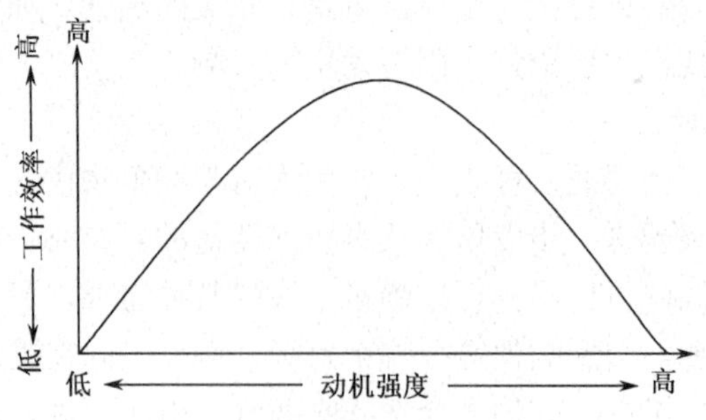

图 5-5 动机与工作效率的关系

勃尔奇的实验结果同样可以应用到人类解决问题上。动机太弱，个体缺乏解决问题的积极性，不可能有高效率行为；动机太强，急于求成，欲速则不达，也不利于问题的解决。只有动机适中，才会有高效率。例如，在竞赛中，有人觉得没意思，没有取胜的愿望，也就没有取胜的动机，就不可能有积极性；有人认为非拿第一不可，结果却过分紧张，造成忙乱、失误，成绩也不太理想；只有那些既看到取胜的可能性，又不将胜负看得过分严重的人，才能取得最好的成绩。在管理过程中，管理者应善于激发员工的中等强度的动机，使其毫无心理负担地朝着既定目标进行活动。

动机是需要达到一定程度才产生的，同时，动机的产生又离不开诱因。在需要与诱因的共同作用下，动机使个体的行为朝着既定目标前进。动机的种类多种多样，即使在同一时期，同一个人也会有各种不同的动机。在动机的斗争中，个体选择哪一类动机也就决定了他将进行哪一种行为。动机是需要与行为之间的桥梁。

5.3 行为

5.3.1 行为的相关概念

1. 行为的含义

行为（behavior）是人体器官对刺激所发生的反应。因为刺激总是起源于客观现实，所以人的行为就是对客观现实的刺激的答复或反应。行为是人们可以直接观察到的实际工作状况，只有通过行为，组织目标才能实现。行为包含三个因素：个体、刺激和反应。个体是接受刺激的主体，也是产生行为的主体；刺激是引起反应的直接因素；反应是个体接受刺激后采取的具体活动和行为方式。

2. 行为的特征

人们研究行为，就是为了掌握人类行为的规律性。人类行为的规律性首先表现为人类行为具有共同特征，是认识行为、分析行为和预测行为的基础。综合起来，人类行为具有下列四个共同特征。

(1) 目的性。人的本质行为是有目的的、自觉的活动。人们的行为大体上都受某一欲求策动，以实现某个目标。因为人有思维，有意识，其行为才会在意识的控制下朝着一定的方向和目标前进，人世间任何事情的发生都不是没有自觉的意图、没有预期的目的的。所以说，能够自觉地明确目的是人类行为的基本特征。

(2) 行为的产生有一定原因。行为是一个过程，总会有一定的结果，任何一种行为的产生都是有原因的。遗传和环境都可能是影响行为的因素，但行为最直接的原因是动机。人类由于需要而产生动机，同时动机又指导着行为的方向和方式。所以，人的行为的产生有一定的因果规律性，是预测行为的基础。

(3) 持久性。行为指向目标，目标实现之前，行为一般不会终止。也许它会改变行为的方式或由外显行为转为潜在行为，但还是继续不断地奔向目标。这是由人的意志决定的。意志对行为的调节作用，有发动和制止两个方面。一方面，意志推动人去从事达到预定目标所必须采取的行动，使行为具有稳定性、持久性；另一方面，意志又制止与预定目标相矛盾的行动。意志的两方面作用在实际活动中是统一的。

(4) 可塑性。目标虽然不变，但随着情况的变化，行为动机可能发生变化，达到目标所需要的手段和行为方式也可能发生变化。而且人类行为可以经过学习或训练加以改变，也就是说人类行为具有可塑性。

5.3.2 行为的产生

1. 行为产生的原因

总的来说，行为产生的原因就是动机，因为动机在某一个特定的时间能唤起某个动作。具体来说，行为的发生可有三种关联性的原因。

(1) 因果关系。人类的基本行为都表现为一定的因果关系。行为是被引起的，是一种过程及结果，行为的产生有一定的原因。辩证唯物主义认为，人的一切心理活动不但受制于物质运动的一般规律，是物质的产物，而且不论多么复杂的心理活动内容，都是客观世界的反映。客观条件决定着人的需要、动机，并影响着行为的发生。因此，在行为产生的因果关系中的“因”中，客观世界占有重要地位。

(2) 目标驱使。人类的行为是为达到某种目标而发生的行为，目标是外界的具体存在，是一种诱因，这种目标能满足人的某种需要，从而引发动机，形成内驱力，产生导向目标的行为和目标驱力。

(3) 激励而生。辩证唯物主义认为，外因是变化的条件，内因是变化的根据，外因通过内因起作用。内因是变化的根本原因。因此，无论外界因素对人的影响程度如何，如果个体自身未曾有对外界刺激的感知，就不会产生行为。这里的激励，既包含环境对个体的刺激，又包含其他个体的引导和鼓励。

2. 行为产生的模式

在因果关系、目标驱使和激励作用下，行为的产生与发展过程遵循一定的模式。对此，德国心理学家勒温 (Kurt Lewin) 经过长期不懈的观察和研究，提出著名的“场理论”，并被人们接受。

在勒温看来，人类行为既受外界环境的影响，又受个体影响。而行为的基础决定于人的内部需要和动机，当人的需要未满足时产生内部力场的驱力，周围环境因素则起着导火线的作用。人的行为的方向取决于人的内部力场与情境力场的相互作用，而重要的决定因素则是内部力场的驱力。这就是勒温的“场理论”。其行为模式可表示如下：

$$B = f(P,E)$$

式中，B (behavior) 为行为；P (person) 为个体；E (environment) 为环境。

勒温的场理论具有重要的现实意义，他将人类行为视为个体的特征与周围环境相互作用的函数，从而为现实中人类行为因人、因时、因地不同而有所不同的表现提供了理论根据。这与西方行为主义心理学纯粹将行为归结为 S-R (刺激-反应) 相比，更符合辩证唯物主义观点。S-R 完全否认了人的意识的存在，忽视了主体的能动作用，认为行为是机械的、被动的。

3. 行为模式的具体运用

任何行为的产生都遵行勒温的 $B=f(P,E)$ 的模式，即行为是个体的需要受环境的刺激，达到一定程度产生动机，并以此指导行动的过程。在活动过程中，行为又受到各种因素的影响和制约。在具体运用中，行为模式体现为以下六种形式：①不同刺激作用于同一个体，产生不同行为；②不同刺激作用于同一个体，产生相同行为；③不同刺激作用于不同个体，产生不同行为；④不同刺激作用于不同个体，产生相同行为；⑤同一刺激作用于不同个体，产生不同行为；⑥同一刺激作用于不同个体，产生相同行为。

5.3.3　行为的改变

管理者学习和研究人的心理行为的目的，归根结底是调动员工的积极性，满足他们的需要，实现动机，并最终增加组织效益，提高效率。但是由于人的需要有些是合理的，有些是不合理的，由需要引发的行为也有合理与不合理之分，所以管理者对合理的行为应予以激励，给予强化；对那些不合理的、不利于达到组织目标的行为应加以引导，促使其转化。行为的转化过程即行为的改变过程。

1. 行为改变的层次

人们的行为改变具有层次性，概括起来有四个层次：①知识的改变；②态度的改变；③个人行为的改变；④团体行为的改变。这四个层次由易至难，行为改变所需的时间也越来越长。其中知识的改变较多地受环境影响，态度的改变则受感情的影响较多。

2. 行为改变的周期

对于一个组织或团体来说，行为的改变有两种情况：其一是新的知识被团体内的个人先接受，然后再达到团体普遍接受的目的，是一个从个人到团体的过程；其二是一开始就将改变加到团体上，从团体再到个人。在管理心理学上，前者被称为参与性改变，后者被称为强迫性改变。

(1) 参与性改变的周期。要完成参与性改变，首先是个人要有接受新知识的热情，表现出积极的态度。当新知识为团体所知时，参与性改变的周期便完成。在管理中，参与性改变可被看做民主式管理的渊源。民主式管理提倡个人积极参与决策，提倡个人积极以自己的行为来实现组织的目标。参与性改变周期如图 5-6 所示。

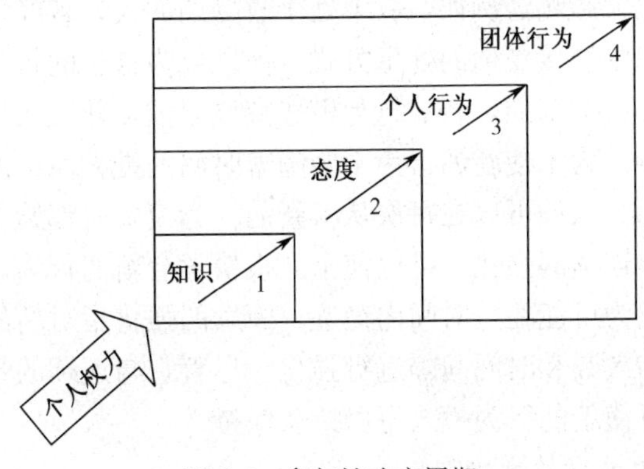

图 5-6　参与性改变周期

(2) 强迫性改变的周期。与参与性改变相反，强迫性改变将改变周期定位在整个组织之上，其程序是先组织后个人。例如，某一组织颁布某一条例，规定从某某日起开始实施。个人无论接受也好，反对也好，都不得不在强迫条件下改变自己的行为。在这里，新条例即新知识。强迫性改变周期如图 5-7 所示。

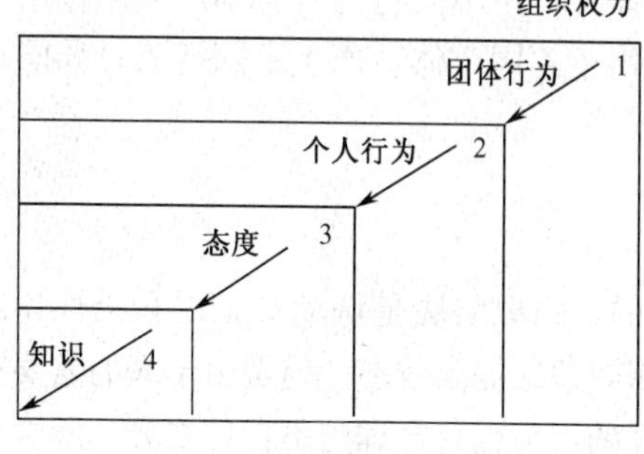

图 5-7 强迫性改变周期

(3) 两种改变的比较。①参与性改变较适用于成熟的团体，因为他们对情况熟悉，具有相当的知识与经验，成就感强，能承当责任。强迫性改变较适用于不成熟的团体，因为他们通常具有依赖性，喜欢被领导、被组织，不愿主动工作，除非强迫，否则他们不愿去承担新的责任。②参与性改变借助于领导者个人权力，强迫性改变则需要领导者行使职位性权力，如奖赏、惩罚与仲裁等。③参与性改变比较迟缓，周期长，但当它一旦被接受便能持久。强迫性改变速度快，却很脆弱，只有领导者具有持久的职位性权力，其改变才能维持。有时它可能会造成怨恨、敌意，甚至可能导致或明或暗的怠工、破坏以致推翻领导者。

3. *行为改变的程序*

勒温认为，人的行为改变可分为三个时期。

(1) 解冻期。人们要改变行为，首先要正确认识目前的行为，认识到行为改变的需要。为此，解冻就要破坏个人的传统、习惯、标准等旧的处事方法，使之接受新的方法。解冻可以是自觉的行为，也可以是出于强迫或服从而产生的行为。

(2) 改变期。一旦个体原有的行为方式被改变，他就得重新选择新的行为模式，建立个人标准、习惯，这就是行为的改变期。在此期间，外界因素对个体选择何种新模式有很大影响。例如，一个处于改变期的人，若经常与办事谨慎细心的人相处，潜意识中会接受他的处事方式，使之成为自己的行为模式。

(3) 冻结期。在冻结期，新的行为模式变成习惯，并融入个人的个性中，完全按新的方法处事。为了使新的行为不会随着时间的推移而逐渐消失，必须有计划地强化新的行为。人们可以在每次从事新的行为模式时都给予强化，也就是说对个人的改变实施连续的强化，可以使个人很快学会新的行为，但是一旦强化因素不存在，新的行为可能在短时间内绝迹；断续的强化指对新的行为实施随机的强化，或按预定的次数和时间间隔进行强化。尽管它与连续的强化相比，效果不那么明显，但它可使新的行为模式得以持久保持。

4. *学习对行为改变的影响*

学习（learning）是一种行为过程，也是改变人行为的有效方式。人们在从事活动中，往往积累一部分经验，从事活动越多，经验越丰富。人们在遇到问题时，又总是力求运用过去的经验（包括自己的与别人的经验），并吸取新知识、新技术想办法加以解决。随着时间的推移，新知识、新技术又成为经验的一部分，加入下一个问题的处理中，如此循环。这种经验的保存与运用就是学习。学习作为个人社会化的概念，在个体上是生存与发展的需要，在团体上是个体归属团体、团体整合个体的需要。学习行为是指人们在适应环境的过程中，能保存和运用过去的经验，用以改变当前的行为。这种因经验而产生的行为改变，在心理学上称之为学习。人类日常生活的行为，无一不是学习的行为，从说话、吃饭、走路，到新技术、新产品的运用，甚至是国家事务的处理，无一不受到经验的影响。因此，学习是行为改变的重要条件之一。

学习是如何产生的呢？完成一个学习过程需要哪些步骤？首先，人们必须产生学习的愿望。这种愿望可以是来自外界的激励，也可以是个体内心自我学习需要。其次，必须有学习的机会。再次，应当有适当的实践机会，将学到的知识付诸实践。最后，通过学习与实践，总结出信息反馈，进而影响个体以后的行为方式。莱维特将人们的学习模式与一部计算机相比较，认为学习必须具备硬件装置和软件机构。硬件装置包括输入系统、联合记忆系统和输出系统三部分。软件机构包括三项法则：①省力有效的法则；②反应的法则；③反馈的法则。学习的模式如图 5-8 所示。

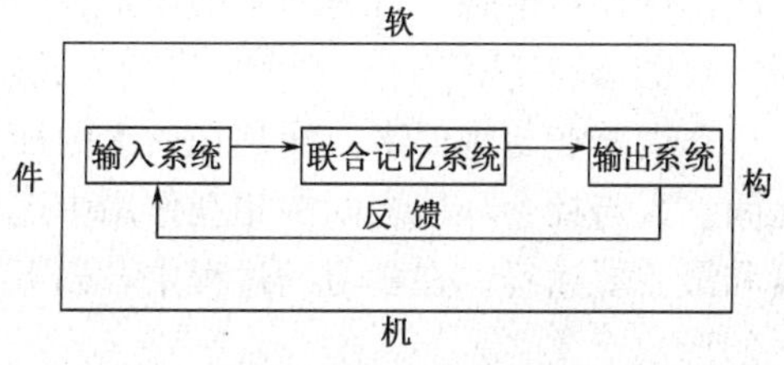

图 5-8　学习的模式

5.3.4　价值观对行为的影响

价值观（values）是影响人们行为的基本因素，是带有根本性和决定性的因素，是预测、引导和控制人类行为的总开关。价值这个普遍的概念是从人们对待满足他们需要的外界物的关系中产生的。它表明价值是事物与人的需要之间的一种关系，越能满足人的需要，事物的价值越高。价值观是一个人对周围事物的是非善恶和重要性的评价，它具有浓厚的主观色彩，源于人的物质和精神需要。价值观在认识过程中表现为认识的目的性，目的就是被意识到了的需要。根据人们的不同目的，事物在人的心目中有轻重、主次之分，形成一个体系即价值体系（value system）。按照斯普兰格（E. Spranger）的观点，个体的价值观可分为六种：一是以知识真理为中心的理论性价值观；二是以形式和调和为中心的美的价值观；三是以权力地位为中心的政治价值观；四是以群体他人为中心的社会性价值观；五是以有效实惠为中心的经济性价值观；六是以信仰为中心的宗教性价值观。价值观和价值体系是决定人们态度和行为的心理基础，在同样的客观条件下，具有不同价值观的人，会产生不同的行为。虽然个人的价值观和价值体系随着社会生活的变迁和个人经历的变化而发生变化，如在青年时期认为珍贵的东西，到老年却不喜欢了，可是有些基本的观念，却具有相对稳定性和持久性，它们对行为长期起着指导作用。个体总是带着“应该怎样”和“不应该怎样”的先入为主的观念进入各种组织中。因此，了解员工的价值观，有利于管理者预测和解释员工的行为，可预防和避免冲突，并作为对他们进行思想教育的依据。

5.3.5 态度对行为的影响

态度（attitudes）是指个人对所处环境中各种人物和事物的认识、评价及其倾向性。一般从三方面表现出来：认知、情感和行动。认知反映个体对客观事物的一种总的倾向；情感是个体对客观事物的好恶倾向及情绪体现；行为则体现了外显的倾向性，反映个体行为对客观事物的定向。在这三方面中，情感最为重要，因为从某种意义上来说，态度的本质就是我们对态度对象情感的强烈程度和趋向；认知是情感和行为的基础，是态度的核心。

1. 态度的形成

态度并非与生俱来，而是在后天的社会交往中，在人与人之间、个人与群体之间、人与社会环境之间的相互作用中逐步形成的，学习是形成态度的最基本因素和最主要途径。在学习的过程中，以下三个因素会影响态度的发展及其最后模式的形成。

（1）个体因素。个体因素具体包括四方面内容。①需要的影响。个体对凡能满足自己需要的对象或能够帮助实现目标的对象，都会产生喜爱的态度。反之，对阻碍其目标实现或引起挫折的对象，则产生厌恶的态度。这个发展过程是个交替的学习过程。②个性的影响。人们在气质、能力、性格等方面有所不同，构成了不同的人对同样事物的不同态度。气质主要以其灵活性和可塑性影响态度的改变和形成；能力主要通过感知和思维影响态度的改变和形成；性格则以其类型特征影响态度的形成和改变。③个体创伤或偶发性经验的影响。尽管态度总的来说是在经验、信息的沟通中逐步形成的，但是偶发性事件也可快速地、一次性地形成态度，如“一朝被蛇咬，十年怕井绳”。④价值观的影响。价值观是人们对事物是非善恶和重要性的主观评价，价值观的差异影响个体态度形成的速度和强度，也会影响态度改变的难度和方向。

（2）个人所属的群体因素。个人的许多态度来自于其所属的群体，因此，出自同一家庭、同一学校、同一团体的人对某一事物有类似的态度。例如，作为一国国民而又常受爱国主义教育的人们对那些有损于国家利益、国家声誉、国家形象的行为都抱着反感、憎恨的态度。

(3) 知识和信息的影响。由于人们对客观事物的分析评价依赖个体已掌握的知识和信息，所以随着个体知识的加深、信息的拓宽和准确，人们的态度也随之改变。在人们未掌握有关知识或信息时，他对该事物的态度是非常模糊的，且较容易动摇；在接受知识和信息后，人们又对原有的态度进行调节，或强化原有态度或产生新的态度。

在以上三方面因素的共同作用下，态度的形成经过三个时期。一是服从阶段，也叫顺从阶段，这是表面上转变自己的观点和态度的时期。在这一阶段，个体迫于外界和舆论的作用，在行动上变得服从，但在认识、情感上并未根本改变，内心仍持怀疑、抵制和反对的态度。二是同化阶段，也叫认同阶段。个体不再被迫接受某些观念，而是自愿地接受某些观点、信念和行为规范，改变自己原有的固定模式，进而使自己从各方面与外界表现一致，这是一种从众行为的表现。三是内化阶段，即把他人的思想、观点，转变为自己的思想、观点，使态度中的认知、情感和行动达到新的平衡和统一，完成态度的形成或改变自己的态度，形成新的态度。

2. 态度的改变

态度经学习产生，也可通过学习而改变。但是，相对于态度的形成来说，要想改变某种态度，更具有难度。因为态度一经形成，就产生了较强的拒变性，成为个人性格的一部分，进而影响个体的整个行为方式。学习有时只改变一个人态度中思想或信念的成分，而没有改变感情与行为的倾向。因此，时间一过，态度又会恢复成老样子。

态度的改变可分为两类。一类称为一致性的变化，即改变原有态度的强度，而态度的方向没有改变。例如，从赞成变成非常赞成、从喜爱变成热爱等，此类态度的改变较容易。另一类称为不一致的变化，即以新的态度取代原有的态度，此时态度的方向和强度均可能有所改变。例如，从反对变为赞成、从坚定变成动摇等。

3. 态度对行为的作用

态度是一种心理倾向，许多实验证明态度对人的行为有极其重要的影响，对人们的认知和社会行为起着准备性的作用。根据某人的态度，可以推断他对人或事的评价，及将要采取什么行动。态度对行为的作用表现在如下四个方面。

(1) 态度与判断。态度一旦形成，便成为个人的一种习惯性反应，久而久之，就成为一种刻板无弹性的固定看法。这是一种“定型”，这种定型影响着人们对周围人或事的客观评价与认识。往往造成一种偏见，影响着人们的正确判断。同时，许多人容易根据现成态度或社会舆论去判断他人，缺乏主观与自身的辨别能力。

(2) 态度与行为表现。态度与行为表现主要体现在人们对挫折的反应上。人们遇到挫折时所表现的行为各不相同：有的人敢于向挫折挑战、百折不挠；有的人却灰心丧气，甚至一蹶不振。这种对挫折的适应能力，即对挫折的容忍力与个体对引起挫折的事物的态度密切相关。实验证明，对自己所在组织的感情深厚、热爱工作的人，其挫折容忍力较高；反之，容忍力较低。

（3）态度与学习效果。态度对学习具有选择或过滤的作用。当学习的内容与个体的需要相一致时，态度就会成为学习的动力，个体容易吸收、记忆所学内容；当所学内容与个体的需要不一致时，态度就会成为学习的障碍，个体对所学内容则可能予以阻止、歪曲和排斥。

（4）态度与工作效率。态度与工作效率之间并不一定呈正相关关系，这是心理学家经过多年研究后得出的结论。有的员工工作效率高，并不代表他对工作很满意，而很有可能对工作不感兴趣，甚至感到厌烦。这也说明态度具有隐藏性。因此，管理者既要认清员工的态度，培养其热爱集体、热爱工作的态度，也不能根据员工的表面态度轻率作出结论，而应透过现象去分析一个人的真实动机，找出支配其态度的思想根据。

5.3.6 动机、目标和行为之间的关系

动机、目标和行为是心理学中密不可分的三个要素，研究三者之间的关系，便于掌握其规律性。在动机支配下，行为在奔向目标的过程中可分为互相联系而又具有不同性质的两种行动，即目标导向行动和目标行动。目标导向行动是在主导动机支配下，为实现目标而做的准备行动，是在探求目标的过程中发生的，如饥饿者寻找吃饭的地方、买食物等。目标行动是从事目标本身的行动，也就是直接获得满足的行动，如饥饿时吃东西则是目标行动。目标导向行动和目标行动是指向同一目标的行为过程中的两个阶段，两者互相联系而且密不可分。失去任何一种行动，都不能达到目标。合理有效的模式应是循环地运用目标导向行动和目标行动。人生就是一个不断地设定目标、导向目标和实现目标的过程。管理者的任务之一是调动员工的积极性，调动积极性的过程实质就是激发动机、产生目标导向行动和目标行动，最后达到目标的过程。三者之间的关系如图 5-9 所示。

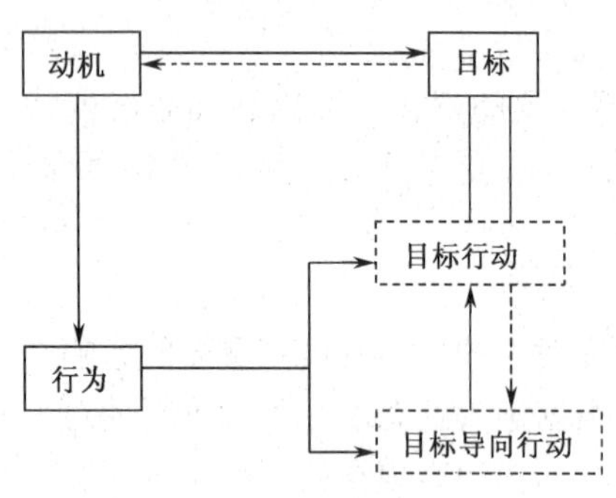

图 5-9 动机、目标和行为的关系

人为了实现目标而产生动机，动机引发行为，经过目标导向行动和目标行动而达到目标。但是人们并不能永远都达到目标，因此，目标行动用虚线。图中的虚线箭头表示目标反过来影响一个人的行为和动机。

案例：用心做员工关系——台积电员工帮助计划

一、台积电简介

台湾积体电路制造股份有限公司（简称台积电），创立于1987年，坐落于新竹科学园区，是全球最大的晶圆代工企业，全球市场占有率超过60%。现有员工15 000多名，分布于亚洲、欧洲和北美等地区。

过去在中国台湾，人们追求的是稳定，一份银行工作被认为是金饭碗。但据中国台湾"劳工委员会"的调查，中国台湾所有企业的平均寿命不超过13年，复杂多变的环境使人们从追求稳定转为不断追求挑战。正如台积电董事长张忠谋所说："当你的专业不值钱时，再学习已经来不及了。"这些变化导致高新科技企业员工的工作和生活重心发生改变。工作时间长、压力大，工作在生活中占了绝大部分，所有的人际关系可能都与工作有关，家庭生活、社群生活、心理健康慢慢被压缩。因此有人说，高科技行业的收入虽高，但那只不过是将来的医药费，因而企业要帮助员工平衡工作和生活。

二、物质与心灵并重

员工帮助计划（employee assistance program，EAP）（表5-1）的目的在于透过系统的需求发觉渠道，协助员工解决其生活及工作中遇到的问题，如工作适应、感情问题、法律诉讼等，帮助员工排除障碍，提高适应力，最终提升企业生产力。

台积电制定的员工帮助计划目标是追求物质和心灵并重，努力营造工作与生活融洽的舒适环境。例如，公司设置了一个24小时的开放空间，员工可以在这里舒解工作压力。

时间是员工最宝贵的资源之一，公司为了节省员工去医院排队看病的时间，引进了健康门诊，员工可以在这里经网络预约挂号后，按约定的时间看病而无须排队。此外，在公司举办的年终晚会上，还请来受欢迎的明星，如张惠妹、周华健等现场表演，员工只需要凭员工证就可以入场欣赏演出，无须像为在外面的演唱上欣赏歌曲需要花上三天三夜去排队买票。

公司女性占了52%，为了照顾女性的需要特意设置了哺乳室，这里还成了妈妈们交流照顾孩子心得的新的生活空间。

公司在新竹、台北和台南地区找了专业律师事务所，向员工提供法律咨询服务。首先由公司法律部门确认他们的专业水平，然后再介绍给员工，员工就省去了验证这些律师事务所是否具备专业资质的麻烦。公司员工可以通过电话进行免费咨询，如果需要进一步的法律服务则按员工优惠价格付费。

表5-1　台积电员工帮助计划工具和主要方案

员工服务	健康中心服务	福利委员会提供服务
全天候供应美食街	门诊服务	各类员工社团活动
驻厂洗衣服务	健康促进网站	员工季刊
员工宿舍与保全服务	健康检查	急难救助
员工交通车与厂区专车	健康促进活动	电影院与文艺节目
员工休闲活动中心	健康讲座	家庭日

续表

员工服务	健康中心服务	福利委员会提供服务
阳光艺廊	办公室健康操	运动园游会
网上商城	体能活力营	员工子女夏令营
员工休息室	妇女保健教室	托儿所
咖啡吧	哺乳室	特约厂商驻厂服务
书店	心理咨询	百货公司特惠礼券
便利商店	咨询服务（法律、婚姻、家庭）	福委会网站

三、用心去做

台积电做员工帮助计划不是因为公司大，而且做员工帮助不一定要花很多钱。可以不花很多钱却依然能达到很好的效果，关键在于要用心去做。

例如，心理咨询，该公司早期的做法是引进专业心理咨询师，但后来发现员工更需要的，是当他们需要帮助时，可以以更隐秘的方式走进咨询室，才不至于有太多的压力。于是，公司和“新竹生命线员工协助中心”合作在公司外部设置咨询室，让员工直接打电话去预约、咨询。整个咨询过程公司都不会介入，公司只要知道有多少人次做过咨询，男性和女性的比例，主要是哪些问题就可以了。这个改变过程并没有增加额外的成本，但是效果却很好。

又如办公室美化，都由员工自己动手。在公司内规划出阳光艺廊邀请一些艺术家来展出作品，员工可在公司就近欣赏或购买艺术品，公司规划出艺廊空间并不需要额外出钱。还有洗衣服务，很多工程师不常自己洗衣服，公司就引进这个项目，洗衣店可以到公司指定的地点收取衣服，过几天再送过来。这样，洗衣店既有了生意，又帮助员工解决了一些生活琐事，在工作上也就更专注。

很多大企业都办有托儿所，但和其他企业做法不同的是，台积电用网络将托儿所和员工的计算机联机。员工只要输入托儿所网址，就可以看到他的孩子在托儿所上课的情形，如此贴心的设计，让员工更加放心。

四、血浓于水

(1) 1999 年的中国台湾“9・21”大地震。“9・21”大地震发生在凌晨 1∶41，台积电的机器和园区像很多企业一样是 24 小时运作，因此首先要维护的是人身安全，公司立即疏散所有现场人员。需要说明的是这次紧急疏散不是临阵磨枪，公司每个月都会进行紧急疏散演习，因此整个过程中没有人慌张，也没有人受伤。紧接着，马上协助员工打电话给他们的家人，向家人报平安。地震发生后，进公司的车子比出去的还多，车主都是公司的员工和管理人员。这些工程师都是担心他们负责的机器是否会受地震影响。因为一个芯片的生产需要一到两个月，做了一半停下来会报废，会影响向客户交货。可能他们自己家也遭受了损失，但他们却立刻回到公司。正是有了这种以公司为家的精神，才有了后来机器在 72 小时内恢复营运的奇迹。当很多国外客户听说这种超高的复原效率后都难以置信，除了感动，对台积电的信赖与订单也持续增加。事后，公司也发现一些员工家里确实遭受到损失，于是立即发放了紧急急难救助金，并成立了捐款项目，以实际的行动来帮助他们。

（2）2000 年 10 月 31 号的新航空难事件。恰巧这班飞机上有台积电的一位员工，正和他的新婚妻子去度蜜月。当时，他曾一度被判定医治无效，后来经抢救脱离危险，但整个人的面部和脊椎受到严重损伤。于是，公司发动全体员工向他们送关怀，包括其他厂区，写了很多卡片。为防止这样的关怀是一窝蜂式的，公司进行了特别策划，每个星期都安排人员去探望他，让他不断感受到关怀，产生继续走下去的毅力与勇气。过圣诞节时，因为他和他太太住在不同医院，已经一个多月没有见面，所以特别为他和他太太安排了圣诞 Party。他过生日时，公司也送去了蛋糕，与他的父母一起庆祝。当这位员工康复后返回工作岗位，公司针对他的特别需要调整了工作环境与内容，还特别为他规划了一个比较方便的停车位。如今，这位员工已经顺利适应工作了。

在企业发展的各个不同阶段都可以制订员工帮助计划，在快速成长时有成长的做法，到了成熟期有成熟的做法。小企业有小的做法，大企业有大的做法。只要企业将员工的问题当做自己的问题，真正用心去做，自然会赢得员工的归属感和高效率。

资料来源：台积电员工关系经理．陈基国用心做员工关系．新华网．http：//news. xinhuanet. com/employment/2003-02/10/content. 2009-10-30.

讨论题

1. 台积电的员工帮助计划是如何做到物质和心灵并重，努力营造工作与生活融合的舒适环境的？请列出关键词和你所理解的项目方案计划。

2. 如果你于 2003 年上任台积电的员工关系经理，你将如何设计下一阶段员工帮助计划的步骤、措施及方针？

3. 如果你是台积电的一名新员工，你会对台积电的员工帮助计划提出什么样的要求和建议？

关键词

需要　动机　行为

思考与练习题

1. 什么是需要？在管理工作中如何通过满足员工的需要来激发其工作积极性？
2. 什么是动机？动机与工作效率之间的关系是怎样的？
3. 什么是行为？在管理工作中如何改变员工不合理的行为？
4. 需要、动机和行为三者之间的关系是怎样的？

第6章

激　　励

在了解个性心理活动的一般规律及其与行为结果之间的内在联系后，如何根据人的需要，激发人的动机，调动人的主动性、积极性和创造性，获得最佳的管理功效呢？这就是本章所要讨论的核心问题。

6.1　激励的相关概念

6.1.1　激励的含义

激励（motivation）本来是心理学的概念，就其词义来说，是激发、鼓励的意思。在管理心理学中，激励主要是指借助能够满足个体需要的外在事物，作为目标来激发或刺激动机，使人产生一种积极向上的心理状态，推动和引导人产生积极行为的整个心理活动过程。简而言之，激励就是调动人的积极性的过程。

既然说激励就是调动人的积极性的过程，那么，激励是如何调动人的积极性的？管理心理学认为，人的积极性是与需要相联系的，从需要或动机出发产生了要求，这种要求一时不能得到满足时，心理上会产生一种不安和紧张状态，这种不安和紧张会成为一种内在的驱动力，导致采取某种行为或行动，进而去实现目标，一旦目标达成就会带来满足，这种满足又会为新的需要提供强化。这种激励过程如图 6-1 所示。

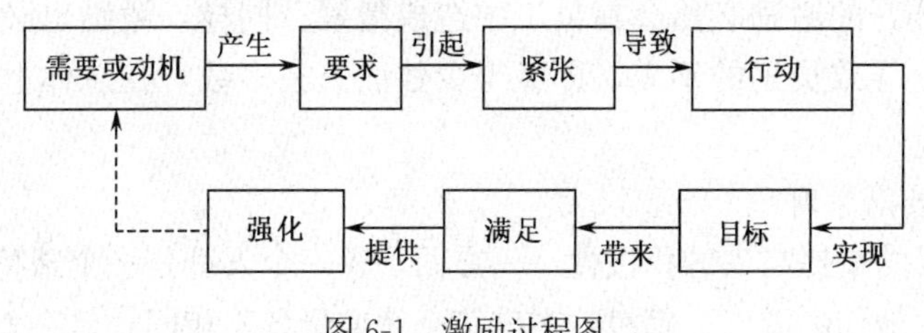

图6-1　激励过程图

6.1.2　激励的作用

1. 激励有助于激发积极性

美国哈佛大学教授威廉·詹姆士（William James）在《行为管理学》一书中阐述：在对员工的激励调查研究中发现，按时计酬的员工仅能发挥其能力的20%～30%，而如果受到充分激励的话，员工的能力可以发挥至80%～90%。也就是说，同样一个人，在受到充分激励后所发挥作用的程度相当于受激励前的3～4倍。

2. 激励有助于提高工作绩效

日本丰田汽车公司，采用设立合理化建议奖的方法激励职工提建议。无论所提建议是否会被采纳，都会受到奖励和重视。如果建议被采纳，并且取得经济效益，那么奖励也就会更多更重。结果该公司的员工仅一年内就提出了165万条建议，平均每人提31条，它所带来的利润是900亿日元，相当于该公司全年利润的18%。

3. 激励有助于吸引人才

从世界各国看，美国特别重视运用激励吸引人才。为了吸引世界各国的人才，美国不惜使用支付高酬金、创造好的工作和生活条件等激励办法，这也是美国在许多现代科学技术领域始终保持领先地位的重要原因之一。

6.2　激励的原则与方法

6.2.1　激励的原则

1. 公平激励原则

公平激励要将奖励与绩效相统一，使员工们普遍了解受奖员工绩效的真实情况。员工的经验、能力、努力程度等明显的付出项目应当在其收入、职责和其他所得方面体现出不同。只有奖励与绩效相统一才能对其他因素起强化作用。为此，管理者应当想办法增加奖励的透明度，只有这样才更能激励员工的积极性。不公开的激励必然会在员工中造成猜疑。同样，激励也必须公平，不公平的激励会导致员工的不满，即赢得少数而失去多数，在总体上产生负向激励的效果。

2. 差别激励原则

激励的目的是提高人的积极性。一方面，每一个人都是一个独特的、不同于他人的个体，他们的需要、动机、态度等个体变量各不相同；另一方面，影响人的积极性的因素也是多种多样的，薪酬、环境、个人发展、人际关系等都可能对人的积极性产生重要影响。因此，管理者应根据不同的人、不同的环境条件，采取不同的激励方式。如果激励方式不恰当，不仅达不到激励的目的，有时还会产生相反的作用。

3. 及时激励原则

人们总是对最近的行为结果比较关注。随着时间的推移，人们对较远的行为的印象会变得越来越模糊，对那些行为的直接后果的关心程度也比较微弱。因此，在管理的过程中，若想对员工的行为进行引导、纠正，最重要的还是要对其最近的相关行为进行激励。及时的激励能够使管理者希望的行为起到继续强化的作用；员工受到及时的激励后，能够保持更高的工作热情。

4. 适度激励原则

激励所要达到的目标和为此而给予员工的激励程度要相当。高目标的多奖励、低目标的少奖励，这样激励才能充分发挥其功能。另外，不管是物质激励还是精神激励，激励强度要适中，如果过多、过滥，势必会造成激励麻痹，使激励效果减弱；反之，激励的强度不够，员工会感到获得激励过于艰难，也会产生逃避激励的问题。

5. 物质激励与精神激励相结合原则

物质激励满足的是员工的物质需要，精神激励满足的是员工的精神需要和情感需要。在实施激励的过程中，必须坚持二者相结合的原则。获取物质利益是目前大多数人从事工作的主要原因。因此，以绩效为基础的加薪、奖励及其他物质刺激在调动员工积极性方面仍然起着重要的作用。但物质利益绝不是激发工作动机的唯一因素，只有将物质激励与精神激励相结合，才能够保证激励效果的长久和稳定。

6. 个人激励与集体激励相结合原则

由于社会大分工的高度发展，个人分工与集体合作已经成为组织活动的基本方式。个人所取得的良好的工作绩效，在很多情况下都是集体合作的结果。所以，在激励方式的选择上，既要对作出突出成绩的个人进行奖励，同时也应当对集体进行奖励，以激励团队合作的精神。

6.2.2　激励的方法

激励是以人的需要为突破口的，它通过满足员工的需要来激发其工作的积极性。但是人的需要又是复杂多样的，这就决定了激励的方法也必须是多种多样的。管理者必须根据不同的对象，灵活地采取不同的激励方法，把握不同的激励程度。激励的方法主要有以下八种。

1. 目标激励

目标一般是指那些通过奋斗能够获得的成就或成果。适当适度的目标是激励工作的前提。现实生活表明，当人们受到富有挑战性目标的刺激时，就会迸发出极大的工作热情。一个领导者如果能够适时适当地提出目标，不仅能极大地激发下属的工作热情和积极性、创造性，而且能够统一员工的思想和行动，使员工向着一个共同目标努力奋斗。

2. 参与激励

在管理过程中，通过使组织成员参与管理行为，能够增加他们对组织的关注，进而把组织目标变成个人的追求，变成组织成员乐于接受的任务，使个人在实现组织目标的过程中获得成就感。因为人都是有一定的志向和抱负的，是愿意为自己所追求的事业作出努力的，并在这种过程中获得精神上的满足。参与激励就是建立在这种心理基础之上的。

3. 物质激励

物质需要和物质利益不仅是维持生存的基本条件，而且是个人在各方面获得发展的前提。物质激励就是要通过满足个人物质利益的需要，来激发人们的积极性和创造性。当然，在各种激励手段中，物质激励是处于较低层次的，具有一定的局限性。一般说来，当个人物质利益得到适当满足后，人们在精神方面的需求就会占主要地位。这时，就应该因势利导加强精神激励。

4. 荣誉激励

荣誉激励实质上是一种精神激励。它是对为组织存在和发展作出过较大贡献的人，给予一定的荣誉，并将这种荣誉以特定的方式固定下来。这样，不仅可以给这些获得荣誉的人以激励，而且也可以对其他组织成员产生激励作用。荣誉激励具有巨大的感召力和影响力，甚至可以促使人们为获得某项特殊的荣誉而自愿献身。因此，荣誉激励可以成为管理者激励员工的一个重要手段。

5. 感情激励

同事之间，特别是管理者与被管理者之间的相互信任、相互支持的感情是一种巨大的精神力量，这种力量不仅可以使人们结成一个坚强的战斗集体，而且能极大地激发每个人的积极性和创造性。因为信任和支持能使人产生尊重感、亲密感、荣誉感和责任感，能够使人把自己的前途命运与组织的前途命运紧密联系在一起，从而产生为组织努力工作的积极性和创造性。

6. 强化激励

强化激励包括正强化和负强化。正强化是通过对员工的某种行为给予肯定和奖赏，使其巩固保持，发扬光大。日常生活中的表扬、奖励等就属于正强化。负强化是通过对员工的某种行为给予否定和惩罚，使其减弱、消退。批评、惩处、罚款等就属于负强化。一般说来，如果一种刺激对行为者有利，则相应的行为就会重复出现；如果对其不利，则相应的行为就会减弱直至消失。因此，管理者可以通过物质奖励和精神奖励的方式强化那些符合组织目标的行为，通过惩罚等方式削弱那些不符合组织目标的行为。正强化和负强化是相对而言的，负强化可以增强正强化的功能，而不进行正强化本身也是一种负强化，一种行为如果在多次出现时都得不到应有的奖励，就会自然地减弱和消失。因此，在管理活动中，管理者需要灵活地运用正强化和负强化的方式，以使人们的行为符合组织的目标。

7. 数据激励

数据激励是一种通过数据对比的方式把先进与落后反映出来，以达到鼓励先进、激励后进的目的的做法。心理学家认为，明显的数据对比，能够使人产生明显的印象，激发强烈的感想。这是因为，人都是有自尊心的，数字激励正是基于人们的这种自尊心，将存在于人们之间的工作成果上的差别以数字形式鲜明地表现出来，从而实现对人们行为的定向引导和控制。

8. 工作激励

通常，管理者在运用激励手段时，总是把着眼点放在员工取得的绩效上，根据他们的行为结果进行奖励或惩罚，以求对下一次行为产生激励作用。其实，激励也是可以融入到日常工作之中的。也就是说，根据组织成员的能力、水平、性格、爱好、特长等各方面的特点，分配给他们适当的工作，也可以激发他们的工作热情，起到激励的作用。

6.3 西方管理学说史上的人性理论

要有效地进行激励，首先就要弄清楚人的本性是什么。然而，自古及今，中外思想家和学者，对这个问题的答案众说纷纭。对人性的观点不同，就必然会产生不同的管理原则与方法。在西方管理学发展的不同阶段，对人性的看法也不同。1965 年，美国心理学家沙因（E. H. Schein）将西方流行的人性理论概括为四种，即“经济人”假设、“社会人”假设、“自动人”假设和“复杂人”假设。

6.3.1 “经济人”假设

“经济人”（rational-economic man）假设认为，人的一切行为都是为了最大限度地满足自己的利益，工作是为了获得最大的经济报酬。“经济人”假设是古典管理理论对人性的看法，它起源于享乐主义哲学和英国经济学家亚当·斯密(Adam Smith) 关于劳动交换的理论。1957年，美国管理学家麦格雷戈在他所著的《企业的人性面》一书中，提出了两种对立的管理理论：X理论和Y理论。麦格雷戈自己反对X理论，主张Y理论。而X理论就是对“经济人”假设的概括。

1. “经济人”假设的主要内容

(1) 多数人生来就十分懒惰，不愿意多做工作，只要有可能就会想方设法逃避工作。

(2) 多数人一般没有雄心大志，不愿意负责任，宁可被别人指挥。

(3) 多数人喜欢以自我为中心，对组织目标漠不关心。

(4) 多数人喜欢安于现状，习惯于抵抗变革。

(5) 多数人缺乏理性和自制能力，容易受他人影响，常有盲从举动。

(6) 人大致可以划分为两类，多数人都是符合上述设想的，属于被管理者；少数人是能够自己鼓励自己和克制感情冲动的人，因而能负起管理者的责任。

2. 与“经济人”假设相对应的管理主张

西方管理学家提出了与“经济人”假设相对应的各种管理主张，简要概括为以下三点。

(1) 管理重点是提高生产效率和完成生产任务，对于道义责任和人的感情，管理者可以不予考虑。管理者的主要职能就是计划、组织、经营、指导、控制和监督，制定和实施各种严格的工作规范和制度来提高生产效率，完成任务指标。

(2) 管理方式是专制型的，管理工作只是少数人的事，与广大员工无关。员工只能是服从命令、听从指挥、接受管理，他们无须参加管理活动。

(3) 在奖惩制度方面主要是“胡萝卜加大棒”的方法，即以金钱来刺激员工的生产积极性，以严厉的惩罚来对付消极怠工者。

3. 对“经济人”假设的评价

“经济人”假设对于科学管理曾起到过积极作用，但它在本质上是为资本家剥削工人服务的。从历史与现实相结合的角度，可以对“经济人”假设简要作出以下四方面的评价。

(1) “经济人”假设是以享乐主义哲学为基础的，它把非理性、天生懒惰、追求私利看成人的天性，认为人的一切工作行为都只是为了获得经济报酬以求生活安全。这种假设实际上只看到了人的自然属性，但忽视了人的社会属性，这实质上是对人性的歪曲。

(2)“经济人”假设的管理模式是以金钱为主的机械的管理模式，并用权力严密地控制员工。它认为，人是天生懒惰的，因此必须采用强迫、控制、奖励与惩罚等措施，以促使员工达到组织目标。这就否认了人的自觉性、主动性、积极性、创造性与责任心。

(3)“经济人”假设认为人一般没有雄心大志，不愿意负责任，只有少数人能够起到领导作用。这种观点把管理者与被管理者绝对对立起来，反对员工参与管理，否认员工在生产中的地位和作用。

(4)“经济人”假设也含有一定的科学管理的成分。它改变了当时放任自流的管理状态，加强了社会上对消除浪费和提高效率的关注，促进了科学管理理论的形成与科学管理体制的建立。这些对于我们今天的管理实践仍然具有一定的借鉴作用。

6.3.2 “社会人”假设

“社会人”(social man) 假设认为，人们在工作中得到的物质利益及工作环境条件的好坏对于调动人的积极性只有次要意义，人最根本的需要是社会需要，是良好的人际关系需要。与物质利益相比，人们更重视在工作中与周围人的友好关系，良好的人际关系才是调动人的工作积极性的决定因素。

“社会人”假设的理论基础是人际关系理论。该理论是美国哈佛大学教授梅奥在霍桑实验中的经验总结。梅奥在其 1933 年出版的《工业文明中的问题》一书中提出这一理论，他把重视社会需要和尊重需要，轻视物质需要与经济利益的人称为“社会人”。

1. “社会人”假设的主要内容

(1) 人是“社会人”，影响人的积极性的因素，除了物质因素之外，还有社会和心理因素。

(2) 技术的发展与工作精细分工的结果，使工作本身失去了乐趣和意义，因此，人们只能从工作中的社会关系上寻求乐趣和意义。

(3) 员工对同事之间的人际关系，要比对管理者给予的经济诱因及控制更为重视。霍桑实验注意到“非正式组织”问题，这种无形的组织形式对其成员的行为具有重要影响。

(4) 员工的工作效率随着上级能够满足他们社会需求的程度而改变。

2. 与“社会人”假设相对应的管理主张

(1) 以人为中心进行管理，管理者除了应该注意完成工作任务外，更应该特别注意员工在从事某项工作过程中的各种需求，并设法给予满足。

(2) 管理者的职能不应该只是计划、指挥、组织和控制，更应该重视员工间的人际关系，重视培养他们的归属感和全局观念。

(3) 重视集体对个人的影响，在奖励制度上提倡集体奖励，培养集体精神，不主张实行个人奖励制度。

（4）让员工不同程度地参与组织决策的研究与讨论，即采取“参与管理”的新型管理形式，以满足员工的社会性需要，使其为达到组织目标而努力工作。

3. 对“社会人”假设的评价

“社会人”假设较之“经济人”假设无疑是前进了一大步，在从“重物轻人”的传统管理转向“以人为中心”的现代管理的进程中，起着重要的推进作用。可以从以下三个方面来全面评价“社会人”假设理论。

（1）“社会人”假设强调管理者要重视社会心理因素的作用，要尽可能地满足员工的社会心理需求，强调人际关系对管理工作的重要性，以及管理者必须改变管理作风，改善与员工的关系等。这些思想观点尽管在当时不可能从根本上改变工人与资本家的雇佣关系，但在缓解劳资矛盾、改善企业管理、推动生产力发展方面确实起到了促进作用。

（2）“社会人”假设提出了参与管理制度，目的是提高企业效率、追求企业利润，对我们有一定的启发意义。在我国企业中建立职工代表大会制度，加强企业民主管理是极有必要的。这一假设主张的奖励制度对我国企业也有参考价值，集体奖励有利于集体主义观念的培养，但同时也要处理好集体奖励与个体奖励之间的关系。

（3）“社会人”假设的主要欠缺是过分否定“经济人”假设的管理作用，完全忽视员工的经济需要，这无疑会挫伤员工的积极性。而且它过于偏重非正式组织的作用，对正式组织有放松研究的倾向。这是一种依赖性的人性假设，对人的积极性、主动性、动机缺乏研究。

6.3.3 “自动人”假设

“自动人”（self-actualizing man）也称“自我实现人”。所谓自我实现是指“人都需要发挥自己的潜力，发挥自己的才能，只有人的潜力充分发挥出来，人的才能充分表现出来，人才会感到最大的满足”。把自我实现作为人性的特质，提出“自动人”假设的是麦格雷戈，其在反对“经济人”假设及其管理主张时移用了马斯洛（Abraham Maslow）的理论术语。在《企业的人性面》一书中，麦格雷戈总结了马斯洛等的观点，结合管理问题提出了Y理论，Y理论基本概括了“自动人”假设的主要观点。

1. “自动人”假设的主要内容

（1）人并非生来就是懒惰的，厌恶工作并不是人的本性，要求工作是人的本能。如果环境条件有利，工作就像游戏、休息一样自然。

（2）控制和惩罚不是推动人们努力实现组织目标的唯一手段。因为人们具有一种表现自己才能、发挥自己潜力的欲望，所以，人们在执行任务中能够进行自我指导和自我控制。

(3) 逃避责任、缺乏抱负及只关心个人安全通常是经验的结果，而不是人的本性。在适当条件下，人们不仅会接受任务，而且会主动寻求责任。

(4) 有自我满足和自我实现需求的人往往以达到组织目标作为自己工作的最大报酬，这种报酬可以驱使人转向为实现组织目标而努力。

(5) 在人群中广泛存在着高度的想象力、智谋和解决组织问题的创造性。大多数人在解决组织的困难问题时，都能发挥出高度的想象力、聪明才智和创造性。但在现代社会条件下，一般人的智能潜力只是得到部分发挥。

(6) 人追求满足欲望的需要与组织需要并没有矛盾。只要管理适当，人们会自动地把个人目标与组织目标统一起来。

2. 与“自动人”假设相对应的管理主张

(1) 管理者应更多地考虑创造适宜的工作环境、工作条件，使工作变得富有内在意义和挑战性，使员工能够充分发挥个人的潜力和才能，充分发挥个人的特长和创造力，在完成任务中产生自豪感以满足自我实现的需要。

(2) 管理者不应该是单纯的生产指挥者和控制者，也不应该是单纯的人际关系调节者，他们的主要任务是为员工发挥才智创造适宜的环境条件，减少和消除员工在自我实现过程中遇到的障碍，以充分发挥其聪明才智和创造力。

(3)“自动人”假设认为，激励分为两类，一类是外在激励，如加薪、提升、保持良好的人际关系等；另一类是内在激励，如在工作中获得知识、增长才干、充分发挥自己的潜力等。“自动人”假设认为，只有内在激励才能满足人的自尊和自我实现的需要，从而调动起员工的积极性。管理的任务就在于创造一个适当的环境，使员工从中获得内在激励。

(4) 管理者应当下放管理权限，建立决策参与制度、提案制度、劳资会议制度、目标管理制度和制订发展计划等，使员工在上述各种制度安排中显示其才能，满足其自我实现的需要。

3. 对“自动人”假设的评价

对“自动人”假设理论的评价，学者们大多给予历史的肯定，但也有所批评。这里，我们将其概括为以下三点。

(1)“自动人”假设产生于20世纪中期，是在资本主义工业生产发展到高度机械化的条件下提出来的。它促使资本主义企业推行目标管理、参与决策、采取弹性工作时间等管理措施，这些管理方式的变革对生产力的发展起到了促进作用。

(2)“自动人”假设强调人的成熟是个自然发展过程，对于个性解放具有一定的积极意义，但是它片面强调自我实现是人的自我需要和个人努力的结果，从而忽视了社会环境的作用，这与人的社会性相违背，是个人中心主义的反映。而且，它片面要求企业、社会为个人的自我实现服务，有违集体精神，这也是不可能办到的。

(3) 尽管“自动人”假设在理论上仍有一些不当之处，但它的一些管理主张仍是值得我们借鉴的。例如，在可能条件下，企业应为员工创造有利于调动积极性、发挥才能的条件；注意内在激励与外在激励的结合，以调动员工积极性；培养员工的工作兴趣，培养员工对企业的归属感、责任感；相信员工的力量与独立性、创造性，以便让他们迎接具有挑战性、关键性的工作。

6.3.4 “复杂人”假设

“复杂人”(complex man) 假设是20世纪60年代中期，由美国组织心理学家沙因 (E. H. Schein) 等人对“经济人”假设、“社会人”假设和“自动人”假设分析研究后提出的。“复杂人”假设认为，前面三种人性假设虽各有一定的合理性，但也都有很大的片面性，并不能适用于一切时间、一切地点和一切人。因为人是很复杂的，人的个性、需要与潜能因人而异，而且人的个性、需要与潜能是随着年龄的增长、知识的增加、地位的改变、环境的改变，以及人际关系的变化而变化的。“复杂人”假设的观点是：人不是单纯的“经济人”，也不是完全的“社会人”，更不可能是纯粹的“自动人”，而应该是因时、因地、因各种情况变化采取适当反应的“复杂人”。

1. “复杂人”假设的主要内容

(1) 人的需要是多种多样的，并且会随着人的发展阶段和生活处境的变化而变化。同时，不同的人有不同的需要，人的需要的等级层次也会因人、因时、因情境而异。

(2) 人在同一时间内有各种需要和动机，它们会相互作用并结合为一个统一的整体，形成错综复杂的动机模式。

(3) 动机模式的形成是内部需要与外部环境相互作用的结果。在组织环境中，工作与生活环境的变化会促使人产生新的需要与新的动机模式。

(4) 个人在不同的组织或同一组织的不同部门工作，也会产生不同的需要。

(5) 由于人的需要不同、能力各异，对同一管理方式会有不同的反应，对不同管理方式也会有不同的反应。所以，没有适合于任何组织、任何时间、任何个人的统一的管理方式。

2. 与“复杂人”假设相对应的管理主张

根据“复杂人”假设，管理学说史上出现了“权变理论”(contingent theory) 这样一种全新的管理理论。“权变”是指根据具体情况采取适当的管理措施。该理论认为，在管理中，管理者根据组织所处的内外条件权宜应变，没有一种普遍适用于一切组织的最好的管理方法和管理理论。

(1) 采用不同的组织形式提高管理效率。根据组织中的工作性质不同，有的组织可以采取固定的组织形式，有的组织可以采取灵活多变的组织形式。对于组织结构形态，有的组织可以采取直线式，有的组织可以采取直线职能式，有的组织可以采取立体矩阵式等。

(2) 管理者应有权变的观点，从组织的实际情况出发作出灵活的行动反应。为此，管理者要学会在某一特定的情况条件下，正确地进行组织、管理，并且要随着情境的变化采取弹性、应变的领导方式和领导策略，以提高管理的效率。

(3) 既然人的需要与动机各不相同，管理者就应依员工的具体情况，因人制宜地采取灵活多变的管理方式，也就是说管理措施要因人而异，不能搞“一刀切”。

3. 对“复杂人”假设的评价

对“复杂人”假设的评价，也应当采取辩证的观点。

(1)“复杂人”假设理论强调因时、因地制宜，因人而异，采取灵活多变的管理措施，不能简单化、固定化，不能千篇一律。其思想主张包含着辩证法思想，这对于我国各类组织改善管理是有启示意义的。

(2)“复杂人”假设理论也有局限性。它过分强调个体差异，忽视了众多个体存在共性的一面，在管理措施上过分强调应变性和灵活性，从而忽视了集体主义精神、团体意识，以及良好的团体风气、组织风气在管理中的作用，同时也不利于管理组织和制度的相对稳定，不利于正常规章制度的建立和稳定，也有否认管理规律的一般性特征之嫌，不利于管理科学的发展。

总之，从以上西方管理学说史上四种人性假设学说的简单介绍中可见，从20世纪初的“经济人”假设到20世纪70年代的“复杂人”假设，均反映了人们对人性的认识是深化发展的，也反映了对人的尊严、对人在生产中的地位和作用的认识是逐步深化的。不同的管理理论和管理措施，不仅反映了人性认识上的差异，还与生产力发展水平、员工生活水平相联系。西方管理学说中的人性假设虽然有其阶级局限性、社会制度局限性和历史局限性，存在着不同程度的缺陷，但它也揭示了管理的组织结构、管理方式对人性发展的依赖与影响。在我国，在马克思主义人性观指导下，借鉴吸收这些理论的科学成分，对建设有中国特色的管理心理学理论是有一定意义的。

6.4 马克思主义关于人性的基本理论

马克思指出：“如果我们想根据人的效用来评价人的行为，就首先要研究人的一般本性，然后再研究在每个时代历史地发生了变化的人的本性。”[①] 马克思

① 马克思. 1975. 资本论. 第一卷（下）. 北京：人民出版社：669.

强调人性是历史的、不断变化的。不能用一个尺度来衡量过去、现在和未来的人，即对当代人有用的东西，对未来的人不一定有用；对过去的人有用的东西，对当代人不一定有用。马克思主义对人的本性的认识和理解是从人的个性、人的本质、人的价值等问题谈起的。

6.4.1 人的个性

现实中的人性都是具体的，是共性与个性的统一。人类的共性是一个抽象概念，但是历史地考察起来，人性又是具体的、现实的。人在不同的历史发展时期，在不同的社会群体、不同的生活环境中，形成了不同的心理特征，这就是人的现实性。没有抽象的人，人总是现实地、具体地存在着。因此，了解人性，不仅要研究人类与动物的区别，认识人的一般本性，即普遍性，还要了解人性在每个时代历史性的变化，即特殊性。这样，才有可能全面正确地把握人的共同本性和人性的现实性。

人是从自然界中分化出来的，在其历史发展过程中也逐渐形成了各自的个性。个性是具有一定倾向性的人的心理特征的总和。人的本质集中体现在个性上面，个性是以社会性为主的自然性和社会性的统一，其实质是社会性。人的个性是由个体倾向性、性格系统、智能系统、自我调节系统构成的。个性是人的社会化进程的结果，是人的主观能动性与社会环境相互作用的结果。人的个性还有共性与个别差异性、他律性与自律性、稳定性与可塑性等特点。人不能离开社会而孤立地生存。人的个性只有在社会、集体中才能得到全面的发展。

6.4.2 人的本质

马克思曾明确指出："人的本质并不是单个人固有的抽象物。在其现实性上，它是一切社会关系的总和。"① 社会关系是人们在其共同活动中结成的相互关系的总称。它包括经济关系（物质关系或生产关系）、政治关系，以及思想文化关系和其他社会生活中人们的相互关系。其中生产关系是一切社会关系的基础，它对其他一切社会关系起决定作用。人的本质，说到底就是人的社会性，是由人在生产关系中所处的地位决定的。

人是地球上生物有机体的最高形式，是社会化的高级动物，是社会历史活动的主体。因此，人是自然实体与社会实体的统一：一方面是具有高度发达的大脑、双手、言语器官等的生物实体；另一方面又是参与共同劳动、具有主观能动性和意识、能与他人进行交往、创造物质和精神财富的社会实体。人性也是自然属性与社会属性的统一，人的社会属性是不能离开自然属性而单独存在的。人的

---

① 1995. 马克思恩格斯选集. 第一卷. 北京：人民出版社：56.

社会属性中还含有阶级性，人在阶级社会中，都处于一定的阶级地位，其心理与行为就会打上本阶级的烙印。因此，在阶级社会里，根本不存在超阶级、超时代的抽象的本性，只有带有社会性、阶级性的人性。不同时代、不同社会、不同阶级具有不同的人性。因此说，人的本质或本性不是单个人所固定的抽象物，在其现实性上，它是一切社会关系的总和。

6.4.3 人的价值

马克思主义认为，“价值”这个普遍的概念是从人们对待满足他们需要的外界物的关系中产生的，即价值这个概念所表明的是主体和客体之间的关系，是客观事物对人们需要的满足。凡对主体有用的客体，不管其存在形式如何，只要它能满足主体的需要，就能被认做有价值的东西。

人是具有主客体二重性的生物，人作为客体要满足其他主体的需要；人作为主体，又要使自己的需要得到满足。于是在价值关系中，人既是价值主体，又是价值客体。如果从个体来看，作为客体的人的价值就表现为对他人和社会的需要所作出的贡献；作为主体的人的价值，就表现为他人和社会对自身需要所提供的满足程度。人既是价值的创造者，又是价值的享用者。

正是鉴于人的价值关系的特殊性，所以，人的价值便具有了二重性——社会价值和个人价值，二者又是不可分割的两个方面。人的社会价值是指个人为满足社会物质需要和精神需要所作的贡献。因此，社会价值这个概念所表述的就是对他人、对社会有用性这样一种关系。个人与社会关系的另一方面，是指社会对作为社会成员的个人在物质和精神两个方面在何种程度上给予尊重和满足。人的个人价值从本质上说，指的是作为主体的人的价值。这种价值表现为社会把个人当做主体而不只是客体，并对其正当的需求给予尊重和满足。

虽然人的价值具有二重性，但我们更应强调的是人的社会价值，是一个人的奉献精神。这是因为，如果一个民族不倡导自己的成员发扬奉献精神，这个民族就没有希望。一个政党不倡导自己的成员发扬奉献精神，这个政党就会失去人心。一个人只想索取，不想奉献，他就失去了人生的价值。这就是马克思主义关于人的价值观。

总之，马克思主义关于人的个性、人的本质和人的价值的理论，对于我们研究管理心理学、正确评价国外管理心理学中的各种人性假设理论有重要指导意义。它是社会主义的科学管理制度和管理方法的重要理论依据。

6.5 激励理论

从20世纪20～30年代以来，世界各国的许多管理学家、心理学家和社会学家们就从不同的角度研究了如何通过预测和激发人的动机、满足人的需要来调动人的积极性的问题，并提出各种各样的激励理论。为了便于分析，我们依据各个理论所研究的激励侧面的不同及其与行为关系的不同，把这些激励理论归纳和划分为内容型、过程型、状态型和综合型四类。

6.5.1 内容型激励理论

内容型激励理论（content theory）是研究需要这个激励过程的起点的理论，它着重对激励的原因与起激励作用的因素的具体内容进行研究。内容型激励理论基本上都认为人的行为动机是由需要引起的，了解人的需要尤其是优势需要是激励的出发点。因此，内容型激励理论的中心任务就是了解人的各种需要，确定这些需要的主次顺序或结构，以及满足何种需要将导致最大的激励等。相对而言，这是从静态的角度探讨激励问题的一类理论。属于内容型激励理论的主要有马斯洛的需要层次论、奥德弗的ERG理论、麦克利兰的成就需要理论和赫茨伯格的双因素理论。

1. 马斯洛的需要层次论

马斯洛是美国人本主义心理学家，他于1943年提出的需要层次论是提出时间最早、影响最大的一种激励理论。

1）基本观点

马斯洛将人类复杂多样的需要，按照其重要程度和发生的先后顺序归纳为生理需要、安全需要、社交需要、尊重需要和自我实现需要五个层次，并由低级需要向高级需要发展。

（1）生理需要，是人类最原始、最基本的需要，也是一种本能的需要，包括衣、食、住、行、性和其他生理需要。

（2）安全需要，是人们寻求保护自己免受生理与心理上侵害的一类需要，包括要求劳动安全、职业安全、生活稳定，希望免于灾难、未来有保障，要求劳动防护、社会保险、退休金等。总之，要求对不确定的未来获得保障。

（3）社交需要，又称为友爱或归属的需要，指人们希望和同事保持友谊，渴望在感情上有所归属，属于某一个群体，并得到相互关心与照顾等。

（4）尊重需要，包括自尊和受人尊重。社会上多数人都希望有一定的社会地位，希望获得成功，得到他人的信赖及高度评价，希望自己具备各种能力和知识等。

（5）自我实现的需要，是一种要求最充分发挥个人的潜力，以实现个人的理想、抱负的更高层次的需要。自我实现的需要通常表现在两个方面：一是胜任感方面，表现为具有完成任务的欲望，喜欢承担具有挑战性的工作，并把工作当做一种创造性活动；二是成就感方面，表现为参加创造性活动，并力争取得成功。

马斯洛认为，人类行为是由上述五大类需要所驱动的，但是这些需要又是分层次的，像阶梯一样从低到高按次序逐级上升的。当低层需要获得基本满足后，追求高一层的需要就成为驱动行为的动力。而且这五种需要也是不可能完全满足的，越到上层，满足的程度就越低，所占比重就越小。

马斯洛认为，在同一时期内，人可能同时存在几种需要，因为人的行为是受多种需要支配的。但是，在某一种特定的情境或场合下，总有一种需要是占优势地位的。这种占优势地位的需要是具有主导性的需要，其强度也最大。若一个人的所有需要都相对未得到满足时，则其中的生理需要就是支配人们行为的优势需要，而其他四类需要只是作为陪衬而存在。一旦生理需要获得适度满足后，较高一级的安全需要就会显得相对突出并成为支配行为的新的优势需要。同样，当安全需要得到一定的满足后，较高一级的需要（社交需要，进而尊重需要）就成为优势需要，直至自我实现的需要成为支配行为的优势需要。也就是说，任何一种需要并不因为下一个层次需要的发展而消失，各层次的需要相互依赖与重叠，高层次的需要发展后，低层次的需要仍然存在，只是对行为影响的比重降低而已。马斯洛认为，如果优势需要长期得不到满足，则会引起人的一系列无理行为甚至个性的缺陷。而且，已经得到满足的需要不再是一股激励力量，只有未满足的需要才具有激励作用。

2）对马斯洛需要层次论的评价

（1）马斯洛的需要层次论具有一定的科学性，在一定程度上反映了人类行为和心理活动的共同规律。①马斯洛肯定人类存在共同需要，并且把人的需要看做多层次的动态系统，反映了人的需要由低级向高级发展的趋向，这是符合实际的。他把人类千差万别的需要划分为五个层次，符合人类需要的多样性的特点，这对研究人类的需要，从中发现其规律性也是必要的。②马斯洛的需要层次论第一次从理论上系统地阐述了人的需要与行为之间的关系，从人的需要出发来研究人的行为，可以说是抓住了问题的关键，对激励理论乃至整个管理理论的发展都产生了重要影响。③马斯洛指出，人的需要具有递进式发展的性质，每一时期有一个优势需要出现，而其他需要则处于从属的地位，人在一定的时间内，其行为将受到这个优势需要的调节支配，这也是比较符合实际的。了解人在某个时期的优势需要，可以预测人的行为表现，以便在管理工作中进行有效的动机诱导。

（2）马斯洛的需要层次论也不可避免地存在着某些局限性。①马斯洛的观点属于人本主义心理学的观点。他的人本主义思想的核心是使人成为自我实现的人，而这种自我实现在他看来完全是一个自然成熟的过程，可以脱离社会生活条件，只靠个人改善其认知，认识到自我的内在价值就可以实现。他的这种自我实现虽然对促进个性发展不无意义，但它脱离社会实践、脱离群体，具有以个人主义为中心“自我奋斗”的色彩。②马斯洛的需要层次论只注意了一个人各种需要之间存在纵向联系，而忽视了一个人在同一时间内往往存在多种需要，而这些需要又会相互矛盾，进而导致动机的斗争。③马斯洛的需要层次论带有一定的机械主义色彩。一方面，这一理论提出了人类需要发展的一般趋势；另一方面，在一定程度上又把这种需要层次看成固定的顺序，看成一种机械的上升运动。按照马斯洛的观点，如果一个人需要的产生发展过程是按这个固定顺序进行的话，那么，就应该是低级需要得不到满足，高级需要就不能产生和发展。可是事实上，高级需要是可以在社会实践中，在教育的影响下得以形成和发展的。因此说，马斯洛需要层次论忽视了人的主观能动性，忽视了通过教育在一定条件下可以改变人们需要的主次关系的可能性。

3）马斯洛需要层次论在管理实践中的应用

人的行为是由需要引起的，因此，管理者首先应准确把握员工的需要，尤其是当前的优势需要，然后再设法去满足他们的其他需要。在我国的现实生活中，人们的最基本的生理需要都已经相对得到了满足，因此管理者应当重点满足下属的安全需要、社交需要、尊重需要和自我实现的需要。

（1）安全需要可以分为经济上的安全需要、心理上的安全需要和人身的安全需要三种，满足这些不同种类的安全需要的管理措施也不同。对于经济上的安全需要，可以通过合理的工资报酬、奖金和福利等措施给予满足。对于心理上的安全需要，则可以通过给员工规定明确的职责和能力所及的任务，同时又经常给予他们评价和表扬来满足。而且，如果管理者能适时地帮助和指导员工解决困难，尽量保持政策和管理措施的连续性和稳定性，员工在心理上的安全感也会增强。对于工作中人身的安全需要，就要设法改进工作环境，合理安排作息时间，以满足员工这方面的需要。

（2）管理者应尽可能多地提供一些使员工在工作中与他人接触和交往的机会，要经常举办一些集体活动，尽可能创造出和谐活泼的群体气氛，要允许甚至鼓励某些非正式组织的存在等，以满足员工社会交往的需要。

（3）管理者要尽可能设计出带有一定难度或挑战性的工作任务，经常运用表扬、奖励、让员工参与管理、授权授责、提职晋升、提供进修和培训机会等方法来满足员工的尊重需要。而且，为员工提供进修和培训的机会，不仅能提高员工的工作能力，从而满足其尊重的需要，而且为他们创造了更多的机会来充分发挥他们的潜能，从而也满足了他们自我实现的需要。

总之，因为人的需要本身具有复杂性与层次性，所以满足需要的方法也应是多种多样的。管理者只有以时间、地点、条件为转移，综合运用各种方法和措施，才能取得令人满意的激励效果。

2. 奥德弗的ERG理论

美国耶鲁大学组织行为学教授奥德弗在大量实证研究的基础上对马斯洛的需

要层次论加以改进，将马斯洛的上述五种需要压缩为三种，即生存需要、相互关系需要和成长需要，这就是著名的 ERG 理论，即生存-相互关系-成长需要理论。其中，生存需要包括生理需要和安全需要；相互关系需要包括社交需要和相互尊重的需要；成长需要包括自尊和自我实现的需要。奥德弗认为，在管理实践中将员工的需要分为三类是较为合理和有效的。

马斯洛的需要层次论与奥德弗的 ERG 理论的共同点就在于他们都认为人的需要是有层次的，是由低到高逐级上升的，并且彼此之间相互联系。但奥德弗的 ERG 理论还对马斯洛的需要层次论作了重要的补充，即马斯洛的需要层次论是建立在“满足-上升”的基础上的，也就是说一旦较低层次需要得到满足，人们将上升到更高一级的需要上。而奥德弗认为，某个层次的需要得到的满足越少，则这种需要越为人们所渴望。较低层次的需要越是能够得到较多的满足，对较高层次的需要就越渴望得到满足。而且，如果较高层次的需要一再遭受挫折、得不到满足，人们就会重新追求较低层次需要的满足。可见，ERG 理论不仅提出了需要层次的“满足-上升”趋势，而且也指出了“挫折-倒退”的趋势。这一规律对于管理是很有启发意义的。在实际的工作情境中，员工之所以追求低层次需要往往是因为管理者未能给员工提供能够满足其高层次需要的环境与条件。奥德弗的这一观点是与马斯洛需要层次理论的最大分歧之处，也可以说是对激励理论的新贡献。

3. 麦克利兰的成就需要理论

20 世纪 50 年代初，美国心理学家麦克利兰提出了成就需要理论。他认为，人的生存需要得到满足以后，基本需要有三种：成就需要（achievement need）、合群需要（affiliation need）和权力需要（power need）。其中成就需要是麦克利兰理论的核心概念，是指人对挑战性工作及事业成就的追求，对一个人、一个企业的发展和成长有着特别重要的作用，因此这一理论被称为成就需要理论。

1）成就需要

麦克利兰发现，成就需要强烈的人一般都喜欢那些能发挥其独立解决问题能力的工作环境。如果不是独立地解决问题，他们就不会感到成就感，如果问题的解决靠的是偶然因素或者外界的帮助他们也会感到不满足。他们既敢于冒险，又能以现实的态度对待冒险。他们为自己树立的目标往往是既具有一定的挑战性，但又不是高不可攀的。冒险程度中等、成功与失败机会各半的任务最能满足其成就需要。而且，他们强烈要求对其工作有明确和不断的反馈。如果他们的工作得不到承认，他们就不知道自己的工作成绩如何，更谈不上满足成就需要。相反，如果能经常从上级那里得到嘉奖、晋升或赞许等，他们就会感到一种莫大的成就感。

麦克利兰认为，成就需要强烈的人往往具有高度的内在工作动机，事业心特别强，外在的激励对其作用相对较小。只要能为他们提供合适的工作环境，使他们充分发挥自己的能力，他们就会感到莫大的满足。一般来说，主管人员的成就需要比较强烈，因此，这一理论常常应用于对主管人员的激励。麦克利兰还认为，成就需要不是先天的，而是后天的，因此可以通过训练和教育来提高。他指出，一个组织的成败，与它拥有的高成就需要的人数有关。一个企业、一个国家拥有这样的人越多，就越有可能兴旺发达。由此，麦克利兰认为，不发达国家之所以不发达，重要原因之一就是缺少高成就需要的人。

2）合群需要

合群需要也称友谊需要，是指人们寻求他人的接纳和友谊的欲望。合群需要强烈的人通常从友爱中得到快乐，渴望获得他人的赞同，总是设法避免因被某个群体拒之门外而带来的痛苦。他们往往希望保持一种融洽的社会关系，与周围的人保持亲密无间和相互谅解的情谊，随时准备安慰和帮助危难中的伙伴，并喜欢与他保持友善关系，他们高度服从群体规范，忠实可靠。

麦克利兰认为，员工的合群需要对生产效率会产生间接的影响。如果在一个要求与他人协作甚至亲密配合的工作岗位上安排了一位具有高度合群需要的人，那么他的工作效率将会大大提高。同样，如果在一个相对独立的工作岗位上安置一位合群需要较低的员工，可能会更合适。

3）权力需要

麦克利兰认为，权力需要就是影响和控制别人的一种欲望或驱力。具有较高权力需要的人对施加影响和控制表现出极大的关心，喜欢竞争并寻求领导者的地位。他们一般都十分健谈，喜欢争辩、直率、头脑冷静、善于提出要求、喜欢讲演并且爱教训别人。在威严和受尊重两者之间他们更愿意取前者而舍后者。麦克利兰认为，相对于成就需要和合群需要来说，权力需要是决定管理者能否取得成功的最重要因素。许多研究表明，在一定的组织环境中，尤其在规模较大的企业或组织机构中，领导人的权力欲强正是有效管理的必要条件。

麦克利兰的成就需要理论将人的基本需要简化为三种，较之马斯洛的需要层次论更切合管理过程的实际。不过，对于现代管理而言，成就需要和合群需要更具有普遍性，权力需要只是极少数人的需要，对大多数员工而言，他们更期望权利得到保障。

4. 赫茨伯格的双因素理论

美国心理学家赫茨伯格于1959年提出了双因素理论（two-factor theory），即“激励-保健”因素理论。赫茨伯格和他在匹兹堡的心理学研究所的研究人员对匹兹堡地区的11个工商事业机构的200多位工程师和会计人员，进行了工作满意感方面的访问调查，请他们详细回答诸如“什么情况下你对工作特别满意”、“什么情况下你对工作特别不满意”等问题。经过综合分析，结果发现人们对工作不满意的成分多来自工作环境，对工作满意的成分多来自工作本身，如图 6-2 所示。

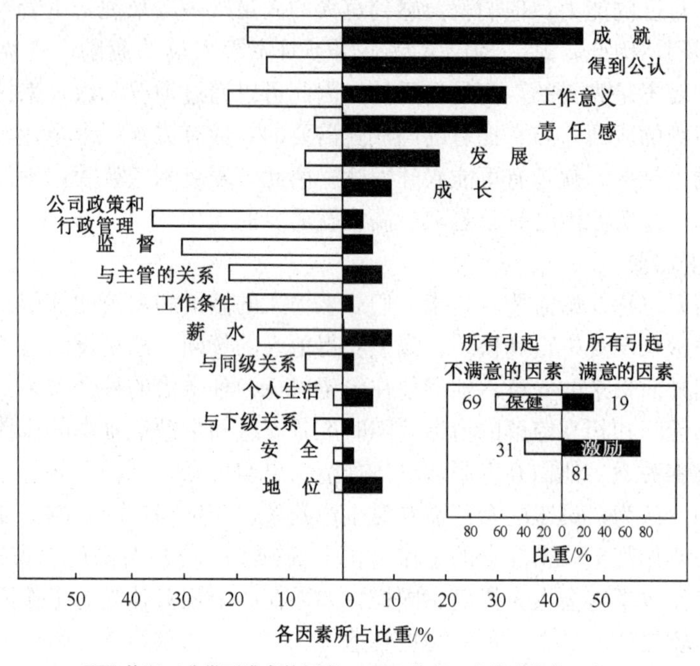

图 6-2 满意因素和不满意因素的比较

在上述调查研究和综合分析的基础上，赫茨伯格提出了他的双因素理论。

1）基本观点

双因素理论认为，对激励而言，存在着两种不同类型的因素，它们彼此独立，且以不同的方式影响人们的行为。赫茨伯格称那些可以使人产生满意和积极情绪的因素为激励因素（motivation factor），而那些能够预防人产生不满和消极情绪的因素为保健因素（hygiene factor）。

激励因素往往是与工作本身的特点和工作内容紧密联系在一起的因素，如成就、赏识、工作本身的特点、责任感、提升和发展等因素。这类因素可以激励员工心理的成长和成熟，使其工作能力不断提高，有助于充分、有效、持久地调动员工的积极性，从而提高劳动生产率。而且这些因素如果实现，工作本身就直接成为激励员工积极性与创造性的因素，因而积极性是内在的且持久的。因此赫茨伯格也将这些因素称为内在激励因素或直接因素。

保健因素是指与工作环境或条件相关的因素，如公司政策与行政管理、监督、与主管领导的关系、工作的物理条件、薪金、与同事的关系、个人或家庭因素、与下属的关系、地位及工作安全保障等。这类因素如果解决不好会导致员工的不满，甚至会挫伤员工的积极性。如果解决得好，则能预防和消除员工的不满情绪，但却不能使员工变得非常满意，更不能从根本上激发员工的积极性，促进生产率的增长，即它不能直接起到激励作用，就像卫生保健对身体健康所起的保健性的预防作用一样，因此赫茨伯格称这些因素为保健因素，又称为间接因素。

赫茨伯格在研究中发现，当员工受到很大的内在激励的时候，他们对外部因素引起的不满意会有很大的忍耐力。因为，当激励因素存在时，工作本身就是一种奖励，它存在于工作过程之中；而保健因素则是工作之外或之后的满足或奖励，这种奖励只有在做好工作以后或在工作场所以外才具有意义和价值。所以，虽然二者都有激励作用，但激励作用的性质和持续的时间是不同的。赫茨伯格认为，调动员工的积极性主要应从激励因素，即从内部、工作本身来调动人的内在积极性，使员工对工作产生感情。在他看来，改善保健因素不能直接对人产生激励，即使有作用也只是会暂时提高工作满意感和激励水平，其效果是十分有限的。

2）双因素理论在管理实践中的应用

双因素理论在管理实践中具有一定的应用价值，概括起来有以下三点。

（1）管理者若想持久而高效地激发员工的积极性，必须改进员工的工作内容，进行工作任务再设计，从而使员工从工作中感到成就、责任和成长。同时，管理者还应该经常给予员工表扬和赞赏，使他们感到自己受人重视和尊重。管理者还应为员工设计出具有内在兴趣的工作任务，实现工作内容丰富化。

（2）管理者调动员工积极性既要充分发挥激励因素的作用，又须注意适度发挥保健因素的作用。如果保健性的管理措施做得很差，也会挫伤员工的积极性。但发挥保健因素的作用要适度，没有必要过分地改善保健因素，因为这样做充其量只能消除员工对工作的不满情绪，不能直接提高工作积极性和工作效率。

（3）在双因素理论的具体应用过程中，不应该将激励因素和保健因素作绝对化的理解。因为，激励因素中也具有保健作用，而保健因素同样也有激励作用。对某些人来说，被赫茨伯格列为保健因素的东西可能正是他们的激励因素。保健因素和激励因素是可以互相转化的，而不是截然分开的。两种因素也不是一成不变的。因此，有效的管理还在于力求化保健因素为激励因素。

6.5.2　过程型激励理论

过程型激励理论（process theory）是在内容型激励理论的基础上发展起来的，它着重研究从动机的形成和行为目标的选择再到采取具体行动的心理过程。过程型激励理论有不同的派别，但都试图弄清人们对付出的劳动、功效和奖酬价值的认识，以达到激励的目的。与内容型激励理论不同，过程型激励理论基本上都采用动态的、系统的分析方法来研究激励问题。其主要任务在于找出对行动起决定作用的某些关键因素，弄清它们之间的相互关系，并在此基础上预测或控制人的行为。过程型激励理论的主要代表有弗洛姆（V. H. Vroom）的期望理论、洛克（E. A. Locke）的目标设置理论、德鲁克（Drucker）的目标管理理论和斯金纳（B. F. Skinner）的强化理论。

1. 弗洛姆的期望理论

期望理论（expectancy theory）是美国心理学家弗洛姆于 1964 年在《工作与激励》一书中首先提出来的。期望理论是一种通过考察人们的努力行为与其所获得的最终奖酬之间的因果关系来说明激励过程，并选择合适的行为达到最终的奖酬目标的激励理论。

1）基本观点

弗洛姆的期望理论认为，人们只有在预期他们的行动将会有助于达到某个目标的情况下，才会被激励起来去做某些事情以达到目标。一个人从事某一行动的动力，将取决于其行动的全部结果的期望值乘以那个人预期这种结果将会达到所要求目标的程度。换言之，激励水平取决于期望值和效价的乘积，其公式是

激发力量＝期望值×效价

M（motivation）＝E（expectancy）×V（valence）

激发力量就是指激励水平的高低，它表明动机的强烈程度，即为达到高绩效而作出努力的程度。期望值是指人们对目标能够实现的可能性大小的主观概率，即主观上估计达到目标，得到奖酬的可能性。期望值本来是一个心理学上的术语，意指过去经验的总和。一个人往往根据过去的经验来判断自己达到某个目标可能性的大小。效价也是一个心理学上的概念，是指效用与价值，在这里是指从事某项工作或达到一定的目标对于满足个人需要的价值，所以有时也称之为目标价值。目标是多种多样的，不同的目标，效价也不同。对于同一个目标，由于个人的需要不同、兴趣不同、所处的环境不同，目标价值也往往不同。

这个公式说明，只有当目标价值高，并且估计实现的可能性也大时，才能对人有最大的激励力量。期望值和效价这两者中如果有一项是低的，那么激发力量就是低的。

弗洛姆根据人的行为目标的层次性，将期望分为两类：一类是通过努力达到一定工作成绩的可能性，称为第一类期望（E_1）；一类是达到一定工作成绩后获取适当报酬的可能性，称为第二类期望（E_2），也称为工具性或关联性（instrumentality，I）。在多数情况下，人们在达到一定工作成绩后获得的报酬不会只有一种，而会有多种，如表扬、晋升、奖金、成就满足感等。同时，这也意味着人们会有多种效价（V_i）。而且，这种效价可以是正值，也可以是负值，相应的人们也会有多种工具性（I）。这种情形可用图 6-3 表示。

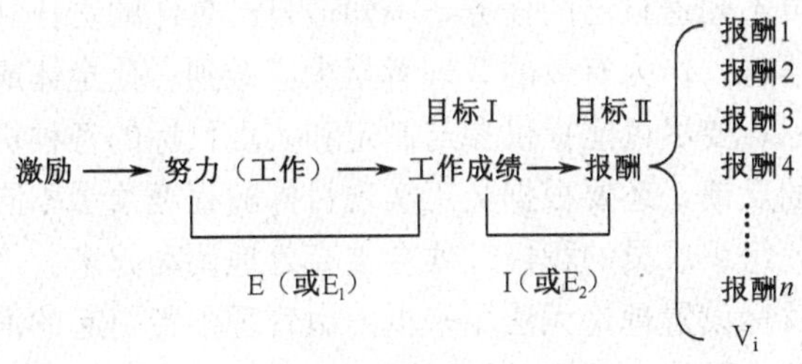

图 6-3 期望理论模式

2）期望理论在管理实践中的应用

（1）设置科学的目标激发期望心理。确立科学合理的目标，是一项难度很大的工作。目标过高，令人望而生畏；目标过低，使人轻而易举，都不能激发人的积极性。此外，还有一个目标价值的问题，因为，没有满足人们精神生活和物质生活需要价值的目标，是不能起到调动人们的积极性作用的。实践证明，适时地确立适当的目标及目标价值是调动员工积极性的一个行之有效的方法。

（2）运用期望值，调动员工的积极性。由于人们的经验、能力、需要等各方面的不同，所以对同一客观事物的期望概率也不一样。又由于人的期望概率常常与环境和事物发展的结果发生矛盾，所以，了解、掌握人的期望概率值，有针对性地进行工作，是防止挫伤员工的积极性，有效地调动员工积极性的重要环节。在调动员工积极性的工作中，当某人期望值过高，而事物发展结果又不能满足其期望要求时，就需要帮助他认真分析主客观原因和相关环境条件，指出不利因素，使其降低期望值，以避免大失所望所带来的消极情绪。

2. 洛克的目标设置理论

目标设置理论认为，目标是引起行为的最直接动机，设置合适的目标会使人产生想要达到该目标的成就需要，因而对人具有强烈的激励作用。美国马里兰大学心理学教授洛克和他的同事通过大量的实验室研究和现场试验，发现大多数的激励因素，如奖励、工作评价和反馈、期望、压力等，都是通过目标来影响工作动机的。因此，重视并尽可能设置合适的目标是激发动机的重要过程。洛克等人的实证研究表明，从激励的效果或工作行为的结果来看，有目标的任务比没有目标的任务好；有具体目标的任务比空泛抽象目标的任务好；难度较高但又能被执行者接受的目标比没有难度可以轻而易举实行的目标好。也就是说，合适的目标，也即具体的、难度较大而又能为人们所接受的目标具有的激励作用最大。

目标设置理论作为一种有效的激励理论表明：管理者应该尽可能使组织中各级人员都能经常看到组织目标和个人目标，并随着目标实现的进程不断予以反馈。如果组织成员不知道自己的任务，不知道自己具体的责任和职权，那么调动其积极性就无从谈起。作为有效的管理者至少应做到，让全体成员了解组织目标和个人的具体目标，要尽可能提供参与制定和实现目标的各种机会，要经常不断地给予目标进程的反馈，还要根据员工实现目标的程度给予不同程度的肯定和奖励等。只有这样，组织成员的积极性才会被充分地调动起来。

应该指出，目标设置理论无法用来抵消由管理不善引起的消极作用。管理者的良好的管理素养才是正确运用目标设置理论与技术的前提和基础。而且，并非一切管理领域都能应用目标设置理论，因为在某些管理领域的许多情况下很难设置明确的具体目标的。

3. 德鲁克的目标管理理论

目标管理（management by objectives，MBO）是 20 世纪 50 年代中期出现于美国的一种管理制度，实际上也是一种管理上的激励技术。首先把目标管理作为一套完整的管理思想和管理方法提出来的是美国著名管理专家德鲁克(Peter. F. Drucker)。早在 1954 年，他在其《管理实践》一书中就提出了“目标管理和自我控制”的主张，之后他又发展了这一主张并使之成为一个完整的理论与操作体系。目前，目标管理已在世界各国的各行各业中得到广泛应用。

1）目标管理的概念和特点

（1）目标管理是参与管理的一种形式。目标管理通过目标制定与目标分解的过程，把组织全体人员动员起来参加管理活动，使目标的实现者同时也是目标的制定者。这样既有利于使全体人员明确组织的共同目标，加强整体观念，又有利于使各部门、各单位及个人明确为实现共同目标所承担的任务，以及在组织系统中所处的地位和作用。

（2）目标管理强调组织成员的自我管理。目标管理的基本精神是以人为本、以自我管理为中心。对组织成员来说，他们自己就是目标的制定者，因此目标是明确的，责任也是明确的，奖罚标准同样也是明确和具体的。每个人都可以据此评价自己的工作，因而每个人都可以用目标指导自己的行动，实现自我管理。

（3）目标管理是一种系统整体的管理方法。目标管理通过完整的目标体系来指导和安排工作，有利于明确和保障工作重点，同时又能够统筹兼顾、协调各方，防止各部门、各单位甚至各个组织成员各行其是现象的发生，从而达到整体协调、提高管理绩效的目的。

（4）目标管理是一种重视成果的管理方法。传统的管理方法评价组织成员的表现，往往容易根据管理人员的印象、本人的思想和对某些问题的态度等定性因素进行评价。而目标管理所考核的则是成果，由于有了一整套完善的目标考核体系，所以能够按组织成员的工作绩效、实际贡献的大小，如实地评价一个人。

综上所述，所谓目标管理就是组织的最高领导层根据组织面临的形势和社会需要，制定出一定时期内组织活动所要达到的总目标，然后层层落实，要求下属各部门主管人员以至每个员工根据上级制定的目标和保证措施，形成一个目标体系，并把目标完成的实际情况作为各部门或个人考核的依据。简言之，目标管理是让组织的主管人员和员工亲自参与目标的制定，在工作中实行自我管理并努力完成工作目标的一种管理制度或管理方法。

2）目标管理的基本过程

目标管理的基本过程主要是指由目标制定、目标实施和目标成果评价三个阶段形成的一个循环周期，预定目标实现后，又要制定新的目标，进行新一轮的循环。

（1）目标制定。实行目标管理，首先要建立一个以组织总目标为中心的完整的目标体系。目标的制定需要建立在对组织外部环境和内部条件充分分析研究的基础上，在考虑组织的长处和短处、分析和判断组织可利用的机会的基础上，确定组织在一定时期内的总目标。然后把它分解落实到下属各部门、各单位直至员工个人，形成分目标。

（2）目标实施。一套完整的目标体系一旦建立起来，组织的主管人员就应放手把权力交给下级成员，以使自己有更多的时间去抓重点的综合性管理。在目标管理中，完成目标主要依靠执行者的自我评估、自我调节和自我控制。

（3）目标成果评价。目标成果评价一般将自我评价和上级评价相结合，共同协调确认成果。目标管理重视自我评价，并把它作为自我控制的一种手段。每个人通过自我评价，对完成某项任务感到满意，就会激起力争达到下一期目标的热情，若对完成情况感到不满意，就更能激起自我提高的愿望，力求提高自己的能力。

3）对目标管理的评价

目标管理的一个主要优点是把目标的制定和个人的激励联系起来。管理人员和他的下级经常进行面对面的沟通，有助于提高士气。而且，通过目标管理，可以使各项工作都有明确的目标和方向，可以避免工作的盲目性、随意性和被动状态，避免形式主义和无效工作。同时，通过目标管理的系统分析，可以提高计划工作的科学性和整体协调性，有助于最大限度地调动所属人员的进取心、责任感和荣誉感，充分发挥每个人的内在潜力和积极性，使之齐心协力，共同实现整体目标。目标管理也有助于增强全体组织成员的团结合作和组织的凝聚力。

目标管理除了具有上述的优点，也存在若干缺点和不足。有些是方法本身的问题，也有些则是应用操作上的不足。

（1）目标管理看似简单，但要把它有效地付诸实施，则需要各级主管人员对它有详尽的了解和认识。这就需要对目标管理的整个体系做耐心的解释和论证工作。

（2）有时制定目标的各级主管人员不能确定必要的指导方针，不能充分了解计划工作的前提条件，以及组织的基本战略和政策，他们就无法制定出正确的目标，也就无法发挥目标管理的作用。

（3）目标有时是难以确定的，特别是目标的主次优先顺序难以确定，这就要求主管人员必须认真理解组织的宗旨、使命，认识影响组织发展的各种因素，并依据科学的程序来确定目标。

（4）目标一般具有短期性，缺乏长远战略性。这样就可能导致目标管理只注重短期效应。因此，主管人员要特别注意防止目标管理变成一种短期行为，必须时时把握从长期目标的角度去制定目标管理的战略目标这一方针。

（5）目标管理要取得成效，就必须保持其明确性、持续性和稳定性。如果目标经常改变，就会使目标失去意义。但是，目标毕竟是面向未来的，而未来存在着许多不确定因素。这就要求管理者在管理中必须不断地根据对新情况的认识和发现对目标进行修正。

总之，运用目标管理是当前管理活动的一个新趋势，但现在实行的目标管理模式都存在一定的局限性。管理实践表明，目标管理并不是一种最理想的管理模式，它需要在实践中不断地加以改进和完善。在现阶段，管理者应当尽可能使这一方法与其他管理方法结合起来，以求各种管理方法在管理活动中相互补充。

4. 斯金纳的强化理论

强化（strengthen）本来是生理学中的概念，是指能够加强或削弱人的行为或反应的一种刺激。强化理论是由美国心理学家斯金纳首先提出的。这一理论强调行为的结果，认为当行为的结果有利于个人时，这种行为就会重复出现；若对个人不利，这种行为就会减弱直至消失。因此管理者有必要采取各种强化方式，以使人们的行为符合组织的目标。

1）强化的种类

斯金纳根据强化的性质和目的，将强化分为正强化和负强化两大类型。

（1）正强化。正强化也称积极强化，是指能够使行为得到加强并促使该种行为重复出现的刺激。正强化具体包括表扬、给予荣誉称号、晋级提薪、发给奖金或奖品等。为了使正强化能达到预期的效果，必须注意实施不同的正强化方式。正强化分为两种，一种正强化是连续的、固定的，如对每一次符合组织目标的行为都给予强化，或者每隔一个固定的时间都给予一定的强化。尽管这种强化有一定的立竿见影的效果，但久而久之，人们会对这种正强化有越来越高的期望，或者认为这种正强化是理所应当的。管理者如果不能不断地加强这种正强化，那么其作用会减弱甚至不再起刺激行为的作用。另一种正强化是间断的且时间和数量都不固定。也就是说，管理者根据组织的需要和个人行为在工作中的反映，不定期、不定量地实施强化，使每一次强化都能起到较大的效果。一般而言，在学习新行为或实施新政策之初，采取连续强化的方式，能使人们较快地学会或建立新的行为。一旦学会新行为以后可以逐步过渡到采用某种间断性强化，这样可以使这种积极性行为不会因为未连续每次强化而迅速消退。

（2）负强化。负强化也称消极强化，是指能使行为得到削弱或消失的刺激。实际上，不进行正强化也是一种负强化，如过去对某种行为进行正强化，现在组织不再需要这种行为，又由于这种行为并不妨碍组织目标的实现，这时就可以取消正强化，使行为较少或不再重复出现。负强化的措施包括减少奖酬、罚款、批评、降级等。实施负强化应以连续负强化为主，即对每一次不符合组织目标的行为都应及时予以负强化，以便消除人们可能产生的侥幸心理，减少直至完全避免这种行为重复出现的可能性。

负强化同正强化相比，对人的心理作用是不同的。负强化是以员工恐惧不安、不愉快甚至痛苦为代价的。而正强化是以人的心理愉快、兴奋与满意为手段的。因此，管理者必须十分慎重，不应轻易采用负强化措施。一般而言，为了消除负强化措施带来的消极后果，应该把负强化与正强化结合起来使用。

2）强化理论在管理实践中的应用

强化理论在管理实践中的应用要遵循以下四项原则。

（1）采用强化手段要因人而异。人各有不同，在性格、品质、能力、文化素养、所担任的职务等方面，均存在差异。因此，在运用强化手段时，使用何种强化措施，必须因人而异，不能“一刀切”。

（2）强化应力求及时并恰如其分。为了使强化能够收到良好的效果，无论是负强化还是正强化，都应在行为发生之后立即进行，并且给予的强化必须是合理恰当的。及时、合理、恰当的正强化能够趁热打铁，给人以鼓励，使其增强自信心并迅速地激发工作热情；及时而恰如其分的负强化也能够有效地减少甚至完全避免不利于组织目标行为的发生。

（3）奖励（即正强化）和惩罚（即负强化）相结合，以奖为主、以罚为辅。对员工正确的行为、对有成绩的个人或群体给予适当的奖励，既能促使受奖者继续努力工作，又能使受奖者周围的人得到鞭策和鼓励。同样，对于员工不良行为，对于一切不利于工作的行为要酌情给予惩处，这样既可以使受罚者从中吸取教训，也能使周围的人受到一次教育，引以为戒。但是鉴于惩罚可能带来的消极作用，所以在管理实践中还是应当坚持以奖为主、以罚为辅。

（4）奖励和惩罚必须公开、公平、公正，一视同仁。赏罚要制度化、规范化，做到赏罚公开、公平、公正，一视同仁地对待赏罚对象。这样，才能使大家真正心服口服、真正调动起员工的积极性。

6.5.3 状态型激励理论

如果说需要型激励理论是从激励的起点，过程型激励理论是从激励的中间过程来研究激励问题的话，那么状态型激励理论（state theory）则是从激励的终点（相对而非绝对的）——需要的满足与否或状态来探讨激励问题的。需要的满足方式有公平和不公平之分，需要的不满足将给人带来挫折。不公平和挫折都会降低人的激励水平，因此，状态型激励理论的研究重点就是弄清公平或不公平，以及挫折对人的行为的影响，目的是找到有效的手段或措施来消除不公平和挫折对人的行为的消极影响，最大限度地保证人的积极性得到充分的发挥。状态型激励理论的主要代表是亚当斯（J. S. Adams）的公平理论（equality theory）和挫折理论（frustration theory）。

1. 亚当斯的公平理论

公平理论是美国心理学家亚当斯于20世纪60年代首先提出的。公平理论侧重研究工资报酬分配的合理性、公平性对员工积极性的影响。亚当斯根据人的心理有一种自然趋向平等、公平，反对歧视和不公平的特征，发现人们在一定的工作环境中会自觉或不自觉地产生一种公平与否的感受，这种感受来自于社会比较，因此，公平理论亦称做社会比较理论。

1）基本观点

亚当斯的公平理论认为，员工对报酬的公平程度的判断，主要是通过社会比较得出的，是相对意义上的认知。员工能否被激励，不仅受其所得绝对报酬（实际收入）的影响，而且要受到相对报酬的影响。这里的相对报酬是指个人付出的劳动和所得的报酬与他人所付出的劳动和所得的报酬进行的比较，即横向比较；同时也是指把自己现在付出的劳动和所得的报酬进行历史性的比较，即纵向比较。通过纵横两种比较，如果比值相等，则员工会认为是公平的，因此心情就舒畅，积极性就高；如果比值不相等，认为自己比同类人员收入低，或者比自己过去的收入低，就会产生不公平感，从而影响积极性的发挥。我们以公平理论公式来说明：

$$\frac{\text{自己的所得}}{\text{自己的付出}} : \frac{\text{他人的所得}}{\text{他人的付出}} \qquad \text{（横向比较）}$$

$$\frac{\text{自己现在的所得}}{\text{自己现在的付出}} : \frac{\text{自己过去的所得}}{\text{自己过去的付出}} \qquad \text{（纵向比较）}$$

需要说明的是，这里所谓的“付出”和“所得”都是一个人的主观感觉和判断。“付出”不仅指一个人自己觉得付出劳动量多少、效率高低和质量好坏，还指自己所感觉到的能力、经验、资历、学历、投资等贡献的高低或多少。而“所得”则指一个人主观认识到的在工作劳动后得到的回报，如工资报酬、奖金、地位、权力、待遇、赞赏、表扬，甚至自己体会到的成就感等。由此可见，所谓“公平”与“不公平”，实际上是在比较对照中为人们主观上所感知的分配状况。

根据亚当斯的公平理论，人的不公平感（或公平感）是因为有客观刺激作用于主体而在主体心理上产生的一种主观判断。也就是说，不公平感是受两方面因素制约的，即客观分配的公平与否和个人在主观认知上的正确与否。就客观原因而言，包括奖励分配制度的不完善、领导者的管理素质低下、人事管理制度的不合理（如人才无法合理流动）及社会上的不正之风等。就主观因素而言，包括感知的片面性、情感的偏向、思想品德及传统的公平观念的影响等。对于不同原因产生的不公平感，管理者应该采取不同的方法和措施有效地使其消除或减少，以保证员工积极性的充分发挥。

2）公平理论在管理实践中的应用

公平理论在管理实践中的应用，在总体上要与组织改革和组织制度建设相结合，具体地说，要从以下四个方面着手。

（1）管理者应当一视同仁，尽可能公正无私地对待每一位员工，尤其在工资、奖金、职称等问题上要公平合理。还应该进一步提高各级领导者的管理水平，加强和完善基础管理工作。

（2）认真进行分配制度改革，打破平均主义的思想框架。管理者首先要从思想观念上打破平均主义的框框，在人事考核与评价技术上大下工夫，使对工作绩效的考核更加客观和科学，从而更好地贯彻按劳分配的原则。

（3）要改革目前不合理的劳动人事制度，努力做到人适其事、事得其人、人尽其才。努力创造条件促进人才的合理流动和职位的公开竞争，逐步实现机会均等。

（4）要通过改善管理、加强思想工作消除员工的不公平感，引导员工进行全面、客观的比较。

2. 挫折理论

挫折理论主要是研究阻碍人们发挥积极性的各种因素，了解挫折产生的原因、挫折的表现及应付挫折的方法，从而达到调动人的积极性的目的的理论。

1）挫折的含义

需要产生动机，动机一旦产生便引导行为指向目标。但这种指向目标的行为，由于受到社会、政治、经济、文化等各方面因素的制约，并不是任何时候都能达到指向目标的。达不成目标的情况就是挫折。在管理心理学中，挫折是指人们在有目的的活动中，遇到无法克服或自以为无法克服的障碍或干扰，使其需要或动机不能得到满足而产生的紧张状态和情绪反应。挫折是一种心理现象，是人们一种内在的心理状态，是因人而异的。

在现实生活中，挫折是不可避免的，人们随时都有可能遇到各种各样的挫折。挫折的结果既有积极的，也有消极的。从积极的方面来说，挫折可能会起到一定的激励作用，激励人们努力奋斗，从逆境中崛起，提高解决问题的能力；但从消极的方面来说，挫折也有可能使人们情绪低落、一蹶不振。在管理中应当避免挫折的消极作用，引导员工积极地对待挫折。

2）挫折产生的原因

在目标未能达成的情况下，一个人是否有挫折感及其感受的程度，常常受到客观和主观两个方面因素的影响。

（1）客观因素。由客观因素引起的挫折称为环境起因的挫折（environment frustration），也叫外因性挫折，是指因外界事物或情况阻碍人们达到目标而产生的挫折。这种挫折又可以分为两种，一种是由自然因素引起的挫折，如生老病死、自然灾害、时间空间限制等；另一种是由社会因素引起的挫折，如由政治、经济、宗教、家庭，以及社会和民族风俗习惯等引起的挫折。

（2）主观因素。由主观因素引起的挫折称为个人起因的挫折（personal frustration），也叫内因性挫折，是指因个人的生理、心理因素缺陷而产生的挫折。这种挫折也可以分为两种：一种是由生理因素引起的，如由个人智力、体能、容貌、身材及生理上的缺陷疾病等引起的挫折；另一种是由心理因素引起的，如无法兼顾同时存在的两种或两种以上的需要而引起的心理冲突等。

3）挫折的容忍力

一个人在其工作、学习和日常生活中，遇上障碍、困难，会不会产生挫折感及挫折感的轻重，还与个人对于挫折的容忍力有关。挫折的容忍力是指人对困难和障碍挑战的承受能力。心理学的研究表明，挫折容忍力的高低，受下面四种因素的影响。

（1）生理条件。一个身体健康、发育正常的人，对挫折的容忍力要比一个疾病缠身、生理上有缺陷的人要高。

（2）过去的经验和学习。挫折的容忍力是可以经由学习而获得的。如果一个人从小娇生惯养，很少遇到挫折，或者遇到挫折就逃避，他就没有机会学习如何处理挫折，这类人对于挫折的容忍力必然比那些历经艰辛的人要低。

（3）对挫折的知觉判断。由于个人对世界的认识不同，即使客观的挫折情况相同，个人对此的感受也不同，所以对每个人所构成的打击或压力也不同。

（4）个性特征。一个人如果从小在生理上和心理上的需求都能获得适当的满足，一直在温暖的环境里长大，就容易形成乐观的性格，而不会把挫折看得非常严重。反之，如果是一个一直在缺乏安全感的环境中长大的人，会感到他面对的世界充满了威胁，很难乐观，他的自我防卫力就特别强。

总之，对挫折情境能够冷静思考并正确作出判断的人，有艰辛经历的人，思想境界高、能顾全大局、能用发展的眼光看问题的人，性格开朗乐观的人及身体健康的人，挫折的容忍力都比较强，而且也不一定一遇上难以克服的困难和障碍就产生挫折感。

4）受挫折后的行为反应

每个人遇到挫折总会在行为上作出反应，不同的人受挫折后会作出不同的反应，而且会选择不同的反应方式。

（1）攻击（aggression）。攻击可分为直接攻击和转向攻击。直接攻击是指个体受挫折后，经常引起愤怒的情绪，从而对构成挫折的人或物进行直接攻击，以发泄怨恨。转向攻击分为三种情况：有悲观情绪的人，容易把攻击对象转向自己，责备自己；当个人认识到引起挫折的真正对象不能直接攻击时，就把愤怒的情绪发泄到其他人或物上去；当挫折来源不明时，受挫折的人容易把不满情绪发泄到不相干的人或物上。

（2）退化（regression）。退化又称“倒退”或回归，是指人在受到挫折时，会出现与其年龄、身份不相称的幼稚行为。例如，有的人在工作中遇到挫折或受到批评时，会像小孩一样又哭又闹等。

（3）固执（fixation）。固执通常是指重复某种无效的行为，盲目排斥革新，不接受别人的建议，故步自封，明知方法无效，也一再重复。若是因此而受到惩罚，固执表现得更强烈。

（4）冷漠（apathy）。冷漠是指人受挫折后以沉默、无动于衷的方式对挫折作出反应。冷漠表面上看起来似乎是对引起挫折的情境漠不关心，实际上冷漠中包含着消极对抗的愤怒情绪，只不过是将愤怒情绪暂时压抑着，而以间接的方式表示反抗。

（5）自我防御（defense）。人在受到挫折时会产生心理或情绪上的紧张状态，这种状态长久下去对身体是极其不利的，因而要采取某种妥协措施，以减轻由于过分紧张而给身体造成的损害。精神分析学家称这种妥协措施为自我防御。常见的自我防御形式有以下六种。

第一，替代作用（replacement）。当个人确定的行为目标与社会的要求相抵触，或者受主观条件的限制无法达到时，设法制定另一个目标取代原来的目标，称为替代作用。按其表现形式可分为“升华”（sublimation）和“补偿”（compensation）。“升华”是指个体在较低层次的需要和目标受到挫折时，能够转移到较高层次、较高精神境界的目标上去。“补偿”是指个人在从事某种有目的活动时受到挫折，使目标不能实现，但又很快转向其他领域，并取得成功，以弥补已经丧失的自信或自尊。

第二，文饰作用（rationalization）。这是自我防御反应中最为常见的一种，是指当行为目标无法达到而使人受到挫折时，当事人为了避免精神上的痛苦与不安，会想出各种理由原谅自己或为自己的失败辩解。文饰作用实际上起着自我安慰的作用。

第三，表同作用（identification）。表同作用是指当个人的愿望在现实生活中无法获得实现或满足时，把别人具有的自己羡慕的品质加到自己身上，借此在内心分享成功者的喜悦，以冲淡因挫折而产生的焦虑和维护个人的自尊。经常表现为模仿别人的举止言行，以别人的姿态、风度自居。

第四，自我逃避（escape）。自我逃避有两类情况：一类是当事人不敢面对自己已经预感到的挫折情境的到来，逃向自认为安全的或幻想的世界中去；另一类是面对挫折，从受挫情境中退却，压抑自己的受挫折情绪。

第五，投射作用（projection）。投射作用存在于个体内部的许多动机当中，有些是自己不愿意承认的，或者因为承认了之后会引起内心的不安及厌恶感，因而无意识中把这些动机及与此有关的态度、习性等，排除于本身之外，而加到别人或别的物体上面，这就是心理学上所称的投射作用。

第六，反向作用（reaction formation）。反向作用是指个体为了防止某些自认为不好的动机呈现于表面上的行为，于是采取与动机相反方向的行为，即借用相反的态度与行为，来抑制内心的某些动机。

总之，受挫折后的不同行为反应，事实上是受挫折者为了避免重复受挫折而采取的一种自我防卫。这种自我防卫，有的是有积极意义的，但多数则是有消极作用的。积极的自我防卫虽然可以暂时缓解心理矛盾，减轻痛苦、焦虑、不安，但问题并未真正解决。而消极的心理防卫对管理则是很不利的。因此，管理者必须要加强对挫折的管理。

5）在管理中战胜挫折的方法

（1）教育受挫者正确认识和对待挫折。在员工遭受挫折后，管理者要教育员工认识到挫折的必然性，耐心细致地帮助受挫者分析挫折产生的原因，给予他们必要的关心、劝慰和鼓励。要让他们认识到，对待挫折首先要提高自己的心理承受力和容忍力，锻炼顽强的意志力；其次是要学会从失败中总结经验教训，继续前进。

（2）对受挫者的行为要有容忍的态度。管理者对受挫者的攻击行为要有容忍的态度，要弄清楚事实的真相，要以理服人，而不应该采取针锋相对的反击措施来对付受挫者的攻击行为。但管理者采取宽容的态度并不等于是非不分，对于员工的不合理需要，管理者应对其进行思想教育，以提高其认识；对于一时无法满足的合理需要，应给予必要的说明并指出解决的方向和期望；对于员工的合理而且现实的需要，则应尽快给予满足。

（3）改变环境。改变环境的办法有两种：一是调离原来的工作和生活环境，到新的环境中去；二是改变环境气氛，给受挫者以同情和温暖。对管理者来说，在大多数情况下还是要尽量改变环境气氛，尽可能少地采取惩罚性措施，多用鼓励性方法，创造适宜的环境条件使受挫者能够发挥其主动性和创造性，把受挫者的消极行为转化成积极行为。

(4) 精神发泄法（catharsis）。精神发泄法是一种心理治疗方法，就是要创造一种能把因挫折而受到压抑的情绪自由表达出来的环境，使受挫者能尽情宣泄压抑，恢复理智状态，达到心理平衡。精神发泄可以采用许多方式，但应以不损害他人和工作为前提。国外有的企业专门设有情绪发泄室，可以让受挫折员工到室内发泄愤怒情绪，从而缓解一下痛苦的心情。

以上只是挫折产生后，战胜挫折的几种最基本的方法。在实际的管理中，重点还是应该防患于未然。管理者应采取改善工作环境、改善人际关系、改善管理制度与管理方式、坚持合理科学的奖惩制度等措施，尽量消除产生挫折的各种因素，以使员工减少或避免挫折。

6.5.4 综合型激励理论

综合型激励理论（comprehensive theory）是上述各种激励理论的概括和综合，比较全面地反映了人在激励中的心理过程。在各种综合型的激励模式中，流传较广的是波特（Lyman W. Porter）和劳勒（Edward E. Lawler）的综合激励模式。

1. 基本观点

1968年，波特和劳勒合作完成的《管理态度与行为》一书出版。该书提出了综合激励模式，把激励过程看成外部刺激、个体内部条件、行为表现、行为结果的相互作用的统一过程，是将行为主义激励理论的外在激励和认知派激励理论的内在激励综合起来的新的激励模式，这种模式比较全面地说明了各种激励理论的内容，如图6-4所示。

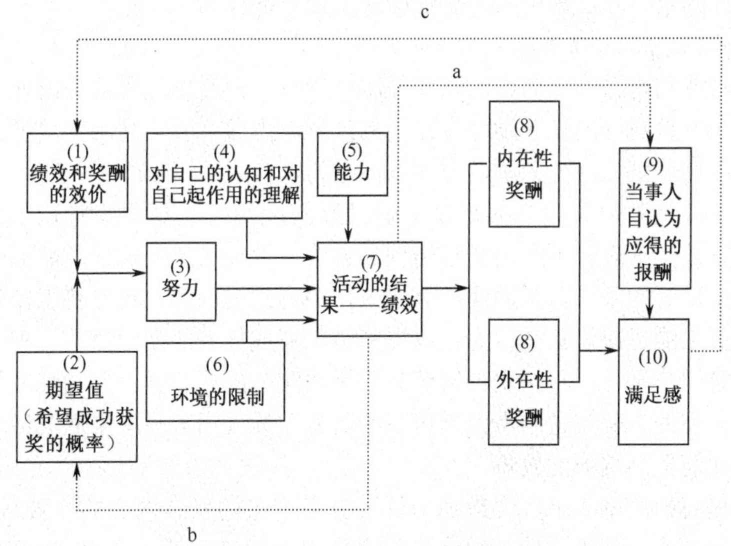

图6-4 波特和劳勒的综合激励模式图

从图 6-4 中我们可以归纳出该模式的四个基本点。

(1) 个人是否努力及努力的程度不仅取决于绩效和奖酬的价值，而且还受个人希望努力后成功获奖概率的影响。个人觉察出来的努力是指其认为需要或应当付出的努力，受到奖励的概率是指其对于付出努力之后得到奖励的可能性的期望值。很显然，过去的经验、实际绩效及奖励的价值将对此产生影响。

(2) 个人实际能达到的工作绩效不仅取决于个人的努力程度，还受个人能力的大小，以及对自己所承担的任务的了解和理解的程度深浅的影响。特别是对于比较复杂的任务，如高难度技术性工作或管理工作，个人能力及对此项任务的理解较之其实际付出的努力对所能达到的绩效的影响更大。

(3) 个人所应得到的奖励应当以其实际达到的工作绩效为价值标准，尽量剔除主观评估因素。要使个人看到，只有当完成了组织任务或达到组织目标时，才会受到精神和物质上的奖励。这样，奖励才能成为激励个人努力达到组织目标的有效刺激机制。

(4) 个人对所受到的奖励是否满意及满意的程度如何，取决于受激励者对所获取报酬公平性的感觉。而且，个人是否满意及满意的程度将会反馈到其完成下一个任务的努力过程之中。满意会导致进一步的主观努力，而不满意则会导致主观努力程度的降低甚至离开现在的工作岗位。

总之，波特和劳勒的综合激励模式是对激励系统比较全面和恰当的描述，它告诉我们，激励和绩效之间并不是简单的因果关系。要使激励能产生预期的效果，就必须考虑到奖励内容、奖励制度、组织分工、目标设置、公平考核等一系列的综合性因素，并注意个人满意程度在工作中的反馈。

2. 综合激励模式在管理实践中的应用

波特和劳勒将激励分为内激励和外激励两种，而激励过程就是由外界对人的外在激励和人自身的内在激励综合作用的过程。因此，要提高激励水平，调动员工积极性，可分别从内外激励两方面双向进行。

(1) 提高外激励水平。外激励掌握在管理者手中，是管理者作用于被激励对象的激励方式。管理者可采用科学培训的方法，提高员工完成任务的能力，也可为员工创造良好的条件，帮助他们克服工作中遇到的困难，还可将工作效果及时反馈，使员工能迅速修正其行为，以提高员工完成任务的期望值。管理者还应设法提高奖酬的公平性，包括实行按劳分配、奖酬分配要公开、奖励程度与贡献相当的原则。另外，奖酬还须考虑到员工的需要差异。因为只有采取灵活多样的奖酬方法，才能提高奖酬的效价。

(2) 提高内激励水平。内激励是员工自身产生的发自内心的一种激励力量。它来源于工作本身及工作任务的完成所直接带来的满足感。要提高内激励水平，管理者要尽量使工作内容丰富化，避免分工过细、经常做简单重复性的工作所带来的不满，使员工有较多的参与机会与一定的自主权，从而增加其责任感、成就感和工作兴趣。管理者还要尽量减少和避免工作任务不明确的现象，使员工明确自己的任务和责任。此外，还要为员工提供交往机会，以满足其社会需要和成就需要。

案例一：奖赏真的是有效的激励手段吗？

林肯公司生产工业电动车，是世界上最大的焊接产品制造厂家。林肯公司通过把报酬和绩效相联系，成功地激励了工人，公司上下2300名工人都参与了公司的这项激励计划，全体员工，除了两人——公司董事长和总裁以外，都享受年度分红，公司董事长和总裁的报酬是按销售的百分比计算的，如果销售下降，他们就首当其冲降低报酬。

对每项工作进行评估，然后选出一种公平的每个小时的最低报酬率，林肯公司还实行一种计件制，工人可以根据他所生产的产品的多少来获得相应的酬劳。公司的所有工作岗位都有报酬范围（每小时报酬或薪水），这样一来，工作能力最强的人可以达到他所在的那个特别工作岗位的报酬最高点。

每六个月，公司总裁都要亲自审核这2300名员工的奖励等级。每位员工按照四种绩效类型进行评定：产出、质量、依存率（无监督的工作能力）、合作观念。这项制度50多年来一直沿用至今，年终奖金平均达到基本报酬的95.5%。换句话说，员工因为年终分红的好处，年收入普遍翻一番。

林肯公司在行业中因其始终如一的激励制度名列世界第一，公司员工的成本率非常低，而产品的质量非常高，公司从来没有碰到过什么大的挫折。公司也没有任何债务，尽管头几年经济衰退。林肯公司免费举办激励管理研讨会，作为一项对产业的回报。

此外，在如何提高服务质量的问题上，当很多公司要提供高质量的消费者服务时，都大谈特谈提供优质内容，但在付诸实施时，它们却经常强化员工的劳动生产率，并不考虑尊重员工和重视解决消费者提出的问题。他们想出高销售的激励手段，或者严加约束工作速度不很快的工人，与此同时，他们仅仅是告诉工人，他们也想为消费者提供质量服务。

员工们可能就此感到困惑不解。加利福尼亚州的通用电话电子公司（GTE）就一直在谈论消费者服务，但是一项员工的调查显示，绝大多数的人认为，速度比消费者更重要。为了强化这种印象，GTE投入了17万美元，为850名员工举办研讨会，这些员工带薪学习。一位激励的老师诱导他们记住消费者的问题就是员工们的问题，而自称“满意妹妹”和“摇摆舞兄弟”的演员则唱起“好芙妮”的歌。但是，GTE却严格控制处理电话垂询的时效，这说明，仍然还是在强调速度。

有的公司是用有形的奖赏来加强优质服务，金西食品公司就创建了一种优质服务的评定制度，获得前几名的人参加寻宝活动，并保留奖金，惠普公司检查服务质量的方法，是让消费者打电话给公司的服务工程师，以此判断公司的服务质量。如果客户对他们的口碑很好，工程师就有资格增加25%的薪水和得到提升。

相比之下，索尼公司在美国子公司的高层主管并不相信额外奖赏会产生高绩效，他们认为，拥有工作并保留工作应该就足够了。质量权威人士菲利普·克罗斯比（Philip Crosby）相信，给予奖金会使工作落入俗套，并淡化工作道德。他说，奖金发完之时，也就是激励终止之日。

资料来源：周三多，陈传明，鲁明泓．管理学——原理与方法．上海：复旦大学出版社，1999.

讨论题

1. 你认为林肯公司的全员参与的激励计划能长期有效吗？
2. 你认为索尼公司的哲学、金西食品公司及惠普公司的激励观念是对立的吗？
3. 你是否赞同案例中克罗斯比对奖金激励的观点？试说明理由。

案例二：海尔集团的斜坡球体发展理论

众所周知，海尔集团已成为中国现代企业经营成功的一个典范。然而成功的秘诀究竟是什么呢？关键在于用人、留人。如何用好人，留好人呢？关键又在于企业的用人机制和激励机制的完善。海尔集团提出了斜坡球体发展理论，从斜坡上滚动的小球这样一个极普通的生活现象中，悟出了企业人才发展的规律——斜坡球体发展理论，也称为海尔发展定律。这一理论认为，斜坡上一个球体为一个员工个体，球体周围代表员工发展的舞台，斜面坡代表着企业的发展规模和商场竞争程度。促进一个员工实现自己的目标及前景有两个动力：内在动力是个人素质的提高，这是根本；外在动力是企业的激励机制，是外部的推动力。同时，也存在着两种阻力：内在阻力是员工的惰性；外在阻力是发展中遇到的困难。员工施展才能的舞台取决于两个方面：球体的半径——员工的能力；球体的弹性——员工活力的发挥程度。企业发展规模越大，商场竞争越激烈，斜坡的角度越大，人才发展的竞争越激烈，人才的素质要求就越高。企业根据员工不同层次的需要，如适应服从、充分参与、实现自我等，分别给予不同的动力-激励机制（如员工升迁，就有管理职务、专业职务、技术职务、技能职务等）。这一理念已成为企业发展的巨大动力。“不进则退”，企业或员工只有不断提高自己的素质，克服阻力和惰性，才能发展自我、实现自我；否则，只能滑落和被淘汰。根据斜坡球体发展理论，海尔在用人方面的做法是变“相马”为“赛马”。“相马”，是将命运交给别人，而“赛马”则是将命运掌握在自己手中。

通过对斜坡球体发展理论的分析，海尔集团的激励机制给我们的启示主要有以下五个方面。

（1）“三工并存，动态转换。”三工，即优秀工人、合格工人、试用员工。海尔集团用工改革的思路是“三工并存，动态转换”，干得好可以成为优秀工人；干得不好，随时可能转为合格工人甚至是试用员工。在国家没有解决社会保障问题的现状下，这种做法比较有效地解决了“铁饭碗”的问题，不断激发出企业新的活力。同时对在岗干部每月进行考评，考评档次上分表扬与批评，表扬得1分，批评减1分，年底两者相抵，达到一3分者就要被淘汰，沉浮升迁。制定制度使干部在多个岗位上轮岗锻炼，全面增长其才能，根据轮岗表现决定升迁。

（2）实行定额淘汰。每年必须有一定比例的人员被淘汰，以保持企业活力。海尔集团的原则是，充分发挥每个人潜在的能量，让每个人每天都能感受到来自内部竞争和市场竞争的压力，又能够将压力转化为动力，这是企业持续稳定发展的秘诀。

（3）富有特色的分配制度。薪酬是重要的调节杠杆，起着重要的导向作用。海尔集团的薪酬原则是，对内具有公平性，对外具有竞争性。高素质、高技能获得高报酬，人才的价值在分配中得到体现。员工的薪酬体系，不仅是单纯的货币工资，还包括住房、排忧解难等其他隐性收入。

（4）注重精神激励。物质激励绝非唯一的手段，而如何不陷入这个误区、不断开发员工的潜能，是企业高速发展的关键。海尔集团不断探索各种精神激励措施，如以员工的名字命名的小发明（“启明焊枪”、“云燕镜子”、“召银扳手”等）、招标攻关、设立荣誉奖励（最高奖为“海尔奖”，这是对人才最权威的奖励，由总裁签发）、开展全员性合理化建议活动（专门设立了“合理化建议奖”）等，以此来激发员工的工作责任感和创造力。

（5）强化培训，创造学习机会。海尔集团为各类人员设计了不同的升迁途径，使员工一进入企业就知道该向哪个方向发展，怎样才能获得成功。为此海尔集团为员工创造各种学习机会，进行以市场为目标的各种形式的培训，以提升员工的能力和素质。

资料来源：海尔：“斜坡球发展理论”．中国人力资源开发网．2010.

讨论题

1. 海尔的斜坡球体发展理论应用了哪些具体的激励理论？
2. 结合案例讨论激励的一般原则与方法。

关键词

激励　经济人　社会人　自动人　复杂人　需要层次论　ERG理论　成就需要理论　双因素理论　期望理论　目标设置理论　目标管理理论　强化理论　公平理论　挫折理论　综合激励模式

思考与练习题

1. 什么是激励？激励的原则有哪些？

2. “复杂人”假设的主要内容是什么？该假设所对应的管理主张有哪些？
3. 马克思主义关于人性的基本理论是如何阐述的？
4. 需要层次论的基本观点有哪些？如何评价这一理论？
5. 目标管理的内容与基本过程是怎样的？如何评价这一理论？
6. 什么是挫折？管理者在管理工作中如何帮助员工战胜挫折？
7. 在管理实践中如何应用波特和劳勒的综合激励模式？

第3篇　群体心理

群体的存在是一种社会现象，群体是人类社会的基本组织形式，每个不同形态的社会都包含着许多不同的群体。社会中的每一个人，都要通过各种方式与其他社会成员结成一定的群体，并通过把自己归属于一定的群体而意识到自己是属于社会的，因此，群体作为把个人与社会联系起来的中间环节，无论是对于个体还是社会而言，都起着至关重要的作用。在现代社会中，群体所发挥的作用越来越为人们所重视。

关于群体心理的研究，北美、西欧、俄罗斯、日本等国家和地区都开展了大量的研究工作，在我国也越来越引起人们的兴趣，并受到越来越多的研究者的重视。从实践意义上讲，通过研究可以使领导者在管理工作中自觉地把握群体的心理活动规律，改进对群体管理的效能并提高管理效率，更好地协调人际关系，培养成员的团队精神和集体意识，使许多人组成一股合力，从而形成一种新的力量，进而更好地调动群体成员的主动性、积极性与创造性，以期高效地实现群体的目标。

第7章

群体心理概述

群体心理是一种十分复杂的心理现象。研究群体心理，对于揭示社会与个人之间的具体联系有着十分重要的现实意义与实践指导作用。研究群体的概念、特征、分类、结构、功能和心理现象及其发展的内部规律，研究影响群体活动效率的因素等已成为当代管理心理学研究的重要内容。

7.1 群体与群体心理

7.1.1 群体的含义

心理学界对群体的含义存在着不同的认识，尚未形成一个统一的定义。一般而言，群体是指由介于组织与个人之间的人们通过某些协同活动而结合在一起的共同体。作为一个共同体，它应该是一个整体，它是建立在其成员之间的相互依存和相互作用的基础之上，并有着特定的群体规范、规则和群体目标的整体。群体成员必须意识到自己是其中的一员，同时成员之间还要有感情上的交流。群体不是个体的简单集合，不是偶尔汇合在一起的群聚，如共乘一辆公共汽车的乘客、排队买东西的顾客等，彼此间没有结成某种社会联系并形成一定的心理沟通，因此都不能称为群体。一般说来，构成一个完整的群体需要具备以下四个必要条件：①群体的各成员之间具有共同的目标和利益。②群体都有自身的行为准则和价值规范，并以此约束群体成员。③群体成员都有群体意识和群体归属感。④群体都有一定的组织结构，每个成员都在其中担当某种角色，并执行一定的任务，以及承担一定的责任与义务。

7.1.2 群体心理的含义和特征

1. 群体心理的含义

所谓群体心理是指一个特定群体成员在群体活动中共有的、有别于其他群体的价值、态度和行为方式的总和。

对于群体心理的研究，在心理学领域里存在着不同的理论。早期的群体心理学理论，尤其是欧洲大陆群体心理学理论认为，群体心理是独立存在的精神体，如法国心理学派，塔尔德的“模仿说”，迪尔凯姆的“社会实在论”和勒朋的“集群心”说等，都是很有影响的理论。但是，这一思路最终走向了客观唯心主义。后来，这一理论受到了那些以个人主义理论为出发点的美国心理学家的反对，美国个体心理学家奥尔波特认为，没有所谓的“群体心”，只有个人才是唯一的存在，群体只不过是超个人心性的虚构，所以他称之为“群体谬误”，他认为，既然意识、心理都是通过神经系统进行反应的，而神经系统只有个人才具有，那么“群体心”就不存在。他还认为，群体是若干个人的集合，其中每个人都趋向于某种共同的目标，因此，不能脱离人而成为一种实体。取代欧洲大陆群体心理学派的，是美国的另一个群体心理学派——社会相互作用理论学派。与早期心理学家以无组织群体为研究对象不同，它以小群体为主要研究对象，这一学派的早期代表人物是库利。库利继承了詹姆士关于“社会我”的观点，提出了建立在“镜中我”理论基础之上的“第一群体”理论。他认为，从个人与他人的接触方式看，一个人首先接触的是家庭、伙伴和邻里等，是面对面的、直接的、有着亲密关系的群体，是一个人获得社会性、获得人格的原始的基本群体，库利称这一基本群体为“第一群体”或“人格群体”。而通过电话、书信等间接接触的群体，被他称做“第二群体”或“非人格群体”。社会相互作用论的另一个主要代表是芝加哥学派的集大成者米德，他同样强调社会相互作用与个人行为的关系。他在继承詹姆士的“社会我”论、库利的“镜中我”论及托马斯的“情境规定”论的基础上，提出自称为“社会行为主义”的观点，认为个人的社会行为是其所属群体中规范行为内化的结果。他把相互作用视为联结个人与社会的“媒介过程”，构成了人格形成的外部条件。

实际上，群体心理是客观存在的事实，我们既不能夸大它，也不能忽视甚至否认它的存在。群体心理既不是独立存在的精神体，也不是实体，但它确实体现在群体现象之中。群体心理不是每个群体成员个人心理过程本身，但又存在于每个个体身上。群体心理既可产生于无组织的群体中，又可能产生于有组织的群体中。

2. 群体心理的特征

与个体心理相比，群体心理具有以下三方面的特点。

(1) 群体心理具有群体共有性。群体心理作为群体成员共有的价值、态度和行为方式的总和，它所形成的共有的心理反应构成了群体活动的心理基础，因此，群体虽然是由个体组成的，但它却具有个体成员所没有的特点，如在一个和谐的群体里，群体的目标如果与个体成员的目标相一致，将会使群体中的每一个成员产生出极大的工作热情，形成本群体所特有的凝聚力与向心力，使整个群体士气高涨，从而极大地提高工作效率，这是个体在孤立的状态下所不可能具有的心理状态。群体心理的这种共有性是区别社会成员的群体心理和个体心理的一个重要标志。

(2) 群体心理具有群体界限性。群体心理作为一个心理总体，具有群体本身的特点，从而具有群体的界限性。为某一群体所特有的群体心理，是这一群体内部的成员所共有的而非群体之外的成员所具有的，它构成了群体与群体之间的区别。群体心理的这种界限性使不同群体具有不同的作风、面貌与格调。

(3) 群体心理是群体成员在群体活动中形成的，具有过程性。群体心理往往是个体成员在具体活动当中产生的。很多典型的群体心理，如竞争心理、顾虑心理、从众心理、防范心理、攀比心理等，都是在群体成员之间共同的活动当中，经过不同程度的相互交流、相互制约，最后形成的。例如，一支球队，只有在队员们一起进行训练和比赛，在相互鼓励和反复磨合当中，在历经种种胜利和失败之后，才产生一致和趋同的心理倾向；同样，一个科室的共同心理，如荣誉感、责任感、一致对外、相互关心和相互帮助、荣辱与共等，也只有在科室工作人员经过一定时间的共同工作和生活的过程才能得以逐步形成。

7.1.3　群体的分类

社会生活的复杂性决定了现实中的社会群体是多种多样的。对群体进行分类，有助于我们加深对群体及群体心理含义的理解。

1. 大型群体和小型群体

以群体规模的大小及群体成员是否有直接接触为标准，可以把群体划分为大型群体和小型群体。

(1) 大型群体是指群体的成员之间并不是面对面地接触，而是通过共同目标及各级组织间接地联系在一起的群体。大型群体还可以进一步地分为阶级群体、阶层群体、职业群体、民族群体、区域群体及政党等。因此，对于大型群体来说，社会因素要比心理因素起更大的作用。

(2) 小型群体是指群体的成员之间有直接接触、面对面联系的群体，如家庭、车间中的班组、单位中的科室、学校中的班级等。由于人们之间能够通过直接接触而建立起情感上和心理上的联系，所以在小群体中，心理因素的作用相对来说要大于其在大型群体中的作用。

国内外的社会心理学家研究的重点是小型群体。一般地，他们认为小型群体应具有下述特点：人数不多；群体成员由共同的活动结合在一起；群体成员交往活动具有直接性并发生感情上的相互关系；群体成员间的交往活动具有经常性或持续性；群体成员间的交往应遵从特定的行为规范。

2. 正式群体和非正式群体

以群体构成的原则和方式为标准，可以把群体分为正式群体和非正式群体。这种划分最早是由哈佛大学心理学家梅奥在霍桑实验中所提出的。

（1）正式群体是指由正式文件明文规定的、有固定的编制、有明确的职责分工与职务等级、有具体的权利义务关系的群体。在正式群体中，人们从事着由组织目标所规定的行动，并使自己的行动指向这个目标。正式群体在国家机关、企事业组织中占主导地位，如工厂里的车间、班组，机关单位里面的科、处、室，学校里的班级、教研室及党团组织等都是正式群体。正式群体又可依其存在时间的长短而分为永久性正式群体（国家机关中的处、科、室等各个职能部门，学校的校委会、教研室等）和暂时性正式群体（如临时性的工作委员会、设计小组、检查团、访问团、技术鉴定小组等）。永久性正式群体的成员可能发生变动，但组织形式却是保持相对稳定的。暂时性正式群体是因某一特殊工作需要或为了完成临时任务而组成的，并随着这一特殊工作或临时任务的完成而随即解散的群体。

（2）非正式群体是指那些自发产生并自愿结合，其成员的地位和角色、权利和义务都不明确，也无固定编制的群体。非正式群体成员之间的相互关系往往是以一致的观点和利益为基础，以情感为纽带的，因此它的产生只是依靠一种心理默契。他们的行为受群体中自然形成的“规范”的调节，有较强的凝聚力和行为的一致性。在现实生活中，老乡、同学、同事、朋友、邻里等，往往因兴趣与爱好相同并经常在一起而结成一个个非正式群体。在非正式群体中，同样会推选出在群体中最有威信的人作为本群体的首领，他对其成员拥有某种程度的精神上的支配权力，群体中也有着一套颇为有效的不成文的奖惩制度和手段，成员之间有着比较快速便捷的信息传递的方式，因而非正式群体具有较强的自卫性和排外性。

以前我们缺乏对非正式群体的认同和深层次的研究，或者更多地从其消极作用方面对之予以理解，因而在态度和行为上存在着不同程度的盲目性与抵制性。其实，非正式群体是普遍存在的。非正式群体之所以出现，是因为它能满足人们的某些需要。在现实生活中，人的需要是多方面、多层次的，如人们有参加益智健身活动的需要、社会交往的需要、施展各种业余爱好的需要等。正式群体的主要职责是完成任务，然而这些形形色色的需要不可能完全在正式群体中得到满足，因此，这种群众自助性质的非正式群体也在人们的社会生活中应运而生并占有重要地位。在正式群体中存在的非正式群体，还常常成为正式群体的必要补充。但应引起注意的是，当正式群体的领导人失去了在非正式群体成员中的威信时，非正式群体就会对正式群体的活动产生很大影响。因此，管理部门和领导者要善于协调非正式群体与正式群体之间的关系，从而引导非正式群体为达到正式群体的目标而服务。

3. 参照群体和一般群体

以群体的作用和影响为标准，可以把群体划分为参照群体和一般群体。

（1）参照群体亦称标准群体或榜样群体。在参照群体中，群体的标准、目标和规范会成为人们行动的指南，成为人们努力的目标。这样群体中的个体才会自觉地接受群体的行为规范准则并以此来约束自己的行为。

（2）一般群体是相对参照群体而言的，如成员所在学校的班级、车间的班组、运动队等都可称为一般群体。应当指出，个人所参加的群体并不一定是个人心目中认定的参照群体，一个人可能参加某个群体，而把另一个群体作为自己的参照群体。

研究参照群体具有十分重要的意义。各行各业中都有模范群体，关键在于人们是否会把这些群体作为他们的参照群体，用参照群体的规范和准则来指导自身的行动；否则，即使榜样树立得再多，也不会起到应有的作用。另外，在人们的心目中，有时会出现两个或更多的参照群体，这时若两个参照群体的规范、准则及目标相一致，会对个体起到增强行为动机的作用；若两个参照群体的规范、准则是相互矛盾的，则可能会引起个体的心理冲突和斗争。在这种情况下，管理者要善于进行引导，分析权衡利弊得失，从而选择有利的参照群体。

4. 松散群体与联合群体

以群体的发展水平和成员之间的联系程度为标准，可以把群体划分为松散群体和联合群体。

（1）松散群体是指人们仅在一定空间和时间上结成的群体，其成员之间不以共同的活动内容、目的和意义相联系，也没有统一的规范和情感沟通渠道。例如，剧院看戏的观众、围观某事件的人群、消费场所的顾客等。

（2）松散群体的进一步发展，便可成为联合群体。联合群体的成员有共同的目标，群体活动的成败与个人的利益直接相关，成员之间的相互关系是以对每个人都有个人意义的共同活动内容为媒介的。例如，住宅小区业主们因小区卫生、安全等问题联合起来与物业公司进行交涉，由于公共利益共享上的一致性及共同的期望，他们从以往的“单兵作战”转而结成联合群体，一致对外。

5. 假设群体和实际群体

以群体是否实际存在为标准，可以把群体划分为假设群体和实际群体。

(1) 假设群体是指实际上并不存在，而只是出于研究和分析的需要，把具有某种特征的人在想象中组织起来所形成的群体。例如，某高校在青年科研项目申请中，把申请人的年龄限制为35岁，因此，35岁以下的教师就被视为“青年教师”群体。再如，在社会转型过程中出现的“下岗人员”、“农民工”、“低保户”等，也都是假设群体。实际上，这些依照某些条件划分出的特定群体，其成员可能从来没在现实中聚集在一起，也没有直接的交往，甚至互不相识，但因其具备若干共同的特征而具有某些共同的社会心理特征，从而被列为同一假设群体。

(2) 实际群体是指实际存在的有一定规模、有一定组织形式的群体。当然，现实生活中到处可见实际群体。

6. 初级群体和次级群体

以群体的不同层次及对人的密切程度不同为标准，可以把群体划分为初级群体（又称基本群体）和次级群体。这种划分方式是由美国心理学家库利首先提出来的。他在1902年发表的《社会组织》一书中，把同个人关系最密切的群体称为初级群体，把个人所属但不经常直接接触和联系的一般群体称为次级群体。初级群体主要以血缘和地缘为关系纽带，次级群体则主要以业缘为关系纽带，然而两者的界限不是绝对的，如某种业缘关系如果长期存在下去，也有可能发展成初级群体关系。比如在一个拥有上万名职工的企业里工作的人，对这个企业的许多人和许多事是不认识和不了解的，其大多数成员之间没有直接的接触和交往，而只是以间接的方式（共同的目标或通过各层组织机构）联结在一起。因此，这个企业对每一个成员的影响是不大的，而每个成员最熟悉、最了解的，也正是对他的生活和工作影响最直接的事物，如他的上下级、所在的班组或科室。因此，班组或科室对他来说是初级群体，而企业对他来说则是次级群体。初级群体有的是独立的，如家庭、邻里、朋友等。

7.2 群体的结构、功能和规范

7.2.1 群体结构

群体结构又称群体的成分，是指群体成员的组成成分。群体结构是一个多层次、多要素的综合体。一般地说，群体结构可分为年龄结构、能力结构、知识结构、专业结构、性格结构等。

由于群体不是个体的简单相加，而是由不同个体所组成的有特定功能的有机体，所以它具有每个部分所不具有的功能。群体成员具有不同特点，包括能力、知识、智力、态度、兴趣、个性倾向、社会地位等方面。这些特点的分布情况和配置特点的不同，对群体行为都会产生一定的影响。同时，每个群体成员因其角色和地位的不同，对其他成员有着不同的态度和行为，因此，群体结构对群体的工作效率颇具影响。如果群体结构合理，会使群体协调一致，密切配合，提高工作效率。若群体搭配不当，就会使群体涣散，降低工作效率。

群体结构的同质和异质问题对群体中的个体心理会有很大的影响，因此，许多学者都对这一问题进行了研究。所谓同质是指群体的成员在年龄、知识、能力、性格等方面都比较接近；异质则与之相反。国内外心理学家的研究表明，在完成简单任务时，同质结构群体效率较高；而在完成复杂任务时，异质结构群体则有更高的效率。因此，一般来说，对性质相对简单的工作适宜作同质搭配；对于性质相对复杂的工作，异质搭配更趋合理。例如，对于一个企业来说，基层的生产班组具有同质结构比较适当，而领导层则因其所承担的任务比较复杂，需要有不同能力、知识、性格、年龄的人相互协作，各取所优，才能很好地发挥效能，因此最好采用异质结构。

7.2.2　群体功能

一个群体的形成、存在和发展，主要在于它具有一定的特殊功能。由于群体是介于组织与个人之间的人群结合体，具有承上启下的桥梁性质，所以具有贯彻执行组织任务、保证组织目标的实现和协调人际关系、满足成员的社会心理需求的双重功能。具体来说，群体的功能体现在以下三个方面。

1. 实现组织任务的功能

群体实现组织任务的功能，是指与群体的工作性质、活动相联系，主要是为了完成组织的基本任务而具有的功能。一个组织为了有效地进行工作，实现组织目标，就必须分工合作，把任务按层级分配给若干部门和单位去完成。群体对组织来说，主要就是承担、执行和完成组织分配的任务，以保证整个组织目标的实现。这也是正式群体的基本职能。

非正式群体实现组织目标的作用，也应当引起管理者重视。非正式群体对组织目标的实现虽然不负有直接的规定性的责任，但其作用也不可忽视。例如，某企业的技术攻坚项目，若由一个志同道合、关系融洽、相互鼓励和相互支持的攻关小组承担，会比一个单靠组织目标一致的小组发挥更大的创造力。再如，一个员工的行为，往往是与他相关的各种群体影响的结果。他在正式群体的行为也受到非正式群体的影响。如果他的家庭、好友积极鼓励和支持他努力工作、积极进取，则会提高他的工作积极性，使之无后顾之忧。反之，若正式群体要求他积极进取，而非正式群体则拉他的后腿，那么他就不能很好地完成任务。因此，许多企业在表扬奖励职工时，同时也表扬奖励其配偶及父母等家庭成员，就是看到了家庭这个非正式群体的作用。另外，还可利用非正式群体信息沟通灵敏的特点改善领导与职工的关系，从而改进管理工作，促进组织目标的实现。

2. 满足群体成员心理需要的功能

群体成员的需要是多种多样的，群体通过成员之间的相互依存、相互交流和相互作用，来满足成员个体的心理需求，密切成员与成员之间、成员与组织之间的关系，增强群体的凝聚力，提高群体成员的工作士气，从而维持组织有效的运转。

(1) 群体能够满足其成员的社会交往需要。它能为成员提供广阔的活动天地，从而使个体成员获得支持、帮助和友谊，以满足亲和的需求，并促进人与人之间的信任与合作。

(2) 群体能够满足其成员的自我确认需要。群体能够使一个人通过参与其活动，不但可以使个人体会到自己是社会的一分子，而且能够使其确认自己在社会中的地位。

(3) 群体能够满足其成员的心理安全需要。个人只有属于群体时，才能避免产生孤独感、恐惧感，满足心理安全上的需要。并且，由于群体成员对客观事物有着大致一致的看法，个体在群体中能够得到其他成员的帮助和支持，会增强个体成员的信心和力量，增强战胜困难的勇气。

(4) 群体能够满足其成员的责任感、成就感和尊重的需要。群体中的成员在取得了一定成就时，希望得到他人的认可和赞许；在遇到挫折时，也希望得到其他成员的关怀、理解、信任和支持。同时，一个人在帮助他人时，会产生成就感与自豪感，而这种精神需求的满足，也必然在群体当中才可能实现。

3. 影响与引导个体行为的功能

在群体中的个体，由于受到其他成员的影响，所以会表现出不同于个体在单独情况下的心理与行为方式。具体表现在如下三个方面。

(1) 社会助长与社会干扰。社会助长是指一个人在从事工作时，只要他人在场就会对其行为产生助长影响。例如，对于简单而熟练的工作，许多人在一起工作往往比独自一个人做时效率要高。奥尔波特将之称为社会助长作用。这是因为他人在场能使一个人产生内驱力，这种内驱力可促进简单操作的作业。奥尔波特由此得出结论：合作群体中，社会刺激作用能使个人作业速度和数量增加。心理学家的多次实验也证明了这一结论。但是，对于比较复杂、需要集中精力进行独立思想的工作，他人在场往往会起干扰作用。当然，事情也并非总是这样，比如，若从事复杂作业的群体成员之间相互依附，有共同目标，并有自由沟通的机会，许多人在一起工作就能相互鼓励、相互启发，产生新观念，收到良好效果。心理学家莎乌通过四个人小集团解决猜谜问题的实验，发现群体中的大部分个体比在单独状态下，解决了更多的问题，群体所得到的正确答案比例高于个体单独作业条件下的正确答案比例。因此，她认为，群体相互作用能够刺激智力活动，允许相互发生错误，允许部分想法通过社会相互作用而调整。

（2）社会标准化倾向。在群体中，每个成员的行为都有趋于一致的倾向，即社会标准化倾向。现实中，一个人往往属于多个不同的群体，不同的群体有着不同的规范，因而成员的行为往往受多重标准的影响。著名的霍桑实验表明，群体各自有其行为的常模。例如，在一个工作小组中，成员对于是非，对于生产速度等问题都有一定的判断标准。群体的常模，通常是由群体成员公认并自然形成的，它与组织所要求的标准并不一定相符，但群体成员一般都能以此自律，成为个体行为的规范，谁违反了就要受到惩罚。因此，研究群体问题的心理学家勒温便提出，要想改变个体行为，与其针对个体下手，不如从改变群体的规范下手。

（3）社会顾虑倾向。我们常碰到这样一种情况，一个人初到一个新环境时，因与群体其他成员不熟悉，在行为上受到很多的牵制，表现出一种不自在、心理上不安全的现象，这就是社会顾虑倾向。例如，新到一个单位的员工、初上舞台的演员、刚走上教育岗位的教师等，都会产生这种社会顾虑倾向。当一个人对环境慢慢熟悉后，这种倾向可能会消除，但遇到陌生的环境，社会顾虑倾向往往还会重新出现。一般说来，社会顾虑倾向人人都有，但也与人的性格有关系。一般情况下，性格内向的人社会顾虑倾向明显，性格外向的人则不明显。

7.2.3　群体规范

1. 群体规范的含义

群体规范是指群体所确立的每个成员都必须遵守的行为标准。群体规范可能是正式规定的，也可能是非正式的。前者是指在正式群体内，正式明文确定的规范，如学校中的学生守则。后者是指非正式群体中的规范，它没有用文字明确下来，而往往是在群体成员的彼此接近、相互作用之下，在模仿、暗示和顺从的基础上自发形成的。现实生活中，存在更多的是非正式规范。群体规范对群体成员的行为有着非常重要的影响。

美国心理学家谢里夫用许多实验揭示了群体规范形成的过程。其中最著名的就是对光点移动进行判断的实验。实验是在暗室内进行的。首先一个被试被带到暗室里，让其观看面前出现的一个光点。光点出现几分钟后熄灭，让被试判断光点移动的情况。接着再让数个被试分别重复同样的过程。事实上光点并没有动，但在暗室中每个人都会觉得它在移动，这是心理学中典型的视错觉现象。当然，每个人的反应模式都不相同，有的人认为光点是向上移动的，有的人认为是向右移动的，还有的人认为光点是向左下方移动的等。随后，实验者把所有的被试集中起来，让他们一起在暗室里看光点，并允许他们互相讨论，陈述自己的看法。实验反复进行。持续了一段时间后，大家对光点移动方向的判断会逐渐趋于一致。这说明群体的规范代替了个人的反应模式。当实验者将这些被试分开再单独观看光点并作出判断时，每个人并没有恢复他原先建立的个人反应模式，也没有形成新的反应模式，而是一致保持群体形成的模式。这说明群体规范会形成一种无形的压力，约束人们的行为，而这种约束甚至并没有被人们所意识到。

此外，谢里夫还做了许多其他有关知觉判断的实验，如判定线段长度、判断矩形的大小、推测壶中豆子的数目及敲打木板的数目等，对比被试在单独情况下和与多数人一起的情况下所作判断的差异，结果与上述的结果基本一致。谢里夫的实验结论也在其他心理学家的实验中得到印证。例如，梅奥等人在霍桑实验中发现，工人群体有其行为的统一准则，对事情的对错有他们自己的一套看法，对于生产的速度、一天的工作量都有一定的标准。它要求一个人的工作量不可超过一般人太多；也不可太懒惰，低于一般人的工作量。否则将受到别人的指责和被孤立。

由此可见，在共同的工作与生活中，人们都有一种将外界事物的经验加以格式化、模式化与标准化的倾向。这种格式化、模式化与标准化的倾向一旦被固定下来，就成了群体规范。群体规范或是由群体的领导者根据群体成员公认的最适当的情况制定的，或是自然而然地形成的，这个行为的标准也许与正式颁布的标准不相一致，但群体成员往往还是以此作为自己的行为标准。对此心理学家勒温指出，要想改变个体的行为，与其从个体入手，不如从改变其群体规范着手。因为如果在群体规范不变的情况下只改变个人的行为，很可能会使个人在群体中的处境很困难。这一点非常易于理解：人们往往并不希望自己被群体中的多数人视为异端，只有恢复原来的行为，才会有一个安稳的心态。

2. 群体规范的功能

（1）评价判断。群体规范是群体成员行为的准则。因此人们可以通过群体规范对群体成员各种言行作出肯定或否定的判断。由于每个群体都有不同于其他群体的规范，所以对于同一行为，不同的群体会作出不同的判断与评价。某些不为社会认同的行为，在某些群体里却被视为“正当”的甚至是应被“称道”的行为。

（2）行为导向。群体规范可指示人们为满足某种需要而采取一定的方式和制定相应的行为目标，从而规定了人们日常行为的准则并限定了人们活动的范围。也就是说，群体规范可产生一种压力，使群体中的个体清楚地知道自己在群体中应该做什么和不应该做什么。群体规范还有纠偏的作用，在它的压力下，成员会纠正偏离的行为，回到规范的标准上来。就群体规范对个人和社会的作用来说，符合社会利益和发展方向的群体规范会造成一种积极向上的压力，给人以力量，促进成员齐心协力实现群体目标，而错误的规范则会造成消极的舆论压力，对人的行为、人际关系会产生不良影响。

（3）维持群体生存。在社会中，任何一个有生命力的群体要想生存下去，其内部必须有严格的行为规范。它通过对群体成员行为的评价和奖惩，使成员之间彼此认同，行为趋向一致。而且，在进行相互交流的过程中，成员之间关系会越来越紧密。

3. 皮尔尼克的“规范分析法”

群体规范对成员来说是一种外在的约束力量，但在参与群体活动的过程中，成员能够在思想上把外部的规范转化为内部的观念性的标准，这就是内化。内化的结果使人能够超出时空的界限，对人未来的行为起着改造和指导的作用。因此，将良好的群体规范根植于成员的内心，会促进社会的良性运行。在管理工作中，判断一个群体领导人好坏的标准之一，便是看他是否能够创立和维持良好、稳固的群体规范。

20世纪60年代后期，美国管理学家皮尔尼克提出了群体规范与组织利益相关的理论。他认为，群体规范与企业组织有着直接关系。他提出了“规范分析法”，将其作为改变群体行为、改进群体工作效率的工具。“规范分析法”在一些组织中使用后证明有相当的成效，主要包括三项内容。

（1）明确规范内容。要深入有关群体，调查、了解群体业已形成的规范内容，特别要了解那些起消极作用的规范是什么，并听取对这些规范进行改革的意见。

（2）制定规范剖面图。将规范进行分类，如分为“组织荣誉”、“业务成绩”、“利润”等10类，列入群体规范剖面图并给每类定出理想的给分点。这种理想的给分点与实际评分的差距，称为规范差距（图7-1）。然后把实际评分点连接起来，形成曲线，从中可以找出当前关键性的项目，以便制定措施加以解决。

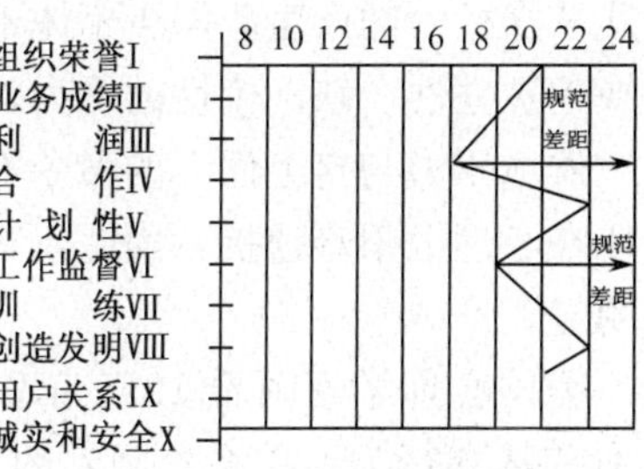

图7-1　某群体规范剖面图

（3）进行规范改革。规范改革应从最上层的群体开始，逐级向下展开。然后，确定优先改革的规范项目，主要考虑该规范对企业经济效益影响的大小，应把不利于生产力发展的规范列为优先改革的项目，但群体规范剖面图中的差距只是考虑因素之一。最后，根据10个规范标准的要求制订系统的变化方案，包括管理部门的责任、信息交流、反馈、奖励和招收新员工，对变化措施进行持续评价并作必要的调整。

皮尔尼克认为，这种群体规范变化的优点在于，改变对象是抽象的群体而不是具体的个人，因此这是一种“对事不对人”的做法。它只研究事情没有做好的原因，而不对受到批评的对象追究责任，这样易于被群体成员所接受。而且群体成员自始至终参与变化，变化过程的气氛始终是积极的。皮尔尼克认为这一点非常重要。

在美国的一些企业中，实行这种规范改革收到了较好的效果。在我国企业中，当然应根据国情列出我们的规范项目，不能机械地搬用。但是，“规范分析法”的基本精神和方法完全可以为我们所借鉴和运用。

4. 群体规范与从众现象

1）从众的含义

所谓从众是指人们自觉或不自觉以某种群体规范或多数人的意见为准则，作出社会判断、改变态度的现象。从众现象包括思想上从众和行为上从众。

从众带有不同程度的盲目性，表现为对多数人的盲从。例如，有人看到很多人都买一种商品，便不问自己是否需要也跟着买，常常造成一种商品被蜂抢的局面，这就是典型的从众表现。

从众现象的产生，与群体规范有密切的关系。一方面，群体规范对于成员的约束作用本身就构成一种压力，这迫使其个体成员的态度和行为与其他成员保持一致；另一方面，群体规范的维持，主要是依靠群体压力与成员行为的从众心理倾向的相互作用来实现的。在一个群体中，当一个人与群体中大多数人的意见有分歧时，便会感到不自在，心理上不安稳，还会产生一种孤独感。这种自然而然产生的心理负担往往会使群体成员违背自己的意志，产生与多数人相同的行为。因此从众行为的产生起因于个体不愿意标新立异、与众不同而陷于孤立。它是一种缺乏独立性、缺乏个性的行为。

群体压力与自上而下的命令不同，它不具有强制执行的性质。但是，它却使个体在心理上很难违抗，因此，其改变个体行为的效果，有时甚至比权威的命令更明显。

美国心理学家阿希 1951 年曾做过一个著名的“三重线实验”来证实群体压力和从众行为的关系。阿希的“三重线实验”是用一种事先策划好了的群体错误来影响被试。阿希用两张卡片为材料，一张卡片上画有 X 线，另一张卡片上画有 A、B、C 三条不等的线，其中只有 B 与 X 线等长。阿希找来被试，将之安排在由 7～9 人组成的小组中。小组成员中其他人都是事先串通好的，只有被试一人为不知情者。他让每个人进行判断，比较 A、B、C 哪条线与另一张的 X 线等长，并要求大声讲出答案。先让事先串通好的人逐一报告说 C 与 X 等长。最后由不知情者判断。他找来许多人作为不知情者重复这个实验，结果发现，其中有大约 1/3 的人顺从了群体的看法选择了 C，他们都按照这个错误的意见作出了判断，把明明是不相等的线判断为相等。这一实验成功地证明了群体压力之下从众现象的存在。当然，这一实验过于简单与抽象，有其局限性，但却具有参考意义。

2）影响从众的因素

在阿希之后，许多心理学家进一步分析了从众行为产生的原因。研究结果大都认为，从众行为的产生主要与情境因素和个性因素有关。

（1）情境因素。在不同的情境中，个人的从众程度往往不同。这些情境主要包括五个方面。①群体的性质。个人与群体的关联程度不同，或个体认为能满足个体愿望期望程度不同，对群体产生的魅力感就不相同，魅力感强的群体成员易于从众。②个体的地位。个体在群体中的地位越低，或者个体认为群体中多数成员比自己更有实力，则容易放弃己见而从众。③群体的一致程度。当群体一致反对某一个人时，这个人所受压力就非常大，就易于从众；如果其中有人哪怕只有一个人支持他，则其从众倾向就会大大降低。④群体的气氛。若一个群体内对坚持己见者没有容纳的心理气氛，而是加以反对或威胁，而对于从众者持赞赏、欢迎的态度，那么从众现象易于发生。⑤问题的性质。当所面对问题的性质不够清楚，个体难于掌握判断标准时则易于从众。

（2）个性因素。个体自身的特点对从众现象也起着重要的作用：智力低或判断力差者易于从众；对人际关系过于重视，对他人的依赖性强，易接受别人的暗示者易于放弃己见而从众；缺乏自信者易于从众，自信心强者则相反；重视传统道德与权威者易于从众，崇尚标新、进取、自立者则相反。

此外，阅历浅、经验不足、成功感弱等因素，都对从众行为产生一定的影响。但是，应当指出，以上所列的诸种因素，只是表明一种可能倾向性，并不是绝对的。例如，在一些智力超群、阅历广泛的科学巨人或其他社会强者的身上，往往也会有从众现象出现。

3）从众行为的表现形式

（1）表面从众、内心接受，即“心服口服”。个体此时没有任何心理冲突，群体与个体之间保持最和谐的关系。当个体愿意继续成为群体的一员，当群体的目标与个体的想法一致时，即呈现此种状态。

（2）表面从众、内心拒绝，即“口服心不服”。这是一种权宜性的从众，即假从众。个体在表面上与群体保持一致，内心却格格不入。呈现这种状态的原因是，个体虽然不赞成，但由于某些理由却无法摆脱群体。在社会生活中这种现象很多。尤其是实施高压政策时，极易产生“虚假的一致”。这时，个体内心处于不协调的状态，为心理冲突所困扰。长期处于这种状态下可能产生两种结果：一种是，当他发现无法改变其表面从众行为时，会趋向于改变自己内心的态度，变拒绝为接受，即改为真从众；另一种是，持续的心理不协调状态导致心理危机的产生，这种情况若涉及人数众多，将会进一步引发其他社会问题。

（3）表面不从众，内心却接受。这是指个体在公开场合不赞同大家的意见或行为，但在内心里或私下里却表示赞同。这种情况的出现，有人格方面的因素，如特别争强好胜的人，明知众人正确，也为了“面子”坚持己见，于是产生这种“表里不一”的心理；也有社会的因素，如某人因其身份或地位特殊，有某种顾虑，内心尽管认为众人正确，但不便于表现自己的真实心理状态，表面上仍要表示不从众。

(4) 表面不从众，内心也拒绝。这也是心口一致的，但它是一种与群体不妥协的状态，因此性质与第一种表现形式完全相反。现实生活中，做到这一点非常困难。一般来说，能做出这种行为的人多有如下背景：个体已经获得另外某些群体的支持，不怕众人孤立；个体确信众人是错误的，并且自认为有能力将众人的看法、态度转变过来，某些群体中的中坚分子，常常会表现出这种行为。

4）从众行为的意义

从众行为既有积极意义，也有消极意义，这是由从众行为的性质决定的。对一些良好的社会风气大力宣传，造成舆论，使人们感到一种无形的压力，从而发生从众行为，这就具有转变社会风气的积极意义。例如，提倡社会互助的精神，强调对知识的尊重，开展积极的群众性读书活动等，长期进行宣传，就会潜移默化地在公众心中产生压力，产生积极的社会效果。

对于群体成员的不良行为，给予适当的压力是必要的。特别是在改造犯罪青少年时，可充分利用这一原理，注重转变犯罪者的环境，使其在环境压力下，逐步改变其不良行为。

同样，一些错误的观念和行为，如社会上的不正之风，如任其泛滥，不加制止，也会造成另一种性质的压力，会使人觉得不随波逐流，反而会显得格格不入，甚至还会使一些意志薄弱者主动地同流合污，这无疑会助长歪风邪气，给社会造成消极影响。

7.3 群体凝聚力与群体士气

7.3.1 群体凝聚力

1. 群体凝聚力的含义

群体凝聚力，又称群体内聚力，是指群体对其成员的心理亲和力量的总称。这种凝聚力可具体体现为多个方面：成员对群体的忠诚；作为群体成员的尊严感；对群体中其他成员的喜欢；群体帮助个人实现其理想与目标；成员之间有相近的心理感受等。

群体的凝聚力对群体具有重要的意义，它是维持群体存在、增加群体效能和实现群体目标的必要条件。一个没有凝聚力的群体本身就失去了存在的意义。同时，在群体的内部也存在凝聚力高或低的问题，在凝聚力高的群体里，其成员间的沟通与交往比凝聚力低的群体更为频繁，群体成员产生较强的归属感，群体的参与意识更强，并愿意承担更多推动群体发展的责任和义务。

2. 群体凝聚力的测量

群体凝聚力的高低对群体任务的完成或目标的达到起着重要的作用。要了解和分析一个群体凝聚力的水平，可以进行心理测量。由于凝聚力是通过群体内的人际关系表现出来的，如果人际关系密切，人与人之间的相互选择、相互吸引、相互关心的人数多，就说明群体的凝聚力强。所以，可以用对群体成员关系的测量方法来分析群体的凝聚力。群体凝聚力的心理测量可以有多种方法，如群体成员感情判定综合法，即请群体每一成员评定自己对其他成员的感情，然后把这些评定加在一起；也可以让群体成员评价整个群体状况或测量他们的归属感，从而推断群体的凝聚力。心理学家多伊奇曾提出了一个计算凝聚力的公式：

$$\text{群体凝聚力}=\frac{\text{成员之间相互选择的数目}}{\text{群体中可能相互选择的总数目}}$$

多伊奇的群体凝聚力计算公式可以在实际测量中运用。然而，在现实生活中，人际关系是复杂的，只用某一种方法进行测量不足以揭示和把握复杂的人际关系，要了解群体的凝聚力程度，应采用多种方法进行评估。

3. 影响群体凝聚力的因素

(1) 群体领导者的领导方式。群体领导者不同的领导方式对群体凝聚力有不同的影响。1939年，心理学家勒温等人有一个经典的实验。实验分三个小组进行，分别采用“民主”、“专制”和“放任”三种领导方式，对小组的效率和团体气氛进行比较，发现采用“民主”型领导方式的小组比其他小组的成员思想更活跃，成员之间更友好，有更多的互相帮助，因此群体凝聚力更强。

(2) 外部的压力。研究表明，外来的威胁会增强成员相互间的价值观念，从而提高群体的凝聚力。因为不同的群体都有着不同的利益边界，外来的威胁可能会使本群体遭受损失，这就会使群体增强凝聚力以一致对外。

(3) 群体内部的一致性。一般来说，群体内部的共同性或相似性越多，群体凝聚力越高。例如，价值观上的一致会增强群体的凝聚力。但有时，工作性质相似的群体成员之间也会形成竞争的关系，这又会损害群体凝聚力。

(4) 群体的规模。一般来说，群体的规模越小，越具有凝聚力。群体的规模如果太大，一方面因人数多，相互接触的机会相对较少；另一方面，也容易导致意见分歧，从而降低群体凝聚力。但规模过小的群体又难以胜任较为复杂的任务。群体规模应该既能保证群体的工作机能，又能维持群体凝聚力。管理心理学研究表明，一般来说，群体的最佳规模为七人左右。

(5) 群体内部的奖励方式和目标结构。心理学家通过对个人奖励与群体奖励方式所起的作用进行比较研究发现，不同的奖励方式会影响群体成员的情感与期望。研究表明，个人奖励与群体奖励相结合的方式有利于增强群体的凝聚力。同时发现，若把个人与群体的目标有机结合起来，会增强成员的集体观念和凝聚力，相反，若群体成员的任务目标互不关联，则容易降低群体凝聚力。

4. *群体凝聚力与工作效率*

群体凝聚力与工作效率的关系如何？是否凝聚力越高，工作效率也越高？这是心理学家十分关注的问题。研究表明，群体凝聚力与工作效率之间可能是正相关的关系，也可能是负相关的关系，即凝聚力高，可能提高工作效率，也可能降低工作效率，关键在于群体规范的性质和水平。在一个凝聚力高的群体里，成员具有较强的认同群体规范的倾向，成员的行为具有较高的一致性，如果群体的目标与组织目标一致，则工作效率就高；如果群体的目标与组织目标不一致，则工作效率就低。社会心理学家沙赫特通过实验研究了群体凝聚力对工作效率的影响情况。

沙赫特在严格控制条件的情况下，检验了群体凝聚力和对群体成员的诱导对于工作效率的影响。实验中的自变量是凝聚力和诱导，因变量是工作效率，设一个对照组，四个实验组，分别给予不同的条件，即以高、低凝聚力和积极、消极的诱导等四种不同的组合（图 7-2）。

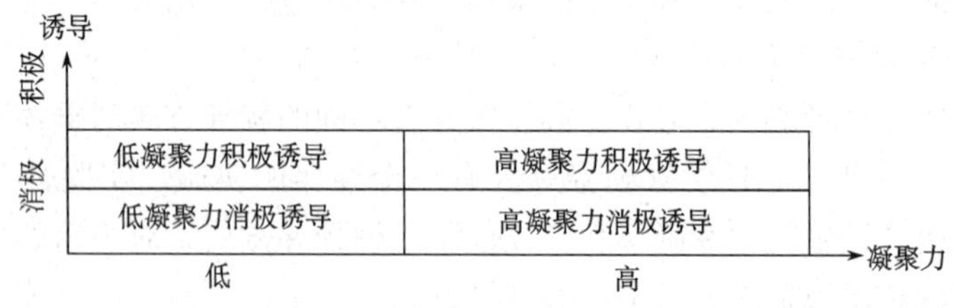

图 7-2 群体凝聚力与生产效率关系

实验结果表明，四种不同的条件，对工作效率的影响不同，高凝聚力积极诱导组工作效率最高；低凝聚力积极诱导组次之；低凝聚力消极诱导组再次之；高凝聚力消极诱导组工作效率最低。

这个实验至少给我们如下启示。①无论凝聚力高低，积极诱导都提高了工作效率，而且凝聚力高的群体，工作效率更高；消极的诱导明显地降低了工作效率，而且凝聚力高的群体，工作效率最低。②凝聚力高的群体，若群体规定的生产标准很低，则会降低工作效率。③对群体的教育和引导是值得重视的因素，不能只靠加强成员之间的感情联系来提高群体的凝聚力。由此可见，管理者应在提高群体凝聚力的同时，提高群体的工作指标的规范水平，加强对群体成员的思想教育和指导，克服群体中的消极因素，以使群体凝聚力真正成为促进工作目标完成的动力。

7.3.2　群体士气

1. 群体士气的含义

士气一词本来是军事用语，表示作战时的集体精神。群体士气主要是指群体的工作精神或服务精神。在心理学中，士气是指某一群体的成员对其所属群体有认同感或满足感，愿意成为此群体的成员并协助达成群体目标的态度。因此，士气不仅代表个人需求的满足状态，而且还包括认为这个满足得之于群体，愿意为实现群体目标而努力的因素。

士气作为群体存在和发展的重要动力之一，是提高群体工作效率的重要因素。因此，一个群体如果具备高昂的斗志，可以迸发出巨大的力量。反之，若群体士气低落或没有士气，就如一盘散沙，失去战斗力。心理学家瑞奇等人认为，一个士气高涨的群体具有下列七个特征：①群体的团结来自内部的凝聚力，而非起源于外部的压力；②群体内的成员没有分裂为相互敌对的小群体的倾向；③群体本身具有适应外部变化的能力及处理内部冲突的能力；④群体成员之间具有强烈的认同感与归属感；⑤每一群体成员都明确地意识到群体的目标；⑥群体成员对群体的目标及领导者抱肯定和支持的态度；⑦群体成员承认群体的存在价值，并具有维护此群体继续存在和发展的意向。

2. 群体士气与工作效率的关系

在一般情况下，人们倾向于认为，一个群体若士气高昂，会对提高工作效率具有很大的促进作用。但是否士气高就一定能够带来工作效率的提高呢？实践证明并非如此。实际上，高士气只是提高工作效率的必要条件之一，而不是充分条件。一方面，要提高工作效率，还须具备物质条件和员工素质、工作能力、人员调配等其他条件；另一方面，也存在着组织目标与职工的心理需求是否一致的问题。美国心理学家戴维斯对后一个问题进行了研究，将士气与生产效率的关系用图 7-3 来表示。

戴维斯认为，士气与生产效率的关系可能有三种情况：A 线表示高士气、低生产效率；B 线表示高士气、高生产效率；C 线表示低士气、高生产效率。

研究表明，采用动作分析、时间分析等传统管理方法，以严格控制的方式管理员工、指导作业程序时，可能产生 C 线的状态，即过于强调工作的物质条件和金钱刺激，而忽视职工的心理需求会导致士气低下。即使暂时出现高生产效率，也不会维持太久，长期下去必将引起员工的反感，从而使生产效率降低。

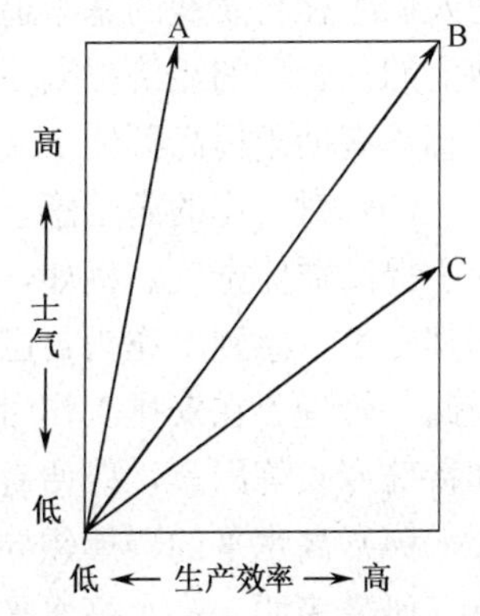

图 7-3　士气与生产效率的关系

反之，若只关心职工的满足感，而不顾及与组织目标的关联，则将产生 A 线的状态，即出现所谓的“和和气气地怠工”的现象。在此种情况下，由于高士气群体与组织的生产目标相抵触，所以很可能限制或阻碍生产效率的提高。

如果想要达到 B 线的状态，即高士气、高生产率，那么必须使组织目标与员工的心理、生理需求趋向于协调一致，使士气高的群体接受组织生产的目标。它要求一个有效的管理者，既要关心群体工作效率的提高，又要关心群体士气的提高，而且，管理者要把正式群体和非正式群体的利益相互协调起来。

当然，还有一种情况，即低士气、低生产率。这是因为员工在群体内得不到满足感，而且组织目标与个人的需求也不能发生联系，激发不起员工对生产的兴趣，所以产生“磨洋工”的现象。这是最差的一种状况，这样的群体已接近瓦解。

这些研究给我们的启示是，在组织管理中，高昂的士气虽不一定能保证群体的工作效率，但它却是工作效率提高的必不可少的条件，因此，一个优秀的领导者既要重视严格的管理和采用先进的现代化技术，又应当研究如何去提高群体的士气。只有这样，才能为工作质量的提高创造广阔的空间。

3. 影响士气的因素

（1）成员对群体目标的赞同。士气是群体中成员的群体意识，它表示一种对群体的满意度和愿意为群体目标的实现而奋斗的态度。这种态度的产生，在于群体成员对于群体目标的明确认识和内心赞成。由于个人成败与群体成就休戚相关，所以只有成员个人的目标与群体的目标协调一致时，即个人赞同群体的目标时，才可能保证高昂的士气。这时，个体对群体有强烈的认同感，愿意为达成群体的目标而努力。反之，如果成员个体目标与群体目标不一致甚至相反，便不可能形成高昂的士气。

（2）合理的经济报酬。物质利益虽然不是人们追求的唯一目标，但物质利益是人们生存与发展的基本追求，它可以满足个人的许多需求，包括物质上的和精神上的。合理的经济报酬不仅能满足成员的经济利益需要，还会带来成就感和公平感，有助于提高群体士气。

（3）对工作的满足感。对工作的满足感是任何一个工作者的心理追求，它有利于提高群体士气。例如，个人如果对所从事的工作感兴趣，他就能够有效地发挥其专长，感到工作为自己施展抱负提供了机会，就会以极大的热情投入工作。因此，管理者在安排工作时，要尽可能全面考虑到员工的智力、兴趣、教育程度和特殊专长等因素，以便有效地充分发挥其才能并提高群体士气。

（4）高水平的群体领导人。一个群体领导人的管理作风对群体士气有重要影响。研究表明，一个高水平的群体领导，如具有办事公道、作风正派、比较民主、善于接纳别人的意见、善于体谅下属、为群体成员争取利益并敢于承担责任等品质，往往会带出一个士气高昂的群体。

（5）群体成员之间的和谐。实践表明，凡是团结和谐的群体，都会使成员间的凝聚力增强，使成员心情舒畅、乐于发表建设性意见，很少有彼此冲突、敌对的现象，群体成员间具有强烈的认同感和归属感。因此，群体成员之间的和谐对于提高群体士气是非常重要的。

（6）意见沟通良好。意见沟通有横向和纵向两个方面，而且是双向互动的。研究表明，领导者对下属、下属对领导及群体成员之间的意见沟通如果受到阻碍，都会使人们产生不满，从而导致群体士气的低落。同时，对于单向的沟通，意见接收者因无机会核对其所接收的消息是否正确，容易陷于不安的情绪状态。如果意见沟通只是上级命令下级，而没有给下级申诉意见的机会，则容易使之产生抗拒心理，降低士气。反之，改善上下级间的沟通，多让成员们参与决策或群体讨论，必然会提高其工作精神，鼓舞群体的士气。

（7）身体健康与心理健康。有了健康和良好的心境，才能振奋工作精神。良好的工作环境会使人们工作起来身心愉快，而不良的工作环境容易使人产生生理上或心理上的疲劳，降低工作热情，甚至引起某些慢性疾病。一些工业心理学家对照明、音响、通风、温度、湿度、休息时间等多方面进行研究，目的就是改善工作环境。同时，心理环境也更多地受到关注，越来越多的社会心理学家致力于建立良好的工作心理环境的研究，使人们能尽量减少焦虑不安和心理挫折感，在充满自信与自尊的社会关系中愉快地工作。

关键词

群体　正式群体　非正式群体　群体结构　群体规范　从众　群体凝聚力　群体士气

思考与练习题

1. 群体的含义是什么？群体有什么特征？
2. 群体的分类有什么意义？
3. 如何看待非正式群体？
4. 群体规范有哪些功能？
5. 影响群体从众行为的因素有哪些？从众现象在管理实践中有何作用？
6. 群体凝聚力和群体士气是一回事吗？为什么？

第8章

群体人际关系

人际关系是群体心理研究的一个很重要的方面。了解和掌握人际关系的含义、类型、影响因素，以及改善人际关系的途径，对于提高管理者对员工的需要、动机、行为和情感的关心程度，激发员工的积极性和创造性具有重要的意义。

8.1 人际关系的含义

8.1.1 人际关系的含义与特点

每个人都是社会中的一员，人们在社会生产和生活中，必然要与其他人结成各种各样的社会关系，完全独立于社会之外的人是不可能存在的。所谓人际关系是指人与人之间相互交往、联系和影响的关系。它是人们在社会生活中依据各自的人际知觉和人际反应形成的，经常受到双方各自的心理特征的制约，并伴随着一定的心理体验与心理反应，如满意或不满意、主动还是被动等。

人际关系具有以下四方面的基本特点。

（1）社会性。人际关系是在社会活动中形成并伴随着社会的发展而发展的。一个人要生存发展，必然要与其他人交往和联系，从而产生人际关系。马克思指出，人在本质上是一切社会关系的总和。前面所述的“社会人”假设也指出，人除了有物质利益方面的需求外，更重要的是还有社会、心理方面的需求。由此可见，人际关系实际上也是一种社会关系，社会性是人际关系的重要属性。

（2）情感性。人际关系也是人与人之间的心理关系，最重要的特点是以情感为基础。人与人之间具有直接的情感联系和相互作用，具有明显的喜欢或厌恶的意识倾向，而且这种相互的情感联系直接影响着人与人之间的相互认识、相互沟通、相互关系的密切或疏离。不同的人际关系引起的人们的情感体验是不同的。亲密的关系引起人们愉快的体验；疏离的或对抗的关系会引起人们的不愉快、烦恼甚至憎恶的情感体验。

(3) 动态性。人际关系并不是一成不变的，而是随着主客观条件的变化而发展变化的。例如，亲密无间的关系也有可能变成形同陌路的关系等。

(4) 复杂性。现实中的人际关系是十分复杂的，人们在相互交往与联系的过程中，往往是多种关系共同交织在一起的。因此，人际关系的处理具有很大的复杂性。

8.1.2　人际关系的作用

人际关系对人的行为经常发生积极性或消极性作用。人际关系不仅作用于人们的心理状态，还对社会群体的社会实践效果产生重大影响。人际关系的重要性表现在如下四个方面。

(1) 人际关系影响群体内聚力。人际关系的性质反映出群体内聚力的高低。在群体内，人们彼此之间关系和睦，同舟共济，这个群体的内聚力就高。反之，人们之间的关系紧张，矛盾重重，这个群体必然犹如一盘散沙。

(2) 人际关系影响工作效率。如果群体人际关系良好，成员之间感情融洽，那么，群体士气就能提高，成员就能焕发工作积极性和工作热情，工作效率就会提高。反之，如果一个群体人际关系差，成员之间关系紧张，群体士气就会降低，成员工作不积极，工作效率就会低下。

(3) 人际关系影响心理健康。不同的人际关系，需要不同的心理调试，以保证心理健康。人际关系的失调，将影响人的心理健康，甚至导致心理疾病。人类的很多疾病，特别是精神疾病，都与人际关系失调有密切的关系。因此，良好的人际关系是保证身心健康的关键。

(4) 人际关系影响个体的自我发展与完善。良好的人际关系常常会起一种社会助长作用，一个人单独工作，不如一群人聚在一起工作效率高。如果群体内建立了良好的人际关系，那么便可以鼓励群体成员互帮互学、相互促进、共同发展，增强成员之间的行为模仿和相互竞争的动机，加速其自我发展与自我完善。

8.1.3　人际关系的类型

人际关系是在人们的社会实践活动中形成的，而人类的实践活动范围极其广泛，因此结成的人际关系也是多种多样的。

1. 按人际关系范围的大小分类

(1) 个人与个人之间的关系，仅发生在两者之间，如父（母）子（女）关系、夫妻关系、师生关系，以及领导者与被领导者之间的关系、售货员与顾客之间的关系等。

(2) 个人与群体之间的关系。对每一个个人来说，可以同时参与几种关系。例如，个人与家庭的关系、学生与班级的关系、工人与车间的关系、教师与教研室的关系等。

(3) 群体与群体之间的关系，可以在两个群体之间，也可以在某个群体与众多群体之间同时发生。例如，班级与班级的关系、车间与车间的关系、学校与企业的关系、工厂与商场的关系等。

2. 按人际关系交往的基础分类

(1) 工作关系，主要是指以工作交往、工作联系为基础建立起来的人际关系，包括领导者与被领导者的关系、成员之间的分工协作关系等。其中领导者与被领导者的关系尤为重要。领导者在群体中处于核心地位，负责提出和制定群体的目标、执行上级指令、进行决策，并对群体活动进行组织、管理和监督。领导者能否有效地影响群体成员，使他们辅助自己实现所期望的目标，在很大程度上取决于领导者与被领导者关系的好坏。研究表明，许多成员把工作满意感和工作积极性归因于和领导者关系的好坏。如果关系和睦、融洽，工作满意感和工作积极性就会提高。

(2) 感情关系，是指以感情交往为基础建立起来的人际关系，既存在于成员与成员之间，也存在于成员与领导者之间。感情关系还可以具体划分为三种类型。①顺从型，特征为“朝向他人”。无论遇到何人，顺从型的人必先想到他人对自己的看法或意见，主要从事社会、医学、教育工作。②进取型，特征为“对抗他人”。进取型的人想知道别人力量的大小或别人对他有无用处，主要从事商业、金融、法律方面的工作。③疏离型，特征为“疏离他人”。疏离型的人常想别人是否会干扰他或影响他，主要从事艺术、科学研究方面的工作。

3. 按人际关系的性质分类

(1) 良好的人际关系。按其程度不同可分为协调、友好、亲热等几个等级。良好的人际关系能使人心情舒畅、同心协力、步调一致，从而提高工作效率。

(2) 不良的人际关系。按其程度不同可分为不协调、紧张、敌对等几个等级。不良的人际关系使人相互猜疑，行动不协调或对立，从而降低工作效率。

4. 按人际关系的时间长短分类

(1) 长期的人际关系，一般指长时间在一起生活、工作、学习的人之间的关系。例如，父母与子女、教师与学生及亲朋好友之间的关系等。

(2) 短期的人际关系，如售票员与乘客之间、售货员与顾客之间、顾客与顾客之间等这种偶然交往、时间又很短的关系。

5. 按人际关系的测度不同分类

(1) 横向的人际关系，一般指人群结构中，同一层次的人际关系，如同事关系，同学关系。

(2) 纵向的人际关系，一般指人群结构中，上下不同层次间的人际关系，如领导与上下级的关系。

当然，从其他的角度，还可以将人际关系作其他不同的分类。

8.2 人际吸引

人际吸引是人际关系的一种特殊形式，特指人与人之间的相互接纳和喜欢。在人际交往过程中，人们以互相肯定的方式去评价对方的倾向与行为动机，心理学上就称之为人际吸引（interpersonal attraction）。在人际吸引中占主导成分的是人的感情。群体中人与人之间在感情上的亲疏远近关系是不同的。同一群体内有亲密无间的关系，有点头之交的关系，还有势不两立的关系，这就是人与人之间在心理上的距离。心理距离越近，说明人们相互间越吸引；而心理距离越远，则说明双方越缺乏吸引力。人与人之间相互吸引的程度是人际关系的主要特征。人际吸引是由多种因素决定的。

1. 仪表性吸引

仪表在人际关系的初步接触中是一个重要的吸引因素，包括人的服饰、气质、风度、表情等。一个衣着得体、谈吐不凡、风度优雅的人在初次与他人接触时往往会给人留下良好的第一印象，引发对方进一步交往的兴趣。但仪表性吸引一般只在人际交往的最初阶段起作用，随着双方交往的加深，它会被其他吸引因素所取代。另外，也并非一个人仪表越出众，其吸引力就必然越大。如果一个人只有美丽的外表而无美好的心灵，同样也不会具有吸引力。

2. 相似性吸引

人们在相互交往的过程中，如果双方在年龄、学历、居住地等方面接近，在职业、社会背景上相近，并且有着共同的兴趣爱好，有相近的思想观念或价值取向，就容易相互吸引。所谓“门当户对”、“志同道合”、“臭味相投”都是相似性吸引。一般来说，人与人在交往初期，注重的是对方的年龄、职业、背景等因素，但到后来，彼此的态度、价值观、思想观念等将成为双方相互吸引的最主要因素。而且只要双方在态度、价值观、思想观念方面相类似，即使对方在别的方面有缺陷，也会对自己产生很大的吸引力。

3. 互补性吸引

互补性吸引是指当交往双方的个性或需要与满足需要的途径正好形成互补关

系时，彼此就可能产生强烈的吸引力。人们之间的交往，就是为了满足彼此的需要。如果在人们的相互交往中，双方各自能满足彼此的需要，则相互之间吸引力就增强，反之吸引力就减弱。互补方面主要包括能力特长、人格特征、需要利益、思想观点等。例如，我们在生活中经常可以看到性格不同、气质各异的人能相互吸引而成为好朋友。

4. 对等性吸引

相互喜欢的人容易形成良好的人际关系，因为人人都希望被人肯定、接纳和认可，所以人们都喜欢那些同样喜欢自己的人。对等吸引是按一定规律变化发展的，即人们最喜欢那些对自己的好感不断增加的人，最讨厌那些对自己的好感不断减少的人。与始终对自己抱有肯定性评价的人相比，人们更喜欢那些开始对自己持否定态度，而随着交往时间的延长而转变为肯定态度的人。与始终对自己持否定态度的人相比，人们更讨厌那些开始对自己持肯定态度，后来逐渐变为持否定态度的人。

5. 光环性吸引

一个人如果有出众的能力或特长，就容易获得他人的好感和喜爱。因为聪明能干的人比愚昧无知的人更招人喜欢，而能力高的人如果偶尔犯点小错误会更招人喜欢。如果一个人有良好的品质与素质，也会使人产生亲切感和敬重感。社会心理学家认为，信任、忠诚、热情、支持、帮助、宽容、富有幽默感等良好的品质都容易吸引对方。

6. 接近性吸引

接近性吸引是指如果人们在工作、生活、学习等活动中的空间距离比较接近，也容易产生相互吸引。例如，在教室内座位靠近的同学之间，在同一办公室工作的同事之间，住宅里的邻居之间，比较容易形成密切的人际关系。因为地理位置接近，双方相互交往、相互接触的机会更多，彼此之间更容易熟悉。但也必须指出，空间距离并不是形成彼此间密切关系的主要因素或唯一因素，它只是建立人际关系的一种条件。而且，彼此接触的频率高，也并不一定就能建立起良好的人际关系。长期在一起学习、工作的人之间也有很多的“点头之交”。接近性因素随着时间的推移，发挥作用的强度也越来越小。尤其是当双方关系紧张时，越是接近，人际关系越差。

7. 异性吸引

由于心理和生理上的需要，男女双方在一起时会产生轻松、愉快的感受。这种感受使异性间相互吸引，从而使人焕发精神，提高工作效率。“男女搭配、干活不累”说的就是异性吸引。异性吸引有“爱情”与“友情”的区别。“爱情”往往会引起激烈的思想波动和情绪波动，而“友情”则包含了更多的理性成分。但无论是哪种异性吸引，都反映了人们有需要得到异性的评价与肯定的心理。

8.3 人际关系的需求类型与基本倾向

8.3.1 人际关系的需求类型

在人际关系中，人们会形成自己独特的人际反应倾向。心理学家修兹(W. C. Schutz) 从心理学的角度，研究了人际关系反应的特性。他认为，每个人都需要与别人交往，因而具有人际关系的需求。这些需求可以分为三种类型，而每一种类型又可发展成不同的人际反应特点。

1. 包容的需求

包容的需求是指希望与别人交往，愿意与别人建立并维持和谐关系的欲望。出于此动机而产生的行为特征是沟通、融洽、协调、参与、随同、出席等。与此动机相反而产生的人际反应特点是孤立、退缩、排斥、对立、疏远、忽视等。一般说来，在人成长的不同阶段，人都有交往的欲望。当然，交往需求的性质、目的不尽相同，交往维持的时间也不同。

2. 控制的需求

控制的需求是指在权力或权威的基础上建立并维持良好关系的欲望。出于这种动机而产生的行为特征是运用权力、权威、威信，影响、支配、控制、领导他人等。与此动机相反而产生的人际反应特点是抗拒权威、忽视秩序、受人支配、追随他人、模仿他人等。控制的需求是每个社会成员都具有的，并非身居高位的人所独有，只是不同的人控制的需求强度有所不同。它是社会成员相互交往的特点之一。

3. 感情的需求

感情的需求是指在感情上有与他人建立并维持良好关系的欲望。出于这种动机而产生的行为特征是喜爱、亲密、热心、同情、友善、照顾等。与此动机相反而产生的人际反应特点是憎恨、厌恶、冷淡、疏远等。人的感情需求在人的心理发展过程中自始至终存在。

了解人际反应特点，有助于我们预测人们之间可能发生的相互反应，采取适当的配合措施，以建立良好的人际关系。

8.3.2 人际关系基本倾向

在个体心理发展过程中，特别是在个性体系形成过程中，形成了不同的人际关系的基本倾向，并产生不同的人际行为反应，也可以称为人际反应特点。人际反应特点因人而异，但每个人的特质也有其稳定性与一贯性的特点，即在一段时期中持续不变，在各种相似的情况下保持同样的反应。我们要了解个人的人际反应特点，可以观察其实际的行为反应，也可以借助人格测量的方法加以测定。修兹在人际关系需求三种类型的基础上，将人的行为反应分为主动表现型和被动期待他人行动型，并由此划分出六种人际关系基本倾向，如表 8-1 所示。

表 8-1 人际关系的基本倾向

分类	主动型	被动型
包容	主动与他人来往	期待别人接纳自己
控制	控制他人	期待别人引导自己
感情	对他人表示亲热	期待别人对自己表示亲热

修兹认为，一个包容性很强，而行为又很主动的人，一定是一个外向的人，他喜欢与人交往，并积极参加各种社会活动。如果他的感情动机也很强，那么他不仅喜欢与别人相处，而且还关心别人、爱护别人，因而在人际关系上必能左右逢源，受到别人的喜欢和爱戴。每个群体中都有这样的人存在，而在现实生活中，具有上述六种人际关系倾向的人和现象也是普遍存在的，有时两种相反的倾向会相辅相成，如有人天性爱支配别人，也有人就愿意受别人支配。有时两种相反的倾向会集中于一身，如某人对一些人表现为受人引导和支配，同时对另一些人则表现为支配他人。总之，上述六种倾向概括了人际关系的基本倾向。

8.4 人际关系的测试

要使人际关系得到平衡和改变，必须首先了解人际关系的真实情况。但是，人际关系的状况虽然可以通过谈话、观察获得一定程度的了解，然而有些潜在的心理内容，如感情、意向、态度等往往会被有意识地控制而不能为人所直接了解。因此，我们需要借助一些科学的方法对人际关系进行准确的测量。

8.4.1 社会测试法

社会测试法是美国社会心理学家莫雷诺（J. L. Moreno）在 1934 年首创的一种测试小型群体中人际关系的方法。这种方法采用问卷的形式收集群体中人际关系状况的资料，并用图表、数据等数量化手段表示出人们之间的相互关系。

1. 社会测试法的实施程序

运用社会测试法要经过两个阶段，首先是对问卷的设计和施测阶段，然后是对测量结果的处理阶段。在问卷设计中，问题的提出不是随意的，而是根据测量目的和群体的性质来确定的，一般遵循以下三个步骤。

（1）确定选择标准。进行社会测试时，首先要制定选择标准，即提出让群体成员彼此选择的问题，让被试回答，他愿意（或不愿意）和群体中的其他成员做哪些共同的事情或其他行动。例如：①“你愿意跟谁在一起工作?”②“你愿意跟谁住一个寝室?”③“你认为谁当班长最合适?”④“你愿意跟谁一起去旅游?”⑤“你愿意跟谁一起去商店?”等。这些问题就称为社会测试的选择标准。标准有强弱之分，在现代心理学的研究中，一般把角色标准、认知标准、职能标准等称为强标准。强标准是指对被试的生活、工作有重要意义的问题，如上述例子中①、②、③就是强标准，它关系到人们在较长时间的生活、工作中选择伙伴的问题。弱标准是指短时期的或一次性的选择，如上述例子中的④、⑤。这些问题只与事过境迁的因素有关，是临时性的关系。另外，标准还有肯定与否定之分。肯定标准在于了解人际吸引的情况，如“你喜欢……”；否定标准在于了解人际排斥的情况，如“你不喜欢……”。一般来说否定标准应慎用，措辞要委婉，否则易引起被试的疑虑与相互仇视。

（2）确定选择数量。在社会测试实验中，究竟使用多少个选择标准，莫里诺认为最好不要限制。但一般认为多则用 5～7 个标准，少则用 2～3 个标准。选择的标准一般要做到具体、明确、易懂。例如，“你喜欢谁”这样的问题就不明确。而“你喜欢和谁一起工作”这样的问题就比较明确。如果问题是“你喜欢和谁一起下基层收集工作情况”，那么选择的标准就更加具体了。被试选择的数量对于实验的精确性具有重要的意义。选择可以不规定数量，被试可以自由地选出自己所要选的任何数量的人。选择也可以规定数量，采用有限选择能使统计处理简单一些。在群体人数较少时，选择的人数可以不受限制，如果群体较大，则应对选择的人数加以限制。但无论是参量选择还是非参量选择，都要确定选择的顺序，即先选择谁，其次选择谁，最后选择谁。

（3）准备和指导。在选择标准和确定数量之后，还要做好测试前的准备工作。要向被试说明测试的目的、意义和作用，使被试认真对待，并保证对其所填结果予以保密，消除其顾虑，以便其更好地合作。同时，还要做好测试的指导工作，设计标准化的指导语。指导语的内容包括选择标准、选择范围、选择数量、选择依据等。指导语的措辞要简洁明了。

完成以上步骤以后，就进入测量结果的处理、统计分析阶段。

2. 社会测试法的结果

社会测试法结果的处理方式有两种：人际关系矩阵表和人际关系图。

1）人际关系矩阵表

人际关系矩阵表是根据群体总人数制定的行列表。首先对群体成员进行编号，在表内记入各成员的选择关系或排斥关系，采用加权的方法打分，根据喜欢程度的高低依次给 3 分、2 分、1 分。同样，不喜欢的依次给－3 分、－2 分、－1 分，一一填入表内，最后累积分数，从中反映出个人在群体内是受欢迎还是受排斥（表 8-2）。

表 8-2　社会测量矩阵表

选者＼被选者		A	B	C	D	E	F
A			3	2	1	−1	−2
B		3		2	1		−2
C		2	1		−2	3	−1
D		2	−1	1		3	−2
E		3	2	−1	1		−3
F		1	−1	2	−2	−3	
分类合计	喜欢	11	6	7	3	3	
	不喜欢		−2	−1	−4	−4	−10
总计		11	4	6	−1	2	−10

表中行列数字表明，A 是最受欢迎的人，F 是最不受欢迎的人。这种矩阵表可以根据不同的项目一一列出，把各表加以综合，以反映每个成员的总的好恶关系。

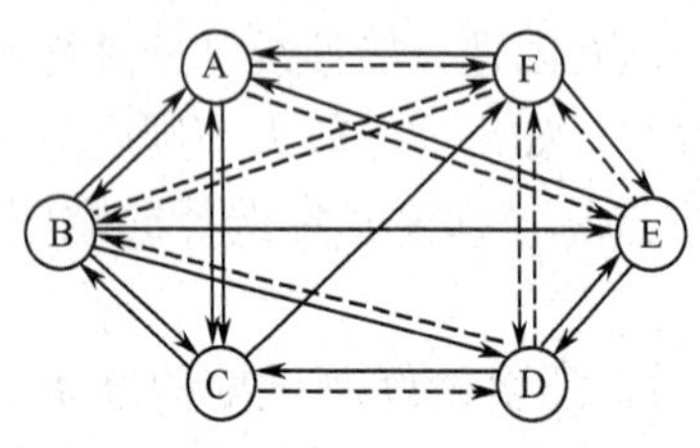

图 8-1　群体内成员关系分析图

2）人际关系图

人际关系图是把群体成员彼此喜欢与不喜欢的关系用图来表示。图 8-1 中，圆圈内的字母是群体内每个成员的编号，实线与虚线表示相互关系（实线表示吸引关系，虚线表示排斥关系），箭头表示方向。

从图 8-1 中可以看出，A 是最受欢迎的人，F 是最不受欢迎的人。这是一种比较简单的网络图，只能用于人数较少的群体。还有一种复杂的网络图，称为社会测量靶形图，就是将群体人际关系的情况表示在一个靶形内，如图 8-2 所示。

社会测量靶形图的绘制方法是，先给每个被试编码，男女性别作出标记，男性用△，女性用○。把男性、女性被试分别集中，如女被试在左边，男被试在右边。然后根据矩阵表，把高选择者画在图的中心位置，由高到低依次向外，选择最少的被试放在最外圈，然后用线连起来，绘制成靶形图。

社会测量靶形图表示方法的最大优点是群体中每个成员受欢迎的情况一目了

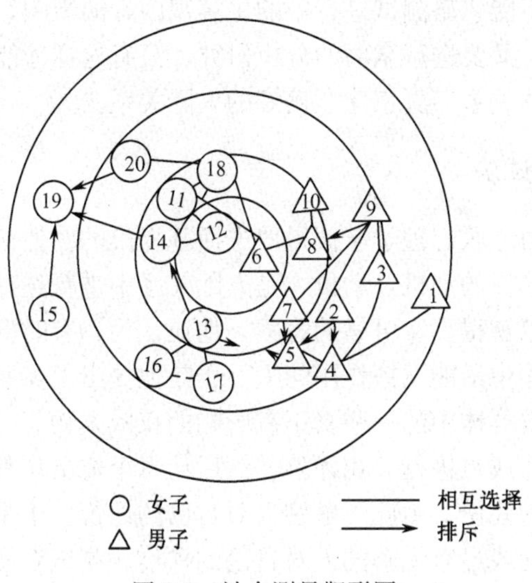

图 8-2　社会测量靶形图

然。从靶形图上我们可以直观地看出，女子 12 号和男子 6 号都是群体的中心人物，而女子 15 号和男子 1 号都是孤立人物，而女子 19 号是被排斥人物。

由于社会测试法把群体成员在心理上的结合加以量化，所以它既容易掌握，又简便直观。使用它可以在短时间内有效地了解群体成员间的亲疏关系，了解不同成员在群体中的地位、影响力、适应性，而且还可以了解群体的特性，如群体凝聚力的大小、群体士气的大小及群体中是否有非正式群体存在等一系列问题。

此外，鉴于人际关系的复杂多变性，并考虑到人际间的吸引和排斥常常会受到各种主客观认识的影响，社会心理学家塔基乌里（R. Tagiuri）将莫里诺的社会测试法扩大，加上主观判断的项目，进一步分析人际关系，称为关系分析法。例如，他要求被试回答下列问题：①举出你喜欢的人；②举出你认为喜欢你的人；③推测群体中谁喜欢谁；④推测群体中谁被谁喜欢。测试结果发现，对于②项判断正确的人，对于③项的判断不一定正确；能正确判断③项的人，也不一定能正确地估计④项。

塔基乌里还发现，在人际关系中有相互适应的知觉现象，即由于自己喜欢别人，也容易认为该人喜欢自己；在群体中，人际关系好的人本身并不认为有那么多人喜欢他，人际关系差的人也不认为有那么多人排斥他，只有中等人际关系者对别人评价自己的估计较为准确；每个人都可能过高估计自己所选定的对象，认为自己的选择正确，别人也会选择他。

总之，社会测试法为做好管理工作提供了客观的参考依据，是管理者应该掌握和运用的，但也不能忽略测试进行中的主客观因素的影响。因此我们既要运用社会测试这一方法，又要进行全面的分析研究。只有这样才能主动地及时地调节群体中人与人之间的关系，真正建立良好的人际关系。

8.4.2 参照测试法

参照测试法是由苏联心理学家彼得罗夫斯基提出的。他认为，人际关系中最重要的是了解个人选择的动机，动机才是人际关系中进行选择的心理机制。如果直接问人们，则难以获得真实可靠的答案。他还认为，有时群体中最被人们喜欢的人并不就是在群体中最能发挥作用的人。于是他提出了参照测试法，认为通过参照测试法可以了解群体中的一些真正有影响的权威人物。

测试者要求群体成员进行互相评价，然后让每个成员从其他成员对自己的评价中自由选择其中的几份，由此了解别人对自己的评价。于是每个成员将会选择他心目中最有威望的或最有见解的人对自己的评价。测试者便可以通过各个成员的选择，从中发现群体中哪些人最受到大家的信赖和尊重。那些被集中选择的人可能就是群体中起实际作用并处于群体中心位置的人。

参照测试法的优点在于，测试者真实的测试目的并没有公开，但在测试中却让被试在不知不觉中表达了自己的真实动机。其不足之处在于比较麻烦，不适用于成员较多的群体。而且，这种方法在同一群体中也不能反复多次使用，否则就难以发挥其作用。

8.4.3 相互关系分析法

相互关系分析法是一种分析群体成员相互作用的方法，由贝尔斯（R. F. Bales）于1950年创造。这种方法用于观察在没有管理者的活动中群体成员的相互关系。经过对观察结果的分析认为，这种群体存在着两种相互作用的行为：一种是群体成员的工作任务行为，一种是群体成员的相互关系行为。这两种行为有时起正向的促进作用，有时起反向的抵制作用，如图8-3所示。

贝尔斯的这种分析方法，把群体成员的相互作用行为分成几种类型，他发现在活动中存在着两种领袖人物：一种是“任务专家”，即对工作任务的意见最多、最有主见、最能指导别人的人；另一种是“人际关系专家”，即最被大家喜欢的、有助于人际关系的团结、互相帮助、消除人际关系紧张的人。贝尔斯认为这两种人分别起着相应的作用：前者可以集中精力专管业务，完成指标和任务；后者可以多关心群体成员的需要，增强成员的满足感，协调成员之间的关系，使群体的关系更加融洽。

贝尔斯的方法虽然有一定的实用价值，但是把人们相互作用的行为分为沟通情感和协调行为两类，在很多情况下是很牵强的。因为二者常常不能截然分开，

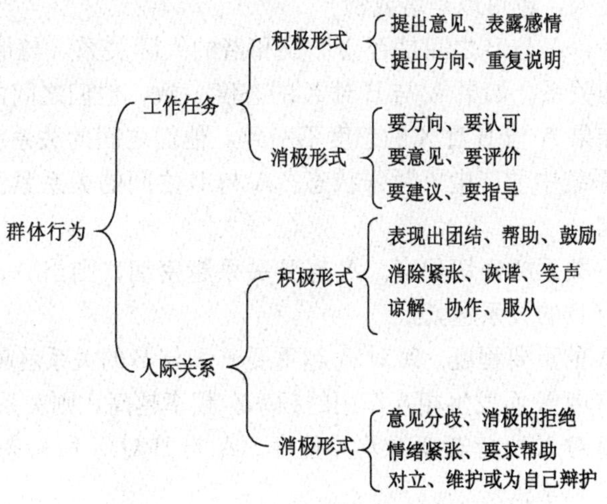

图 8-3　群体行为类型与表现形式分析

事实上沟通情感是为了协调行为，而协调行为过程中又不断沟通情感。在一个群体内部，单纯的沟通情感或协调行为是不存在的。

8.5　人际关系的改善

良好的人际关系有助于提高工作效率，建立起良好的组织氛围。当人际关系出现不协调的情况时，应当立即设法调节和改善，使之重新达到平衡和协调。

8.5.1　纽科姆人际关系的平衡与改变理论

人际关系的建立与改变不只取决于人际交往的双方，往往还要通过中介（某人或某事物）来完成。例如，A 与 C 原来素不相识，而 A 与 B 是好朋友，C 与 B 也是好朋友，这样 A 通过 B 与 C 相识并交往，B 就成为 A 与 C 交往的中介，而同时 B 与 A，B 与 C 也是两对交往的双方，如图 8-4（a）所示。现实生活中通过这种“中介”互相认识交往并不断扩大交往范围的现象是很多的。如图 8-4（b）所示，A 由 B 与 C 交往，B 由 A 与 D 交往，D 和 C 还可能由于 A 和 B 而交往。

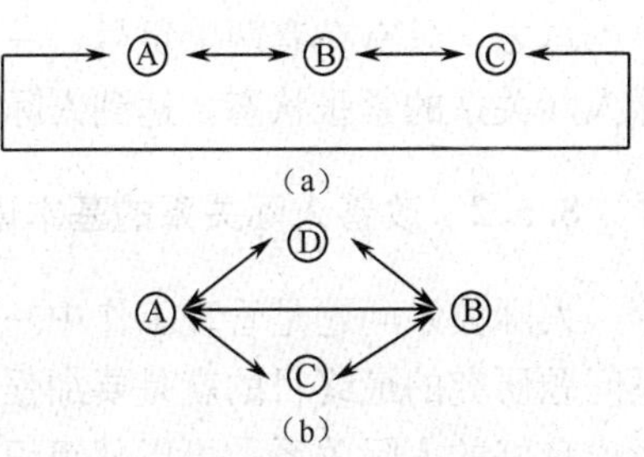

图 8-4　人际半系“中介”模式

美国心理学家纽科姆（T. M. Newcomb）研究了这种情况，并提出了 A-B-X 模式来表示这种关系。其中，A 是一个认识主体，B 是另一个认识主体，X 是第三者，它既可以是人，也可以是事或物。

纽科姆认为，A 与 B 之间是否会形成和谐的人际关系，与他们对 X 的态度是否一致有密切关系。如果 A 与 B 对 X 的态度一致，他们之间的关系就是协调的、平衡的。如果 A 与 B 对 X 的态度不一致，他们之间的关系就会紧张、不协调，在 A-B-X 系统中便产生了紧张状态。A 与 B 之间的关系紧张程度，受下列五项因素的影响。

(1) A 与 B 关系的密切程度。A 与 B 关系越密切，则当 A、B 对 X 的态度不一致时，A 与 B 的关系越紧张。

(2) X 对 A 的重要程度。X 对 A 越重要，A 与 B 的关系就越紧张。

(3) A 与 B 因 X 而发生相互作用的频率。频率越高，则关系越紧张。

(4) A 与 B 对 X 所持态度的差异程度。A 与 B 对 X 所持态度的差异越大，A 与 B 的关系就越紧张。

(5) A 对自己所持态度的自信程度。A 越觉得自己的态度是正确的，则 A 与 B 的关系越紧张。

在这种情势下，为了消除 A 与 B 之间的紧张关系，恢复关系的平衡，需要在 A 与 B 之间加强意见沟通，通过意见沟通，使 A 与 B 之间的关系发生改变。

如果将 A-B、B-X、A-X 的关系用正负号表示，那么，只有当 A-B、B-X、A-X 三者的关系皆为正时，其人际关系才是和谐的、团结的。如果假定 A 与 B 的关系密切，即 A-B 为正，A 认为 X 很重要，即 A-X 也为正；而 B 认为 X 无关紧要，即 B-X 为负。A-B-X 系统呈现关系不平衡状态。在这种情势下，为使关系不平衡变为关系平衡，需要进行意见沟通，可采取以下三种方法。

(1) A 改变对 X 的态度，使自己的看法与 B 一致，即将 A-X 变为负，则原有的人际关系得以继续维持。

(2) A 改变对 B 的态度，即将 A-B 变为负，不再与 B 成为好友，人际关系因此改变，这样也能达到一种特殊的关系平衡状态。

(3) B 改变对 X 的态度，使自己的看法与 A 一致，这样也可以消除紧张，恢复关系协调。

总之，只有在有两个负号、一个正号，或者三个全是正号的情况下，才会消除人际关系的紧张状态，达到人际关系的平衡状态。

8.5.2 改善人际关系的基本途径

人际关系问题是管理工作中一个十分重要的问题，而管理心理学对于人际关系问题研究的最终目的就是要加强和改善管理工作中的人际关系。为了在群体中形成良好的人际关系，可以从组织和个人两个方面着手。

1. 从组织方面改善人际关系

(1) 建立坚强的领导班子。领导班子在一个群体中处于核心地位，一个群体的状况如何，关键在于领导班子的状况。领导班子的思想觉悟、工作作风等，对其所在群体的人际关系有着重要的影响。领导班子坚强，其成员思想觉悟高、大公无私、办事公道、密切联系群众，就能促使整个群体建立一种友好、和谐的人际关系。反之，领导班子软弱无力，思想觉悟不高，私心重，办事不公平，就会使群体的人际关系疏远、不和谐，甚至存在较多矛盾。

(2) 建立合理的组织机构。组织机构是否合理，不仅直接影响组织的工作效率，也会直接影响组织的人际关系。如果组织机构合理、分工明确、权责分明，成员在各自岗位上能各负其责、各尽其能、协调工作，便有助于建立良好的人际关系。反之，如果组织机构重叠、人浮于事、职责不明、互相扯皮，势必会有损团结，影响群体的人际关系。

(3) 让员工参与管理。让员工参与到管理工作中来，可以使其了解管理状况，增强其对组织工作环境的认识，减少或克服因不了解管理者意图和所采取的措施而引起的不满心理。从而不仅有利于增强员工的主人翁责任感，而且可以改善员工与管理者之间的关系，减少员工对管理者的抱怨和不满，沟通信息，促进团结和合作。

(4) 加强意见沟通。通过意见沟通，组织成员可以加强彼此之间的了解，增进彼此之间的团结，增强集体观念，为组织目标的实现而相互配合与协作。这样就减少和避免了不必要的误会和冲突，同时也密切了组织成员之间的人际关系。

(5) 做好思想工作。思想工作是在群体内建立良好的人际关系的重要环节。思想通了，理明气顺，感情融洽，有助于形成良好的人际关系。对管理者来说，要在充分了解每个成员不同个性和气质的基础上，根据不同情况，采取不同的工作方法对员工进行思想教育。对成员的不满情绪，要以疏导为主，对群众的实际困难，要尽量解决。只有这样做思想工作，使每个成员相互了解、相互体谅，才能收到良好的效果。

(6) 创造和谐的群体交往气氛。管理者要尽量创造和谐的群体交往氛围，促进成员的相互交往。一方面，要让每个成员都了解组织目标，鼓励大家分工协作，共同完成组织任务，创造出一种团结共事的气氛；另一方面，要加强成员之间的交流，加深相互了解，减少误会。此外，还要通过组织必要的文体活动等方式，增加成员相互接触的机会，为建立良好的群体人际关系创造条件。

2. 从个人方面改善人际关系

(1) 注重性格锻炼。良好的性格能够增强和改善人际关系，而不良的性格却容易使人际关系紧张。一个心胸开阔、性情开朗的人，更容易搞好人际关系；一个心胸狭窄、性情孤僻的人，就很难与人交往；一个性情暴躁的人，就容易与人发生冲突，造成人际关系紧张。因此，注重性格锻炼，改造不良性格、培养良好性格，对于加强个人修养和增进人际关系十分重要。

(2) 加强自我意识。人有一个重要特点，就是有自我意识，能够认识自己，即可以自知。因此，人能够自觉地调整自己的意识与行为，有意识地控制自己的动机与情绪。自我意识发达的人，能够全面深刻地剖析自己，正确认识自己，就容易搞好人际关系。反之，自我意识淡薄、缺乏自知之明的人，不能够正确认识自己，因而也就搞不好人际关系。

(3) 重视人际交往的技巧。搞好人际关系的一个重要原则是给予和所得要大致相等。人与人的关系主要是一种精神上的交换，和物质交换相类似，只有精神交换双方公平合理，才能使关系持续下去。如果只想索取，而不愿给予，则会使关系失去平衡而难以维持下去。我们反对庸俗的“关系学”，但正当的交往技巧还是应该提倡的。

关键词

人际关系　人际吸引　人际关系的需要类型　人际关系的基本倾向　社会测试法　参照测试法　相互关系分析法　人际关系的改善

思考与练习题

1. 什么是人际关系？人际关系的重要性表现在哪些方面？
2. 什么是人际吸引？人际吸引可以分为哪些类型？
3. 如何了解群体中人际关系的真实情况？
4. 在管理工作中如何改善人际关系？

第9章

群体沟通

沟通是群体存在和发展的一个重要条件。研究沟通的含义、沟通过程、沟通障碍和沟通技巧，对管理者更好地领导和影响被管理者、建立融洽的人际关系、减少群体的误解和冲突、提高员工的满意感和群体的凝聚力具有重要的意义。

9.1 沟通的含义

沟通，英文为“communication”，可译为联络、通信，也可理解为信息交流。一般包括通信工具之间的信息交流、人与机器之间的信息交流、人与人之间的信息交流三个方面。不同的学科对这三类信息交流从不同的角度予以研究，如通信技术科学研究通信工具之间的信息交流，工程心理学研究人与机器之间的信息交流，社会心理学、管理心理学主要研究人与人之间的信息交流。

9.1.1 沟通的概念

在管理心理学中，沟通是指人与人之间传达思想、观点或交换情报信息的过程。从沟通过程来看，沟通是指信息发送者制作信息，并通过选定的沟通渠道，将信息传递给信息接收者的过程。信息接收者收到信息后，将信息予以“译解”，再采取行动。如果他的行动能够符合信息发送者的原意，沟通才是成功的。图 9-1 清楚地显示了这一过程。信息的发送者需要把某种意图通过一定形式转变成信息接收者能够理解的信息，然后通过一定的沟通渠道，传递给信息的接收者。信息接收者对所接收到的信息进行加工、处理、分析，接受和理解信息，然后把所理解的信息反馈给信息发送者，以便确认其所接收的信息的正确性。有时信息沟通没有经过反馈这一阶段。在信息沟通过程中，还可能存在各种各样的“噪声”的干扰，如电话信息不清楚、环境噪声大、语言理解方面的差异、用词不当等。

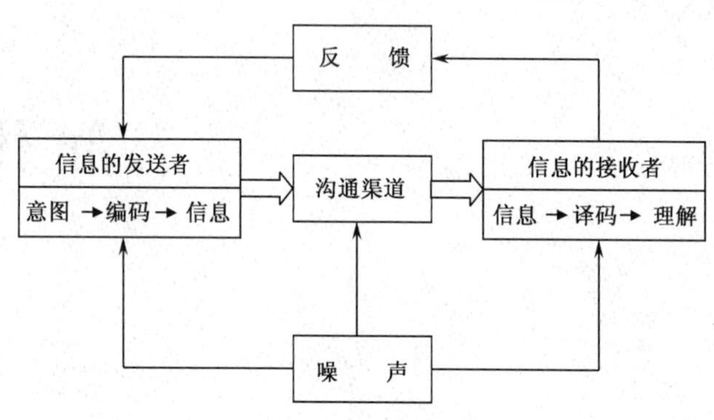

图 9-1　沟通过程模型

从沟通过程模型中可以看出，沟通有六个基本要素：①信息发送者；②被传递的信息；③传递信息的渠道；④信息接收者；⑤反馈；⑥噪声。其中信息传递给接收者时，要完成三个转换，首先，信息被编码成接收者能理解的形式；其次，通过一个适当的渠道传递；最后，由接收者来译码或翻译。

9.1.2　沟通的过程

我们可以把沟通过程分解为四个步骤：首先，信息发送者将一定的信息内容传递给信息接收者。其次，信息接收者注意到并了解信息内容。要做到这一步，首先需要克服“信息的竞争”。信息接收者可能在同一时刻面临多项信息，此时信息发送者若要与之沟通，就必须先设法让接收者注意到该信息。如果得不到接收者的注意，沟通便无法进行。再次，信息接收者接受或拒绝信息。最后，信息接收者将信息付诸行动，即沟通事项的执行。

在管理者的工作时间中，约有 70% 是用于信息的接收与传递。因此，要做到有效沟通，必须对沟通过程中这四个步骤有确切的认识和了解。

9.1.3　沟通的作用

沟通是完成组织使命或达成任务的一种必要手段，因为它可以促进共同了解，增强团体力量。人际沟通在组织、团体的管理中，占有相当重要的地位。沟通顺畅与否，直接影响群体的工作效率。在 R. 勒德洛和 F. 潘顿合著的《有效沟通》一书中，提出要进行沟通的五个理由：①可以提高管理效能；②了解人员情况；③使人员参与组织管理，激励员工的工作积极性和无私奉献的精神；④有助于老板与下属之间、同事之间、组织内部人员之间、组织内部人员与组织外部人员之间的相互沟通和相互理解；⑤有助于人员理解改变管理模式的必要性，明确他们应该怎样适应这种变化，以减少改革的阻力。

综合来看，沟通的重要作用可以概括为以下四个方面。

1. 传达信息

沟通为群体成员提供内部、外部两个方面的信息。内部沟通包括成员之间交流信息、经验、知识、观点和情感。每个人由于工作性质、社会地位和能力的不同，各自掌握的信息也不同。加强这些信息的交流，协调各个个体、各个要素，能促使群体成为一个整体的凝聚剂。外部沟通包括同各协作单位的联络以获得有关的资料、情报、知识等外部环境变化的信息。因此，沟通也是一个群体与外部环境之间建立联系的桥梁。

2. 把群体中的各项活动统一起来

群体活动包括决策、激励、控制、协调等。没有沟通，上述活动都是不可能的。没有沟通，管理者无法制定和执行决策，无法协调和控制工作，无法激励下属，也就无法实现目标。

3. 影响和改变他人行为

当管理者为了执行某个决策或为了配合外界环境的变化，需要作某种改革时，必须说服、激励和领导他人，以影响和改变他人的态度和行为。要取得上级的支持和得到下级的合作，就需要有效的沟通。

4. 建立良好的人际关系

从建立、维系和发展人际关系而言，沟通能满足人的三种社会心理需要，即互动的需要、影响他人的需要和表达感情的需要。因此，沟通能增进成员间的彼此了解，减少意见的分歧和冲突，增加相互间的信任，从而产生和谐的工作气氛及良好的人际关系。

9.2 沟通的类型

从不同的角度，可以将沟通划分为不同的类型。

9.2.1 正式沟通与非正式沟通

以组织系统为标准，可以将沟通划分为正式沟通和非正式沟通。正式沟通是指以正式组织系统为渠道的信息传递；非正式沟通包括除正式沟通以外的信息传达和意见交流，如群体成员间的私人交谈及一般流传的流言等。与正式沟通相比，非正式沟通所表露或反映的人们的动机更真实，同时也经常提供正式组织没有预料到的内外消息，从而弥补了正式沟通的不足。正式沟通与非正式沟通拥有各自不同的沟通渠道和沟通网络。

1. 沟通渠道

在管理活动中，管理人员和员工间的信息传递和接收渠道，一般有正式渠道和非正式渠道两种。

1）正式渠道

正式渠道是由组织的规章制度明确规定的渠道，是依据正式组织系统所做的有计划的流动程序和路线。按照信息在正式组织中的流动方向，正式渠道可分为自上而下的沟通、自下而上的沟通、平行沟通和斜向沟通（图 9-2）。

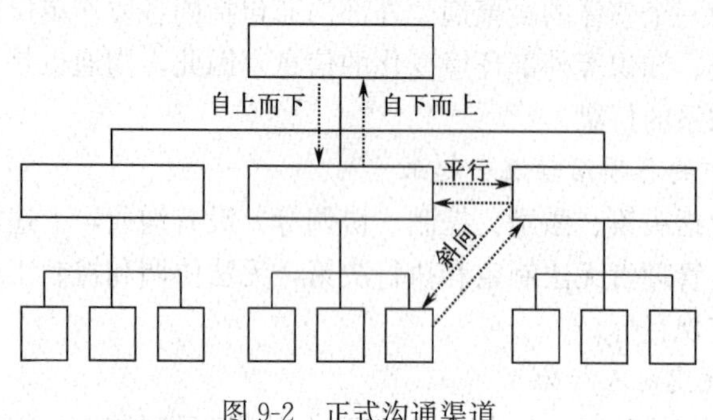

图 9-2 正式沟通渠道

（1）自上而下的沟通，也称下行沟通（downward）。自上而下的沟通是指在组织的职权层次中，信息由高层到低层的流动，如上级对下级下达命令、指示等。从人际关系研究的角度看，这种沟通非常重要，它是使下级了解上级的意图、统一其思想和行动的重要渠道。下行沟通有利于帮助管理者执行目标，增强上级对下级的控制及员工的合作意识，减少信息的曲解和误传。但这种沟通也存在缺陷，它易于形成一种“权力气氛”，因而影响士气；并且随着组织层次的增多，信息的膨胀率和失真率也增大，最终导致信息延误而失去时效。

（2）自下而上的沟通，也称上行沟通（upward）。自下而上的沟通是指信息从下级流向上级，其目的是向上级反映情况及存在的问题，提出有价值的意见和建议，其中最常见的是对下行沟通的信息反馈。这种沟通的作用表现在：①给下属提供参与管理的机会，并使之从中获得自尊；②使上级更真实地了解下级；③下级所提的意见和建议为组织的发展创造机会。与下行沟通所反映的信息膨胀现象相反，上行沟通倾向于信息压缩，“好消息常常上报，坏消息则被滤去”。因此，保证信息的全部上递在这种沟通中显得十分重要。

（3）平行沟通（lateral）和斜向沟通（diagonal）。①平行沟通发生在同一层次的人们之间，其主要目的是同一管理层次的不同部门在共同解决问题时增进彼此了解，淡化部门界限，以达到信息共享和社交方面的满足，促进工作的合作与协调。法国管理学家法约尔（Henry Fayol）提出，可以在没有直接隶属关系的部门之间进行横向联系，条件是只要有关上司同意，并让他们始终都了解下属在横向联系中协商的结果。以图 9-3 为例，A…G 和 A…Q 分别代表公司内部各等级阶梯上的管理者，F 可直接与 P 联系，进行沟通，而不需要将 F 的信息逐级上报到 A 再由 A 下达给 P。这样，F 与 P 的沟通就简单得多、快捷得多。F 与 P 的沟通即平行沟通。②斜向沟通是指非属于同一组织层次上的部门或人之间的沟通，其主要作用也是对业务活动进行协调。一些人际关系学者认为，运用斜向沟通容易破坏统一指挥，但在现实生活中，斜向沟通的运用确实提高了效率。

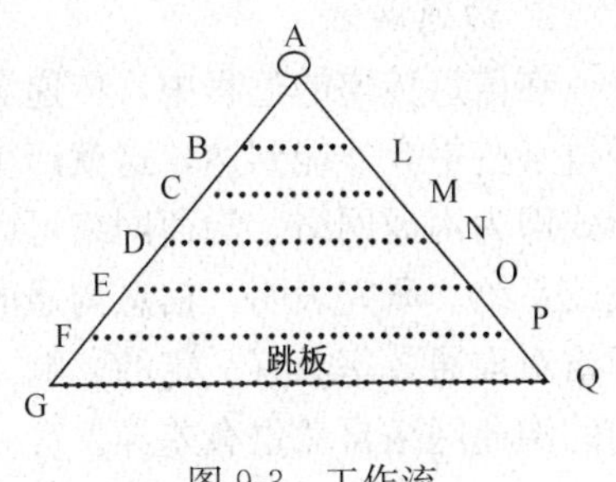

图 9-3　工作流

2）非正式渠道

非正式渠道是指不按组织结构中正式的沟通系统传递信息，而是经过非正式的沟通系统让信息随意传递。在一个组织系统中，无论它的正式沟通渠道是多么完备、多么健全，总会存在非正式沟通渠道以补充其不足。以群体成员间情感的交流为例，正式沟通有时难以容纳情感交流，非正式沟通却可以增进成员间的感情，加强了解。因此，非正式沟通对于组织或群体是十分必要的。美国有些管理学家研究认为，非正式沟通是沟通系统的一个正常组成部分。非正式沟通的存在，说明人们希望能在正式渠道之外获得更多有关工作、公司、同事等方面的信息，同时又能更好地满足组织成员间的社交和其他需要，增进他们的满意程度。

具体而言，非正式沟通可起到如下作用：补充正式沟通，传递正式沟通所不愿传递的消息；将上级的正式命令转变成基层人员较易了解的语言；非正式沟通具有弹性，有人情味，可以比正式沟通更快传播；减轻管理者的工作负担。

非正式沟通的渠道也是多种多样的，有自下而上的，有自上而下的，也有平行和斜向的传播。由于非正式沟通中最常见的表现形式，即小道消息大多属于口头的传播，所以其渠道无定型，易于形成，也易于消散。同时，小道消息本身的局限性，也容易造成道听途说，捕风捉影，涣散人心，进而危害群体利益。管理者为避免产生这一类的消极影响，应采取对策予以预防。

事实上，几乎每个组织都同时存在这两种沟通渠道，正式沟通渠道与非正式沟通渠道各有利弊，这就要求管理者合理利用这两种沟通渠道，取长补短。

2. 沟通网络

在信息传递的过程中，传递者的信息有些可以直接传递给对方，有些却需要经过某些中介才能到达，这就产生了沟通渠道的问题，由沟通渠道所组成的结构形式即为沟通网络。沟通网络可以反映出一个群体的结构，也可以表明组织中的权威系统。研究表明，信息沟通的效率与它的结构形式具有一定的关系，即沟通网络对沟通效率具有一定的影响。由于正式沟通和非正式沟通各有特点，所以它们的沟通网络自然也有差异。

1）正式沟通网络

美国管理心理学家莱维特（H. L. Leavitt）最早设计出研究正式沟通网络模型及其效率的实验。他以五人为实验对象，提出五种不同的正式沟通网络模式（图 9-4）。

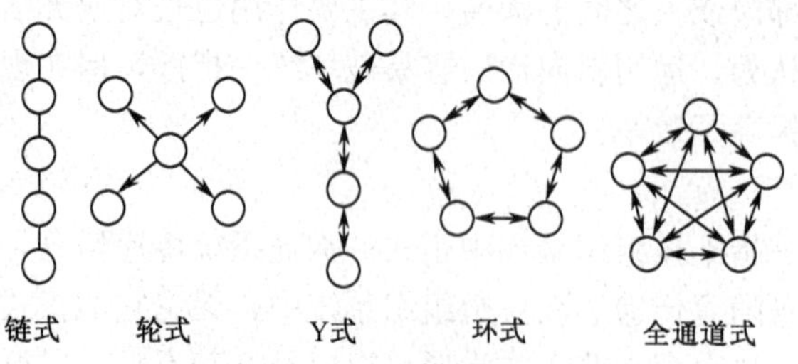

图 9-4 正式沟通网络模式

（1）链式（chain）。信息如链条似的顺序传递、进行沟通时，速度快、效率高。但是每个成员的沟通面狭窄，只能与相邻成员进行沟通，造成内容分散，不易掌握全面情况，因而不易形成员工的共同意见。在管理中，链式沟通网络的领导者的地位较突出，但主管领导和下属员工之间并无直接联系，只能通过中间层进行间接沟通。而且经过中间层的层层筛选，信息失真的可能性也比较高，上级与下级之间无法真正了解，易形成上下离心的局面。

（2）轮式（wheel）。在轮式沟通网络中，领导者处于信息交流的中心，极易集中其他成员的信息，其他成员则通过中心人物来联系。信息从四面八方汇集到中心，中心人物根据信息进行决策，并迅速将信息反馈给成员。因此，轮式网络对组织的统一行动非常有利，但由于成员之间没有直接联系，互不了解，所以群体士气和凝聚力较低。

（3）Y 式。Y 式兼有链式和轮式的优缺点，是链式的复杂化。Y 式沟通速度快，办事效率高，但由于中间层的“筛选”，信息的精确性不高，若某一环节发生故障就会影响信息的传递，因而群体士气不高。

（4）环式（circle），亦称圆圈式。在环式沟通网络中，由于每个成员的地位平等，所以参与意识强，积极性高，便于鼓舞士气。但沟通的精确性不够，且由于缺乏信息沟通中心，不利于信息集中，信息传递速度慢。而且在一个组织内使每个成员都能平等地获取一切信息，既不可能，也无必要。

(5) 全通道式（all channel）。每个成员都可以同其他成员直接交流，民主气氛最浓，士气最高，便于问题的广泛协商解决。但由于交流对象多，沟通速度较慢，不利于集中控制。

上述正式沟通的五种网络模式，都各有优缺点，没有一种网络模式对所有的群体都是最好的（具体如表9-1所示，因Y式的特征与链式相近，故省略）。在解决简单问题时，轮式和链式的效率较高；而在解决复杂问题时，环式和全通道式则最有效。此外，根据“有效”所代表的内容不同，五种网络模式的运用范围也不同。具体而言：如果“有效”指的是速度快与容易控制，轮式沟通网络较为适用；如果“有效”指的是群体中高昂的士气，环式沟通网络较为适用；如果一个组织规模庞大，需要授权分层管理才最有效，链式沟通网络较为适用；如果主管本身工作繁忙，需要有人帮助他收集与挑选信息，Y式沟通网络较为适用；如果组织规模较小，全通道式沟通网络较为适用。无论运用何种沟通网络，其共同目的都是加快信息沟通，取得简便、速效的结果。

表9-1　不同的沟通网络对群体行为的影响

沟通网络	轮式	链式	环式	全通道式
解决问题的速度	快	快	慢	慢
正确性	高	高	低	高
团体作业组织化	迅速产生组织化，组织稳定	慢慢产生组织化，组织稳定	不易产生组织化	慢慢产生组织化，组织稳定
领袖的产生	显著	显著	不发生	不显著
士气	低	低	高	高

2）非正式沟通网络

非正式沟通呈不规则状态，是人们在自然的交往中形成的。美国管理心理学家戴维斯（Keith Davis）曾采用顺藤摸瓜的方法研究非正式沟通，发现四种非正式沟通网络模式，如图9-5所示。

(1) 单线式，又叫单串式，指通过一连串的传递者把信息传至最高的接收者。

(2) 流言式，又叫谣言式，指传递者主动将信息传播给其他一些人，逢人便讲。这种类型若连续使用，可使信息按几何级数扩散。

(3) 偶然式，又叫概率式，指传递者事先并未选择对象，全凭偶然的机会将信息传给一部分人，这些人又随机地传给另一部分人，以此类推。

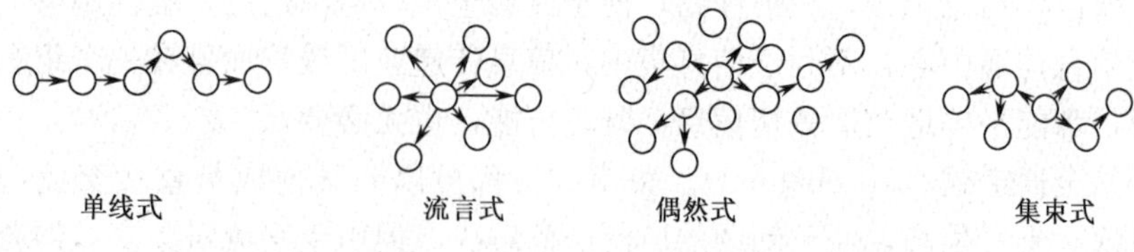

图 9-5 非正式沟通网络模式

(4) 集束式，又叫葡萄式。与偶然式相比，这种沟通网络模式中的传递者有选择地将信息传给有关人员。这是运用最为广泛的非正式沟通的网络模式。

3. 非正式沟通及其管理

如果说一个群体中正式沟通提供的信息是“骨头”，那么非正式沟通提供的则是“血”和“肉”，它包括听取各种各样的观点、猜测、疑问、刁难、敌意、奉承、冲突、威胁，这些都是正式沟通所不能传递的。非正式沟通传递的是员工所关心的与他们有关的信息，它取决于员工的个人兴趣和利益，与组织正式的要求无关。与正式沟通相比，非正式沟通有下列五个方面的特点。

(1) 非正式沟通建立在组织成员的社会关系上，即由成员间的社会交往行为而产生。它来自组织成员的工作专长及爱好闲谈的习惯，其沟通并无规则可循。戴维斯在《管理中的交往》中，总结出人们最可能谈论的小道消息包括最近的消息、对他们工作有影响的事、他们所知道的人三个方面，同时指出工作地点离得近的人及工作程序链中互相接触的人员之间最有可能谈论小道消息。

(2) 非正式沟通对消息的传递快而且准确。由于非正式沟通没有正式沟通那种程序，所以信息传递速度大大加快。同时由于人们对他们感兴趣的问题谈论得比较多，无意中加快了信息传播速度。据国外研究表明，非正式沟通的信息准确率高达 95%。

(3) 非正式沟通大多于无意中进行，可以发生在任何地方、任何时间，内容也无限定。

(4) 非正式沟通可以满足员工的需要。由于摆脱了权威的限制，所以能更真实地反映出员工的需要和愿望。

(5) 非正式沟通有一定的片面性，其信息常被夸大、曲解，因而需要慎重对待。

社会上对非正式沟通评价不一，有些人只看到其夸大或歪曲信息的一面而对非正式沟通全面否定，这是不正确的。无论如何，非正式沟通都在群体和组织中客观存在，并扮演着重要的角色。管理人员应采取正确态度。首先，应认识到非正式沟通的重要性；其次，应利用非正式沟通为自己服务，以便获取更多的信息；最后，对于错误信息应根据其消极影响程度采取不同的处理方法，危害严重的，应设法及时消除，危害轻的，可采取不理睬的态度，让其自生自灭。

9.2.2 单向沟通与双向沟通

沟通过程并不以接收者接受发送者的信息而结束，相反，还存在着接收者是否将信息反馈给发送者的问题，这也是区分单向沟通和双向沟通的依据。单向沟通，即没有反馈的信息传递。双向沟通是有反馈的信息传递，是发送者和接收者相互之间进行信息交流的沟通。

1. 单向沟通与双向沟通的比较

莱维特曾就单向沟通和双向沟通问题作过实验研究。他要求接收者在发送者的指示下，在纸上画下一连串的长方形，长方形的连接方法有一定的限制，其接触点必须在角尖处或中点，其连接的角度则为90度或45度。一开始莱维特让发送者和接收者在单向沟通条件下做实验，条件是：①发送者背向接收者，没有视觉上的沟通；②不准提出疑问或发出笑声、叹气等任何表达收受状态的反应；③发送者以尽快的速度说明长方形连接的模式。然后，他又将实验条件改为双向沟通，即发送者面向接收者，可以看到接收者的表情，了解接收者接收消息的状态，并且接收者可随时提出质询要求发送者解答。经过这两组实验，莱维特得出结论，具体如表9-2所示。

表9-2 单向沟通和双向沟通比较

因　素	结　论
速　度	单向沟通优于双向沟通
内容的正确性	双向沟通优于单向沟通
表面秩序	单向沟通显得安静规矩，双向沟通较吵闹而无秩序
接收者立场	在双向沟通中，接收者对自己行为较有把握；在单向沟通中则表现为犹豫不决
发送者立场	双向沟通由于随时可能受到接收者的批评和挑剔而感到心理压力大
发送者对沟通的准备程度	单向沟通需较多的计划，双向沟通只需要事先准备大致轮廓

由此可见，由于单向沟通中的信息得不到反馈，发送者根本无法了解接收者是否真正收到信息，接收者也无法核对他所接收的信息是否正确，以及他在执行信息中的困难。所以，单向沟通并未达到沟通的真正效果。双向沟通与此相反，它不但做到了信息的发送，而且注意信息的接收结果，并以反馈的信息为依据，及时修正沟通关系。因此，双向沟通才是真正的意见沟通。

2. 单向沟通与双向沟通在管理中的运用

在管理上，单向沟通和双向沟通都有一定的应用范围。单向沟通比较适合以下四种情况：①问题比较简单，但时间要求比较紧；②下属易于接受解决问题的方案；③下属没有获得足够信息，在这种情况下，反馈不仅无助于澄清事实反而容易混淆视听；④上级缺乏处理负反馈的能力，容易感情用事。

双向沟通比较适用于以下四种情况：①时间比较充裕，但问题比较棘手；②下属对解决方案的接受程度至关重要；③下属能对解决问题提供有价值的信息和建议；④上级习惯于双向沟通，并且能够有建设性地处理负反馈。

9.2.3 语言沟通与非语言沟通

根据沟通媒介不同可将沟通分为语言沟通与非语言沟通。语言是人类最重要的沟通工具，人们之间的沟通大多以语言方式进行。文件的发布、意见的交流、思想的汇报等都属于语言沟通。除了语言沟通之外，还存在非语言沟通。语言沟通使用语言符号，非语言沟通使用非语言符号。

1. 语言沟通

语言沟通主要是指以语言文字为媒介的书面沟通和口头沟通。

(1) 书面沟通的种类有很多，最为常见的有备忘录、报告书、通告、文件、电子媒介等。书面沟通的优点如下：首先，它可以长期保存，便于再读和复查；其次，它比口头沟通更为慎重和准确，可以减少辗转传送中造成的错误；最后，它通常具有一种正式的意味。书面沟通的缺点是不容易随着客观情况的变化而及时修改，而且易发生歧义的理解，效率低，缺乏反馈。

(2) 口头沟通的常见方式有面对面的会谈、电话洽谈、扩音系统、演说等。它比书面沟通节省时间，能及时提供反馈，办事速度快，效率高。特别是面对面的会谈最为有效，因为双方都有直接向对方反映的机会，遇到不同意见时可当面协商。这是一种“有所取，有所予”的方式，每一方都可以阐释自己的立场并获知对方的立场。事实上，人们似乎更愿意相信直接得来的信息。但对于人数多的群体，便无法采用面对面的沟通，而只能转为讨论会、演讲等形式。口头沟通的缺点是传递中经过的层次越多，信息失真越严重，核实越困难。

2. 非语言沟通

非语言沟通是指不以文字语言为载体，而是以人的表情、动作、眼神、手势等为载体所进行的沟通。

(1) 体语，顾名思义是指用身体动作来进行沟通，如点头、手势等都是体语。体语在人际沟通中具有十分重要的作用。①替代作用。例如，在一般情况下，点头表示同意，摇头表示反对，挥手表示再见，耸肩表示无可奈何等。②辅佐作用。人们在谈话时，通常不由自主地加以手势，此时体语起到辅佐作用。它可以使讲话更为生动有力，取得更好的沟通效果。③调节作用。人们在紧张之余，常会用搔头、抖脚或玩弄手中的笔来缓解紧张心情，这也是体语的一种。

(2) 目光接触，是非语言沟通的主要信息来源。人们常说“眼睛是心灵的窗口”、“眉目传情”，都说明目光在感情交流中的作用。在沟通中，目光接触对发言者来说，起到控制作用，它可提醒、告诫对方注意听，并从对方的目光中反馈出自己的信息是否被接受和理解。对于倾听者也可表明他们对话题感兴趣与否。在不同的场合，目光表示出不同的含义，如长时间的注意可能意味着喜欢、亲密、走神或敌意。

(3) 类语言，主要包括声音要素和功能性发声两大类。声音要素涉及音调、音量、音速和音质，对这些要素的不同控制，可以使同一句话表示出不同的意义。例如，“你是个好人”这句话，可意味着由衷地感谢对方；若加重“是”这个词，则可能就是挖苦或讽刺。功能性发声包括哭、笑、哼、叹息等，用来表达感情、沟通思想的作用丝毫不比语言逊色。例如，笑就有苦笑、冷笑、奸笑、嘲笑、狞笑等多种。

9.3 沟通障碍

群体离不开沟通，离开了沟通，群体就不能称之为群体。群体成员之间时时刻刻都在进行情感、观点、意见的交流。在沟通的过程中，存在外界干扰及其他种种原因，信息往往丢失或被曲解，使得信息不能发挥正常的作用，从而造成沟通障碍。概括起来，沟通障碍的原因主要有三个方面。

1. 个人因素

个人因素包括两个方面。一是有选择地接受。研究表明，人们往往听或看他们感情上有所准备的东西，或者他们想听或想看的东西。而对于与他们的期望不相一致的信息，一般采取拒绝或片面接受的态度。二是沟通技巧的差异。例如，在文字表达和口头表达方面，人们的能力互不相同。有些人尽管口头表达能力不行，却能用文字清晰而有见解地表述自己的思想；有的人却与此相反，因而妨碍了沟通。

2. 人际因素

人际因素包括沟通双方相互信任的程度、信息来源的可靠程度和沟通双方的相似性。沟通是发送者与接收者之间的行为，是“给”与“受”的过程，因此沟通双方的诚意和相互信任至关重要。群体成员间假若相互猜疑，结果只能增加抵触情绪，使彼此间有效沟通概率降低甚至为零。信息来源的可靠性与四个要素有关：诚实、能力、热情、客观。信息来源是否可靠实际上由接收者决定，有时信息其实并不具备这四个要素，只要接收者认为发送者具有即可。沟通双方的相似性也对沟通产生影响。如果双方在兴趣、社会地位、价值观等方面比较相似，他们之间就会显得相投而使沟通变得更为容易，其沟通内容也比较坦率。相反，如果沟通一方视另一方为异己，那么信息的传递将很难进行下去。

3. 结构因素

结构因素对沟通的影响包括三个方面。

（1）地位差别。许多研究表明，地位的高低对沟通的方向和频率有多方面的影响。人们一般愿意与地位较高的人沟通，而地位较高的人则更倾向于相互沟通。信息趋向于从地位高的人流向地位低的人，地位高的人在沟通时往往居于中心地位。显然，这种沟通对组织发展十分不利。

（2）信息传递链。信息传递链越长，信息通过的等级就越多，失真率也越高。这种信息连续从一个等级到另一个等级所发生的变化即信息传递链现象。美国行为科学家曾对100家工业企业的信息沟通效率进行调查研究，结果发现在传递链中信息损失情况如表9-3所示。

表9-3 信息传递链中信息损失情况

层 级	信息接收比重/%	层 级	信息接收比重/%
董 事 会	100	工厂主席	40
副 总 裁	63	总 领 班	30
高级经理	56	职 工	20

（3）群体规模。沟通的困难程度与群体规模成正比，规模越大，沟通越困难。这一方面是源于信息传递过程中所受的损失，另一方面则是源于成员间的空间约束。规模大的群体，成员间接触的机会较少，彼此间进行沟通的可能性也因此而较小。

此外，沟通中的语言、非语言方面，媒介的有效性和信息过量等一系列的技术因素也对有效沟通构成威胁。

9.4 沟通与管理

9.4.1 沟通在管理中的作用

在管理中，管理者一再强调群体成员间的沟通，是为了更好地决策，更有效地激励和控制，以及实现最佳的管理效益服务。

1. 沟通与决策

决策就是在若干个可供选择的行动方案中进行优化抉择，以期达到预期目标的过程，包括决策制定和决策执行两个方面。决策制定由在领导者支持下的智囊机构提出可供选择的多种方案，由领导者作出最优抉择。而决策执行则是领导者对选择的方案组织实施。沟通与决策的相互关系表现在两个方面。

（1）沟通是决策的重要组成部分。工作要取得更大成效，必须情况明，决心大，目标清楚，措施对头。这里的情况明，主要来自沟通。没有对员工需求的了解，没有对成员士气的掌握，没有对各部门之间关系及管理效能的把握，没有智囊机构成员智能的发挥，没有领导集体成员之间的理解、信任、支持，任何决策都难以达到预期目标。

(2) 决策的有效性依靠沟通的优化程度。研究表明，决策的有效性取决于决策的质量和决策的认可水平。决策人员的知识和经验是决策质量的保证，决策的认可水平离不开决策执行者的态度、需要、动机、兴趣等因素的影响。因此要保证并提高决策的有效性，必须作好决策者与执行者之间的沟通。

2. 沟通与激励

要实现对员工的激励，首先必须摸清员工的需要，而要摸清员工的需要，就必须依靠沟通。需要是人的积极性产生的根源和基础，只有当人感到有某种需要，内心产生某种紧张或不平衡时，才会产生试图满足需要的行动。人的需要是多层次的，且因时、因地、因条件、因人而异。管理中的激励，就是在满足员工已存在的需要的基础上，不断引导其更高层次的需要。只有这样，才能促使员工朝着组织目标不断奋进。此外，沟通还是选择科学有效的激励方法的基础。满足需要的激励手段是多种多样的，可分为内在激励和外在激励，什么时候什么情况下应选择什么样的激励应该建立在对员工不断了解的基础上，这正是沟通的作用所在。

3. 沟通与控制、协调

控制，从管理学角度讲就是管理者使被管理者按照预定的管理目标行动，并最终达到目标而不偏离目标的行为。它由管理者（施控主体）、被管理者（受控客体）及将控制信息由管理者传递至被管理者的传递者三个要素构成。显然，控制过程就是一种沟通和调节的过程，不仅管理者发出某种控制信息作用于被管理者，而且被管理者也会发出某种信息反作用于管理者。这就是控制作用与反控制作用。

控制是对违背或偏离管理目标者进行纠正的行为，协调则强调在管理系统内外各组织、各部门及各种成员之间进行沟通，使其和谐化、合理化地工作。无论是组织协调、计划协调、方案协调，还是人际关系协调，都离不开沟通。通过在各组织、各部门及成员间互通信息，不仅能帮助协调顺利地进行，而且还有助于协调目的的最终实现。

4. 沟通与管理效益

管理效益的优劣，不仅依靠正确的决策、有效的激励、科学的控制、灵活的协调，而且依靠全体员工的创造力的充分发挥。这一切环节都由沟通贯通。沟通行为使管理者与被管理者相互了解，只有管理者善于发现问题，集众人之长，标新立异，被管理者在自由民主氛围下敢于提出新问题，并创造性地进行实践，管理系统才可能有最佳的管理效益。沟通是形成创造性的内部心理基础，也是取得最佳的管理效益尤其是管理心理效应的重要条件。

9.4.2 管理模式与沟通

管理者对于在他职权范围内的事不可能做到事必躬亲，而且也没有必要凡事都亲力亲为。管理者必须设法借助他人之力善行其事。在一定程度上，“管理者”这个概念表示他管理着自己所需要的或赖以完成管理工作的人力资源。每个管理者都有自己理想的管理模式，当他与别人——主要是与被管理者进行交流沟通时，管理模式会对沟通的方式产生影响。

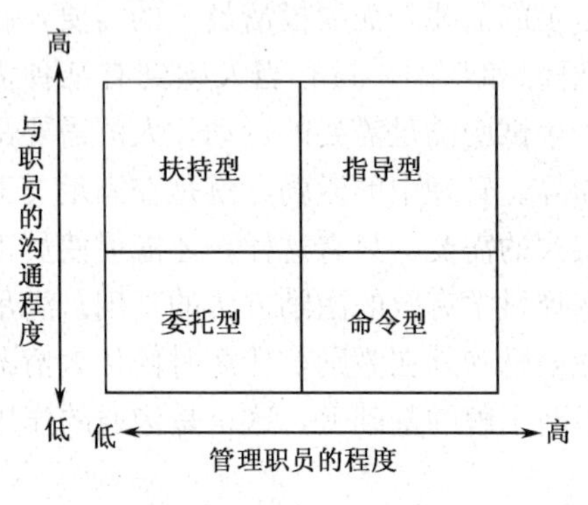

图 9-6 四种基本管理模式

管理学研究表明，基本管理模式可以概括为四种，即命令型、指导型、扶持型和委托型（图 9-6）。这四种基本管理模式都是可以选择的，但是由于管理者本身的偏好，在他选定一种模式并形成习惯后，很难改用其他模式。管理模式的运用必须适合三种因素的需要：管理者、交流的对象（一般指被管理者）、应完成的任务。

(1) 命令型。在管理者需要完成一项极其复杂而又紧迫的工作，但是被管理者经验不足，工作也不主动的情况下，命令型管理模式是最适合的。此时管理者应向被管理者解释有哪些工作必须去做，并指示他们怎样去做。但管理者使用命令型管理模式时可能陷入沟通的陷阱，即过多的解释会浪费时间和精力，甚至可能打乱工作部署。

(2) 指导型。若被管理者工作比较主动并具有比较丰富的工作经验，管理者适合选择指导型管理模式。他可以花一些时间去同员工进行沟通，以平等态度、友好方式向他们比较详细地说明工作任务的要求和做法，并帮助他们充分理解工作。

(3) 扶持型。如果被管理者对所要求的技术娴熟，而管理者又与被管理者的关系比较密切，选择扶持型管理模式是比较适宜的。

(4) 委托型。当管理者与被管理者的关系十分密切，而且他们完全可以胜任工作，适合运用委托型管理模式。尽管如此，管理者仍须注意被管理者的工作表现，以保证各项标准的有效实行。

如果把这四种基本管理模式同被管理者的特点和工作经验有效地结合起来加以考虑，并运用“环境领导法”加以分析（图 9-7），管理者就能在特定的环境中确定哪一种管理模式最适合。为了正确地选择切实可行的管理模式，管理者应具备以下三个方面的特别技能：①分析技能，评价被管理者用以完成任务的经验和主动程度；②变通技能，根据对具体环境的分析结果，变更并选择最佳管理模式；③沟通技能，向被管理者解释为什么管理模式要随环境的不同而发生变化。

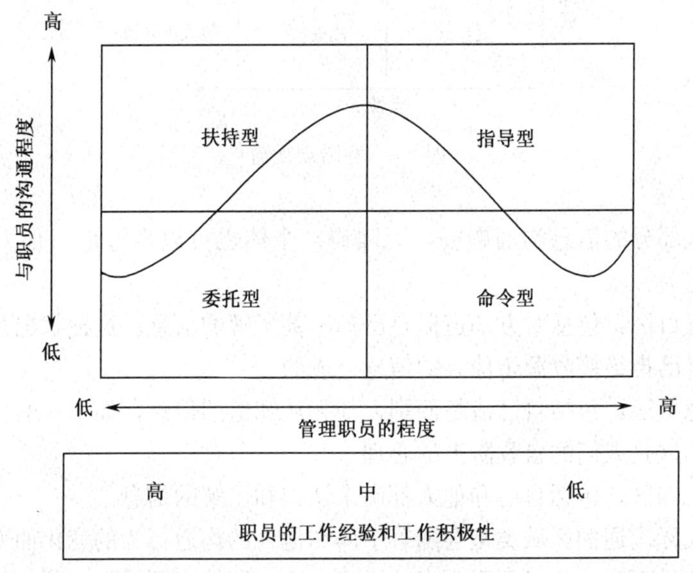

图 9-7 环境领导法

美国第十六任总统亚伯拉罕·林肯说过："你可以用100％的时间去有效地管理80％的人员或用80％的时间去有效地管理100％的人员，但你不能用100％的时间去有效地管理100％的人员。"管理模式与沟通存在密切联系，沟通是选择管理模式的基础。只有管理者了解了下属的工作经验、态度及积极性，管理者才可能正确娴熟地运用所选择的管理模式。

9.4.3 沟通风格

沟通风格是管理者在沟通活动中表现出的个性风格，体现管理者人际关系的基本结构与面貌。深刻理解乔哈瑞理论是诊断沟通风格的基本前提。

1. 乔哈瑞理论

美国心理学家 Joe Lufthe 和 Harry Ingam 从自我概念的角度对人际沟通进行深入的研究，并根据"自己知道-自己不知"和"他人知道-他人不知"这两个维度，将人际沟通划分为四个区，即开放区、盲目区、未知区和隐藏区，人们将此理论称为"乔哈瑞视窗"(Johari Window)，如图9-8所示。

(1) 开放区，包括自己和别人都知道的信息，如个人的日常爱好、态度、脾

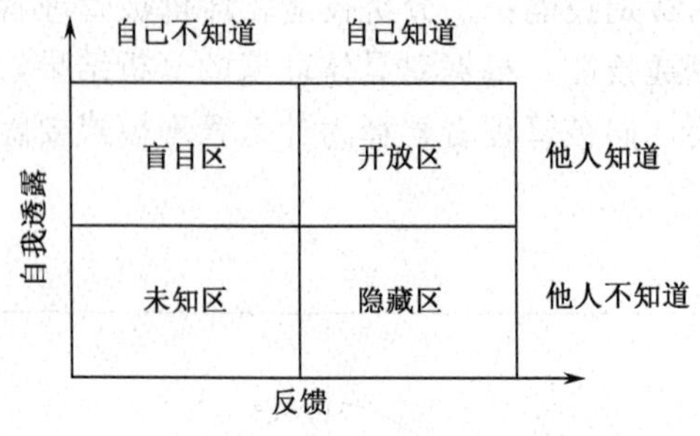

图 9-8 乔哈瑞视窗

性等。对这部分的信息沟通顺畅，无障碍。个体也可以良好地与他人分享这些信息。

（2）盲目区，包括对方知道但自己却不甚了解的信息。这种状况是别人没有告诉你或自己拒绝接收源于他人的信息造成的。

（3）隐藏区，包括自己清楚而别人却无从知道的信息，如个人的价值观、隐私等内容。这是人们的自我防卫的心理。

（4）未知区，包括自己和他人都尚未认识和了解的信息。

上述人际沟通的区域类型会随着个体和他人的沟通行为的变化而变化。当我们与人初次见面时，一般不愿更多地透露自己，即缩小开放区，往往给他人造成错觉成分主导的第一印象。为了进行有效的沟通，我们必须与他人紧密合作，扩大开放区，同时缩小盲目区和隐藏区。为了提高沟通的有效性，可采取两个自觉行动——自我透露和反馈。自我透露是个体坦率地向对方提供自己的信息，以减少隐藏区。反馈则是个体对他人的态度和行为作出种种反应的过程，来自对方的反馈信息，可缩小盲目区。自我透露和反馈的交互使用有助于减小未知区。

2. 沟通风格的类型

上述分析表明，自我透露和反馈是形成管理者沟通风格的两大维度，根据管理者对这两个维度使用情况的不同，我们可以把沟通风格分为以下四种类型。

（1）自我克制型（又称封闭型）。这类管理者的沟通特征是既很少进行自我透露又很少运用反馈。自己不扩大信息的领域，也不希望对方扩大。焦虑和敌意是其典型心理，对他人不理睬，很冷漠。这类管理者表现出独裁者的个性，用静止不变的眼光看待员工，视绩效评价为浪费时间；疏于进行上下沟通，员工既得不到及时、有效的激励，也得不到有效的指导。因此，员工对这类管理者怀有敌对和失望情绪。

（2）自我保护型（又称隐藏型）。这类管理者的沟通特征是单一性和防御性，即一味追求他人的反馈信息，却很少自我透露。猜疑和寻求社会认同是自我保护型管理者的典型心理。他们往往为了弄清员工的活动和心思而寻求反馈，却将个人的情感和评价隐藏起来。这是一种假面式的沟通，由于管理者不愿敞开自己的心灵，不能将自己的意图和情感显示给大家，下属或许不相信他们。

(3) 自我暴露型（又称盲目型）。这类管理者多自我透露而少有反馈，其管理行为具有独断色彩，认为自己的观点有价值而他人的观点一无是处，过分自信是他们的典型特征。具有此种风格的管理者的兴趣不在交流，而在于自己说个没完，时时发布指示却不顾指示的执行情况。下属对于这种管理者常常心怀不满，由于他们的信息不能反馈，所以就可能采取强制性反馈手段，如提意见、向上级告状等，从而使上下级关系日趋糟糕。

(4) 自我实现型（又称开放型）。这类管理者能平衡地使用自我透露和反馈的方法，达到沟通的最佳效果，在群体中营造出宽容、互信的开放气氛。他们既提供有关自己的适量信息，又以建设性的和非防御态度寻求反馈。这种沟通行为越多，开放区越大，交流也就越充分、越有效。

3. 沟通风格的改善

自我透露和反馈是划分管理者沟通风格的两大维度，同时也是改善沟通风格的着眼点。为此，管理者应努力提高自我透露和反馈的有效性。

(1) 反馈应注意以下六个方面。①反馈的目标应指向外部事件或行为而非具体的人，即遵行“对事不对人”的原则。②反馈方式应属于描述性的而非评价性的。描述性反馈既要客观又要富有诚意，评价性反馈则可能有一定的主观判断性，应力避个人偏见或刻板印象。③反馈的主旨应是信息共享而非训导他人。管理者应用平等、分享与协商的口气来反馈信息，少用“你应该”、“你必须”等用语。④反馈的信息量不宜过大，以别人接受为宜。⑤反馈应迅速而及时。⑥反馈应注意运用转述和知觉的检查技巧。转述，即用自己的话把对方的语言内容进行综合整理后再加以反馈。知觉检查，即把对方的非语言（如表情、姿态、服饰等）和副语言（如声调、节奏等）信息进行综合整理、筛选后反馈给对方。

(2) 自我透露应注意以下三个方面。①自我透露不应用做获取别人同情或者向他人宣泄消极情绪的手段，而是寻求建立友好、协调的人际关系。②自我透露应彼此开放，信息双向共享。③自我透露应把握循序渐进的过程性。

9.4.4 沟通技巧

在沟通过程中，管理者应该从沟通信息的组织与发送、领会与反馈，以及沟通情境的改善等三个方面着眼，改善沟通技巧，提高沟通效率。

1. 沟通信息的组织与发送

沟通信息的组织与发送是指沟通信息的发送者将所要发送的信息进行适当的编码，并选择合适的沟通媒介有效地组织并发送出去。具体地说，就是要恰当地运用语言、文字、体态动作传递信息。

一般说来，沟通过程中正确的语言表达要做到以下五点：①语言真挚，具有感染力和吸引力；②语言轻重缓急得当，并有必要的重复；③语言文明，说话和气，忌粗鲁、鲁莽；④明确称谓、明晰人称；⑤语言规范，少用方言土语。

与此同时，文字的锤炼与取舍也十分重要。要做到如下四个方面：①文字意义准确，忌模棱两可、拖泥带水；②措辞得当，通俗易懂，忌滥用辞藻，忌空话、大话、套话，尽量少用专业术语；③言之有据，条理清晰，富有逻辑性；④尽量使用短句。

另外，适当地运用体态语言和表情动作也有助于信息的有效发送。使用体态语言和表情动作时：一方面不能过分夸张，手舞足蹈、不知所云；另一方面，过于呆板、木讷，毫无表情、动作变化也是不恰当的。

2. 沟通信息的领会与反馈

沟通信息的领会与反馈是指信息接收者将信息发送者传递的信息进行正确译码、接收，并进行必要的反馈。具体地说，就是要做到耐心聆听、积极反馈。

一般说来，有效的聆听要做到五个方面：①少讲多听，别打断对方，多站在对方立场上考虑问题，表现出对对方的理解和同情；②使用目光接触，展现赞许性点头和恰当的面部表情，表现出交谈的兴趣；③尽量排除外界干扰，避免分心的举动或手势；④进行复述、提问，但要控制情绪、保持冷静，不要妄加批评，不要争论；⑤ 使听者和说者的角色顺利转换。

3. 沟通情境的改善

情境因素是影响沟通效果的重要方面，改善沟通情境是有效沟通的基本技巧之一。改善沟通情境应做到以下五点内容。

(1) 选择合适的沟通场合。沟通场合的选择要注意同沟通的内容相适应。一般说来，正式和严肃认真的话题选择在办公室、会议室或接待室等正式场合为宜；而非正式和轻松的谈话，在家里等非正式场合都可以。

(2) 安排合适的沟通时间。沟通时间的选择，一方面不宜仓促、草率；一方面不宜采用马拉松式的长谈。

(3) 排除外界干扰。沟通情境要尽量少一些不必要的背景噪声。

(4) 创造良好的沟通氛围。沟通气氛应显得亲切、平和、融洽。因此，沟通要以双方平等、诚恳、开诚布公的沟通态度相待，消除内心的偏见和敌视等都是十分重要的。

(5) 善始善终。礼貌、友好地开场与道别。

案例一：本田公司的沟通渠道

在世界摩托车大赛中多次夺冠的本田公司，以100万日元起家，在十几年的时间内由摩托车王国发展为汽车王国，与丰田汽车公司、日产汽车公司鼎足而立，成为日本汽车工业的支柱之一。本田公司在经营上值得注意的一个主要经验就是管理上特别重视内部团结和人际关系。

本田公司为了建立上下左右全面团结的内部构造，着眼点主要放在避免和减少上下级、同级、同事及各个环节之间的矛盾和冲突。方法是尽力找出并消除产生矛盾和冲突的根源。本田公司规定各级管理干部都要同工人一样，上班必须穿白色工作服、戴黄色安全帽，以消除可能由着装的差别而产生的距离。本田宗一郎作为老板也不例外，而且为了和普通员工保持亲近，他还经常在员工食堂和工人一起进餐，或者到车间同工人一起动手干活。这样本田宗一郎不但可以直接了解工人的情绪和要求，具体感受和掌握生产情况，还可以知道员工的许多意见。这各种各样的情况和意见经常成为本田宗一郎对重大问题作出决策、改善内部管理的重要依据。

本田宗一郎在他的企业内部发展了一种金字塔的领导制度。本田宗一郎居最高的领导地位，负责企业的政策。从工人开始，建立起一种从车间主任、科室领导直到经理和董事长的等级制度。这是一个符合传统的结构。但是本田宗一郎在董事长这个职位上直接观察下面的运转情况，并且同普通工人一起劳动。这样，他就有了双重视野：从上往下看和从下往上看。而在多数情况下，他认为从下往上进行的管理和慢慢地形成决定是恰当的。本田宗一郎努力维护一种“升降机政策”。他在下面研究他所作出的决定的效果、新出现的问题。然后，他又到最上层。但是，他在每一层楼梯的平台上停下来，以便听取那里的意见，并亲眼目睹某一件工作和他制定的政策的进展情况，然后，他在上面以双重的角度观察一切：横看和纵看、向上看和向下看。他既是普通工人，也是车间主任、研究员、经理、董事长，而又从来不被这种往复过程中的一个地点绊住。他喜欢这样做，因为他能听到多种多样的意见。

公司中每个负责一层工作的部门通常有200多名员工，经理处为每一个部门指定五名代表，他们组成经理处下属的委员会，负责该部门的工作。如果企业中某个成员想提建议，他就填写一张表格，在这张表格上详细阐明自己的计划。表格随后被送到部门的委员会，委员会立即审核这条建议，如果认为这个想法明智可行，就把建议提交经理处。如果一种意见被采纳，那么发明者就会按其建议的重要程度得到一定的分数。如果积累了300分，就可以到国外旅行一次。如果他一次就得了300分，还可因此获得特别奖，即本田奖。为了使竞赛生机勃勃，每个车间都有一块光荣牌，员工们可以在这里感受到体育比赛时的激动。

这就是本田公司的沟通渠道，由沟通的顺畅所带来的“管理上重视内部团结和人际关系”是本田公司经营上的一个主要经验。内部团结，首先要避免和减少冲突，本田公司提出的各级管理干部在着装上与普通工人一致，“穿白色工作服，戴黄色安全帽”，无疑是该公司的一大特色，让工人在直觉观念上消除了沟通的距离感。在沟通渠道上，本田宗一郎方面建立金字塔形的领导制度，保证信息由上至下的传递；另一方面，本田宗一郎作为老板又深入工人底层，既获得了来自底层的准确信息，又获得了由上至下传递的信息的反馈。让员工参与管理也是有效沟通的一部分。员工参与管理主要方式是提意见和建议。这种意见和建议可以是针对现行管理中所存在的问题与不足，也可以是为公司未来的发展提出可行性措施。通过对员工参与管理的激励，让他们感受到来自公司、部门、他人的认可，以无限的生机增强团体士气，增强凝聚力。

资料来源：朱正元．超凡入圣．武汉：湖北人民出版社，1996.

讨论题

1. 本田公司的沟通渠道有哪些？起到什么作用？
2. 结合案例讨论信息沟通的原则和方法。

案例二：家电公司

在20世纪30年代，罗伯特·盖茨（Robert Gates）在底特律创办了一家收音机制造小厂，从这家小厂发迹成为雄踞全国的一家最大的生产收音机、电视机和同类产品的公司，1965年它的销售额达3亿美元，有雇员1.5万人，10个加工制造点。在该公司整个成长过程中，创始人始终保持了公司积极的、富有想象力和主动进取的风格。公司在创办初期每个主管和工人都认识盖茨，而盖茨也能叫出其中大多数人的名字。即使公司壮大到具有相当规模以后，人们也觉得他们了解公司创始人和最高层主管。这家公司从未有过工会组织，这同员工个人对公司怀有强烈的忠诚感有着密切关系。

但是随着公司的繁荣和发展壮大，盖茨先生却担心公司正在丧失“小公司”精神，他也担心公司的信息沟通受到妨碍，公司员工不理解他的目标和哲学，因对公司其他部门从事的工作无知，而造成大量无效的重复劳动，其结果是新产品的开发和市场营销活动都受到损失。同样，他还担心自己失去同员工的接触和联系。

为了解决信息沟通问题，他聘用了一个信息沟通主任并让他报告有关情况。他找到了其他公司正在使用的各个信息沟通手段并加以运用，如在每个办公室和分布全国的工厂安装公告栏；办了一份刊载大量影响各个经营点的公司新闻和个人新闻的生机勃勃的公司板；发给每个员工《公司实况》一书，提供关于公司的重要信息；公布定期的利润分配书；公司出面主办讲授信息沟通课程；在公司总部每个月举行一次由100名高层主管人员参加的例会；在名胜地区每年举行为期3天的、由1200名各层次主管参加的例会；为讨论公司事务而召开的大量特别委员会会议。

在付出了大量时间、精力和费用后，盖茨对公司感到失望了。他发现在公司的信息沟通中的问题和对公司的感情依然存在着，而且他的计划执行结果看来微不足道。

沟通的有效性受多种因素制约，组织规模便是其中之一。规模越大，信息传递环节越多，速度越慢。根据信息传递链思想，信息传递过程中的准确性与传递环节成反比，即信息经过的中间环节越多，信息的失真率越大。这也正是困扰盖茨的问题。在“小公司”时期，成员少，人与人之间接触概率大，沟通也较容易。随着规模扩大，问题也日益显露。如何消除这些影响沟通效果的障碍？盖茨公司既可以吸取他人之经验，又必须分析自身的独特环境，后一点尤为重要。在盖茨认识到本公司问题的“独特”之处后，有效改进信息沟通应该不成问题。

资料来源：哈罗德·孔茨，海因茨·韦里克．管理学（第九版）．北京：经济科学出版社，1993.

讨论题

1. 你认为盖茨为什么失望？他处于何种境地？
2. 你认为盖茨的公司在信息沟通方面真正的问题是什么？
3. 为了改进盖茨的公司的信息沟通，你会提出什么建议？
4. 盖茨先生认为，沟通要解决存在于保持“小公司”精神方面的问题，你认为他的这种想法正确吗？

关键词

沟通　沟通过程　沟通障碍　正式沟通　非正式沟通　单向沟通 双向沟通 沟通风格　沟通技巧

思考与练习题

1. 什么是沟通？沟通过程可以分为哪几个基本步骤？
2. 什么是非正式沟通？管理者应如何对待组织中的非正式沟通现象？
3. 造成沟通障碍的因素有哪些？
4. 管理模式与沟通的关系是怎样的？
5. 管理者应当如何改善自己的沟通风格与沟通技巧？

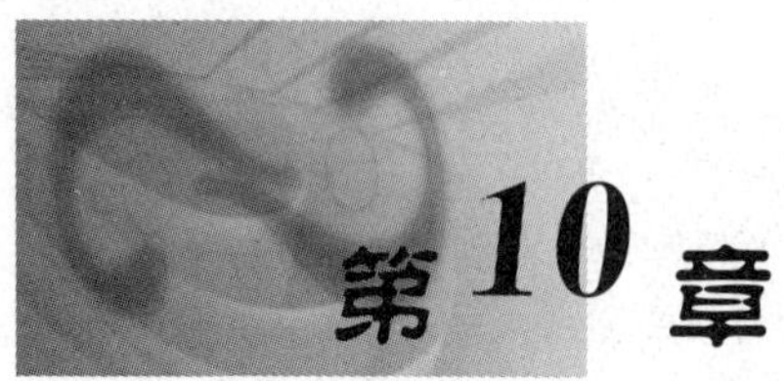

第10章

群体冲突

群体中的人们相互交往，因各种原因而产生冲突是不可避免的。管理者了解和掌握冲突的含义与性质、冲突产生的原因和冲突的过程，在必要的时候处理、预防和引发冲突，对群体功能的发挥具有十分重要的实践意义。

10.1　群体冲突的含义与性质

10.1.1　群体冲突的含义

处于组织中的人们，由于相互间的交往，总要形成个体与个体、个体与群体，以及群体与群体间的关系。因为这样或那样的事情，常常会产生意见分歧、争论、冲突和对抗，使彼此之间的关系出现紧张状态，在管理心理学中把它们统称为“冲突”。冲突在群体中的存在是一个客观事实，但是人们对冲突的认识却并不完全一致。

在有关冲突的各种定义中，传统的冲突定义基本是从资源稀缺和目标排斥的角度来解释的。实质上，“冲突必须是双方都能感知的，是否存在冲突是一个知觉问题，如果没有意识到冲突，那冲突就不存在”。[①] 心理学、管理心理学的研究表明，冲突的产生必须有一个被感知的前提。基于此，我们可以把冲突定义为两个或两个以上的社会单元感知在需求、动机和价值观上互不相容或互相排斥，

---

① 斯蒂芬·罗宾斯．组织行为学．北京：中国人民大学出版社，1997.

从而产生心理上的或行为上的对抗。冲突的产生不仅会使个体体验到一种过分紧张的情绪，而且还会影响正常的群体活动和组织秩序，对管理产生重大的影响。在管理心理学中，冲突包括群体内个体与个体之间、个体与群体之间的冲突，也包括群体与群体之间的冲突。

10.1.2 群体冲突的性质

关于群体冲突的性质，社会学家和管理学家的看法在不断变化。20 世纪 40 年代中期以前，大多数学者认为冲突是有害无益的，冲突的产生会导致严重的负效应，会使资源的使用远离组织目标。冲突的存在被认为是管理不善的结果。根据这一传统观点，领导应尽力在管理过程中避免冲突。

20 世纪 40～70 年代人际关系学派的冲突观念是，组织内部的利益冲突和观念差异决定冲突本身是与生俱来的，在现实的组织中，冲突的存在是不可避免的。冲突的存在虽然有一定的破坏作用而不利于组织目标的实现，但是某些冲突的存在又往往促使管理者寻求解决对策，从而会有利于组织的发展。

近年来，管理学家们带来了更为积极的冲突观念。冲突被认为是任何组织都不可避免的，且往往是保证高绩效所必需的。当然不可否认冲突有时是有害的，但更重要的是有些冲突非常有益。这一观点认为，冲突可以使群体保持旺盛的生命力，可以促使群体不断地去寻求新的策略和方针，勇于自我批评和不断创新，克服停滞和自满情绪。因此冲突应当适当地加以处理而不是简单地去消除。冲突本身无好坏之分，只有从绩效的角度，才能判别冲突的价值。

10.2 群体冲突的过程

根据国内外学者对冲突模式的研究，可将群体冲突的过程概括为知觉冲突—冲突行为—冲突的处理—冲突的结果。

1. 知觉冲突

对冲突的感知，即社会关系中的某一方感觉到需求、动机和价值观等与对方存在差异因而在目标上与另一方不可调和。只有在某一方感知到这种不可调和的目标给他带来了情绪上的某种焦虑、紧张、受挫和敌对时，才有可能会引发他的下一步行动。因此在这一阶段上也是个性特征体现得比较明显的时候，虽然同是一种紧张状态，但是不同的个人或群体在判断这到底是否是一种不可调和的紧张状态时所持的标准并不一样，如果某一性格类型的个人或群体并不认为当前的状态会带来进一步的不利后果，或者环境的变化使人们的看法有所改变时，那么他(们) 并不一定会采取下一步的行动。

2. 冲突行为

当某一方基于对冲突的感知而采取某种行动去阻止另一方（或几方）达到目标、改变对方的意志或损害对方的利益时，即进入冲突行为阶段。正如不少组织理论家们所指出的那样，冲突的行为既包括微妙、间接、节制为特点的低度冲突和小打小闹，也包括直接、粗暴和不可控制的斗争等剧烈的大动干戈。但是，一方基于对冲突的感知而采取行动也并不一定会引来另一方的相应行动，因为这也取决于另一方对形势的感知和判断，如果单方的行动并没有带来另一方对紧张状态的感知并采取行动，则冲突一定会进一步发展。

3. 冲突的处理

冲突的行为一般会引起对方的反应，从而促使双方去寻求解决冲突的措施。由于引起冲突的原因、模式和性质不同，解决冲突的方法也不完全相同。目前这方面的研究最为有名的是托马斯（K. W. Thomos）关于冲突解决的二维空间模型（图 10-1），横坐标维度是合作性（cooperativeness），即能满足对方利益与需要的程度；纵坐标是坚持或维护性（assertiveness），即坚持满足自己需要与利益的程度。这两个维度，可形成五种处理冲突的策略：①强制（或竞争）策略是坚持性高、不合作的牺牲对方的策略；②退避策略是两个维度都低的逃避对抗的策略；③克制策略是合作性高、坚持性低的牺牲自己、满足对方的和解顺应策略；④统合策略是两维均高的求同存异策略；⑤妥协策略是两维适中的双方让步、权宜接受的策略。

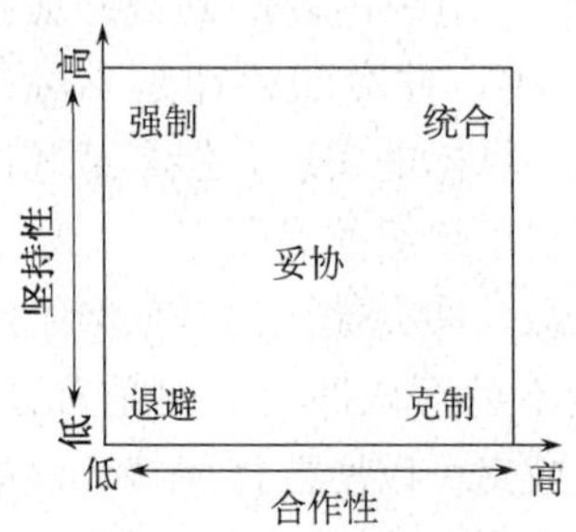

图 10-1 处理冲突的两维策略模型

布朗（L. D. Brown）在 1977 年的《团体冲突的处理》一文中，也提出了调节冲突的策略。他提出要把冲突保持在适当水平上。冲突水平过高时，要设法降低；冲突过少时，要设法增加；应从态度、行为、组织结构三方面调节冲突（表 10-1）。

表 10-1 团体冲突的处理策略表

着眼点	要解决的问题	冲突过多时采取的策略	冲突过少时采取的策略
团体态度	1. 明确团体之间的异同点 2. 增进团体之间关系的了解 3. 改变感情和认知	1. 强调团体间的相互依赖协作 2. 明确冲突升级的动态与造成的损失 3. 培养认同感，增进感情，消除成见	1. 强调团体之间的利害关系 2. 明确勾结排他的危害 3. 增强团体界限意识

续表

着眼点	要解决的问题	冲突过多时采取的策略	冲突过少时采取的策略
团体行为	1. 改变团体内部行为 2. 培养团体代表的工作能力 3. 监视团体之间的行为	1. 促进团体内部分歧表面化 2. 提高与他人合作共事的能力 3. 通过第三方面调节	1. 增强团体内部的团结、和谐一致 2. 提高坚定性、原则性和判断是非的能力 3. 第三方面参加协商
组织结构	1. 借助上级或更大团体的干预 2. 建立调解制度 3. 建立新的接触机制 4. 重新明确团体的职责范围和目标	1. 按照正常等级处理 2. 建立规章制度，明确关系，限制冲突 3. 设置统一领导与管理各团体的人员机构 4. 重新设计组织结构，突出工作任务，减少冲突	1. 上级施加压力要求改善关系 2. 削弱窒息冲突的规章 3. 设置专门听取意见的人员 4. 明确团体的职责目标，加深差别

管理心理学的学者还提出解决冲突的四种具体方法。①协商谈判法，即求同存异法，用求大同存小异或者求大同存大异的方式缓和冲突，领导可以与职工在适当的场合中彼此提出条件与对方讨价，或者谋求共同解决，当然，这需要一定的条件，如不损害领导威望，注重解决问题的方式等。②仲裁调解法，即由上级或第三者出面调停。③权力、权威法，即诉诸权力或武力，采取行政手段。管理者可以改变结构，如把爱闹事的人调出去。这个方法简单，但也不是处处可用，因为有些人是骨干力量，不可或缺；可以设置综合领导。如果两个部门（如生产和销售）之间存在冲突，一个可供选择的方法是，让它们接受同一个既懂生产又懂销售的领导，这个领导就起协调的作用；可以向上级申诉，由上级仲裁。但申诉的一个主要缺点是败诉的一方未必轻易接受仲裁，所以要注意安抚败诉的一方，还要进一步使双方携手合作。④吸收合并。领导可采取有效办法，使其属内的大团体接受小团体的要求并使小团体失去持续存在的理由，终与大团体完全融合成一体。

社会心理学家施米特（W. H. Schmidt）等在《分歧处理》一文中指出，企业经理要警惕以下六种错误的处理冲突的现象：①周围人有唯唯诺诺的倾向，不敢提不同意见；②过度强调忠诚与合作，把意见分歧与不忠诚、背叛等同起来；③一遇分歧就把它平息下来；④掩饰严重的分歧以维持表面的和谐与合作；⑤接受模棱两可的解决分歧的决定，让矛盾的双方对决议作不同的解释；⑥扩大矛盾以增强个人影响，削弱他人的地位。

4. 冲突的结果

无论何种类型的冲突，其结果一般表现为两个方面，即积极的功能正常的冲突和消极的功能失调的冲突。

(1) 积极的功能正常的冲突。一般认为，积极的功能正常的冲突，特别是当它们发生在较低水平或中等水平时，会成为组织发展的有机动力。①冲突有可能会消除组织内部的分裂因素，在组织内部重新形成团结一致的气氛。②冲突有可能会激发变革与创新热情，调动成员的积极性，培养出自我评估的环境，并修正不合适的目标，因而可能会在总体上有利于决策的改进。③冲突之后可能会产生新的领导，引起人们改进某些以前没有注意到的管理措施，并可能会增强完成任务的干劲，从而提高组织的领导和管理水平。④在冲突过程中所形成的不同意见和观点的交流，以及对现状的不满，可能会使组织更加关注环境的变化和组织自身的适应性，这对组织的变革很有好处。⑤对某些人来说，冲突也有可能会满足他们性格中固有的挑衅心理，缓解他们的心理压力而不至于引起更大的冲突。

(2) 消极的功能失调的冲突。传统的研究都注重冲突的消极方面，着眼于冲突的破坏性作用。我们认为，任何冲突都有一个限度或适度问题，超过限度或冲突很小都会使功能失调。这种消极作用主要表现在以下四个方面。①不适度的冲突会使人的精神健康受到损害，如曲解某种意见，或者没有足够的重视，甚至通过一种压力来否定某种有益的建议，这些都会给人的情绪带来深刻的影响，使其精神上形成某种负担或压抑感。②人们对群体的目标可能会形成曲解，不去努力实现群体目标，完成自己所应该从事的工作；而是把群体目标和自己的工作作为一种儿戏来进行任意评价。这种状况在实际工作中是非常有害的，国外有些学者称其为不可避免的"地方流行病"。③冲突加剧，容易使领导作风更加趋向独裁。那么，在这种情况下，群体成员可能显得愿意接受这种独裁的领导，但冲突的恶性循环将是不可避免的，其结果不仅削弱了群体的团结和内聚力，而且会使领导者失去民心。④冲突有时也会导致群体间的对立，相互产生某种偏见，总是看到自己的长处和别人的弱点，形成对抗和成见。

10.3 冲突产生的原因

1. 群体之间产生冲突的原因

群体之间产生冲突，主要有如下五个方面的原因。

(1) 组织内部各部门之间不适当的竞争引起敌对意识或攻击行为、本位主义、小团体主义。

(2) 组织设计所造成的各部门之间在人力、物力、财力资源等方面的矛盾。

(3) 组织机构不合理、管理机制与规章制度不健全、责任制不明确、互相推诿或互相封锁、自成封闭性体系。

(4) 团体成员，特别是团体骨干与领导成员在价值观、需要、态度上的差别。

(5) 工作衔接、工作性质与工作特点不同。

2. 群体内部成员之间产生冲突的原因

(1) 信息原因，指信息沟通差错与意见交流受阻。

(2) 认识原因，指人的知识、经验、思想、观念不同。

(3) 价值原因，指人的理想、信念、价值观不同，对人与事的是非、善恶、好坏评价存在差异。

(4) 本位原因，指人们存在的小团体意识、本位主义、私心太重。

(5) 行为与习惯原因。

(6) 个性与品德等本质原因。

10.4 预防和引发冲突的策略和方法

1. 预防破坏性冲突的策略和方法

(1) 设置超级目标，即提出一个能满足各个群体需要的新目标。设置超级目标可以使潜在对立的双方减弱冲突，因为这时，对立的双方必须共同把精力集中到超级目标的达成上，从而缓解彼此之间的对立情绪。

(2) 找出共同的“敌人”，在潜在对立的双方之外找出一个与双方都有可能有对立关系的共同竞争对象。这样就可能把对立双方的目光转向这个共同的对象，使组织内的群体联合对抗共同的“敌人”。

(3) 安排各群体互相往来的机会，即通过接触机会的增多来使各群体之间加强了解，消除彼此的偏见和误解，并培养双方的共同的感情。例如，通过组织娱乐活动安排各群体之间的交流，亦可用职位轮换增加沟通的机会。

(4) 加强教育，强调整体效率，通过加强教育，让下属明白破坏性冲突可能产生的严重后果，并令其讨论其得失，强调整个组织效率，以及各部门、各成员对整体贡献的重要性，这样，有助于改善其观念与行为，减少不必要的冲突。

2. 引起冲突的策略和方法

鉴于冲突的性质的不同，任何一个组织都应保持一个适宜的冲突水平，也就是说，在某些情境中，只有当冲突存在，效率才会更高。罗宾斯认为，如果发现人员流动率低，缺乏新思想、竞争意识，对改革进行阻挠等情况时，领导就需要适当地挑起冲突。

罗宾斯提出了三种引起冲突的具体方法。①委任态度开明的管理者。在有些单位，反对意见往往被高度专制的管理者所压制，因此，选派开明的管理者可以在一定程度上克服这种现象。②鼓励竞争。通过增加工资、资金，对个人和集体进行激励，这样可以增进竞争。适当的竞争可以引起积极意义的冲突。③重新编组。变换班组成员、人事调动及改变沟通路线都可以在组织中引起冲突。而且，重新编组后，新成员的价值观和思维方式有可能改变，克服群体原来的陈规陋习，使组织在整体上具有活力和建立新的创新机制。

案例："杨八郎屯是'白区'，谁也管不了"

100多年前，山东登州有杨氏八兄弟"闯关东"，辗转落户到一块没有人烟的荒野，形成了1000余人的村落，这就是现在的吉林省德惠市和平乡杨八郎屯（含两个村民小组）。

从新中国成立到1993年的40多年里，他们辛勤劳动，安居乐业。1993年以后，因为干群关系严重对立，他们将上面派来的干部拒于屯门之外，当地干部称那里为"白区"。

杨八郎屯里的一棵大树上挂着一口大钟，只要有干部来，大钟就会响起来，妇女、儿童率先冲击，将来屯里工作的干部和车辆团团围住，接着是青壮年男子靠近干部进行责问："你们除了要钱抓人，还能干点别的不能？"

一位曾经在和平乡当过党委书记的干部说，有一年春天他到杨八郎屯，被群众围在中间，两个喝了点酒的农民轮流往他身上撞，一边撞一边骂他。他想讲一讲党的政策，迎接他的却是一口接一口的唾沫。他想离开，但车已被村民围住，只得一个人走出杨八郎屯，后面是村民快意的笑声、起哄声。从此，他不仅没有再到杨八郎屯，也黯然离开了他在和平乡的领导岗位。

杨八郎屯村民为什么要这样对待他们的"父母官儿"？据村民介绍，1993年，杨八郎屯一部分村民对村里砖厂占用村民耕地并把所占耕地的农业税分摊给村民表示不满，要求村里向村民公开账目，说清村里一些收入的去向，要求乡政府说明修砂石路集资款的使用情况。当村民要求没有被答应时，他们便使出了他们认为唯一有效的手段，拒绝交售定购粮，拒绝上缴统筹提留款和农业税，拒绝出义务工。于是，村里一纸诉状将村民告上法庭。之后，执法干警到杨八郎屯强行收粮收物，遭到村民们的抵制。

回忆当年情景，村民杨彬田说，他家最后还是被强行收走了三麻袋大米和三麻袋大豆。1993年3月27日，法院将阻止收粮且言辞激烈的杨彬田拘留。杨彬田家属将欠缴的438元税费交给法庭后，杨彬田被释放。万万没有想到的是，没过多久，村里再一次起诉他，法庭也再次将他拘留，理由仍然是拖欠村里税费。原来，法庭没有把杨彬田家属交上的钱给村里。此后8年，杨彬田多次上访。

杨八郎屯村民也多次集体上访要求公开村务，要求解决杨彬田"公案"，但每一次都是一层一层往下推，久而久之，杨八郎屯村民不再上访，干部也不再到杨八郎屯来。

2000年冬天，记者到杨八郎屯采访，村民既不知道村支书是谁，也不知道这几年税费怎么收，更不知道欠了村里多少钱。杨八郎屯村民说，8年来，他们已经忘记了谁是党员，也没有一个村民入党。他们说，杨八郎屯已经成了被遗忘的角落。

对于一任一任的乡村干部来说，杨八郎屯时时让他们心痛，但他们每一次“深入”到杨八郎屯，回答他们的都是令人心寒的钟声。第二天，杨八郎屯村民都要起个大早，到100多里地之外的省城上访。很快，省里、市里就来了电话，批评他们不注意工作方法，影响社会稳定。和平乡一位领导说：“我们是豆饼干部，上挤下压。”

为此，和平乡一些干部要求调离，新来的干部则向市委要求：“除了杨八郎屯，和平乡管不好是我的责任，杨八郎屯管什么样算什么样。”渐渐地，杨八郎屯被划到各级干部管理范围之外了。他们说：“杨八郎屯是‘白区’，谁也管不了。”

直到2001年初，德惠市各级党委在开展“三个代表”的教育中，才通过长期进住工作队的方式，“收复”了杨八郎屯。

资料来源：“收复”杨八郎纪实. 南方周末. 2001-11-22. 本案例经过整理.

讨论题

1. 杨八郎屯干群关系产生冲突的主要原因是什么？
2. 在解决该冲突时起主要作用的因素是什么？

关键词

冲突　冲突性质　冲突处理　建设性冲突　破坏性冲突

思考与练习题

1. 什么是冲突？
2. 试阐述你的冲突观。
3. 冲突产生的原因有哪些？
4. 冲突处理有哪些策略？
5. 试阐述冲突处理后的两种不同结果。

第4篇　组织心理

个人、群体、组织三者是紧密相连的统一整体。个人组成某一群体，而群体又存在于组织系统之中。当人们彼此影响、相互作用，并发挥基本作用以达到组织目标时，一个组织就存在了。这种组织客观存在的必然性和广泛性，使得现代管理越来越强调组织的作用。在管理心理学中作出个体、群体和组织的划分，固然是因为其人员和规模存在多少、大小的差异，尤为重要的是要在更深层的意义上指出个体心理、群体心理、组织心理研究的侧重：个体心理，突出的是个人的角色认知和行为模式；群体心理，着重的是组成群体的人们之间的相互影响；组织心理所侧重的是如何构造和协调组织资源，在人们的共同努力和学习过程中实现组织目标。

第11章 组织心理概述

了解组织心理的基本问题，是掌握整个组织心理活动规律的理论基础。因此，本章将介绍组织的概念、组织的基本特征、组织的分类、组织的功能等内容。

11.1 组织的内涵及特征

从词源来看，在中国古代，组织一词与经纬交织有关，是编织的意思，指将麻丝制成布帛。所谓“树桑麻，习组织”，反映了当时男耕女织的生产方式。在西方，组织一词来源于希腊文“organon”，意思是工具，手段。后来组织一词主要被用来说明生物的组合状态，主要在医学领域中使用。今天医学上仍把人体的某些部位称为组织。随着社会的进化、人类群体种类的增多，组织一词逐渐被引申为某种人类群体。这种转变发生在1873年之后。1873年，英国哲学家斯宾塞将组织一词引进了社会科学，在提出社会有机体这一概念的同时，将组织看成已经组合的系统或社会。

用组织来解释一种人类群体现象，这点大家已经达成共识。但如何对其作一种规范而合理的定义，却不是简单的事。在现实生活中，组织一词的使用其实并不是很严格，学校、医院、企业、政府部门等都被人们称为组织，有人也把三五个人的团体叫做组织。这种对组织的宽泛理解是不完全准确的。那么如何从理论的高度来解释组织呢？

我们知道，理论所描述的是一套系统的相互关联的概念或假设，旨在解释或预测某些现象。理论是否具有解释力和预测力，也就是说它的生命力所在，归根结底要靠实践的检验。对组织的理解也是如此，必须依靠实践，作出某种解释和预测。为了更准确地把握组织的内涵及其特点，我们必须考察组织产生的实践过程。这其实是在探讨这样的一个基本问题，即人为什么能生存下来？人类的生存并不是因为其是体力上的最适应者（在人同其他一些动物的比较中，体力并不占优势地位，如恐龙），而是因为智力上的优势。人有思维能力，懂得使用工具，而且人们为生存在同自然界作斗争的时候逐渐意识到，人们如果能在采集食物、防御敌害和照料家庭的互相活动中建立起集团和部落，那就能更好地保护和促进他们的利益。这是因为，原始社会生产力水平低下、工具简陋，孤立的个人很软弱，为了生存，人们不得不以集体的形式去和自然力作斗争。正是这种原始的集体劳动的必要性使得组织的产生成为可能。

在这一过程中，人们发现，他们同其他人一道工作能够加强自己的能力，从而可以更好地满足他们自己的需要。在集体内，人有各种不同的技术和能力，这使他们认识到有些人能更好地完成某些任务。集体内的任务是各种各样的，也就是说，为了更好地利用各种不同的能力和技术，劳动可以有分工。一旦有了分工，为了实现组织的目标，在安排和协调各种不同的工作任务时就必须达成某种协议。同时，把任务按层加以区分，并建立起一个权威或权力的等级分层结构。然后，在这个组织内负责向别人分配工作的最强有力的、最年长的或者最会说话的人便成为组织中最早的领袖。这样，一个原始的组织形态就产生了。这种原始的组织虽然简单，但却基本上反映出各个历史时期的组织所具有的一些共同的特征，这些特征反映了组织虽然是由一群人组成的，却并不是一种简单意义上的人群。

任何组织，必须具有以下四方面的共同特征。

1. 共同目标

组织必须有一个共同的目标。目标是组织存在的前提和基础。人们是为实现共同目标，完成共同任务而结合在一起的，没有共同的组织目标，也不会有人们的协调活动，就不是真正意义上的组织。这里所指的组织目标可能是明确的，也可能是隐含的。例如，正式组织医院的目标是治病救人，救死扶伤，目标非常明确；而一些非正式组织，虽不一定具有这种明确的目标，但可能包含着一种隐性目标，即让组织成员受到保护，满足其安全的需要或其他的特殊的社会心理需要。

2. 分工与协作

分工与协作是由组织目标决定的。组织目标单靠个人是无法实现的，必须有许多部门或团体，这些部门或团体分别从事一种或几种特定的工作，并相互配合，这就是分工与协作。西蒙曾经指出：“组织成员的角色，是靠他们的目标认同来塑造的；而目标的认同又产生于他们在组织中的位置。”可见，分工与协作的存在，使组织中出现了组织成员的角色体系，而各个角色体系之间既分工又协作，这不但是组织得以存在的基础，而且是提高工作效率的根本保证。

3. 权力与责任

组织内的分工与协作只有依靠一定的权力和责任制度才能实现。也就是说，组织内部必须有分工，而在分工之后，就要赋予各部门及每个人相应的权力，以便于实现目标。但在赋予权力的同时，也必须明确每个部门、每个人的责任。有责任而没有权力，无法保证任务的完成；有权力而没有责任，就会导致权力的滥用。这些都会影响组织目标的实现。可以这样说，组织在一定程度上来说，就是职、权、责三位一体的完整体系。

4. 与环境的联系

组织并不是一个孤立的存在，而是一个开放的社会技术系统，它需要和外部环境进行各种材料、能源和信息的交换，从而使组织不断的变革与发展。比如一个企业，如果没有顾客、供应商、竞争者及其他相关因素的作用，便不能存在。而一个显著的事实是，今天的企业甚至都在与他的竞争对手合作，共享信息与技术。

综上所述，我们认为，组织是为实现某一共同目标，在分工与协作基础上构成的人群集合系统。

11.2　组织的功能

组织普遍地存在于我们的生活之中，并以多种多样的方式改变我们的生活。合理而有效的组织在现代管理中发挥着越来越重要的作用。

11.2.1　组织的重要性

1. 组合资源，会聚力量

有效的组织能充分利用人、财、物资源，对其进行有效的整合，把分散的个体会聚成集体，以整体的力量去追求期望的目标和结果。同时，组织整体表现出来的力量，并不是每一个个体力量的简单叠加，而应该像古希腊学者亚里士多德所说的那样，“整体大于各个部分的总和”。如果从效益这个角度来评价一个组织，那么只有借助于资源的有效组合，力量的会聚和放大，才能取得产出大于投入的经济效益，组织才能得以发展和壮大。

2. 个人与机构之间的交换作用

“人是最名副其实的社会动物，不仅是一种合群的动物，而且是只有在社会中才能存在的动物。”这是我们探讨组织和群体的思想理论基础。这种个人在现实社会生活中的合理存在来源于个人和机构两方面的因素。从个人的要素来看，个人之所以加入某一机构并对其投入一定的时间、精力和技能，付诸一定效率的个人努力，是因为其想从机构中得到某种利益和报酬，以满足个人的需要。从机构的要素来看，机构之所以接纳个人及对个人投入一定的成本花费，是因为希望个人能因此对机构有所贡献，以达到机构预定的目标。这样，个人与机构之间的关系，应该建立在一种相辅相成、平等交换的基础上，让双方都感到满意。而这种交互作用，正是通过组织结构、组织制度、组织活动等来实现的。

3. 适应并影响变化的环境

生态学被引入到管理领域之后，随着系统权变理论的出现，人们给予环境问题更多的关注。从系统论的观点来看，组织的生存和发展离不开一定的环境，构成组织环境的要素很多，既有政治、经济、文化、自然等各个方面的宏观环境，又有涉及人们思想观念、活动方式和心理状态的微观环境。组织与其所存在的环境之间处于一种互动的状态：一方面，环境对组织具有决定和制约作用，组织目标、组织制度、活动方式等都要适应环境的要求，并能随着环境的变化而不断调整和发展；另一方面，组织对环境的适应并不总是消极的，在一定的情况下，组织也可通过自己的活动来控制、利用和改造环境。例如，企业组织可以通过技术革新来优化产品工艺，从而改善需求环境；学校为社会培养和输送高质量的人才，就可以获得良好的社会评价，从而大大改善其生存环境。因此，在适应的前提下促进环境的改变，这是组织的一个重要作用所在。

11.2.2 组织的心理功能

组织的心理功能是指组织对其成员的心理影响。不同的组织在其组织结构、功能和活动方式等方面可能千差万别，但一般都有着共同的心理功能，即对其个体成员的相同影响，主要表现在以下两个方面。

1. 需要满足

人们为生存与发展所努力争取的一切都同他们的利益相关。需要是一切历史发展的前提。在微观管理的心理领域，需要也就成为人们行为的基础。人们正是带着各种各样的需要参加到组织中来的。一个合理有效的组织可以通过各种方式满足人们的不同需要。例如，通过工资、奖金、福利等来满足人们的基本生活需要；通过组织沟通、人际交流等来满足人们的社会交往、归属、尊重等心理需求；通过分配挑战性的工作任务、激发个体的潜能、充分展示个人的聪明才智等来满足人们的成就感和自我实现的需要。组织能够满足个体的需要，容易使个体对组织产生依赖感，而这种依赖感对增强组织的凝聚力、提高工作满意度、实现组织目标等都具有积极作用。

2. 行为导向

组织原则和规章制度向个体提供了一种制约因素，它能引导组织成员的行为。例如，组织目标指明了个体行为的方向，专业分工和权责分配则界定了个体行为的范围。组织制度和活动方式的明确规定能让每一个成员准确而稳定地预见自己及其他成员在特定的环境下的行为。在组织环境中，人们作出或者拒绝作出某一行为，是一种对责任与后果进行理性选择的结果。而理性选择正是来自于这种为组织所保证的个人稳定预见。同时，组织和制度能迫使个体接受别人的决定，使自己的行为受他人的影响。这一方面是由组织的层级制和权力运作来实现的。组织通过角色分配对每个人的职、责、权作出明确的规定，服从这种规定就成了组织成员应尽的义务；另一方面，接受他人的决定也许并不因为权力这种制度性的安排，而是基于一种自然的影响力，这一般来自以个人的知识、经验、能力、品德等为基础的人格魅力。如果我们把人的行为看做一种选择的结果，那么影响力改变人的行为意味着个体选择权的转移，而强制性的、制度性的权力改变人的行为则意味着个体某种选择权的丧失。组织也可通过组织文化的建设来形成人员的共同信念，从而塑造或改变人们的行为。

正是组织的重要作用及其对个人产生的种种影响，几乎使我们每一个人都成为一种组织人，我们都有这样的信念：组织是创造之源，有所归属是个人的最终需要。在这种观念的作用下，从个人的角度来看，我们对组织表示了极大的忠诚，并把这种忠诚上升到道德的角度，这就是我们平时所说的职业道德，我们一般都认为对组织缺乏忠诚、不热心工作是缺乏职业道德的表现。从组织的角度来看，这种道德使组织对忠诚的要求合理化，一个人要想进入某组织，必须经过各种考察，如品格、能力、知识等。进入组织之后必然要接受各种规章制度、组织原则和权威的约束。组织也会根据其成员的忠诚来提供各种报酬、福利、安全保障，或者是惩罚和制裁。当然组织人的这种现象有着一定的积极作用，它对组织目标的完成有利，并最终也会促使个人利益的实现。但这种完全泯灭人的个性去适应组织生活的组织人现象同样有着巨大的消极影响，这主要表现在：组织上的完全一致，使组织丧失了本应因个体存在而具有的能动特色，而且也限制了个体能动性和创造性的发挥。组织和个人都处于一种非常机械的状态，二者的关系也比较紧张。当然，这种弊端并不在于组织，而在于我们对组织的崇拜。因此，无论是在组织理论或是管理思想的研究中，人们越来越强调应避免一种绝对组织的存在，应该重视组织中人的个性，强调在组织生活中保留个人主义，以便能保持人的创造性，进而给组织带来活力。

案例：微软公司的成功之源

微软公司的成功，在很大程度上得益于微软公司拥有两位杰出的领导人：比尔·盖茨和史蒂夫·鲍尔默。在2000年之前，微软公司唯一的领导者是比尔·盖茨。2000年1月，为了更好地把握技术方向，比尔·盖茨把首席执行官的工作交给了史蒂夫·鲍尔默，自己做“董事长兼首席架构师”。后来，史蒂夫·鲍尔默又把公司分为七大商业部门，每一个部门负责一系列的产品和用户（例如，大企业部门负责Windows、SQL Server等服务器软件和工具；家庭娱乐部门负责XBOX、电视软件平台和游戏软件等）。2000年以来，比尔·盖茨和史蒂夫·鲍尔默成为最佳搭档，两人带领七个部门在经济风暴中稳定成长，堪称公司成功最主要的原因之一。

一、首席架构师比尔·盖茨

比尔·盖茨是微软公司的技术带头人。他善于通过自己的远见卓识，在技术上把握公司的发展方向，不断为公司的新产品研发制定战略目标。通过前面介绍的“思考周”、“头脑风暴会议”等形式，比尔·盖茨在全公司范围内集思广益，收集最新的信息，以保证技术决策的正确性和前瞻性。

比尔·盖茨的另一项工作是协调公司软件的投资，并避免七大商业部门的重叠投资。他会深入了解每一项重要技术，把开发任务交给某一个部门，并要求该部门把另外六个部门当做重要客户，同时也要求其他六个部门不要重叠投资。例如，虽然七个部门都需要语音技术，但是比尔·盖茨却将该技术的开发任务交给了我的部门。这样的安排让我不用担心公司内部的竞争，而且，我所在团队里的员工也会因为自己的产品能影响到其他各部门的产品而更有成就感。

比尔·盖茨还要负责决定全公司七大商业部门在各个研发方向上的技术资源分配情况。大多数公司可能会把最多的资源分配在最赚钱的部门里。但微软公司并不是这样做的。例如，微软公司负责Office产品研发的部门人数并不很多，相反，服务器和工具部门却拥有最多的技术员工。这主要是因为，微软公司在后台服务领域面临着更加激烈的市场竞争，需要投入更多的资源，以尽快开发出领先于IBM、Sun等竞争对手的重量级产品。微软公司在移动产品部门投入大量资源，也是因为比尔·盖茨看好移动通信领域的巨大市场前景。因为微软公司内的七大商业部门并不是完全独立的，比尔·盖茨就可以根据自己对技术方向的判断，把有限的资源调配给最具有发展潜力或竞争最激烈的技术领域。

二、首席执行官史蒂夫·鲍尔默

史蒂夫·鲍尔默是微软公司的头号拉拉队队长。他是一个非常有激情的人，说话声音很大，非常有力量，而且很感性，很有穿透力。他是一个全能领导者，既有商业头脑，又有战略眼光，能鼓舞士气，还富有激情，精通技术。微软公司的人常说，他给下级作考评的时候，就像在“奥数班”一样，要求甚高而不允犯错。当下级把总结报告提交上去后，他只看一眼，就可以从中挑出几个乃至十几个不恰当的地方。通过这样的考评，下级员工可以收获到非常多的经验和知识，可以在以后的工作中做得更好。

当把微软公司整合成七大商业部门之后，史蒂夫·鲍尔默适时地由前台退到了后台。他不再做具体的管理者，而是转变成七大部门主管的背后支持者。他不再做每件大事的最后决定人，而是支持着七个部门主管的成长。他不再做一个最有煽动力的拉拉队队长，而成为一个幕后的教练。史蒂夫支持七大部门的主管放手施展自己的管理才华，而他自己则把更多的时间花在公司的价值观和人才建设上。

三、最佳搭档

比尔·盖茨和史蒂夫·鲍尔默是微软公司最重要的两个人。在我所经历过的高科技公司里，员工总是喜爱抱怨公司的最上层领导，但是在微软公司，几乎所有员工都对比尔·盖茨和史蒂夫·鲍尔默无比钦佩。和他们共事多年，我认为他们两个人都是非常有才华，集谦虚、勇敢和毅力于一身，勇于从失败中吸取教训。二人最特别的三个优点是：①勇于改变、适应力强。比尔·盖茨和史蒂夫·鲍尔默都是适应能力很强的人，能够根据情况的变化及时调整自己的工作角色和工作方式。他们两个人都在不断地学习，不断改进自己的工作。例如，比尔·盖茨在演讲失败后，勇于拜师学习演讲技巧；2000 年时，为了企业更好地发展，比尔·盖茨将首席执行官一职交给史蒂夫·鲍尔默；设立七大商业部门后，史蒂夫·鲍尔默从拉拉队队长转型成幕后的教练……这些都是微软员工津津乐道的例子。②对公司充满热爱和激情。二人早已不是为了赚钱而工作，而是为了公司，为了用户，为了享受激情和快乐而工作。他们很多年没有拿股票和认股权，把上亿美元的财富让给了员工。正因为他们对公司的热情感染了所有的员工，微软公司才能汇集全公司所有人的智慧，共同为公司创造最大的价值。③彼此信任、相互支持。对微软公司来说最难得的是，两人百分之百地彼此信任，共同推动微软公司向前发展，共同完成了 2000 年到今天完美的职位交接，共同负责创造公司的未来。他们之间从未发生权力斗争、政治纠纷一类的问题。这在今天这个现实、自私的社会中是最难能可贵的事，也是微软公司成功路上的佳话。

资料来源：李开复微软成功之道 李开复总结四点成功经验 .http：//tech. sina. com. cn/it/2005-04-07/1359574940. shtml. 2005-04-07.

讨论题

1. 微软公司是否符合组织的共同特征？试简要分析。

2. 微软公司的管理者在非物质利益的驱动下仍能保证工作的热情，试用组织的心理功能理论加以分析。

3. 试依照案例内容推测微软公司的组织文化会对组成成员产生怎样的行为导向。

关键词

组织　组织的共同特征　组织的功能

思考与练习题

1. 什么叫做组织，组织的共同特征有哪些?

2. 组织有何重要作用?

3. 组织的心理功能有哪些?

第12章

组织结构

现代社会组织呈现出越来越明显的结构化特征。组织的结构关系是组织理论家和实际管理者研究与考虑的一个基本对象。任何组织都要设计和维持一种结构，以便人们能为实现组织目标而有效的工作。因为组织结构直接决定着组织中正式的指挥系统和沟通网络的效率，影响着组织中个人的心理、行为及相互关系，所以充分了解与掌握组织的基本结构，必然成为分析组织成员行为的关键因素。

12.1 组织结构的基本概念

组织结构的概念在一定程度上来说是抽象的和虚幻的。因为组织作为一个社会系统而言，其结构是看不见的。这和生物系统与机械系统的结构不一样。例如，在生物系统中，有机体的结构可以较为直观地加以研究，生理解剖就是一个最好的例证。而社会组织就很难作出清晰的区分，只能从组织的行为和实际作业中作出判断。一个大学生在入学时就会接触到一所高校的组织结构，他到财务处去交学费，到学校医院体检，到图书馆办理图书证等。这一过程可使他认识到在学校这一组织中，谁做什么事情、谁承担什么样的责任、上下级的关系如何等。而这正是组织结构所反映的内容。

一般来讲，我们把组织结构定义为组织中各个组成部分之间关系的一种模式。而这种关系模式最终是由组织目标所确立的，并最终体现在组织各组成部分所承担的工作任务上。也就是说，组织结构所反映的是组织对工作任务如何进行分工、分组与协调的。组织为了实现它的目标，必须对其所承担的工作任务进行划分，然后再使这些已经划分的工作任务协调统一起来，而这种划分和协调统一所采取的一切方式就是一个组织的结构。组织结构的这一概念反映了它的两个本质方面：分化与整合。分化指如何将组织工作分解成各个任务，整合指如何使这些工作任务协调起来成为一个整体。我们对组织结构的理解也正是从这两方面来进行的。

12.1.1 组织结构的分化

从组织结构分化的角度来说，组织结构体现了组织活动的差异化。具体来说，组织结构的分化内容包括三个方面。

1. 工作专门化

工作专门化所反映的是组织中把工作划分成若干步骤来完成的细化程度。工作专门化的实质是：一个人不是完成工作的全部，而是把工作分解成若干步骤，每一步骤由一个人独立去做。也就是说，每个人专门从事工作活动的一部分，而不是工作的全部。工作专门化的程度越高，组织工作任务就会被分解得越为细致。

2. 部门化

通过工作专门化完成工作任务划分之后，就需要按照类别对它们进行分组，这就是部门化。部门化是将工作和人员组织成可以管理的单位的过程。组织的部门化有以下方式。

（1）职能部门化。职能部门化以组织的主要职能为基础设立部门，凡具有同一性质、职能的工作都置于同一部门，由该部门全权负责该项职能的执行。例如，企业组织中的生产、销售、财务、人事等部门就是按职能划分的。这是一种最为普遍的部门化方式，它能把具有相同专业技术和技能的人员集中起来，以提高专业化程度和效率。用经济学的话语来说，就是实现了规模经济。

（2）过程部门化。过程部门化是以工作程序为基础划分部门。这种划分方法适用于产品的生产。例如，在机械制造企业中，通常会按毛坯、机械加工、装配的工艺顺序分别设立部门。这种划分方式，在生产程序复杂，要求严格的情况下是必要的，它有利于加强专业程序管理，提高工艺水平。

（3）区域部门化。区域部门化是根据地理因素来设立部门，把不同地区的业务和职责划归不同部门负责。对于一个地域分布较广或业务涉及区域较大的组织来说，按地区划分是必要的。因为不同地区的政治经济形势、文化科学水平、对业务的要求等有很大的差别。按地区划分部门有利于各部门因地制宜制定政策，进行决策，提高组织的适应性和有效性。

（4）顾客类型部门化。顾客类型部门化是指根据不同顾客的需要而设立部门。比如，销售办公设备的公司可设立这样几个部门：零售服务部、批发服务部和政府部门服务部等。比较大的律师事务所也可根据服务对象（公司企业、政府部门、个人）来设立不同的部门。这样，每个部门的顾客存在着共同的问题和要求，就可配置相关人员和技术设备，更有效地满足顾客需要。

另外，组织还可以根据产品、时间和设备来进行部门的划分。一个组织究竟采用何种部门化的方法，应视具体情况而定。事实上，组织在进行部门化时可能综合利用上述各种方法，以取得较好的效果。例如，一家大型的公司可根据职能类型来确立生产、销售、财务各部门；根据生产过程或产品来组织其制造部门；把销售部门分为若干个区域工作单位；在每个地区根据顾客类型分为不同的顾客小组。

3. 等级结构

部门化所讲的是组织在水平方向上的分化问题。而等级结构所说的是组织中垂直方向上的分化。垂直分化是用职权等级对工作任务进行的划分。这种划分的基础是各单位和个人在组织中所拥有的职权。组织的这种垂直划分确立了组织的等级结构和组织中的层级数，不同的等级所拥有的职权、地位、作用、影响甚至奖酬都有着明显的差别，从而确定了组织中的指挥与服从关系。

12.1.2 组织结构的整合

在组织结构分化的同时，还必须将这些活动和任务联结成一个协调、合作的整体，以发挥组织的整体结构功能。分化形成了组织活动的差异化，整合则体现了组织活动的一体化，即在完成组织任务的过程中使各分系统的努力达到统一的过程。从组织活动一体化的角度看，组织结构体现以下四方面内容。

1. 命令链

命令链是一种不间断的权力路线，从组织的最高层扩展到组织的最基层，澄清谁向谁报告工作。它能回答这样一些问题：我有问题时，去找谁；我对谁负责？

讨论一个组织的权力路线涉及以下两个方面的问题。

（1）职权、职责和责任。职权是指某一职位所固有的发布命令并期望命令被执行的权力。它来源于职位而不是个人，是组织制度所赋予的。职责表明的是某一职位的人所应该完成的工作任务。职权和职责应该是一致的，如果处在某一职位的人负责完成某项活动，那么，就应该被赋予必要的职权，否则任务无法完成。同时，具有了某种职权，就应该承担起相应职位的工作职责，否则就是滥用权力。因此，组织结构在一定程度上来说，就是职位、职权和职责三位一体的完整体系。而责任是同职权和职责的不断履行相联系的，是指某一职位上的个体执行其职责并合理履行其职权的义务。这种对职权、职责和责任的理解就构成组织中权力路线的基础。

（2）命令统一性。命令统一性在于保持组织权力路线的连续性。它意味着，一个人应该对一个主管直接负责。否则，一个下属就不得不忙于应付多个主管不同命令之间的冲突或优先次序的选择，必然会造成组织的混乱，下属对工作无所适从，影响组织的整体工作效率。

应该说，在现代组织结构中，权威及命令的统一性等的重要程度正在不断降低。随着科学技术的发展，尤其是计算机技术的发展与应用，一个基层组织成员可以迅速获得过去只能是高层管理人员才能得到的信息，而且人们之间的交流渠道也不断增多，不再是单一的上下级之间的正式渠道。同时，现代组织越来越强调民主管理，以及授权与分权，鼓励成员自己作出符合客观实际的决策。这些都在一定程度上降低了命令链条在组织结构中的重要性。

2. 控制幅度

控制幅度所反映的是管理者直接而有效地领导下属的可能人数。一个组织的管理者由于受知识、经验、时间、精力、条件等各方面的限制，能够直接有效地领导的下属人数总是有限的，超过了一定的限度，就会降低管理效率。法国管理学家格拉丘纳斯指出，管理的人数以算术级数增加时，管理者与下属及下属相互之间的关系将以几何级数增加。他提出了这样的一个公式：

$$C = n(2^{n-1} + n - 1)$$

式中，n 为管理者所领导的下属人数；C 为可能存在的关系数。这一公式的准确性尚待进一步证明，但它却正确地反映了这样一个基本事实，即随着下属人员数量的增多，人与人之间的相互关系将以更快的速度增多，因而使管理工作变得更为复杂。因此，必须妥善处理各方面的种种关系才能保持协调，这就需要科学地确定控制幅度。

控制幅度要适度，但这个度如何来把握却是一个复杂的问题，需要综合考虑管理者及下属的能力，工作的复杂性、稳定性、标准化、相似性及难易程度，领导风格，地理位置，沟通和信息传递等多种因素。一般的规律：管理者和下属的工作能力很强，知识和经验都很丰富，技能水平也很高，则控制幅度可适当增大；当工作相对来说较为简单容易、工作方法和工作程序标准化程度较高、工作有相当的重复性时，控制幅度可适当增大；领导者善于把管理权限较充分地授予下属，让下级有充分的自主权，甚至采取“无为而治”的领导风格时，控制幅度也可增大；当组织内信息传递的方式和渠道恰当，传递效率高，上下左右沟通快捷，关系能够很好地协调时，控制幅度可适当增大；领导者所管理的组织机构如果在空间上比较接近，控制幅度可考虑增大；当组织的生存环境较为稳定，组织工作健康有序，没有较大的变革时，也可考虑适当增大控制幅度。总之，控制幅度对不同组织来说并不是一个绝对不变的常量，它需要不断地作出调整，而管理的有效性是最终评价控制幅度是否适当的一个终极尺度。

3. 集权与分权

集权与分权是指组织决策制定权力的集中程度。如果决策是高度集中的，组织的高层管理者在决策时不考虑基层人员的意见就决策，则集权化的程度较高。反之，如果基层人员参与程度越高，或者他们能自主地作出决策，则组织的分权化程度较高。在现代组织管理中，越来越强调分权化，因为在分权式的组织中，采取行动、解决问题的速度较快，有更多的参与实际工作的人为决策提供建议也使决策更为合理而准确，而且分权和民主参与能使组织成员获得更大的心理满足，容易产生责任感和工作满意感。

4. 正规化

正规化是指组织实行工作标准化的程度，也就是组织依靠规则和程序引导成员行为的程度。在高度正规化的组织中，有明确的工作说明，有繁杂的组织规章制度，对于工作过程也有着详细的规定，这意味着做这项工作的成员对工作内容、工作时间、工作手段等没有多大的自主权。人们总是希望成员以同样的方式投入工作，能够保证稳定一致的结果。而在正规化程度较低的组织中，组织的规章制度较少，工作安排也不是很僵硬，成员对自己工作的处理权限范围也较为宽泛。

综上所述，组织结构是组织分化与整合的结果，每一种组织结构都大致反映上述各方面的因素。我们描述组织结构，既要说明组织是如何分化的，它如何分工，有什么样的部门、多少等级；又要说明组织是如何整合的，它的权力路线是什么样的，控制幅度怎样，集权与分权的程度、正规化程度如何。

12.2　组织结构的基本类型

形成组织结构是为了便于管理，实现组织的宗旨和目标。而组织的不同分化与组合，便会形成不同的组织结构。为了方便研究，我们可以把组织结构简单地归结为两种基本模型：机械模型和有机模型。

12.2.1　机械模型

机械模型一般有如下特征：①任务被划分为独立的专业化部分；②职责范围受到严格精确限定；③有明确的职权等级和许多程序规则；④有关工作的知识及对任务的监控集中在组织上层；⑤强调上级对下级的纵向协调。

其中，①、②两个特征描述的是组织的专门化程度较高；③描述的是组织的正规化、标准化及程序化程度较高；④、⑤两个特征则反映了组织的集权倾向。比较典型的机械模型就是韦伯所提出的官僚结构（科层制）。直线职能式的组织结构最能说明这种模型的根本特性（图 12-1）。

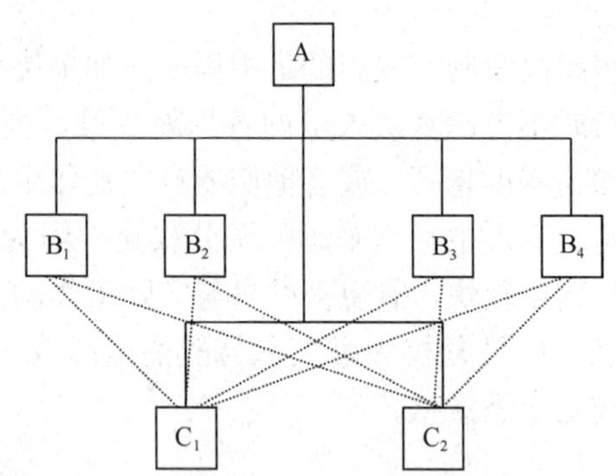

图 12-1 直线职能式的组织图式

A 为组织首长；B_1、B_2、B_3、B_4 为职能部门；C_1、C_2 为业务部门

在直线职能式组织形式中，既有纵向（实线表示）的垂直领导隶属关系，又有横向（虚线表示）的水平领导隶属关系和权责关系。其中，直线隶属是基础，职能结构起一种辅助性的作用。直线管理者各有其单一的直接领导者，有独立的指挥权，但在决策、监督和有关的职能方面受到职能机构的限制。职能机构设在较高的领导层次上，和直线机构或人员没有直接领导关系。他们之间是通过共同的上级发生的间接领导关系。它们向最高管理者提出各种决策方案和行动计划，经过最高管理者批准后下达给直线管理者具体执行。

直线职能式组织结构有利于集中统一指挥，同时职能部门任务专业化，避免人力和物质资源的重复配置。其缺点是：权力集中于最高层，下级缺乏必要的自主权；各职能部门之间横向联系较差，容易产生矛盾与冲突；信息传递路线较长，反馈较慢，适应环境变化困难。另外，如果职能机构的权力过大，容易将其意图强加给管理者，干扰、限制直线管理者的正常工作。而如果直线管理者权限过大，将职能机构置于可有可无的地位，也会带来不良后果。

12.2.2 有机模型

有机模型一般有如下特征：①成员围绕着共同的任务开展工作；②职责范围在相互作用中不断修正；③职权等级和程序规则少；④有关工作的知识及对任务的监控分散在组织之中；⑤强调上下级双向沟通，以及横向和斜向沟通。

其中，①、②两个特征描述的是组织专业化、部门化程度较低；③反映的是组织的正规化、程序化、标准化程度较低；④、⑤两个特征说明组织的分权倾向较为明显。比较典型的有机模型是矩阵结构（图 12-2）。

矩阵式结构是在直线职能结构的基础上发展来的。矩阵结构是把按职能划分

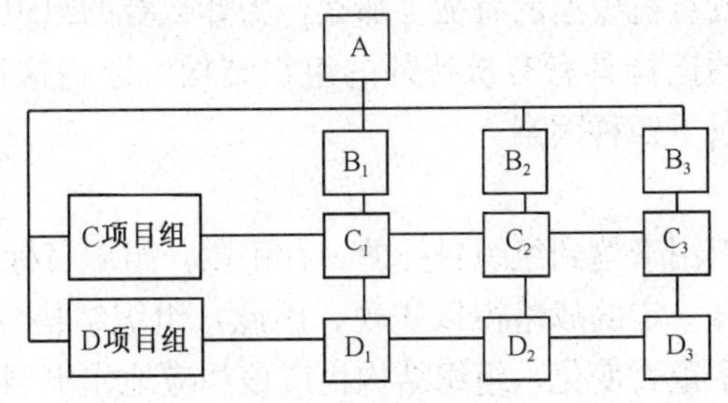

图 12-2　矩阵组织图式

A为组织首长；B_1、B_2、B_3 为各职能部门；

C_1、C_2、C_3 为C项目组成员；D_1、D_2、D_3 为D项目组成员

的职能机构与按项目划分的小组结合起来组成一个矩阵。矩阵结构是由纵横两套管理系统组成的组织结构，一套是纵向的职能领导系统，另一套是为完成某一任务而组成的横向项目系统。也就是既有按职能划分的垂直领导系统，又有按项目划分的横向领导系统。

矩阵结构的优势在于：将组织的纵向联系和横向联系很好地结合起来，有利于加强各职能部门之间的协作与配合，及时沟通情况，解决问题；具有较强的机动性，能根据特定需要和环境活动的变化，保持高度民主的适应性；把不同部门、具有不同专长的人员组织在一起，有利于相互启发，集思广益，解决复杂问题。

矩阵结构的主要问题在于：在资源管理方面存在着复杂性；稳定性差，由于小组成员是由各职能部门临时抽调的，任务完成以后，还要回到原职能部门工作，所以容易使成员产生临时观念，不安心工作；权责不清，由于每个成员都要接受两个以上的上级领导，潜伏着职权关系的混乱与冲突，所以容易造成管理秩序的混乱，降低工作效率。

机械模型和有机模型各自的优势和缺陷使它们有着不同的适用条件，一般来说，在环境相对稳定的情况下，在任务明确、技术统一的常规活动中，机械模型较为适用。在环境变化较大、任务和技术复杂多变、需要较多的创造和革新的活动中，有机模型较为适用。

12.3　影响组织结构的基本因素

前面我们讨论了组织结构的两种基本模型：机械模型和有机模型。在这两种极端化的组织结构模型之间还有着其他多种多样的组织结构类型，这些类型由于专业化、集权与分权、控制幅度、权力路线、正规化、部门化等的差别，分别具

有偏向于机械模型或有机模型的特征。那么，为什么有的组织选择具有机械特征的组织结构，而有的选择具有有机特征的组织结构？影响这种选择的因素有哪些？概括地说，有以下四种因素。

1. 战略

组织结构是组织用来达到组织目标的一种手段，组织目标是由组织的总体战略所决定的，并依靠一定的战略得以实现。因此，组织结构应该服从组织战略。如果组织战略发生了重大变化，组织结构也应该相应地作出调整，以支持组织战略的变化。组织战略一般有三种：防守型战略、进攻型战略、分析型战略。

（1）防守型战略追求稳定和效益，对组织的成本加以严格的控制。与之相对应的组织结构特征是专业化程度高、正规化程度高、规章制度多、有自上而下的明确的权力路线、集权程度高，即机械特征较为明显。

（2）进攻型战略追求快速、灵活反应，注重有意义的独特创新。与之相对应的组织结构特征是劳动分工程度低、规范程度低、规章制度少、分权化等，即有机特征较为显著。

（3）分析型战略追求稳定效益和灵活变化相结合。与之相对应的组织结构特性是适度集权控制、对现有的活动实行严格控制，但对创新活动控制较松，采用分权方式来进行。

2. 组织规模

一般地说，组织规模较大，其工作专门化、部门化程度高，垂直层次多，规章制度多。但是组织规模对组织结构的影响并不是简单的线性关系。也就是说，随着组织规模的扩大，规模对组织结构的影响会渐渐减小。例如，一个组织拥有10 000名员工，其专业化、正规化和集权化就已经达到了一个相对稳定的程度，再增加500人，对组织结构的影响也不会很大。而对于仅有200名员工的组织来说，再增加500人则可能导致组织结构的巨大变化，其专业化、部门化等会显著加强。

3. 技术

技术是组织把投入转化为产出的手段。每个组织都至少拥有一种技术，从而把人、财、物等资源转化为产品或服务。例如，企业组织有专门的生产线、加工和装配工艺来生产自己的产品，大学里也有各种正规的课堂教学、案例分析法、实验法等来培养学生。对技术的一个区分标准是它们的常规性程度，也就是说技术是常规的，还是非常规的。常规性技术是指适应于自动化、标准化、经验性操作的技术；非常规技术则是指适应于新的、不平常的、不熟悉问题和任务的技术。一般而言，常规性的技术与层次繁杂的部门化、正规化、集权化的组织结构相关；而非常规的技术则与工作专门化程度低、正规化程度低、分权化的组织结构相关。

4. 环境

环境也是组织结构的一个重要影响力量。评价一个组织的环境要考虑三种因素：支持性、稳定性和复杂性。支持性描述的是环境支持组织发展的程度，即环境能否为组织提供较为丰富的资源；稳定性描述的是环境中不可预测变化的多少；复杂性描述的是环境要素的数量、相互关系、集中程度等内容。在对这三种环境因素进行评估的基础上，可以得出一个普遍性的结论：环境的低支持性、动态性、复杂性越强，即环境的不确定性越高，组织结构就应该注重分权化，强调较低的部门化、正规化；反之，环境的支持性、稳定性、简单性越高，组织结构就可以是集权化的，强调命令统一、正规化、部门化等。

12.4 有效结构的基本特征

受到组织的战略、规模、技术与环境等方面因素的影响，不同的组织可以采取不同的方式来进行分化与整合，从而形成不同的组织结构。应该说，组织结构是组织内外环境的产物，并不存在一种适合于所有组织的普遍性结构，只存在一定条件下比较适合于某一特定组织的结构。尽管如此，一种组织结构要想生存下来，并有效运行，必须具有以下基本特征。

1. 结构的有效性和效率

有效性和效率是评价一切组织活动的尺度。就组织结构而言，有效性是指组织结构必须有利于组织目标的实现，也就是说它描述的是组织结构是否具备实现目标的能力。效率是指组织结构应当鼓励成员以最小的代价实现目标。组织结构无论怎样分化和整合，其目的都是为了能够最有效和最有效率地实现组织目标，而决不能是单纯地为了控制。

2. 结构的灵活性与适应性

任何组织的发展都要受到环境的影响。因此，组织结构也要有灵活性与适应性，这样，才能够创造性地对正在变化的环境作出反应。

3. 结构要有利于人力资源的发挥与发展

组织结构必须是有利于成员的个人成长和职业发展。这是人本主义的观点在组织结构上的体现。从个人成长方面来说，组织结构要提供一种环境使组织成员在他们感兴趣的和有才能的领域，以鼓励人们发挥其最大能力和潜能，高水平地完成工作。它应当调动成员学习新技能的兴趣，并随着经验的增长而不断增强责任心，从而使自己不断成长。从职业发展来说，组织应当从结构上提供明确的升迁阶梯，并为他们提供必要的训练系统和机会，来获取担任高一级职位或工作的资格。

4. 结构要有利于协调

协调是组织能否发挥效率的关键因素。当各部门目标冲突，各行其是，或者为了个人目标、部门目标而损害组织整体利益时，这种结构便是失败的。因此，良好的组织结构必须有利于组织内人员与部门之间的沟通与协调。

12.5 组织结构与员工行为

组织结构的实质是对组织的分化与整合，它包含组织的专业化程度、正规化程度、集权与分权的状况、控制幅度等多方面的内容。而这些对员工的工作绩效和工作满意度有着深刻的影响。也就是说，良好的组织结构能够在一定程度上提高员工的工作效率并带来工作满意感。应该指出的是，组织结构对员工行为的影响并不存在着一种固定的关系，有的人可能喜欢有机结构下的自由和灵活性，有的人则喜欢机械结构下的统一和标准化。因此，在考虑组织结构对员工的影响这一问题时，必须考虑到成员的个体差异。这就使问题变得较为复杂。

我们一般认为，工作专门化能提高工作效率，但这种情况只适用于那些希望工作对智力的要求较低、能够提供一种安全感、偏爱常规性的重复工作的人。而对那些渴望个人成长、希望工作多样化并有内在激励的人来说，高度的专门化却只能导致对工作的不满意和低效率。再比如，控制幅度。有的人可能喜欢较宽的控制幅度，因为他觉得工作环境比较宽松和自由，有更多的机会发挥个人的主动性。而有的人则相反，他愿意接受别人的指导，不希望承担太大的责任和工作压力，所以他就可能在较窄的控制幅度下更为满意。

其他因素，如集权与分权、正规化等因素也如此，都是因人而异的，并没有统一的尺度。这就需要组织结构的设计要充分考虑到员工的经历、个性、能力等个体差异。有的学者因此提出了一种较为简便的方式，即评定员工的官僚倾向，官僚倾向较强的适合于在机械式组织中工作，而官僚倾向较低的则适合于在有机组织中工作。

案例："X媒体"的组织结构

早上8点30分，当一般上班族还拎着早点进公司的时候，"X媒体"资讯科技公司的经营团队早已坐在会议室和董事长翁素惠一起开会了。

"人才是公司最重要的资产。"翁素惠说。

翁素惠领导的经营团队——技术研发团队和通路行销团队是公司的两大支柱，总经理施明信负责带领技术研发团队，翁素惠十分倚重他对于网路未来趋势的分析和软件技术的研发；副总经理柯佳伶负责通路行销。

另外，翁素惠相当依赖的铁三角如下：技术研发执行长施忠明、负责财务的副总经理陈铭德和担任公关及发言人的副总经理李培芬。

翁素惠尊重他们的专长，也善用他们的专业。如何使科技人员了解营销，行销人员理解科技，使二者结合发挥乘数效应，“最大秘诀就是建立共同愿景”。翁素惠说。

对于国际网路未来的发展，她充满信心地表示：“我告诉他们，相信我，一定会成功。”管家婆的最大企图就是结合国际网路、实体通路与广告媒体，使管家婆成为亚太地区“电子通路应用服务商”（ECASPQ）的领导品牌，成就这项愿景最重要的就是人才和资金。

讨论题

1. “X媒体”组织结构属于哪种形式？请画出组织结构图。
2. 对于日新月异竞争激烈的网络行业，你认为“X媒体”的组织结构应如何适应？

关键词

组织结构　组织结构的分化　组织结构的整合　命令链　控制幅度　控制幅度公式　集权与分权　正规化　机械模型　有机模型　有效结构

思考与练习题

1. 组织的部门化体现在哪些方面？
2. 格拉丘纳斯的控制幅度公式是什么？如何保持适度的控制幅度？
3. 分别谈一下机械模型与有机模型的优缺点？
4. 影响组织结构的基本因素有哪些？
5. 有效组织结构的基本特征有哪些？

第13章 组织文化

文化是指一个社会中人们综合的精神活动程式，它决定人们共同的价值观、信仰及行为取向。社会中的每一个成员都是在一定的文化环境下成长起来的，他们之间一切的相互行为和相互关系都不能独立于这种特定的文化环境而存在。文化的影响已经渗透到社会的各个领域，在研究和探讨社会不同领域的问题时，必须充分重视文化这个因素所起的重要作用。对组织问题的研究，尤其是对组织心理的研究，更是离不开文化研究这一视角。正如人都有自己的个性，组织也有自己的文化，并保持各自文化的特色。组织文化是组织成员内化的、共同的系列行为、情感和心理结构。组织文化告诉人们，要保证组织成功，必须采取适当的态度和行为。这是一种社会现实，是一种不断发展的现象，无论有意还是无意，人们都以此为指导。

13.1 组织文化的含义

13.1.1 文化与组织文化

在人文社会科学中，文化一词最经典的定义是英国人类学家泰勒在《原始文化》一书中提出的："文化是一个复杂的总体，包括知识、信仰、道德、法律、风俗以及人作为社会一员所获得的一切能力与习惯。"文化可以被看做组织的一个外部因素，是组织整体外部环境的一个组成部分，对组织的存在与发展构成影响。而组织本身也能产生文化，"组织作为一种社会机器，为社会提供产品和服务，同时它们也会提供一个副产品，它们会产生一些特殊的文化产品，如惯例、传说、礼仪等”。在组织与管理领域使用的文化含义与泰勒的文化定义相似，但要狭窄一些。组织文化主要指人们对组织生活的心理取向，指一个组织的成员对组织的认知、情感和评价。而不同的心理取向对组织生活有着不同的显著影响。

任何文化都具有历史性、民族性和历史继承性的特点，都是人们在长期的社会实践过程中逐步产生和积淀而成的。而组织本身存在于广阔的文化背景之中，因此，任何一种组织文化都根植于一定的社会历史和民族特点及其历史演变过程之中，组织文化必然反映各个时代文化和民族文化的差别。但从组织自身而言，组织文化直接产生于组织的制度化。我们知道，任何组织都是协调和控制一群人的理性工具，它们具有一定的层次结构，有不同的部门和分工，有权责分配体系，等等。这种由组织所提供的制度，以一定的组织理性力量，对组织进行控制和约束，以实现其目标。同时，组织实现制度化以后，使组织成员对于恰当的、基本的、有意义的行为有了共同的理解。这样，一个组织中可接受的、被允许的行为模式对组织成员来说就是不言而喻的事了。正是在组织制度化的前提下，组织自身就像人一样有了恒久的个性，也因此产生了区别于其他组织的文化。这种文化反映了组织成员所共享的重要的价值观和信仰，为组织成员提供了模式化的思想、感受和反应，从而引导其制定决策和采取其他行为。

在组织理论的发展历史上，组织文化这一术语大约是在20世纪50年代出现的。例如，杰奎斯（Jaques）在《工厂的变化》一书中指出，组织文化是“人们做事的习惯与传统方法，它在一定程度上被组织的所有成员共同接受，并且新加入的成员必须学习接受，至少是部分接受，以便他们能被组织接纳”。这种对组织文化的理解虽然并未深入到组织文化的性质与根本内容，但也在一定程度上反映了组织文化对成员行为的影响。

20世纪80年代以来，随着对组织理论研究的深入，越来越多的学者认识到，组织成员的行为并不是单一地受正式的规则、权威、理性标准制约的，文化的规范、价值、信念也会约束和影响人的行为。因此，要了解组织的行为，仅仅了解组织的结构、信息系统和战略计划是不行的，还要研究它内部的文化。施恩（Schein）提出了一个更为复杂的组织文化定义。他认为，组织文化是一种基本假设的模式，是群体在应付它的外部适应问题和内部整合问题时，创造、发现或发展的，它在运用中被认为是完全有效的。因此，它也被看做在知觉、思维和情感这些问题的关系上应具有的正确方式，而用于教育新成员。

组织文化的定义与人文社会科学关于社会文化的定义有共同的特点。它们都强调共同遵守的价值观和信仰的重要性，以及它们对行为的影响。在这个意义上说，组织文化是指组织在长期的实践活动中所形成的并且为组织成员普遍认可和遵循的具有本组织特色的价值观念、团体意识、行为规范和思维模式的总和。它使一个组织独具特色，区别于其他组织。也就是说，尽管组织文化是一种没有写成文字的、非正式的规则，但组织成员仍然知道如何反应和作为。维尔克（Wilk）对这一点作了明确的表述："可能对明确的行为模式并没有一个事先规定的规则，但组织中的人能很快学会遵从这一未见之于文字的规则，在某种程度上，这种行为模式已在组织内无所不在了。组织也因此与其他组织明显不同，其成员对它有一种明确的认同，并形成明确的风气或感觉。一旦你了解了一个组织的文化，你就知道在组织内你的行为会遇到何种境遇。"

13.1.2 组织文化的内容与分类

1. 组织文化的内容

组织文化是组织成员的共同价值观体系，它使组织独具特色。如果进一步考察的话，这种共同的价值观体系实际上是组织所重视的一系列关键因素。罗宾斯（Robbins）详细描述了组织文化所具有的本质性内容，其要点有如下七个方面。

（1）创新与冒险，指组织在多大程度上鼓励员工创新和冒险。

（2）注意细节，指组织在多大程度上期望员工做事缜密、善于分析、注意小节。

（3）结果定向，指组织管理人员在多大程度上集中注意力于结果而不是强调实现这些结果的手段与过程。

（4）团队定向，指组织在多大程度上以团队而不是以个人的工作来组织活动。

（5）人际定向，指管理决策在多大程度上考虑到决策结果对组织成员的影响。

（6）进取心，指组织内的员工的进取心和竞争性精神。

（7）稳定性，指组织活动重视维持抑或重视组织成长的程度。

上述七方面的组织文化的基本内容都表现为一个程度从低到高的连续过程。这七方面内容的不同组合，代表着不同的组织成员对组织所持的共同感情，组织成员在组织中做事的方式以应有的行为方式，继而表现为各种迥然不同的组织文化。

2. 组织文化的类型

根据上述组织文化的内容，可以把组织文化分成以下四种类型。

（1）适应型文化。适应型文化是一种鼓励创造性与灵活性的组织文化。就组织与环境的关系而言，这种组织并不只是对环境变化作出反应，而是积极地创造变化。革新、创造性和风险行为被高度评价并得到奖励。就组织与成员的关系而言，这种组织极为重视员工的创造性行为表现，并给工作出色的员工以巨额奖酬和较大的行为自由度。

(2) 使命型文化。使命型文化是着重于对组织目标的一种清晰认知和有效完成的组织文化。组织成员一般对特定水平的绩效负责，组织相应给予承诺及特定的回报。组织通过目标任务的设定来塑造员工的行为，并以此来评价员工的业绩，根据员工的绩效实况付给他们报酬。

(3) 团体型文化。团体型文化是强调组织成员的参与，重视员工需要的满足对获得良好绩效的作用的组织文化。在这种文化中，最重要的价值观是关心员工，员工通过积极参与产生一种责任感，进而对组织产生认同。

(4) 官僚制文化。官僚制文化是强调稳定和组织的一致性，支持明确的规则体系和程式化的工作方法的组织文化。在这种文化中，个人参与在某种程度上有所降低，但这被员工间高水平的一致性、简洁性、合作性所弥补。

应该指出的是，现实生活中的大多数组织都不能简单明晰地归类到以上四种文化类型中的某一种，因为一般的组织都拥有一种混合型的组织文化，而且这几种类型的文化本身也存在一个转型过程。

13.2 组织文化的功能

13.2.1 组织文化的基本功能

组织文化是一种隐形与显形结合并散落于组织的产品、价值观、精神、行为、风范和制度之中的东西，尽管它通常并不为人们所关注，但它却实实在在地发挥着重要作用。一般地说，组织文化具有以下六项基本功能。

1. 组织文化起着分界线的作用，使不同的组织相互区别开来

正像组织文化定义中所描述的那样，它使每一个组织都独具特色。组织会因其文化的存在而显示出和个体一样的独特个性。

2. 组织文化表达了组织成员对组织的一种认同感

组织文化实质上是组织全体成员共同创造的群体意识，它所包含的价值观、组织精神、组织目标、道德规范与行为准则等内容，均寄托了组织成员的理想、希望和要求，关系到他们的前途和命运。组织成员由此产生对组织的一种认同感，乐于参与组织事务，发挥自己的聪明才智，为组织作出自己的贡献。

3. 组织文化的导向功能

组织文化使组织成员不仅注重自我利益，更考虑组织利益。一个组织的组织文化一旦形成，就会建立起自身系统的价值和规范标准。当组织成员的价值取向和行为取向与组织文化的系统标准发生悖逆时，组织文化将发生导向功能，使人们在潜移默化中接受共同的价值观念，自觉自愿地把组织目标作为自己所追求的

目标。

4. 组织文化的凝聚功能

组织文化有助于增强社会系统的稳定性。经验表明，当一种价值观被该组织员工认可之后，它就会成为一种黏合剂，从各个方面把其成员团结起来，从而产生一种巨大的向心力和凝聚力。

5. 组织文化的辐射功能

组织文化一旦形成较为固定的模式，不仅会在组织内发挥作用，对本组织员工产生影响，而且也会通过各种渠道对社会产生影响。组织文化通过各种渠道的传播及个人交往的认知互动，有助于树立组织在社会中的良好形象，而且也促进了整个社会文化的发展。

6. 组织文化作为一种意义形成和控制机制，具有引导和塑造员工的态度和行为的功能

我们认为，上述列举的组织文化的第六种功能最富有意义，因为其他的几项功能基本都是在塑造和影响组织成员的行为过程中形成的。强大的组织文化是一套非正式的规则，在许多时间里它提示人们应该如何行动。对于这一点，迪尔（Deal）和肯尼迪（Kenned）进行了深入的论述，他们说："定义中的文化是一种无形的、隐含的、不可捉摸的而又理所当然的东西。但每个组织都有一套核心的假设、理念和隐含的规则来规范工作环境中员工的日常行为……除非组织的新成员学会按这些规则做事，否则他不会真正成为组织的一员。不管是高级管理阶层，还是一线员工，只要有人违反这些规则，他就会受到大家的指责和严厉的惩罚。遵守这些规则是得到奖赏和向上流动的基本前提。"同时，强大的组织文化可以使人们在从事本职工作时感觉更好些，因而，他们更愿意努力工作。因为组织文化内化在员工的心中，可形成积极向上的思想观念，使成员具有强烈的使命感，成为员工自我激励的一把标尺。

在现代管理中，文化对员工的影响越来越重要。现代组织渐渐拓宽了控制幅度，使组织结构趋于扁平，引入了工作团队，降低了正规化程度，授予员工更大的权力，这些都要求一种强大的文化提供共同的价值观体系，从而保证组织中的每个人都朝同一个方向努力。因此，成功的组织应该有强大的组织文化，它会吸引、回报和维系那些为组织尽职尽责的人的忠诚。而管理的一个重要任务就是塑造组织文化的价值观。有效的管理通过运用组织文化中的标志、信念和仪式，使员工接受目标，激励他们，确保他们长期地恪尽职守。

13.2.2 组织文化的负面效应

虽然组织文化在组织的内部整合和外部适应两方面都起到了非常重要的作用。但我们也不应该忽视组织文化对组织有效性的潜在的负面效应。这主要表现

在以下三个方面。

1. 变革的障碍

当组织的共同价值观与进一步提高组织效率的要求不相符合时，它就成了组织的束缚。这是在组织环境处于动态变化的情况下，最有可能出现的情况。当组织面对稳定的环境时，组织文化所强调并带来的行为的一致性对组织而言很有价值。而当组织正在经历迅速的变革时，根深蒂固的组织文化可能就不合时宜了，它很可能束缚组织的手脚，使组织难于应付变幻莫测的环境。

2. 多样化的障碍

由于人在个性、种族、性别、文化背景、道德观念等方面的差异，新加入组织的员工与组织中原有的大多数成员的行为方式和思想观念都不一样。而强大的组织文化对新成员施加了较大的压力，使他们服从组织文化。组织文化为新成员限定了组织可以接受的价值观与行为方式的范围，以求得一致性。这样就产生了一致性和多样化之间二律背反式的矛盾。组织雇佣各具特色的个体，很重要的原因是他们能给组织带来多种选择上的优势。但当员工处于强大的组织文化的作用下，试图去适应组织文化的要求时，这种行为与优势的多样化就丧失了，为组织内的高度一致性所取代。因此，如果组织文化大大削减了不同背景的人们带到组织中的独特优势，它就成为组织的一个束缚。

3. 合并与重组的障碍

组织数量和种类的增多、规模的不断扩大，使现代社会的组织要面临合并与重组的问题。而如何实现不同组织文化的相容就成为一个关键的问题。在实际操作过程中，文化的相容比机构、人员及政策的变化与调整更为困难，也需要更长的时间和更艰辛的努力。这在现代企业的兼并与收购过程中表现得尤为明显。管理人员在进行兼并或收购决策时，不但要关注融资优势和产品的协同性，更要考虑组织文化的相容性。

总之，通过对组织文化的功能及其负面效应的分析，我们应该得出这样一个结论：强大的组织文化本身并不具有好或坏的特性，好坏与否要视组织文化与组织需要是否相适应而定。文化既是一种资产，又是一种负债。说它是一种资产，是因为共同的信念使沟通更加便利和经济，决策更加迅速，共同的价值观也会产生激励、协作和献身精神，从而提高组织运行的有效性。而当共同的信念和价值观同组织成员和其他利益成员的需要不一致时，文化又是一种负债。问题的关键不是拥有强大的组织文化，而是拥有一种与特定环境相适应的组织文化。也就是说，组织文化的适应性决定了它的作用是正面的还是负面的。组织文化的适应性在与人的个性、环境相匹配的过程中表现得尤为明显。

首先是文化与个性的适应。文化是针对人类群体而言的，而个性是针对个体而言的。文化决定一个群体的同一性，个性决定个体的特殊性。二者之间有着明显的相互作用。我们在前面曾经探讨了组织文化的四种类型，这四种不同的组织文化能够吸引不同个性的人。而员工的个性与组织文化能否匹配影响着一个人在组织层级上升迁的高度和难易程度，继而决定着一个人在组织中的工作表现和工作满意度。例如，一个极富创新与冒险个性的人在适应型的组织文化中可能表现得极为活跃，但在使命型的文化中就很可能无所作为。

其次是文化与环境的适应。环境和组织并不是静止不动的，它们总是在不断地变化。而外部环境对组织文化有着重要的影响，适当地进行文化的改变以进一步适应变化了的环境是十分必要的，尽管这种改变可能是相当困难的。比如说，外部环境要求灵活性和反应能力，组织文化就应该是鼓励适应性，而如果外部环境相对稳定，则官僚制文化就可能是适宜的。

13.3 组织文化的层次

组织文化存在于两个层次上：在表面层次上是可见物像和可观测行为，即组织成员之间共享的有关人们的穿着、语言和行动方式；在深层次上表现为组织成员共同遵守的价值观、社会理想和信念，它们是通过一系列的象征性的事物昭示出来的。在组织文化层次这一方面，许多学者将文化看做是由不同意识水平的元素组成的。其中最具代表性的是施恩提出的组织文化层次的观点。施恩将组织文化区分为以下三个层次。

1. 人造品

组织文化最可见的层次就是人造品，它们构成了物理的和社会的环境。在这个层次上，人们可以看到物理空间、群体输出的技术、书面和口头语言、艺术作品和组织成员公开的行为。这一层次的组织文化虽然是最容易观察的，但也是难以解释的。因为这些人工产品是十分广泛和细节化的，很难明确界定它意味着什么，它们如何相互联系，以及它所反映的深层模式是什么。

2. 价值

在某种意义上，所有的文化知识最终都反映了某些人的基本价值，决定了事情应该是怎样的，以及组织中最重要的事物是什么。虽然个体在具体行动中意识不到这些，但对他们进行提问时，他们是可以报告出来的。这样一系列的价值可以作为一种指导和处理内在的不可控制的不确定性的困难事件的方式，但它很可能是一种“一致拥护的价值”，即这种价值虽可以预测在各种情形中人们会说什么，但不能预测这些价值应当如何实行，人们实际上应该怎么做。而且这种价值也要在物理环境中或在社会舆论中得以确证。

3. 基本的潜在假设

基本的潜在假设是组织文化最深层次的水平，是对某一特定情境中适宜行为与反应的无意识的假设。因为，它是不需要我们思考就能产生的反应，所以是理所当然的，不成问题的。施恩认为，当解决问题的方法被反复运用后，就会成为理所当然的了。当初仅仅为一种价值所支持的假设，后来就渐渐被当做真实的。我们也逐渐相信事情本来就应如此。这些基本假设在组织中是无对抗性的、无争论的，一经确立就很难变动。但是这些基本假设是非常难以确定的，这需要对一组织的人造品和价值予以细心审查。组织文化的层次和作用如图 13-1 所示。

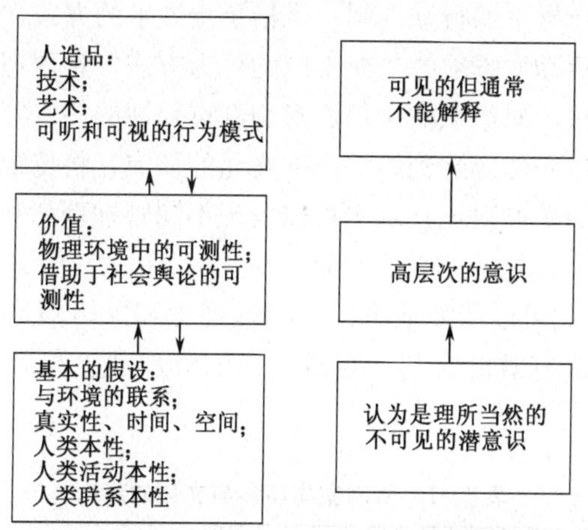

图 13-1 组织文化的层次和它们的相互作用

13.4 组织文化的塑造

一个组织应该具有强大的个性化文化，吸引、维系和激励人们发挥作用、实现目标。任何渴望成功的组织都应该注重塑造自身的组织文化。

13.4.1 组织文化的形成

组织文化的形成首先在于组织创始人的作用，其核心是形成管理理念和管理风格，其定型则取决于制度建设。

1. 组织创始人的作用

组织现行的惯例、传统、做事情的方式，在很大程度上都是基于组织以前的努力及这些努力所带来的成功。其中，组织的创始人发挥了重要作用。从传统上来看，组织的创始人对组织的早期文化影响巨大，他使最初的组织文化带有浓厚的个人色彩。组织的创业者及其创业群体一般都有一个如何取得成功的指导理论作为起点。他们头脑中有某种文化模式，这种模式来自他们在成长过程中所处的文化背景和个人生活经历。而且，创业时期的组织一般规模不大，这就有助于创始人把自己的个人理念强加给组织成员。尽管随着组织的发展，这种组织文化会有所调整和改变，但仍会给组织文化留下持久的个人烙印。例如，微软公司的组织文化在很大程度上是公司创始人之一比尔·盖茨的形象反映。比尔·盖茨本人进取心强，富有竞争精神，自制力也极强。这些特点也正是人们用来描述他所领导的微软公司的特点。

2. 管理理念和风格

理念是人生观指导下的行动准则，风格是指做事的方式。管理理念和风格代表了组织从事管理活动所采取的与众不同的行为方式。管理理念和风格的形成涉及对人性的基本看法、对组织的认识、对制度重要性的评价等多种因素，而不同的管理理念和风格也必然影响到组织内部文化的形成。将传统时期和行为科学时期的管理思想进行简单的对比，从中可以发现不同管理理念和风格所形成的不同文化。

从表 13-1 中我们可以清晰地看出，管理理念和风格塑造了组织文化。一个成功的组织如何形成有效的有利于自身发展的管理理念和风格具有十分重要的意义。

表 13-1 管制文化与参与文化的对比

传统时期 （管制文化）	行为科学时期 （参与文化）
人是厌恶工作的，可能的话尽量逃避工作	工作对人来讲是自然而然的
经济利益是人们行为的唯一动力	人的社会心理需要促进人们行为
权力是绝对的，来自于职位	权力不是绝对的，属于人际关系的领域
效率与成本是组织的核心	人的情感是组织最重要的因素
工作效率取决于生产条件	态度和士气是工作效率的决定因素
集中统一控制	分权和民主参与

3. 制度建设

组织中的领导体制、组织机构，以及各种管理方针和规范，对组织文化的塑造也有重要影响。

组织的领导体制可能是多种多样的。正如美国管理学家布莱克（Blake）和莫顿（Mouton）在《新管理方格》中所指出的，至少有乡村俱乐部式、协作管理式、组织人管理式、贫乏管理式、权威与服从式等。管理者选择哪一种管理模式进行管理实际上体现了个人的价值观和偏好，反映了他的文化修养、知识结构及个人性格，而这与组织文化是直接相关的。当组织领导体制主要是权威与服从式时，就不会提出“和为贵”的组织价值观。

组织机构是组织为了有效配置资源，以便达到组织既定目标而设置的。一个组织的组织机构设置反映着组织的某种价值取向。分权式组织机构一定与重视发挥人的积极性和创造性的组织价值观有关，而集权式组织机构则一定与强调严厉、纪律、统一集中的组织价值观有关。

组织的各种规章制度和管理规范是组织成员应该遵守的准则，其目的是使组织成员服从管理意愿。长时间对规范的认可和服从会使成员养成一定的行为习惯，这本身就是对成员行为的一种很好的引导。例如，日本企业的终身雇佣制、年功序列工资制，对于促进企业员工形成对企业的一体化观念、对企业的忠诚精神、以企业荣誉为自己荣誉的行为习惯有着巨大的作用。

13.4.2　组织文化的传递

组织文化的传递过程实质是组织内的成员学习和接受组织文化的过程。在实际的组织生活中，组织文化会以多种形式传递给其成员，最常用的传递形式有故事、仪式、语言和物质表征。

1. 故事

许多组织中都流传着各种各样的故事，这些故事的内容涉及组织的创建者、偶像式的人物、创业历史、反省错误等内容。这些故事有的是有关组织情境的真实事件叙述，有的则加入了虚构的情节，有的则纯粹是神话式传说。通过故事的传播能起到借古喻今、以事喻理的作用，向组织成员传递那些符合组织文化的标准和价值观，为全体成员提供了一种共享的理念。

在美国一家造纸厂一直流传着这样一个故事：一天早晨，公司创始人 Walter Cloud 看见一个工人试图用一根接长的杆子来疏通一个巨大的排水管时，他快速跳过桶的边缘，站到 3 英尺深的淤泥中用手疏通了排水管。Cloud 先生将手洗净之后，问那个工人："现在，你下次需要疏通排水管时将打算怎么做呢?"通过一遍遍地叙述这个故事，公司的工人相互传达着并强化只要需要就毫不犹豫做某事的重要性的意识。

2. 仪式

仪式是组织中被设计出来或被构造而成的并在某种形式中被不断重复的行为范式。组织可以通过举行仪式表达并强化组织的核心价值观。仪式虽然是一系列重复的活动，但"这些活动是强化特定的价值观、在分享重要理念的人与人之间建立一条纽带、塑造并祝贺那些使重要信念和行为具体化的男女英雄们的特殊机会"。通过这些活动，组织向其成员传递这样的信息：什么目标是最重要的、哪些人是重要的、哪些行为是受到鼓励或禁止的等。例如，就职典礼、年终表彰大会、特殊节日的庆祝活动等。

3. 语言

大多数的组织都使用一些别致的谚语、口号、隐喻或其他形式的语言向其成员传达其组织文化。特殊的标志性语言能够为组织成员提供有关经验的共同感情，同时，也能在没有更多协商的情况下取得对事物、对象、行动的共同反应。在运用特殊的标志性语言时，组织成员就能有一种无须讲出来的协调一致性。

很多组织都以一句标志性口号来传达组织中的共有信念。例如，耐克公司的“Just Do It”、诺基亚公司的“科技以人为本”。这些口号不但起到了凝聚和激励组织成员的作用，而且对外界也能有强烈的影响。

组织在发展过程中会形成一些自己特有的名词或隐喻，用来描述相关设备、关键人物、组织产品，甚至是组织的经营理念。在曾经的 IBM 就有着一种“野鸭子”隐喻。这其实是在描述 IBM 所需要的组织成员的类型。它所蕴涵的意思如下：你能使野鸭子驯服，但永远不能使已驯服的野鸭子再变野。这反映了 IBM 积极倡导为发展成员的创造力所必须维护的自由和机会。

4. 物质表征

表征是可以代表另一件东西的某种东西。在某种意义上说，仪式、故事、口号等都具有表征作用，组织也通常使用一些实际物品来进行表征，以反映组织更深层次的价值观，如一些旗帜、图式和徽标。我们所熟悉的宝马汽车的标志，就意味着在蓝天白云下的自由驾驶，体现了宝马追求“纯真的驾驶乐趣”的经营理念。另外，组织办公环境的设计、办公室的大小和摆设、装饰物的档次、管理人员的衣着等更为实际的物质都能产生表征作用，它们在告诉组织成员：谁是重要的人物、组织内的平等程度、组织的管理理念和风格，以及恰当的行为是什么等。

13.4.3 组织文化的维系、保持和强化

组织文化一旦建立，组织管理措施就通过给组织成员提供一系列相似的经历而起到维系、保持和强化文化的作用。组织的每一项管理措施及其运行过程都可能和组织文化的维系有关，如组织对人员的选拔任用过程、绩效评估标准、奖酬措施、培训和职业开发、晋升制度等。在这里我们只讨论四个在组织文化的维系、保持和强化中起着特别重要作用的因素。

1. 甄选过程

组织甄选过程有明确目标指向，即识别并雇佣那些有知识、有技巧、有能力来做好组织工作的人。一般来说，能够满足工作需要的人肯定不止一位，组织就会对这些人进行评价，公开、公平、择优录用。在这里，一个很重要的评价标准就是候选者的价值观与组织价值观是否一致。因为一致的价值观可以确保员工与组织的恰当的匹配，有利于员工为组织付出更高效率的个人努力。这样，通过对

将进入组织新成员的甄选，组织就可以过滤掉那些可能对组织的核心价值观构成威胁的人，从而维系、保持和强化组织文化。

2. 高层管理者

组织中的高层管理者的言行举止对组织文化有着重要的影响。组织文化的维系、保持和强化是一个长期的过程，它需要组织的高层领导者的高度重视，不但对其有着明确的表述，而且在实际生活中要身体力行，通过自己的所作所为，把组织文化带入组织日常生活的每一方面。正如美国学者彼得斯（Peters）和沃特曼（Waterman）在《追求卓越》一书中所指出的：出色公司的"价值是由最高层的经理们以分分秒秒、年复一年的行动表现出来的，而且它们在全公司上上下下所透彻了解并深入全体人员心中的东西"。高层管理者起表率作用的言行，以及他们在坚持组织价值观中所展现的勇气、决心和自我牺牲精神，能够更加坚定组织成员对组织文化的信仰。

3. 培训

无论组织的选拔录用工作做得多么好，都不可能绝对保证所有新成员都能够完全认同和适应组织文化的要求。因此，组织必须做好对员工的培训工作。培训是组织经常使用的一种手段，它以各种方式方法进行指导，把技术、理论知识及技能传授给员工。一方面，培训要注重增强员工的技术和能力，告诉他们如何去做、怎样做好某项工作，从技术性的角度使员工认识到在组织中哪些是正确的生活和工作方式。另一方面，培训更要注重提高员工的洞察力，让他们明白为什么要以某种方式来完成某项工作任务，使员工对行为准则有更加明确的理性认识。从组织文化的维系、保持和强化这个角度来看，培训是对员工进行社会化的一个过程。这一过程，使员工调整自己原有的价值取向，不断地趋向与组织的价值观相一致。

4. 强化

强化是激励的继续，是在原有行为的基础上，对好的行为加以肯定、鼓励，使之保持和加强，对不好的行为加以否定和反对，使之减弱和消除。人的行为虽然多种多样，但就一个组织而言，人的行为其实只有两种：一种是组织的期望行为，即组织所期待和希望发生的行为，如热爱集体、勤奋工作、服从指挥等组织文化所倡导的行为；一种是组织的非期望行为，如好逸恶劳、极端个人主义等不符合组织文化要求的行为。我们所说的强化，就是要对员工符合组织文化的行为予以鼓励和表彰，对不符合组织文化的行为予以禁止和惩戒，使员工加深对组织内行为准则的理解，从而起到强化组织文化的作用。

13.4.4　组织文化的改变

组织文化对组织的成功具有重要作用。那么，对一个组织来说，根据自己所处的情境与自己的类型特点，选择一个适当的组织文化，是一项很重要的工作。如果组织发展得很快，它在小规模组织时适宜的文化，就会不再适合于大规模的组织。生产技术和环境的变化，如技术能力的提高和竞争的加剧，也要求组织文化作出相应的调整。因此，在管理中，为了获得更好的组织效益，需要有意识地使组织文化产生变化。

尽管组织文化的变革是一个很困难和较长期的过程，但一般地说，主要通过以下四项活动来完成。

1. 明确解释

在着手改变组织文化之前，一个很重要的问题就是澄清所设想的变革方向及变革目标。组织要明确解释以下内容：现有的组织文化存在的缺陷，为什么要改变；组织未来希望建设什么样的组织文化，这种文化的优势及合理性是什么；组织文化改变的具体过程和操作方法等。只有对这些问题作出清楚、准确、合理及可操作性的解释，才能使组织成员产生对组织文化改变的认同，而这种认同是组织文化顺利改变实施、减少阻力的关键。

2. 高层管理者的赞同

高层管理者对组织文化改变的赞成，是至关重要的。在一定的意义上说，只有高层管理者才有改变组织现有价值观的权力。而他们的表率作用将直接影响到其成员。因此，高层管理者的言行必须与新组织文化相一致。只有这样，才能使新组织文化通过他们的行动传达给组织成员。组织文化的改变需要来自上层的真正的内部的一致性支持。

3. 制度性的支持

作为对组织文化改变的支持，组织结构、规章制度、工作程序和管理风格等方面也必须变革，符合组织新文化的发展方向。如果组织中仍强调要在管理系统中延续严格的等级之间进行详细的请示汇报制度，就不会鼓励人们参与和下放权力，与之相适应的组织文化也不会产生。如果组织的管理理念仍然建立在对组织成员“经济人”假设的基础上，就不会有支持成员创造性的组织文化的形成。组织结构、规章制度及管理风格等的改变，意味着在组织生活中为组织成员确立一套新的行为规则。

4. 组织成员的变化

将新的成员引入到组织中来，由他们带来组织文化变革所需要的新价值观和行为，这对组织文化的改变有很大帮助。而将那些不愿意接受变化的人调离，也会加速变革的进程。这就需要组织重新调整其雇佣新成员的政策，选择那些符合新组织文化的人，通过他们去影响现有组织成员，改变原有组织文化，接受新组织文化。

当然，组织成员的变化并不简单地意味着进行雇佣和解雇，更为可行的方法是用各种方法改变留在组织中的人的态度和信念。这涉及对成员的教育和培训，以及奖惩问题。通过教育和培训，奖励符合新组织文化的行为、惩戒不符合新组织文化的行为，成员逐步接受新组织文化。

案例："海尔现象"的启示

海尔集团（简称海尔）是在1984年引进德国利勃海尔电冰箱生产技术成立的青岛电冰箱总厂的基础上发展起来的集科研、生产、贸易及金融等于一身的特大型企业。在首席执行官张瑞敏提出的创"海尔世界知名品牌"的思想指导下，一个亏空147万元的集体小厂迅速成长为拥有白色家电、黑色家电和米色家电大型企业集团，"海尔"成为中国家电第一品牌，产品包括42大门类、8600多个品种，企业销售收入以平均每年82.8%的速度高速、持续、稳定增长，海尔现已在海外发展了62个经销商，30 000多个经销点，产品批量出口到欧美、中东、东南亚等世界十大经济区域共87个国家和地区。1997年8月，海尔被国家经济贸易委员会确定为中国六家首批技术创新试点企业之一，重点扶持冲击世界500强。

"海尔现象"引起了国内外众多媒体的关注。海尔首席执行官张瑞敏曾应邀登上哈佛大学讲坛，"海尔文化激活休克鱼"的案例也正式写进了哈佛教材。

海尔人认为，发明不一定是创新，创新的第一要求是和市场结合，只有把发明转化为社会经济活动并产生经济效益，才称得上是创新。因此，海尔使其技术人员树立起这样一个观念：设计价值是为了服务市场，所以市场的难题就是设计的课题。海尔大地瓜洗衣机的故事在中央电视台"新闻联播"、"焦点访谈"等节目中都曾播出过。《远东经济评论》也对此事进行了报道并给予很高的评价，但与此形成鲜明对比的是，国内的一些媒体却对此表示不理解。海尔人认为，这种现象恰好反映了海尔和其他企业在认识上的差别。大地瓜洗衣机销量并不大，但它验证了海尔的创新理念，给消费者以信心。设想一下，如果海尔连这样的市场需求都能满足，那还有什么做不到的呢？海尔冰箱的价格比普通冰箱高，为什么还卖得这么好呢？这是因为海尔冰箱满足了不同层次消费者的需求。

海尔人认为，市场效果是检验技术创新成果成功与否的唯一标准。通过技术创新开发的新技术、新成果最终要通过商品化回到市场。技术创新的立足点是市场，落脚点仍是市场。例如，在家电产品健康技术这一国际家电发展趋势课题的研究上，海尔没有满足于在技术理论上攻克这一难题，而是将这一技术迅速应用到系列家电产品上，海尔抗菌家电的面市带动了国内家电消费的新趋势。

市场是不断变化的。海尔人认为，创新的成果是暂时的，是相对的，今天的成果到了明天"就不一定是成果，所以只有自己不断打倒自己，才能永远不被别人打倒"。但这个观点接受起来却并不容易，因为技术人员设计时往往想的不是市场而是论文，有没有论文价值、学术价值，总认为自己的成果是完美的，不太愿接受别人的批评，所以也很难超越自己。海尔小小神童洗衣机出来以后马上有人模仿，海尔也打官司，但太耗费精力了。因此很快推出了第二代，不等别人学第二代，海尔又推出了第三代，现在已开发了八代小小神童洗衣机，海尔人确信，没有这八代小小神童洗衣机的不断超越，就不可能有小小神童洗衣机的上百万销量。

海尔人认为，增强企业竞争力最重要的是利用科技资源，这就要求企业具备很强的整合能力。面临经济全球一体化，海尔在实施和深化技术创新过程中深刻地认识到，技术创新的实现离不开充足的资金、高科技人才及先进的科研开发手段。

海尔人认为，企业说到底就是人，管理说到底就是借力。如果能把许多的力量集中起来，这就是成功的管理。在技术创新上，海尔也是这样。1998年，海尔集团在中国科技产业化的道路上首次推出了由企业控股、以资本为纽带的全新的科企联手方式——控股经营国家级科研机构工程塑料国家工程研究中心，双方都实现了投入少产出高的目的；1998年4月，海尔以同样的方式与国家广电总局广播科学研究院合资成立海尔广科数字技术有限公司；6月与北京航空航天大学、美国MOLD公司合资组建北航海尔软件有限公司，海尔成为家电企业中第一个以企业、院校、国外大公司三方联手模式进军软件行业的企业。

海尔同国内外大公司、科研机构、大学，以项目牵头的形式进行联合研究，成立了48个联合研究中心，合作方有东芝、菲利浦、迈兹、朗讯等世界知名公司，大大提高了海尔自身的应变能力。

海尔和国内外大公司合作的出发点是，“发展是硬道理”，在发展过程中再寻机会。海尔和微软公司“维纳斯计划”的合作，又引起了一些人的不满，甚至上升到了卖国贼的概念。海尔人反思：如果比尔·盖茨不来干这件事，你自己能不能干起来。你的硬件离不开英特尔公司，软件离不开微软公司，所以还不具备和他抗衡的实力，何况全世界行业内都被他控制垄断，因此，海尔人认为，他们所能做的就是在合作过程中，使自己强身健体，具备更大的竞争力，最终目的是在这个行业中占有一席之地。

海尔创新的目标是国际市场，他们把竞争对手放在国际化的跨国大公司上。目前，海尔的策略是占有国内市场30%左右的份额。中国加入世界贸易组织（WTO）以后，我国企业将面临更大的考验，非关税贸易壁垒将会增加。海尔到海外设厂投资，以适应海外市场，尽快提高企业的技术创新能力，打破他们的关税和非关税壁垒。

竞争力体现出来的就是创新，竞争力最重要的就是怎么去满足消费者的需求。在美国，海尔产品越来越受到消费者的欢迎。这是因为海尔在美国当地建立了设计中心，可以根据美国当地的需求不断推出新产品，增强了产品的竞争力，也提出了“国际化的海尔”概念。

“国际化的海尔”和“海尔的国际化”有质的区别。“海尔的国际化”是“国际化的海尔”的一个基础，只有先做到了海尔的国际化才能去做国际化的海尔，国际化是海尔的目标。海尔人在做海尔的国际化的时候，就是要使海尔的各项工作都能达到国际标准，如同参加一项比赛，先要具备参赛的资格。国际化的海尔则意味着“海尔”已不再单单是青岛的海尔，设在中国的总部也不再仅仅是向全世界出口的一个产品基地。中国海尔也将成为国际化海尔的一个组成部分，还会有美国海尔、欧洲海尔、东南亚海尔等，国际化海尔是三位一体的海尔，即设计中心、营销中心、生产制造的三位一体。最终成为一个具备在当地融资、融智功能的本土化的海尔。

海尔人清醒地意识到，在目前的情况下，实现国际化的关键还是靠企业自身。政府如果给很多支持，自己思路不对，政府再帮也没用。因此从大的方面讲，为了国家和民族，他们要增强自身的创新能力，使自己尽早具有国际竞争力。增强创新能力同时也是企业生存的需要。进入国际市场能不能成功，其中有决策上的问题、组织结构上的问题，最重要的一点，还是人的问题，在资本、技术、品牌等方面，海尔的差距都非常大。要靠人的素质，靠拼搏精神，靠创新精神。和国外公司打交道，包括进入国际市场时，虽然海尔的规模比它们小，但海尔精神和海尔速度却令外国人另眼相看。

放眼全球，长寿的企业，产品各异、风格各异，但有一条是一致的：大凡百年企业，其价值观、企业精神都是一致的。海尔价值观的核心就是两个字——创新，这一价值观已成为企业的动力。

资料来源：俞文钊，贾咏．共同管理文化的新模式及其应用//第八届全国心理学学术会议文摘选集．2007.

讨论题

1. 海尔是如何进行组织创新的？
2. 从案例中，你能总结出海尔文化的内涵吗？

关键词

文化　组织文化　组织文化的负面效应　人造品　价值观　潜在假设　组织文化的形成　组织文化的传递　组织文化的维系、保持和强化　组织文化的改变

思考与练习题

1. 组织文化包括哪些内容？
2. 组织文化的基本功能是什么？
3. 组织文化对组织的有效性产生哪些负面效应？
4. 如何使组织文化适应组织自身的发展需要？
5. 组织文化包括哪几个层次？每一个层次的作用是什么？
6. 形成组织文化的决定因素有哪些？这些因素是如何影响组织文化的？
7. 组织文化的传递形式有哪些？
8. 通过哪些途径变革组织文化？

第14章

组 织 变 革

当今世界唯一不变的就是变革，在组织管理中同样如此。组织是一个目标性的系统，作为一个系统，它需要不断地作出调整，以适应环境的需要。同时，为了实现目标，为了更有效率地完成任务，它也需要不断地对自身进行变革。可以这样说：在现代社会，适应性的变革是生存的需要，而革新性的变革是发展的需要。因此，组织变革对组织的生存与发展是至关重要的。

14.1 组织变革的动力及条件

一般来讲，组织为适应内外环境及条件的变化，需要对组织的目标、结构及组成要素等适时而有效地进行各种调整和修正，即实行组织变革。现代组织理论认为，组织变革的动力及条件有以下方面。

1. 组织外部环境的变化

组织变革常常是由其外部环境中的某些因素的变化所引起的。组织的外部环境可分为一般环境和特殊环境两种。

（1）一般环境是指对任何组织都有同样或类似影响的环境，如国家的政治、经济、科学、技术、法律、人口、生态及文化等因素。政治因素包括一个国家政治体制的变动、政治局势的发展、民主与法制的建设、社会风气的转变、国际政治环境的变化等；经济因素包括生产力水平的提高和生产方式的改变、经济结构和经济体制的变化、国际和国内经济形势的变化、国家宏观经济调控手段的改变、国家产业政策的调整、市场需求的变化及市场竞争激烈程度的加剧等；科学因素包括计算机的普及与应用、信息和网络技术的使用、新材料和新工艺的出现、设备的更新与换代等。所有这些环境因素的变化，都促使组织在人力资源配置、组织机构、管理手段等方面作出相应的调整和变革。

(2) 特殊环境是指与某一行业或某一系统的组织职能直接相关的特殊因素。例如，对工业企业来说，与组织生产经营内容直接相关的原材料、奖金、价格、同类产品的市场占有等，任何一项变动，都可能关系到组织的生存，因而给组织造成压力，迫使组织及时作出反应。对行政组织来说，国家政策法规的出台、急待解决的社会问题、需要管理的新的行政事务等因素都会引起行政组织的变革。

2. 组织的内部条件的变化

组织变革的内部动力主要包括结构因素、管理因素和心理因素三个方面。

(1) 结构因素。组织是一个完整统一的结构体系，其中某些成分的调整会引起其他成分的连锁反应，从而推动组织作出整体或部分的结构变革。例如，采用新的组织结构形式，重新划定工作分工和部门设置，增设临时机构等，都会促使组织变革原有的结构组合。

(2) 管理因素。管理因素推动组织变革主要体现在管理层次、管理幅度、管理手段、管理者等方面的变更，要求组织变革原有的决策方式与程序、权责分配、指挥方式和管理风格，以保持管理系统协调有效地运转。例如，组织的管理水平提高后，就有可能减少管理层次，大幅度地精简管理机构和人员，重新设置组织机构、重新划分职责范围，并对管理者的素质提出更高的要求。

(3) 心理因素。组织变革及其目标的实现在很大程度上依赖人的因素。组织内部的群体动力状态、人际关系、信息交流与意见的沟通、团体的凝聚力与士气等，以及每个成员的态度、士气、行为、意见和要求等，对整个组织的变革都有重要的影响。比如，当组织成员对组织现状深感不满，强烈要求通过变革达到某种目标；或者领导者变革的方案深得人心，上下一致时，变革就成为不可阻挡的趋势。

3. 组织成员的期望与组织的实际情况的差异

管理学家华尔顿（Walton）认为，组织成员的期望与组织的实际情况之间存在着各种差异，而这些差异也会导致组织的变革。这种差异主要表现在六个方面。

(1) 成员希望得到富有挑战性的并能促进个人成长的工作，但组织仍然倾向于工作简化及专业化，因而限制了成员的成长与发展。

(2) 成员逐渐倾向于能够相互影响的管理模式，他们希望得到公平、平等的对待，但组织仍然以等级层次、地位差别和指挥链为其特性。

(3) 成员对组织的承诺，逐渐表现为工作本身所能产生的内在利益、人性的尊严和对组织产生的责任，而实际上组织仍在强调着物质报酬、成员安全，忽略了成员的其他需要。

(4) 成员希望从组织的职位中获得的是目前即刻的满足，但组织当前所设计的职位阶层及职位升迁系统，仍然是假设成员如同从前一样，期望获得事后的满足。

(5) 成员更加关注组织生活的感情方面，如个人的自尊、人际间的坦诚与温情的表现，然而组织仍强调理性，不注重人的情绪方面。

(6) 成员正逐渐缺少竞争的动力，但管理人员却仍然以成员过去所习惯的高度竞争的方法，来设计职位、组织工作及制定报酬制度等。

4. 组织变革的前兆

一个组织在什么条件或症候之下，就要实行变革呢？管理心理学家西斯克认为，一般说来，有下列四个症候时，组织就到了非变革不可的时候了。

(1) 组织的决策太缓慢，无法把握良好的机会，效率低或常失误。

(2) 组织内部的意见沟通渠道被阻塞，正常的信息传递不灵或失真；沟通不良进而造成人事纠纷等许多严重后果。

(3) 组织的主要职能无效率，如不能完成生产任务、生产成本过高、产品质量下降、销售前景不良、财务状况恶化、人力素质太差、人际关系紧张、员工的积极性不高与工作绩效下降等。

(4) 组织的产品、机构、管理与人员均缺乏创新精神，组织的发展与成长停止。

美国利特尔咨询公司的格莱彻尔提出了组织变革的公式：

$$C=(a\cdot b\cdot d)>X$$

式中，C 为变革；a 为组织成员对现状不满意程度；b 为变革把握的大小；d 为变革起步的措施；X 为变革所付的代价。只有当员工对现状不满意程度高，变革的把握大，起步措施得力，所付出的代价较小时，才能实施组织变革。

5. 组织变革的条件

组织变革的实施要在一定的条件下进行，具备了较为完善和成熟的条件，变革才能取得更理想的效果。组织变革一般要具备的条件有以下四项。

(1) 组织成员要求变革。组织成员对组织现状强烈不满，期待通过变革得到改善；组织成员羡慕其他运行良好的组织，要求达到同样水平；组织成员向管理者施加变革的压力，促使其尽快作出决策。

(2) 组织领导者勇于变革。组织变革要有一个好的领导者，他应该有胆有识，素质完备，同时又拥有相当的独立决策权。

(3) 组织外部环境有利于变革。组织自身的改革离不开外部环境的支持，要在外部环境允许的范围内进行。

(4) 组织变革的成功经验支持变革。各种同类组织的成功经验，包括自身组织内部变革的实验，都可以成为变革的有力支持，正面论证变革的可行性，增加对变革的信心。

14.2 组织变革的内容

组织变革应从哪里入手？组织变革应做些什么？美国管理学家利维特(Leavitt)认为，组织是一个多变量的系统，在该系统中至少有四个显著的变量，即任务、结构、技术与人员。

1. 任务

组织的任务是指组织运行的目标和方向。组织作为一个系统而存在于广阔的社会环境之中，其目标必须接受社会环境的制约。例如，资源的供给问题、服务对象的要求等都会引起组织任务的调整。目标变化有时甚至是外部环境的强制力量，如政府相关部门关于产品安全特性的规定——强加给组织的。组织内部价值观的调整会重新界定什么是组织最适宜的行为，从而改变组织的任务和目标。当组织的运行目标和方向进行调整时，组织的结构、人员和技术都要随之进行变革。

2. 结构

组织结构是被用来正式划分、归类和协调工作任务的。为了使现存的组织更具有效益和效率，组织可设计出不同的划分工作任务的方法和新的协调手段。例如，通过合并部门职责、精简纵向层次、拓宽控制幅度，从而使组织结构更为扁平；通过实施更多的规则和程序，提高组织工作标准化的程度；通过鼓励参与和提高分权程度，提高决策的质量和速度等。

3. 技术

组织内技术因素的变革有两层含义：其一是直接工作技术的改变，如新机器、新设备、新工艺的引进和使用，挖掘潜力，进行技术改造。近些年，计算机的普及与应用是最明显的组织技术变革；其二是变革管理技术，如采用现代化的信息收集和处理系统、现代化的监控系统、现代化的管理方法等。变革技术既是组织变革的一项内容，又是推进其他组织因素合理化的强大武器。它对组织任务、组织结构有着深刻的影响。

4. 人员

人员是组织的核心，任何组织变革都必须通过组织的成员来实现。改变人的心理与行为，使组织中的个体和群体更为有效的工作，是组织变革的重要内容。这涉及组织成员的态度、动机、行为、文化素养、职业道德水准、人际关系、个人价值取向等多方面内容的变革。组织内人员因素的变化是组织变革中最复杂、最深刻、最难把握的。

总之，以上这四个变量具有很强的依赖性和相关性，其中任何一个发生变化，都可能引起其他变量的变化。比如，技术的进步会要求人员的素质的提高，而人员的素质的提高，又会推动技术的进步、管理的改善、结构的优化、运行方式的改变，从而使组织的工作任务与目标作出调整。因此，组织变革是一项复杂的系统工程，有时可能主要是针对其中的一个变量，有时是借助其中一个变量的变化来影响其他的变量，有时可能是对组织的相关几种变量同时进行变革。这就要求不能孤立地、简单地、片面地看待组织的变革，而应该在实践中推行一种有计划、有步骤的组织变革。

14.3 组织变革的过程

组织变革是一个十分复杂的过程，必须对其进行科学的规划与设计，形成合理的变革程序和科学的变革过程。对于组织变革的过程问题，学者们提出了各种各样的可供选择的方案。

1. 凯利的观点

凯利（Joe kelly）认为，组织的变革应必须包括这样三个步骤：①诊断，即确定问题，提供备选方案；②执行，即确定决策准则，选择解决方案，实施方案；③评估，即评估效果，信息反馈。

2. 罗希的观点

罗希（J. W. Lorsch）认为，变革的过程如下：①知觉，即创设一个需要变革的氛围与知觉；②分析，分析诊断环境，以创造变革的需要，并决定变革的方向；③沟通，同变革所涉及的相关人员进行沟通；④监视，监视变革，并适时作出调整与修正，使之达到预定的目标。

3. 勒温的模型

心理学家勒温认为，不论是个体、群体或组织的变革，都会经历三个过程。①解冻现状。勒温形容旧体制和旧观念像一块冻结着的冰块，要改变其性质，改变已有的行为方法和模式，必须先进行解冻，就是要使人们认识到当前的无效性，接受变革的需要，提高变革的积极性。②变革。一旦现有的行为被解冻，产生了变革积极性，就可以实施对人的行为、观念、目标、组织结构、制度原则等方面的变革。③再冻结。变革付诸实施之后，要想成功，需要有一个相对稳定的时期，以便观察变革的成效，发现新的问题，也就是让组织重新进入一种冻结状态。如果不采取这个步骤，变革可能就是短命的，回复到以前的状态。

4. 卡斯特和罗森茨韦克的观点

卡斯特和罗森茨韦克认为，一个有计划的组织变革过程通常应具有六个步骤。①对组织的回顾、反省和批评。② 对问题的感知，即察觉问题，认识改革的必要性。③辨明问题，主要是指对于问题要用一种能确认出目前条件与希望条件在各方面存在的差距的方式讲述清楚。④产生可供选择的方法。⑤实行改革，即评价和选择备选方案。⑥反馈与循环。在变革实施以后，对实际取得的成果必须对照着计划给以评价。如果系统“合于目标”，这一步骤就不会引起任何新行动，如果发现问题就会导致有计划变革的一个新的循环。

总结上述的观点可以看出，虽然各种观点之间存在着一定的差异，但其在主要内容上却都是一致的。也就是说，尽管事实上组织变革的过程并没有什么硬性的规定，但大致上可以归纳为以下六个步骤。

（1）分析研究组织的内外环境因素，找出需要变革的问题。在这一过程中，主要是完成对组织现有状况的评价：组织是否适应了社会环境的变化，组织现有情况与期望情况之间的差距是什么，服务对象是否满意，组织成员是否满意等。完成这种评价需要组织通过各种渠道，使用多种方式收集各个方面的信息，并对这些信息加以整理，找出对组织而言必须予以改变的重要问题。

（2）使组织成员认识到变革的必要性、紧迫性和可能性。在这一过程中，组织应向其成员明确阐明这样一些问题：该变化的问题是什么；这一问题对组织有什么威胁；为什么要改变它；这种变化能给他们带来什么样的好处；在变化中可能出现的问题是什么，如何解决；完成这种变化的可能性有多少；只有在明确解释这些问题的基础上，组织变革才有可能获得来自组织成员的发自内心的支持。而这是组织变革成功的重要保障。

（3）进一步诊断，明确问题的性质。在这一过程中，需要对将变革的问题反复推敲提炼，发现问题的关键所在，并在组织成员中形成一致的见解：问题的起因是什么，是个人、职能部门，还是高层管理者；问题涉及的范围是什么，是一个人、一个群体，还是整个组织；问题的类型是什么，是缺乏技术、目标不明确，还是人际矛盾；改进问题的目标是什么，是提高效率、心理相容，还是适应环境。对问题性质清晰而明确的理解，是采取具体行动的基础。

（4）提出可供选择的解决方案，并从中选出最优或最满意的方案。在对问题深入分析的基础上，尽可能多地建立多种解决问题的方案，并在实验和充分讨论的基础上选择一个切实可行的最佳方案。在这一过程中要注意两个问题。①实验评估。在解决方案真正付诸实施之前，组织要选择一个最具有代表性的部门进行实验，对实验结果进行评估，借以分析这一方案可能带来的结果和影响及可行性程度。②注重参与。解决方案的制订与最终选择必须是在成员的参与基础上完成。这种参与不但保证了方案的科学性与合理性，而且大量成员的参与，减弱了变革阻力。

（5）根据选定的方案实施变革，并及时调整。这是组织变革的全面行动阶段，在这一阶段既需要坚定不移地贯彻实施方案，同时要对方案的实施情况进行监视，产生问题，及时修正，出现偏差，迅速调整。

(6) 评定组织变革的效果。通过反馈，掌握组织获取的实际效果：问题是否解决，目标是否达到，结果是否令人满意。如果是正反馈，证明组织变革是成功的，组织要通过各种措施巩固变革成果，形成一种新的稳定状态。如果是负反馈，证明组织变革是失败的，这时组织需要回到变革的起点，重新进行这样的循环。

14.4 组织变革的阻力及其克服

14.4.1 组织变革的阻力

组织变革意味着打破人们早已熟悉的组织环境，改变原有的态度和习性而适应新的环境。这一过程并不是一帆风顺的，常常会碰到许多障碍与阻力。有的是公开反对、公开抵制和对抗变革，制造谣言和事端，攻击变革推动者；有的是隐蔽的阻力，采取迟到早退、缺勤离职、消极怠工等方式来对抗变革。有的阻力直接地表现出来并发挥作用，有的阻力则具有延后性，经过一段时间的累积之后爆发出来。变革的阻力有可能最终导致组织变革的失败，阻碍组织的适应和进步。但变革的阻力也有一定的积极作用，它能使组织行为具有一定的稳定性和可预见性，否则组织将变得混乱和随意，而在一定程度上来说，稳定对于任何组织和个人都是必要的。变革阻力的存在能够使我们更加谨慎地对待组织变革。变革的阻力表现在以下两个方面。

1. 个人阻力

变革中个体的阻力来自于一些基本的人类特征，如与个体的知觉、个性、需要等密切相关的习惯、利益、恐惧、成见等。

(1) 习惯。组织变革的阻力有很大一部分来自人类本性中的惰性和心理惯性。人们总习惯处于“惯例”和“他们自己的方式之中”，总有安于现状的习性，对变革有一种天然的抵触情绪。人们在组织生活中形成了包括思想观念、动机需要与行为方式等方面的心理定势，已经习惯于原有的一切管理制度、一切作业方式、一切行为规范，任何变革都将会使他们感到不习惯、不舒服、不自然，带来心理上的躁动与不安，人们出于墨守成规的目的而抵制变革。

(2) 利益。人们在组织中的既得利益包括权力、地位、荣誉、威信、工作岗位、技术优势及经济收入等。当组织变革可能损害到人们的既得利益时，他们就会极力反对变革，以维护自己的利益。例如，变革之后，如果会导致权力的减小，地位降低，劳动强度加大，缺少工作自由，甚至是失业，那么人们自然就不愿意变革。

(3) 恐惧。组织变革是一种创新，是在探索中前进，变革本身具有一定的风险性和不确定性，其结果可能成功，也可能失败。而组织成员通常都有这种恐惧心理，不敢面对变革的风险，因而对组织变革采取消极拖延、躲避，甚至抵制的态度。尤其是在变革结果并不明确或组织并未清楚地作出有关变革结果的解释时，容易出现各种有关变革不良后果的推测和谣传，这会造成组织成员对变革后果的错误设想，从而对组织变革构成阻力。对变革的恐惧还可能来自于变革程序计划和执行方式的非公开性，这是因为管理者害怕公开后，人们会事先找到阻碍变革的方法。但与此相矛盾的是，正是这种保密行为本身，使人们产生猜测、疑虑和恐惧，并出现管理者极力想避免的有力的对抗行为。

(4) 成见。有时人们之所以反对变革，并不表示他们反对变革本身，而是因为对发起这场变革的人和其他变革的积极参加者怀有成见，进而对他们所推动和参加的变革也看不顺眼。这种对变革的抵制有着强烈的感情色彩。

(5) 其他心理障碍。人们在心理上的一些障碍，也会构成改革的阻力。其主要表现是：求全责备的心理，用机械主义的观点，对改革百般挑剔；中庸思想，害怕艰苦，不愿花力气，以反冒进的名义来反对变革；消极等待的心理，想等着上级或其他人搞出一套成熟的经验后再行动。

2. 组织阻力

组织就其本质来说是保守的，组织在较长时期的运行中形成的系统内部各部分之间，以及系统与环境之间的比较稳定的秩序，会使组织保持一定的惯性，从而形成对变革的阻力。

(1) 制度障碍。组织有其固有的机制以保持其稳定性。例如，组织的甄选过程确定了成员的流入和流出；培训和教育强化了具体角色的要求和技能；奖惩和升迁制度界定了组织成员的行为范围和程序。这些群体和组织内现存的规范具有相当的影响力，它们为人们提供相互关系和一起工作的规则，而变革又需要对这些规则作出一定程度的改变。因此，当组织面临变革时，这些制度惯性就成为制度障碍，会起到维持稳定的反作用力。

(2) 等级层次障碍。组织的等级层次和部门的划分，可能使组织变革方案因为经过更多的信息沟通渠道而遭到抵制。典型的等级制组织中，强调信息从高层流向基层，成员只能按照特定渠道来沟通信息，只反馈工作的积极信息，对实际存在的问题和应该采取的变革方法避而不谈。这样，等级层次实际上起到了封锁消息、抵制变革的作用。

(3) 组织变革的有限性。组织是由一系列相互依赖的子系统组成的。组织内部需要变革的成分可能是多方面的，也可能是某方面的弊端尤为突出，当变革指向某一方面，实行单向推进时，往往造成部分与部分之间或部分与整体之间的冲突，从而构成对组织变革的阻碍。例如，当组织引进先进技术，进行技术变革时，却没有与之相配套的管理方式、工作制度和人员素质，就会使这种技术变革不大可能被接受。

（4）组织外部环境的滞后。由于组织不是孤立存在的，它是社会大系统中的一个子系统，所以，当组织外部环境尚未发展成熟甚至是严重滞后时，就会对组织变革构成阻力。以我国的企业组织为例，实行政企分开、企业破产等是我国企业改革的重大举措，但是因为政府职能转变的相对滞后，社会保障体系还处在雏形阶段，企业破产后人员无法妥善安置等原因，企业改革在实践中就遇到了重重阻力。

（5）资源投入问题。任何的组织变革都需要投入一定的人力、物力和财力资源，而如果没有充分的可供利用的资源，那么组织有时不得不维持现状，无法进行相应的变革。例如，吸收优秀人才、改造旧设备、引进新工艺和研制新产品等变革都是以一定的资源投入为基础的。

14.4.2 组织变革阻力的克服

总的来说，组织变革往往是大势所趋，是不以人的意志为转移的。组织变革的阻力是客观存在的，为了保证组织变革的顺利进行，必须注意组织变革的艺术性，积极地创造条件，采取措施，减弱和消除阻力，否则，再完美的变革计划，再有胆识的组织者，也可能遭受到挫折和失败。克服组织变革的阻力，可以考虑采用以下六种方法。

1. 树立阻力意识，正确对待阻力

从大的方面讲，在相当长的时期内，组织变革阻力的存在并发挥作用是具有一定客观必然性的。因此，对组织来说，不能认为组织变革是一蹴而就的突变过程，事实上，组织变革是一个渐进的复杂的博弈过程，只能在各种动力和阻力的相互作用中逐步地实现组织的目标。从小的方面讲，任何一项具体的改革措施和方案，都必须充分考虑到内在的阻力和风险，不仅要把阻力的大小作为确定改革目标的依据之一，把需要和可能结合起来，而且要把阻力作为评估改革措施和方案现实可行性的一个重要因素。变革阻力的存在或许也表示，在某种程度上进一步的变革是不适宜的，这有助于对组织变革的审慎选择。总之，忽视阻力、不敢正视阻力，如果不是讳疾忌医，也是自欺欺人，可能将使组织变革彻底失败。

2. 营造良好的变革气氛

人们在一种相对稳定和安全的环境里才会滋生出满足现状、抱残守缺、不思进取、患得患失等守旧心理。要想打破这种心理，必须使个体意识到一种生存危机，感受到压力，从而产生改变现状的紧迫感。在推行变革的过程中，组织要利用各种宣传形式，制造舆论，使组织成员认识到组织所面临的困境，认识到变革是别无选择的出路，从而抛弃维持现状的幻想。组织要通过与成员进行沟通，避免因信息失真和沟通不良而造成的对变革的错误理解，帮助组织成员真正了解变革的必要性和紧迫性。

组织要通过自上而下的培训教育，使大家学习新知识，接受新观念，掌握新技术，学会用新的观点和方法来看待和处理新形势下的各种新问题，从而增强对组织变革的适应力和心理承受能力，增进组织成员对组织变革的理性认识，使他们自觉地成为变革的积极推动者。要使人们深刻认识到，虽然每一种变革都会影响到某些人的权力、地位、金钱等物质利益，但如果不实施变革，将会威胁到整个组织的生存和发展。

3. 对组织变革的充分阐释

人们对变革的恐惧心理大多数是因为对变革缺乏了解和对领导者缺乏信任。因此，为实施变革必须使组织成员明确：变革的确切性质，变革的目的和前景，变革方案的可行性，将来可能遇到的问题及解决方案，变革的保障措施，变革的时间和范围等。只有这样，才能降低组织成员因变革而带来的未来发展的不确定性，消除人们的疑虑和恐惧心理。

4. 鼓励组织成员参与变革

鼓励和积极支持所有组织成员参与组织变革，这是保证组织变革的合理性和顺利进行的重要因素。一般来讲，成员个体不会抵制他们自己参与作出的变革决定。在进行变革决策之前，应该把支持或者对变革持反对意见的人都吸引到决策过程中来，充分利用各方面的信息和知识，提高变革决策的质量。同时也可以获得组织成员对组织变革的目标与方向的认同、理解、依赖与支持，从而减少变革的阻力。在执行变革决策过程中，也要保持组织成员的广泛参与。组织变革要保持公开性，增加透明度，让广大组织成员掌握变革的实际状况，这有利于增进组织成员对变革者的信任，提高变革积极性和对组织的满意程度。在组织变革的进程中，要与成员进行沟通，了解他们对变革的感受、意见、建议和要求，以便及时解决变革中出现的问题，修正偏差，使组织变革始终是以组织成员为主体，充分体现组织成员的意愿。总之，组织成员的广泛参与，使组织变革有广泛而牢固的群众基础，是保证组织变革得以顺利进行的重要条件。

5. 利用群体意识和群体动力克服或减少阻力推进变革

心理学的研究表明，群体活动、群体态度和群体规范对个体态度和行为的改变起着重要的作用，群体动力有利于克服个体对组织变革的抵制。首先，群体内大多数成员对改革的认同，可以在群体内形成强大的群体压力，迫使少数人改变态度与多数人保持一致。其次，强化群体归属感和主人翁意识，使人们意识到，为了组织的发展，每个人都是变革的参与者和责任的承担者，消除变革倡导者和承受者之间的对立。最后，要注意引导群体规范的改变，破除那些陈旧落后的规范，同时，在树立新规范时要注意控制节奏，不可操之过急而使过多的人感到违背规范的压力或无所适从的烦躁，尽量避免在变革实施过程中产生新的心理阻力。

6. 注意策略，相机而动，整体推进

组织变革的实施要在一定的条件下进行。选择恰当的变革时机，不但有利于克服变革的阻力，而且也会使组织变革收到事半功倍的效果。组织变革是一场革命，但不可以盲目蛮干，要特别注意策略和艺术。任何科学性的东西在应用于现实生活时，都需要对其作出艺术性的处理。当组织变革的大政方针决定以后，策略和艺术就成为保证变革成功的关键所在。

组织变革要把握好分寸，循序渐进，配套进行。要把组织变革当成一项系统工程来实施，防止片面单项推进某方面的改革而造成不配套的阻力。在制订改革方案时，不仅要有某项变革的计划措施，而且还要充分考虑到它所需要的条件和可能引发的问题，同时制订出创造条件和解决派生问题的方案，使系统内各因素在变化中协调起来，尽快形成新组织运行秩序。成功的变革不仅在于增进组织的效率，促进组织的发展，同时也在于提高成员的工作士气，满足成员的合理需要。

14.5 组织变革的目标

组织变革的总体目标是提高组织有效性和效率，即优化组织结构，完善组织功能，创造和谐的组织心理环境及增强组织应变能力四个方面。

1. 优化组织成员

组织变革追求一种合理的组织结构，合理的组织结构一般应具备以下三个方面的因素。

（1）科学地进行分工，设置相应的机构，配备合适的人员，使机构规模合理。

（2）管理层次和管理幅度适度，权力分配合理有效，组织运转灵活，目标一致，指挥统一。

（3）机构中每一个岗位都达到责、权、利的高度统一，组织成员各司其职，各负其责，各尽其能，各得其利。

2. 完善组织功能

一个良好的组织必须具备完善的功能，这是组织绩效的保证。组织变革最终要使组织具备以下三方面的功能。

（1）决策功能。组织能确立适合于自身的发展目标和方向，能分辨错综复杂的主客观因素，审时度势，决策迅速、准确率高，具有强有力的领导集体和畅达的信息沟通渠道。

(2) 管理功能。在达成目标的过程中，良好的管理功能表现为计划和组织的有序性，协调和控制的有效性，投入和产出的效益性。

(3) 技术功能。技术功能是指贯彻目标、执行决策的操作能力。当组织具备一定的技术功能时，良好的决策和管理才能得到应有的体现。技术功能一般表现为组织成员在思想、业务及心理上的综合素质，以及完成特定组织任务的物质力量。

3. 创造和谐的组织心理环境

组织是一个相互作用的人群系统，个人与个人之间、个人与群体之间、个人与组织之间、群体与群体之间的心理和谐是组织良好运作的基础。和谐的心理环境是组织目标实现的无形而又重要的因素，包括以下四个要素。

(1) 组织成员有强烈的归属感。组织目标能得到组织成员的认同和接受，并内化为个人的一部分，他们把个人需要的满足与组织变革统一起来，愿意为组织贡献力量。

(2) 组织成员有较强的民主参与意识。组织成员有自我责任感，能积极地参与到组织生活中来，进行良好的自我管理和自我控制。

(3) 人际关系和谐。组织成员处于一种良好的组织气氛之中，情感交融，团结合作，而且没有与组织相对立的非正式群体。

(4) 组织成员有较高的满意度。组织成员在组织中能得到个人需要的满足和自我价值的实现，没有较大的挫折感，工作积极性高。

4. 增强组织应变能力

良好的组织应该具有较强的应对非常规因素和突发事件的能力，主动地、自觉地适应内外环境的变化，有较强的应变能力和适应性，表现为三个方面。

(1) 信息传递渠道畅通，能及时准确地传递和反馈信息。

(2) 能针对已经变化的环境迅速作出决策，并最大程度地保证决策的准确性、优化性和可行性。

(3) 指挥系统灵活，控制系统有效，使整个组织的活动体现决策意图，保证组织目标方向。

14.6 组织的未来发展

不断的发展和变化是当今世界发展的主流态势。科学技术在加速发展，世界经济日益一体化，政治格局、经济体制和市场结构在变化，人们的思想观念、道德观念和价值观也在变化。面对种种深刻的变化，每个组织应如何变革、如何发展呢？未来的组织应该是什么样的模式呢？对这样的问题作出科学的预测和判断是相当困难的，但却是十分必要的，具有非常重要的现实意义，因为它至少可以为组织改革和发展提供科学的依据。这里，我们讨论两个问题：科层制组织的未来和未来组织的特征。

14.6.1 科层制组织的未来

科层制（又称官僚制）以马克斯·韦伯的组织社会学的理论为基础，体现了德国式的社会科学与美国式的工业主义的结合。按照通行的解释，科层制指的是一种权力依职能和职位进行分工和分层，以规则为管理主体的组织体系和管理方式。马克斯·韦伯在对西方文明和东方文明进行广泛的历史研究和比较研究的基础上指出，任何有组织的团体，唯其实行“强制性的协调”方能成为一个整体。基于此，他将官僚集权的行政组织体系看成最为理想的组织形态，并预言人类在以后的发展中将普遍采用这种组织结构。韦伯这一预言的准确性恐怕是他自己也始料不及的，近一个世纪以来，科层制是最为流行的组织形式，它深入到每一个领域，甚至是人们的思想观念之中。

韦伯设计的这种理性科层制组织是围绕着以下五项基本原则建立起来的。

(1) 专门化。在科层制组织中，作业是根据工作类型和目的进行划分的，具有很清楚的职责范围，它科学地划分每一工作单元和强调删除那些无用的重复工作，以及考虑到职能交叉的必要。组织的各个成员将接受组织分配的活动任务，并按分工原则专精于自己岗位职责的工作。

(2) 等级制。科层制组织中拥有一大批官员，其中每个人的权威与责任都有明确的规定。这些官员的职位按等级制的原则依次排列。部属必须接受主管的命令与监督，上下级之间的职权关系严格按等级划定。

(3) 规则化。在科层制组织中，组织运行，包括成员间的活动与关系都受规则的限制。也就是说，每位成员都了解自己所必须履行的岗位职责及组织运作的规范。因此说，科层制组织所采取的手段能最有效地实现既定的目标，领导人一时产生的错误想法或已经不再适用的程序，都不大可能危害组织的发展。

(4) 非人格化。在科层制组织中，官员不得滥用其职权，个人的情绪不得影响组织的理性决策；公事与私事之间具有明确的界限；组织成员都按严格的法令和规章对待工作和业务交往，确保组织目标的实施。

(5) 技术化。在科层制组织中，组织成员凭自己的专业所长、技术能力获得工作机会，享受工资报酬。组织按成员的技术资格授予其某个职位，并根据成员的工作成绩与资历条件决定其晋升与加薪与否，从而促进个人为工作尽心尽职，保证组织效率的提高。

综上所述，科层制这一组织形式着眼于目的的合理性，体现了科学精神、法制精神与理性精神的统一，抛弃了经验管理过程中的人治因素，避免了任性专断和感情用事，带来了理性与效率，因此韦伯指出，科层制组织形式在严密性、合理性、稳定性和适用性等方面都优于其他任何组织形式，他把科层制视为“实施统治形式上最合理的形式”。事实也似乎在证明这一点，各个领域里（国家、教会、军队、政党、经济企业、利益集团、协会、基金会等）现代团体形式的发展，一般都与官僚体制的行政管理的发展和不断增强有关。科层制适应了随现代化浪潮而来的现代政府、企业和一切大型社会组织管理复杂化的需要，并同自由竞争的市场经济、完备的理性法律和适应社会变化的崭新伦理原则一起，推动着近现代社会的不断进步和发展。

然而，尽管科层制已被证明是与现代工业社会相适应的一种组织形式，但在科层制的运作过程中也产生了许多始料未及的逆向机能。因此，自从韦伯提出科层制理论以后，其观点便引起了广泛的争论。默顿（Merton）便指出，科层制的意图在于增强组织的可靠性和可预测性，它在强调通过规定和权力进行控制时，也可能会鼓励行为僵化、不愿意作出“有风险的”决策，从而使整个组织中个人和各级群体普遍存在防御性态度。菲利普·塞尔兹尼克（Phillip Selznick）则论证说，科层制实行控制所需要的授权可使组织中的下属单位产生狭隘的自我服务的观点，它造成了一种对整个组织绩效不利的后果。而阿尔文·古尔德纳的研究表明，严密的监督在上下级之间造成了个人间的压力和冲突，而这正是非人格化的规章最初想要防止的情况。

除了科层制的内在逆向运行，时代的发展也对传统的科层制提出了严峻的挑战。特别是20世纪下半叶以来，高新技术革命使得世界发生着日新月异的变化，社会发展的速率和节奏愈来愈快，社会的复杂性较以往大为增加，这一切都是产业革命时代所望尘莫及的；而自20世纪70年代以后，人类社会的脚步已经开始迈向后工业化社会或后现代化社会，跨入到信息革命和知识经济时代的门槛。在这种新形势下，政府与企业相互渗透产生出混合经济，规模巨大的跨国公司出现在世界各地，经济全球化和世界经济一体化浪潮越来越成为大势所趋。与此同时，人口素质极大提高，人口流动非常频繁和迅速，人们的工作价值观趋向追求更多参与、更有意义和创新的工作。因此，理性科层制所面临的外部环境已完全不同于产业革命时期。

科层制的内在逆向运行和外界环境因素的出现使科层制出现了明显不适应的情况。

（1）科层制无法解决个人目标与组织目标的矛盾冲突。科层制要求组织活动的理性化和制度化，以体现效率至上的理念。这些都在一定程度上压制着人的自由，人的工作变得越来越远离人的本来意图，非人格化已经充斥在工作的过程之中。这种矛盾最终表现为人的需要、目标与组织的需要、目标的对立。这种内部的危机意味着科层制无法做到内适应。

（2）在外部环境发生剧烈变化的条件下，科层制缺乏足够的应变能力。环境的迅速变化，使组织很难把握和进行有效预测，环境的复杂程度急剧增长，组织再也不能随心所欲的发展了，这就要求组织对外部环境所能提供的机会进行适应，否则就无法实现预期的目标。而以内部理性主义为主要优势的科层制很难做到这一点。

正是基于科层制无法对上述两种挑战作出适当的响应，有的学者预言科层制体系将在不久的未来彻底崩溃。例如，沃伦·本尼斯在他的《官僚制的灭亡即将到来》一书中明确指出，在 19 世纪后半叶和 20 世纪前 50 年这一历史阶段中占据组织结构模式主导地位的正是“科层制”，但是这种组织结构已与当前的社会现实脱节了，环境的不断变化促使科层制走向灭亡。但是，这样的结论似乎为时尚早也过于简单化了，科层制组织结构模式无疑还会存在下去。

首先，科层制组织之所以能够存在，是因为这种体系的适应方面还有一定的空间。应该说科层制面对那些稳定的、可预测的、相对均一的环境是最好的组织形式，在日常性的、重复发生的事件的处理上，科层制是很有效率的组织结构形式。而相对稳定的环境对任何组织来说都并不是可望而不可求的，日常的重复性工作也是大多数组织所必须面对的。

其次，即使是面对激烈的竞争和更加复杂的难以预测的环境，也并不意味着对科层制组织结构模式的完全放弃。因为对任何组织来说，都不可能完全抛弃政策、规章制度、明确的决策、职权分化和清晰的结构。组织如果要想存在，需要有某种“黏合剂”将其凝为一体，而政策、程序和结构正是这种黏合剂，它们给组织达到整合提供了手段。问题的关键在于这些手段必须在面对复杂的环境时进行程度上的调整，而不至于过于僵硬。科层制组织可以具有不同的特性，这种组织既可以是集权的也可以是分权的。分权对于科层制组织无疑是至关重要的，因为能促进决策的迅速与合理，并能在一定程度上带来组织成员的满意。同样，按基本的科层制形式建立起来的组织，能选择各种不同程度的程式化和标准化，在面对复杂环境时，降低组织的正规化程度也是可能的。令人欣慰的是，在分权与低标准化、正规化方面，科层制已出现了一定的改革趋势。

总之，在未来的环境里，科层制的基本原则仍可能保留下来，但组织将会变得更加灵活，以适应不断变化的环境需要。

14.6.2 未来组织的特征

正如前面所指出的，科层制并不是万能的，它有自己的优势，也存在着缺陷。随着社会的飞速发展，我们可以预料，科层制的组织形式一定会被改变，不断地补充新的内容，变换新的结构，赋予新的含义。现代组织变革与发展已呈现出以下三个方面明显的变化趋势，显示未来组织的特征。

1. 动态性与灵活性

动态性与灵活性是组织未来发展变化的主要趋势和特征。组织所面对的将是一个越来越复杂多变的环境，因此，组织只有主动地变化才能求得生存和发展，这就对组织的动态性与灵活性提出了更高的要求。

组织的动态性与灵活性是现代系统权变组织理论所关注的主要内容。卡斯特和罗森茨韦克在《组织与管理》一书中对组织及影响其未来的因素进行了详细的讨论。他们指出：组织将在一个动荡的、要求不断变革和调整的环境中运行；组织将不得不去适应社会环境中的越来越多样化的文化价值观；对技术和社会预测将给予更多的重视；组织将继续扩展其规模和领域，其规模和复杂性都将增大；组织将继续分化其活动，并将带来更多的、有关一体化和协调的问题；组织中各级成员都将有更大影响力，组织中成员和群体间的价值观和生活方式将更具多样性；组织间接触时产生的问题将增多，复杂组织的目标将多样化；组织在积累和利用知识方面会不断加强，智能化活动将得到重视，计算机化的决策信息系统将对组织产生越来越大的影响。总之，目前的组织将有一个从稳定的机械式组织转向适应性的有机式组织的运动过程，作为以任务或职能的逻辑关系为基础的正式组织结构，将逐渐发生某些重大的变化以适应未来的环境。

在组织的动态性与灵活性方面日益凸显出来的主要趋势可以概括为以下五个方面。

（1）组织的多元化与全能化。劳动分工是现代组织建立的基础，出于对所谓的“经济合理性”的追求，现代组织越来越专门化、科层化。但随着社会的发展，尤其是知识经济时代的到来，不同工作由不同的专业人员来完成的专业化模式将受到挑战。由于网络技术和信息技术等各种高新科技的使用，信息沟通壁垒将被打破。而且更多的组织成员将直接面对顾客和市场来提供服务，需要独立的操作，而非联合其他组织成员。从而使组织转向对每个成员提出更高的要求，要求他们具备多方面的专业知识和技能。在某种意义上来说，未来组织成员基本上都是一个多面手或全才，精通和了解多个专业领域的技术知识。

（2）组织的虚拟化。由于计算机网络的发展，越来越多的企业组织采取网上接受订单、网上销售的生产方式，越来越多的服务机构、行政管理性组织在网上交流信息，实施管理，这使知识经济时代的组织具有了科层制组织所没有的现代特性，成为虚拟性网络组织。这种组织把数百人乃至数万人联合在一起，它没有总部，没有组织章程，没有职务等级，也没有上下级关系。这是一种完全不同于传统概念上的有形空间构成的实体组织。在这种组织形式里，极有可能保持每个环节都是世界第一流的，组织成员保持一定程度的依赖，为完成一定的目标而协同工作。其灵活性与快速反应的特点非常适合未来社会。

（3）组织的弹性化。在传统的科层制组织下，组织规模越大，组织行为就越僵硬，对外部变化的反应也越迟钝。而在未来的知识经济社会里，科学技术的迅速发展，导致新产品不断问世，产品寿命周期缩短，产品更新速度加快，这使市场竞争加剧。外部环境的不断变化，要求组织不断适应变化的环境，不断调整策略、人员与组织结构。因此，动态灵活的弹性组织是未来组织创新的一种必然选择。

(4) 组织的暂时性。未来的组织将有可能成为更为短暂的组织。受复杂的客观环境的影响，更多的组织将采取特设组织形式，即为某一专门目的而存在，当此目的一旦实现，便宣告解体而不复存在。组织内的各组成部分随着组织任务、目标和使命的变化也将迅速地进行重新组合，组织成员的加入与退出也将更为频繁地发生。这些都表明，未来的组织将不可避免地具有某种暂时性特征。

(5) 对组织战略的关注。战略是和组织目标密切相关的。目标是组织想要达到的一种未来状态，而战略关注的是目标如何达到。一般来讲，组织战略是指与环境相互作用以实现组织目标的计划。现代组织的发展已进入“战略制胜”的时代，而非过去的“效率制胜”的时代，组织的运行战略问题已经成为决定组织发展的头等重要的问题，一个组织能否制定并实施正确的运行战略，事关它的兴衰成败。适应竞争性环境的需要，每一个组织所采取的运行战略可能是不同的，但现代组织战略涵盖了这样四方面的内容：其一，环境的机会，即组织可能做些什么；其二，能力与资源，即组织实际能做什么；其三，管理者的利益与愿望，即组织想做些什么；其四，承担的社会责任，即组织应该做些什么。对上述四方面在不同的组织情境下的整体考虑就形成了不同组织形形色色的运行战略。例如，低成本战略（追求降低成本和运用严密的控制来达到比竞争对手更有效的生产与服务）、差别化战略（强调将自己的产品与服务与行业中的其他组织相区别）、集中化战略（组织倾向于在较为特定的领域突出自身的优势）、顾客导向战略（组织视其特定服务对象为最重要的利益相关者，其主要价值观是满足顾客的需要）、快速反应战略（强调对问题与机遇作出快速反应，通过创新、试验和改进以获得最好的成就）等。

2. 民主化趋势

传统组织强调通过直线主管的层层监督和发挥专家的职能作用，对工作运行活动进行最大限度的控制。这种管制和控制观念导致管理职能与作业职能截然分离，组织管理只是管理者的事，员工个人只负责执行上级的指示和贯彻职能专家制定的各种程序、规则，而无权进行独立思考和决策，更无权参与到组织管理中去。这种管理理念正在发生明显的变化，管制和控制虽然是任何组织管理所必需的，但并不是管理的终极目的。良好的控制最终是要为组织的有效性、效率和公正服务。在这种观念下，管理逐渐凸显民主化趋势：强调组织成员广泛地参与决策，强调组织成员目标方向下的自主权限，强调以人为本的管理方式。这种民主化发展趋势主要表现在以下三个方面。

（1）等级制的消失。传统的组织结构都是在科层制基础上组建起来的，表现为一种等级分明的组织结构形式。不同的等级有着各自的职权、职责和责任，在各个等级之间有一条纵向的权力运行路线，从组织的最高层扩展到组织的最底层，确立了组织的指挥与服从关系，并依靠命令统一性来保证这一权力路线的连续性。在未来的组织发展中，这种明显的地位差异和分化将日益减少。随着科学技术的发展，尤其是计算机技术的应用与发展，一个基层组织成员可以迅速获得过去只能是高层管理者才能得到的信息，而且人们之间的交流渠道也不断增多，不再是单一的上下级之间的正式沟通。这种信息共享使组织成员在平等的基础上进行对话和交流成为可能。同时，随着环境的不断快速变化，将决策活动及其辅助的专家机构推到各个部门，拓宽一线现场的职责和权限范围，这已成为加快对环境反应速度的必然要求。这使得组织中的每一个成员，无论是高层管理者，还是最底层的员工，都可能为组织的发展承担重要的责任。因此，传统意义上的等级差别就失去了代表组织成员贡献和责任大小的意义，判断人的价值将以其能力为基础而不以其职位所具有的职权为基础。总之，在未来的组织中，组织成员的地位将更加平等，即使仍将有等级的存在，这种等级也只是单纯地意味着每一个人在组织的分工不同、职责各异，而不是人们地位高低的表现。

（2）组织结构扁平化。权力集中、层层节制是传统组织的一个根本特征，与此相适应的组织结构也必然是层次众多、“高耸形”的金字塔式结构。这种结构虽然有利于组织的命令统一，但过多的层次和程序规则却降低了组织的效能，也使得基层人员的积极性大受挫伤。未来的组织结构设计正朝着减少管理层次和中层管理人员的方向发展。首先，充分授权和团队工作方式的采用，使组织中许多现存的以向下传达指令和向上汇报情况为主要职责的中间管理层次，以及负责在专业领域内制定标准、提供建议、进行指导等活动的辅助管理部门得以大幅度减少；其次，组织所依赖的核心技术飞速进步，使作业人员和作业管理人员锐减，从而相应地对中层管理机构提出了精简规模的要求；最后，信息技术和电子技术的发展又为这种扁平化的组织结构提供了物质保证，使各种指令、信息的上传下达更为通畅。因此组织的未来发展将实行层次扁平化、腰间细化的“蜂形”结构，这种结构在保持决策与管理的有效执行，使组织变得更为灵活、敏捷，提高组织效率与效能的同时，也有助于节约管理成本。同时，这种组织结构为组织成员的工作提供了最大限度的自由，有利于增长士气，提高工作满意度和加深对组织的认同。

（3）组织从集权走向分权。权力高度集中以保持命令的统一性，这是传统组织的集权化的管理方式。未来环境变化迅速，组织要具有灵活性与适应性，就必须将决策权力下放，以使决策接近于组织的“操作点”，这将减少组织活动的时间，使基层充满活力，以应对各种突变和适应各种变化的条件。扁平化的组织结构，管理人员减少，也使管理幅度增大，因而决策更多地需要组织成员自己作出，而非传统意义的由上级决策。同时信息的时效性要求加快决策速度，而且知识经济时代信息传递网络化，信息获得极为广泛而且失去了层级的区别，使得广大基层人员能够更快、更充分地掌握变化的信息，当机立断地作出更为合理的决策。因此，在未来的组织发展中，赋予广大组织成员一些必要权力，让其独立自主地作出决策对组织来说是有益的，组织从集权走向分权也就成为不可避免的事实。

3. 团队精神的弘扬

近些年来，西方的许多组织都在逐步地摒弃自工业革命以来所形成的传统的垂直职能化管理组织模式，而走向一种全新的以团队为核心的扁平式过程化组织模式。组织的未来环境是动态发展和不确定的，组织所要完成的工作任务也变得越来越复杂。管理实践表明，如果某种工作任务的完成需要多种技能、经验，那么由团队来做通常效果比个人好。因此，团队形式和团队精神在未来发展中的影响将会越来越大，弘扬团队精神亦成为组织发展的一种趋势。

从一般意义上理解，团队是指某种形式的群体，但它和群体还是有一定的区别的。根据罗宾斯的观点，工作群体是指两个或两个以上相互作用和相互依赖的个体，为了某个特定目标而结合在一起。在工作群体中，成员通过相互作用，来共享信息，作出决策，帮助每个成员更好地承担自己的责任。在这种工作群体中，成员不一定要参与到共同努力的集体工作之中；工作群体的绩效仅仅是每个成员个人贡献的总和；群体中并不存在一种积极的协同作用，能够使群体的总体绩效水平大于个人的绩效之和。而工作团队则不同，它更多的是强调通过成员的共同努力产生一种积极的协同作用，使团队的绩效水平远大于个体成员绩效的总和。

在管理实践中，团队建设就是要让组织成员打破传统的部门界限，绕过原来的管理层次，以任务为中心组织人员，形成团队，直接面对服务对象，并对组织总体目标负责，力争以协作优势赢得竞争的主导地位。团队形式一般有两种。一是任务型团队。这种团队由来自组织内不同单位、不同工作领域的人员（有时也吸纳组织外的相关专业人员）组成，其目的是完成某项工作任务。一旦问题解决，任务完成，团队即告解散。二是自我管理型团队。这种团队通常是长期存在的，它并不是要解决某一个特定问题，而是希望通过协同作用来更高效地从事日常事务性工作与业务性工作。自我管理团队有着更大的自主权限和责任范围，如制订工作方案、控制工作节奏、决定工作任务的分配、安排休息时间，甚至可以挑选自己的成员。它不仅关注工作的完成，而且关注完成工作的自主性，并能对工作结果承担全部责任。

以团队的方式进行组织重构，会有以下四方面的积极作用。

（1）团队是组织提高运行效率的可行方式，它有助于组织更好地利用成员的才能。例如，任务型团队可使组织内不同领域成员之间交换信息，激发出新的观点，解决面临的问题，协调复杂的项目。

（2）团队使组织更好地适应内外环境的变化，能够更迅速、更准确地对变化的环境作出反应。在复杂多变的环境中，任务型团队比传统的部门结构或其他形式的稳定性群体更灵活，反应更迅速。它可以根据任务的需要，快速地组合、重组和解散，这极大地提高了组织的适应性与灵活性。

（3）团队使组织内部更容易建立合作、协调机制。团队所关注的是成员的共同努力、协同作用及整体的高绩效，这就需要团队成员有对于共同目的的承诺、强烈的责任感和使命感，以及相互信任精神，所有这些都在很大程度上促进了组织成员间的交流与沟通，更好地协调与合作，发挥整体优势。

（4）团队在激励方面的作用显著。无论是任务型团队的集思广益、“头脑风暴”，还是自我管理型团队宽阔的自主权限，其实都是在促进并鼓励组织成员参与决策，承担更大的责任。这有助于管理者增强组织的民主气氛，提高组织成员的工作满意度和工作积极性。

案例：韦尔奇——让通用电气在变革中成长

如果要在20世纪中选出一位最杰出的经理人，那么非杰克·韦尔奇莫属。在20世纪风云突变的最后20年，许多大公司在严峻的全球经济竞争中像多米诺骨牌一样纷纷倒下，它们的总裁也像走马灯一样不停地变换，可韦尔奇却带领着通用电气公司（GE）迅跑，并连续多年在美国《财富》杂志“全美最受推崇公司”评选中名列榜首。如今，通用电气这个从105年前美国第一个股票交易所成立就上市且唯一存活至今的企业依然在不断刷新利润纪录，其表现丝毫不逊色于任何一家热门的网络公司。韦尔奇不仅缔造了百年屹立不倒的神话，也造就了自己事业的辉煌，他无愧于当代最有成就的首席执行官（CEO）称号。

一、世纪经理人与世纪公司

杰克·韦尔奇1935年11月生于美国马萨诸塞州萨兰姆市，1957年大学毕业，1960年获化学工程博士学位。同年加入GE塑胶事业部。1971年年底，韦尔奇成为GE化学与冶金事业部总经理；1979年8月升为GE副董事长。1981年4月，年仅45岁的杰克·韦尔奇成为GE历史上最年轻的董事长和CEO。

韦尔奇就任GE掌门人时，该公司业绩表现并不佳，股票市值在近10年中几乎下降了一半。尽管如此，其前任雷吉·琼斯仍然以压倒性的票数当选为当时最优秀的CEO，而GE也被评选为经营最好的公司。因此，对韦尔奇而言，压力是双重的，一方面是如何超越其前任在业界的声望，另一方面是如何将公司从颓势中扭转过来，即使在萧条时期也能顺利实现利润和股票价值的增长。

韦尔奇是极具反叛性格的人，他从不相信教条，不相信一成不变的东西，即使它曾经被证明是多么有效。因此，他一接手GE，第一件事情就是毁掉这个杰出典范——包括公司的业务组合、行政系统、不胜枚举的惯例和传统，以及特有的公司文化。虽然韦尔奇当时以闪电战的方式进行改革，几年后他仍后悔没有以更快的速度行事。当然，结局早已明了，韦尔奇毁掉了原来的GE，而一个更强大、更有竞争力、更有投资价值、更受人瞩目的GE诞生了。

韦尔奇初掌GE时，GE的销售额为250亿美元，赢利15亿美元，市场价值在全美上市公司中仅排名第十。到1999年，GE实现了1110亿美元的销售收入（世界第五）和107亿美元的赢利（全球第一），以2000年8月15日的市值计算，全球100家大上市公司的总市值排名中，GE以5629亿美元重登冠军宝座。韦尔奇初掌GE时，GE旗下仅有照明、发动机和电力三个事业部在市场上保持领先地位。而如今已有12个事业部在其各自的市场上数一数二，如果单独排名，GE有九个事业部能入选《财富》杂志500强。韦尔奇本人也被公认为最杰出的世纪经理人。

现在，这家于1878年由发明家托马斯·爱迪生创办的公司，已发展成为一家融生产、技术与服务为一体的多元化公司，在全球100多个国家开展业务，拥有34万员工。其业务集团包括飞机发动机、动力系统、医疗设备、塑料、金融服务、全国广播公司(NBC)、工业系统、家用电器、运输系统等。可以说，从照亮千家万户的普通电灯泡到原子能发电站，从地面的机车到太空中的卫星，从飞机发动机到家用电器，GE业务广泛，堪与匹敌者寥寥。它经营的信用卡达6000多万张。它拥有的商用飞机比美国航空公司还多。美国人购买的食品，36%储藏在该公司生产的冰箱里；晚饭后，每五人中就有一人收看属于GE的NBC的电视节目。

道·琼斯庆祝其100周年的华诞时，GE是唯一一家榜上有名的公司。然而，在雅虎、亚马逊这些网络新贵，IBM、英特尔、微软这些个人计算机（PC）和软件的老霸主称雄的这个时代，百年GE却再一次让崇拜新经济的人瞠目结舌。2000年夏，美国最著名的因特网和信息技术杂志《因特网周刊》对美国各大公司作了主题为“因特网100强”的调查，GE竟荣登“本年度电子商务企业”的宝座。《因特网周刊》总编辑鲍勃·维尔利诺说：“GE获胜的原因主要是其以闪电般的速度将几十亿美元的销售和投资转到Internet。”而让人咋舌的是，在一年半前，韦尔奇居然还不会发电子邮件。从中，韦尔奇的变革创新精神和速度可见一斑。

毋庸置疑，丰尔奇是当代最受人推崇的企业家，他的贡献不仅在于带领百年GE创造了一个又一个业绩新高，而且在于为世界培养了一批又一批的人才，这才是真正无价的贡献。在韦尔奇的倡导下，GE成立了一所培训大学，公司每年拨款约10亿美元，每年在此接受培训者多达1万人。而今，在全球的500强企业中，有300多家公司的CEO都曾有过在通用电气大学培训的经历，还有更多的人期待在这里学到韦尔奇身上的一切，以便像他一样成功地攀上事业顶峰。

二、变革图新：韦尔奇的企业再造

20世纪80年代，管理学界有一个著名的理论叫"企业再造"，至今仍在工商界广为流传并不断地被运用于企业实践中，而在20世纪80年代初期，GE在韦尔奇的带领下，已率先进入了这一流程变革中，并取得了令人瞩目的成绩。韦尔奇执掌GE之初，就已敏锐地预感到世界经济将发生巨大变化，大胆面对新事物进行了比工商业界其他任何人都更为迅速有力的变革。他所提出的组织改造与缩编的改革方法，是现代企业改造的先驱。他把经理们带进了这个我们仍生活在其中的新世界里，同时，也给各地的企业家展示了一种着手进行任何变革的方法。

对于一家庞大的企业而言，最大的困扰莫过于速度问题，即人们常说的"大企业病"，它的症状是官僚主义盛行，行动迟缓，应变能力低。GE也不能幸免。而要改变这一状况，小打小闹的变革只是隔靴搔痒，必须进行全面而深入的变革。韦尔奇在GE变革过程中一开始采取的就是一种革命性的手法，不是渐变。用韦尔奇自己的话说："如果你现在正在操纵一只非常大的船，那么你如果对它的方向舵仅仅做很小的调整，整个船感受的变化不会很大。如果你采取的动作不够大的话，人们就不会对你发出的号召采取任何反应；而且会出现很多的抵触、反对改革的声音。我们需要的正是大刀阔斧、非常革命性的变革，一举打败所有反对改革的人，把这些有抵触的人淹没在汪洋大海之中。"

在GE彻底的改造中，一个最大阻力来自公司本身。GE有一套著名的公司指南，每一位经理都配备了这厚厚的五大册蓝皮书。这本由包括彼得·德鲁克在内的美国最优秀企业思想家们撰写的书，确实是一项令人敬畏的成就，它虽然给管理者提供了思考的武器，但它遗留给GE的痼疾比其他任何公司都要明显。对于通用公司的经理人员而言，书中的要旨明白无误，令人沮丧：你不必思考；那些比你更精明的人已经为你思考好了。韦尔奇却果断地烧掉了这些公司指南，从开始改革的那一天起，他毫不含糊地给公司经理们下达指示：你拥有这些企业，要对它们负起责任，不要依赖公司总部，要与官僚作风作斗争，要讨厌它，踢开它，制伏它。

如果说上述激烈的话语让公司的员工们震惊，那么接下来的行动更让他们震惊。由于引起"大企业病"的一个重要原因是管理层次过多、员工思想僵化、创新不足，所以韦尔奇从大幅裁员、压缩行政管理层入手，企业通过一系列新流程和新措施，尽量减少GE中的管理层次，从而提高企业运作速度，让大公司具有小公司那样的灵活性和创造性。他先后将GE员工人数由41.2万人精减为22.9万人，撤销了几个经理层，包括当初雷吉·琼斯设立的一个高级经理层。在韦尔奇初掌GE时，GE的每个事业部皆设有9～11个人事阶层，但时至今日已降为4～6个。一时间，"中子杰克"的恶名一度浮出水面，但五年之后，其他公司也纷纷意识到经济出现了十字关头的局面，像美国的电报电话公司（AT&T）、IBM，他们随之也开始进行裁员调整的工作，然而此时GE早已走在前列。

在企业改造中，韦尔奇赋予GE一个新使命：成为全球最有价值的公司。这个意义深远的宗旨转变不仅为公司重新确定了方向，而且如此大胆（通用电气公司当时排名第十），以至当时把人们给惊动了，作为新计划的核心，韦尔奇宣布GE的每一项业务必须在同行业中位居第一或第二，这是自我评估的另一个彻底变革，据说韦尔奇对公司任何一项业务位居第二都不热衷。他大刀阔斧般地对公司进行业务重组，在就任的头两年里购进了118个新业务，合资企业或收购企业，同时出售了71项业务，其主旨是让GE退出没有竞争优势的业务领域，力求在全球性竞争中保持领先的市场地位。他出售的最大业务是犹他国际公司（Utah International），这家澳大利亚矿业设备公司曾是雷吉·琼斯收购的最大公司。

接下来，韦尔奇进行了企业再造中最艰苦、最复杂的工作，即企业文化和价值观再造。企业文化与价值观是企业管理中最模糊的领域，也是迄今为止最具挑战性的一环。它关系到如何指导组织行为，有难以言传的价值和意义。正式的权力在这方面不太使得上力，团队合作才是关键所在。这项工作的艰巨，即使是革命性的领导者，通常也会将改革企业文化放在最后阶段。但是企业文化一日未变，改革转型便一日未完成。甚至当最剧烈的技术和政治改革已经被人遗忘时，企业文化可能还在指导组织行为模式。

为此，他倡导了著名的群策群力活动，在活动中，所有部门的员工与其上司聚在一起召开“全体员工大会”，提出问题或有关部门如何运作得更好的建议，80%的建议必须在当时当场得到一定的答复。这是一场真正的公司文化革命。正如GE飞机发动机的一位电工对《财富》杂志所说：“20年来别人一直要求你闭上嘴巴，这时有人让你毫无顾忌地大胆说话，你一定会畅所欲言的。”长期推行的群策群力活动耗费了GE的大量时间和金钱，但是更重要的效果是教导了公司员工有权利大胆说话，他们的意见应被认真对待；提出好建议的员工与贯彻执行建议的一系列变革无疑引导了当代企业管理潮流，GE从中获益不小，现在，韦尔奇可以自豪地告诉人们，GE向丰田公司学习了资产管理，向沃尔玛（Wal-mart）学习了对市场的快速反应，而这一切都是群策群力活动的结果。这些方法足以使公司新理念转变成员工可以接受的习惯，而当习惯养成时，企业文化也已经改变了。

GE的成功，在很大程度上归功于公司总裁韦尔奇独到的经营管理方法。韦尔奇在极短时间里，使这个历史悠久但老态龙钟、日渐衰落的企业面目一新，爆发出强大的活力。GE的成功与其说取决于韦尔奇的两个战略：致力于改革企业管理机制提高工作效率的组织战略和致力于保持领导地位的市场战略，不如说取决于韦尔奇重塑的企业文化，后者才是保证GE持续发展不断创新跟上时代步伐的动力所在。

三、中国市场：切走20亿美元大蛋糕

2000年10月，在锣鼓喧天中，GE上海工程塑料合成厂在浦东外高桥免税区开业，这是GE在上海的第10个投资项目，韦尔奇特地从海外赶到上海参加了开业典礼。从其对此事的重视程度上看，拥有1910年便在中国销售电风扇、电冰箱、蒸汽机车历史的GE，对于中国的市场显然有着更为巨大的期望。目前，GE在珠江三角的广州、深圳、惠州三地有3个投资项目，在大连有1个投资项目，在北京有5个投资项目。在上海分别有金融集团、工业系统集团、照明工程集团、NBC、塑料集团等10个投资项目，共计15亿美元的投资。

正如韦尔奇将GE的飞机发动机、塑料、保险、医疗、照明、运输、金融、家电、广播等分属不同领域的公司整合在一起并带入世界顶级企业那样，GE在中国依旧在如此众多的领域有着巨大的投资和业务并参与竞争。对比诺基亚、IBM、微软、英特尔、索尼等跨国巨头在中国只开拓自己的核心业务，即使像今年以上百亿投资而被评为在中国投资最大的外企——摩托罗拉也只专注于通信领域竞争的格局，GE在中国显然是更“可怕”的“另类”。“在GE这样一个多行业的公司，我不相信那种我们在这投25%，在那投30%，在那投20%的做法。”韦尔奇在指点GE的棋局时常有惊人之语：“我们的做法是就事论事，具体到每个业务部门。我们没有GE的中国战略。但是医疗系统有一个中国战略。在许多方面，我们都是由各个业务部门的战略汇集而成的一个整体。”

显然，中国市场没有让GE的战略落空，无论如何，这里已经为GE贡献了20亿美元的收入；而到2005年，这个数字会增大三倍。GE在医疗计算机化断层显像（CT）的投入使中国成为全球五大CT供应基地之一，GE医疗设备业务在中国已经有3亿美元的产值；在飞机发动机方面GE也占绝对的优势，韦尔奇上海之旅一个主要任务便是与南航、东航等国内航空公司的“头头脑脑”商谈采购GE飞机发动机的事宜；最让人困惑的是GE的家电，在这个中国市场竞争最激烈的领域，日本、韩国、欧洲的世界级品牌与中国的家电巨头们正进行着惊心动魄的厮杀，GE还会有什么机会？GE的“出牌”颇为老到，与新飞电器结为战略合作伙伴，让双方同时获得了各自需要的资源，对于新飞电器是难得的海外销售渠道，对于GE则是成熟的家电销售网络；最不可捉摸的是GE的金融集团，这个被称为“巨兽”的部门将会在中国搅动怎样的风云？韦尔奇出言显然相当谨慎，这真应了他们“在中国金融体系改进前保持低姿态”的原则。但金融集团在日本的表现却似乎是一个可靠的参照系。到去年底，这个部门在日本的资产由1995年的10亿美元猛增到400亿美元。这都是GE梦想得到的市场。当然，最蓬勃发展的是塑料，其销售量在过去的三年里，每年翻一番，据推测，未来三年中国在GE塑料上所占的份额就会超过欧洲，为此，韦尔奇决定将GE塑料在上海的工厂扩大一倍。说做就做，在韦尔奇刚说完自己的意图，塑料厂的人就开始与浦东协商购买土地事宜了。热爱变革，视变革为可以带来增长的机会，这就是韦尔奇和GE人的信条，他们每天都在寻找可以带来增长机会的变化。

2000年10月，GE和世界最大的航天设备制造商Honeywell宣布：GE以450亿美元的股票成功收购Honeywell。这是GE历史上最大的收购案，也是GE CEO韦尔奇任内最重要的公司活动，为此，韦尔奇将暂时把退休时间从2001年的4月延迟到年底。这也意味着，韦尔奇时代将告终结。

资料来源：肖怡．韦尔奇：让通用电器在变革中成长．企业研究，2001（5）．

讨论题

1. 企业变革与企业领导人的个性有何关系？
2. GE变革过程中的阻力有哪些？从GE成功的变革中你认为企业应当如何实施变革？

关键词

组织变革　动态平衡　一般环境　特殊环境　结构因素　管理因素　心理因素　组织变革的前兆　组织变革的过程　组织变革的阻力　个人阻力　制度障碍　组织变革的整体目标　合理的组织结构　科层制组织　未来组织　动态性与灵活性　民主化的趋势　组织结构扁平化　团队

思考与练习题

1. 组织的动态平衡包括哪些内容?
2. 引发组织变革的因素有哪些?
3. 在什么情况下组织必须进行变革?
4. 影响组织变革的四个变量是什么? 它们在组织变革中起到什么样的作用?
5. 列举出你所了解的几种组织变革过程方案。
6. 勒温将组织变革过程分为哪几个阶段?
7. 通过本章的学习，你认为组织变革大致包括哪些基本过程?
8. 个体抵制组织变革的原因有哪些，如何克服?
9. 组织变革面临哪些制度障碍，如何克服?
10. 试运用你所掌握的心理学方法克服组织变革阻力?
11. 组织变革的总体目标有哪些?
12. 合理的组织结构应该具备哪些因素?
13. 如何构建和谐的组织心理环境?
14. 韦伯设计科层制组织所遵循的原则是什么?
15. 简述科层制组织对现代社会的影响?
16. 现代组织在其发展过程中逐渐呈现出哪些变化趋势?
17. 未来组织在动态性与灵活性方面有哪些体现?
18. 组织的民主化发展趋势主要体现在哪些方面?
19. 团队在组织发展过程中起哪些积极作用?

第5篇　领导心理

成功管理的重要前提是有成功的领导者和正确的领导行为。因为不同的领导者，不同的领导心理与行为，产生不同的领导方式和领导方法，形成不同的管理效果，这些因素直接决定着管理的成败。领导心理是指领导活动中领导者特有的内在的心理活动及外在的行为表现。由于领导在组织系统中具有激励部属实现组织目标的重要作用，关于领导心理的研究历来是管理心理学的一个重要研究内容。研究领导心理，能更好地理解领导对个体、群体、组织的影响力，以及领导方式与领导效果之间的关系等问题。因此，本篇将对领导心理的概述、领导的心理素质、领导理论与模式等问题加以论述。

第15章

领导心理概述

15.1 领导的含义及基本特点

15.1.1 领导的含义

关于什么是领导（leadship），学者们有很多不同的表述和解释。①领导是影响人们为实现组织目标而自动努力的一种行为；②领导是一门促使其下属充满信心、满怀热情来完成他们的任务的艺术；③领导是在某种条件下，经由意见交流的过程所体现出来的一种为了达成某种目标的影响力；④领导是指挥群体在相互作用的活动中解决共同问题的过程；⑤领导是一个人所具有并施加于别人的控制力，是行使权威和决定；⑥领导就是处理领导者与下属、下属与下属之间的关系，等等。

上述概念从不同的角度或侧面阐述了领导的含义。综上所述，领导是一种行为和影响力，这种行为和影响力可以引导和激励部属去实现组织目标，是在一定条件下实现组织目标的行动过程；这种行为和影响力并不排斥行使组织所赋予的职责和权力，但更重要的是通过领导者个人依据组织内的实际情况，运用领导艺术和领导技能，采取正确的领导方式和领导行为，团结和带领全体员工高效率地去实现组织目标。领导产生于一定的组织，又服务于一定的组织。领导在组织中的使命就是促使组织及其成员履行自身职责，为组织目标的实现作出积极的贡献。

15.1.2 领导的基本特点

领导作为一种动态的过程，具有以下五个基本特点。

1. 领导是一个社会组织系统

领导作为社会组织系统，由领导者、被领导者、环境三个要素构成。人际关系学说认为，人们在组织中各自所处的地位决定了彼此间的感情和联系方式。领导者就是在一定的组织体系当中，处在计划、组织、指挥、协调和控制地位的个人或集体。领导者是领导活动中的关键性因素，是领导活动的核心，其主要职责是通过科学决策和选贤任能来为组织服务。领导者是领导活动得以展开的最重要的主体条件。被领导者就是在一定的组织中处于被领导地位的、由领导者管辖的、按照领导者的决策和意图、为实现领导目标、从事具体实践活动的个人和集团。从最一般的意义上来说，领导者与被领导者的关系是权威和服从的关系。需要说明的是，被领导者并不是单纯意义上的被支配者。首先，被领导者是领导者的对应性存在，是领导者具有实际作用与意义的前提条件；其次，领导者与被领导者从来就不是天生的，也不是一经划分就没有更改可能的事实，二者的位置具有调整的可能性；最后，在现实的组织生活中，我们经常会发现一些被领导者，因为具有较高的才能和威信，事实上发挥着领导者的作用。被领导者虽然是领导活动的客体，但却是实现预定目标的基本力量。领导者通过领导与被领导、控制与被控制、指挥与被指挥的关系实现领导，领导的本质是人际影响，即改变其他群体成员的态度和行为。成功的领导意味着下属乐意接受影响，愿意听从指挥，愿意付出努力，愿意为所爱戴的领导者尽职尽责，即领导与员工建立起和谐的人际关系。通过这些关系，可以激发每个人的积极性、主动性和创造性，使人力资源充分发挥效益，从而有利于组织目标的达成。环境是指与领导活动有关的各种社会因素，包括政治、经济、文化、风俗、习惯等因素，是独立于领导者与被领导者之外的客观存在。任何一个组织都处在特定的环境中，而环境常常对组织的行为产生很大的影响。领导者只有正确认识环境、适应环境、利用和改造环境，才能率领被领导者实现组织的预定目标。领导者、被领导者、环境这三个要素缺一不可，三者相互结合、相互作用，才能构成有效的领导活动。

2. 领导是一种动态、有序的行为过程

领导行为不是简单地发号施令，而是一种复杂而有序的行为过程，包括发现问题，确立目标；调查研究，拟制方案；分析方案，制定决策；实施方案，总结评估等环节。领导活动受到领导者、被领导者、客观环境等多种因素的影响和制约，是各种因素相互影响、相互作用的动态过程。在这一过程中，领导的上述三个要素构成两对矛盾：一是领导者与被领导者之间的矛盾；二是领导活动的主体（领导者与被领导者的统一体）与领导活动的客观环境的矛盾。领导者的每一项决策都要由被领导者具体负责落实。客观环境具有两重性（自在性与为我性），领导活动主体作用于客观环境的过程，表现为客观环境由“自在之物”不断地转化为“为我之物”。任何一个组织都处在特定的环境中，而环境常常对人们的行为产生很大影响。领导行为不仅在于要改变环境，同时还要适应环境的要求。对于被领导者来说，领导行为则是环境因素的重要组成部分。因此，领导这个动态有序过程，实质上是领导者、被领导者及环境三者之间的函数。这个函数关系可以用公式表示如下：

$$领导=f（领导者·被领导者·环境）$$

3. 领导作用的“互惠效应”

在现实的领导活动中，领导实质上是一种“投入”，而它的“产出”更多地表现为被领导者的行为和组织的行为。领导效率的高低和领导工作的成功与否，并不仅仅反映在领导行为本身，而主要应该从被领导者的行为效率来评定。尽管影响被领导者行为效率的因素很多，诸如工作能力、工作热情、工作条件、人际关系、福利待遇等，但这些因素都与领导者的行为有关。作为一个领导者，不管他自己是否认识到，实际上其领导行为无时不在影响着被领导者的行为。一般来说，人们容易注意到领导者对于下属的影响，而往往忽视另一种影响，即下属对领导者的影响。实际上影响总是相互的，领导者在影响下属的同时，也必然会受下属某方面的影响。这就是领导作用的“互惠效应”。例如，如果一位领导者从实际出发，客观公正地奖励了一名下属，除了对当事人，还会引起其他下属对领导的良好反应；如果领导错怪了一个员工，不仅会引起当事者的不满，还会引起其他下属的愤怒。正确的领导行为引起下属的积极反应，错误的领导行为引起下属的消极反应，可谓影响的共享。领导者通过一定的领导行为影响下属，与下属分享影响，领导者也能从与下属较好的相互关系中获得更多的尊敬，得到信任，下属则由于对领导者有更多的了解而扩大自己的影响。实践证明，在有效的组织中，领导者与下属都会感到自己有较大的影响力。而领导者和下属在组织里的总体影响越大，整个组织就越团结，工作效率也就越高。

4. 领导的权威性

领导意味着权威，二者有着不解之缘。权威，是指以服从为前提，把一部分人的意志强加给另一部分人。罗伯特·A. 达尔在《现代政治分析》中指出：“如果 Y 承认 X 控制 Y 的合法性，X 就对 Y 有权威。或者，如果 Y 承认有义务服从 X，X 对 Y 也有权威。”领导的权威性表现在领导者与被领导者的关系上，它既反映领导者的权力和威望，也反映被领导者对这种权力和威望的认可与服从。

5. 领导的两重性

领导的两重性说的是领导的性质问题。任何领导都具有两重属性，即领导者的自然属性和社会属性。领导者的自然属性就是领导者的一般性。由于领导活动是人类社会群体活动的一种，所以在任何一种社会制度中，领导的主要标志都是统一的意志和一定的权力，都具有组织、指挥和决策的共同职能。这是人类共同生活的自然需要，存在于人类社会的始终。领导者的社会属性就是领导者的特殊性。一定的领导活动是建立在一定的生产关系基础上的，它归根到底要反映一定生产方式。在阶级社会中，生产关系表现为阶级关系，一定的领导活动不能不反映特定阶级和社会集团的利益，不同社会制度的领导活动不能不带有其鲜明的特点，如阶级社会中领导的统治性，社会主义社会中领导的服务性。这种社会属性不是固定不变的，它是伴随着社会关系的变化而变化的。

领导的自然属性和社会属性是相互依存的。共同的领导的自然属性存在于具体的领导和社会属性之中，相异的领导的社会属性表现共同的领导的自然属性。但是，领导的本质是由其社会属性决定的，一切社会生产过程中的领导所具有的决策、指挥、协调、控制等自然属性的形式的改变，并不影响受制于社会生产关系的领导的社会属性，不改变领导的实质。在领导活动中，领导者的出现，是由反映生产资料状况的“社会属性”所决定的。因此，认识一定社会的领导性质，既要看到其自然属性，更要揭示其社会属性，否则，对领导活动的认识就会失去正确的方向。

15.2 领导的影响力

一个领导者要实现有效的领导，他的影响力是一个非常重要的因素。所谓影响力，就是一个人在与他人的交往中，依据自己的目的，影响和改变他人心理和行为的能力。影响力并不是领导者所独有的，普通人影响他人的心理和行为的能力也叫影响力，只不过领导者的影响力是根据组织目标影响他人心理和行为的能力，在人际交往中表现得更为突出和显得更为重要。作为一个有效的领导者，他必须对自己的影响力有正确的认识。一般人们把领导的影响力解释为领导者依据组织目标和某种地位与素质而获得的一种力量，用来影响别人，使别人根据他的劝告、建议或命令改变心理和行为的能力。领导者在与他人交往中的影响力的大小是由许多因素决定的，如地位、权力、知识、能力、品格和资历等因素。据此，我们可将领导的影响力分为两部分：一是分配权，二是固有权。分配权是指职位上的权力，在职务行使过程中体现职务权威和法的权威；固有权是指权力主体个人自身带来的某种权力，在行使中体现人格权威和技术权威。仅有分配权而无固有权是有职无权，仅有固有权而无分配权是有权无职。优秀的领导者应同时具有分配权和固有权，由分配权而对下属产生的影响力称为权力影响力，由固有权而对下属产生的影响力是非权力影响力。由于权力是构成影响力的一个重要的直接因素，国内学者按领导影响力的来源、要素的不同，将其分为权力影响力和非权力影响力。

15.2.1　权力影响力

权力影响力源于正式组织的授予，是一种强制性影响力，具有强迫性、不可抗拒性等特征。这种权力来自领导者所担任的职务，有了这个职务，领导者就有了这个职务法定的权力。下级不能随便不接受他的领导。因此，这种权力也叫位置权力或地位权力，它取决于个人在组织中的地位。这种权力影响力通过外部压力形式起作用，往往产生被动的服从。它的核心是权力，因此，它对下属的心理和行为的激励作用是非常有限的。构成权力影响力的要素主要包括传统因素、职位因素和资历因素三个方面。

1. 传统因素

传统因素是指人们对领导者的一种传统观念。长期以来，官本位体制的影响使人们怕“官”，使人们对领导者有一种自然而然的观念（不是法定的），认为领导者都不是一般人。今天他是个普通的群众，也不觉得他有什么特别的地方。明天他成了领导者，就觉得他有能力、有胆识，比普通人强，这种观念逐渐形成某种潜意识的社会“规范”，使人们从小就打上了深刻的烙印，影响着被领导者对领导者服从感的形成与持续。这种传统观念所产生的影响力普遍存在，只要你是个领导者，就自然获得了这种力量。当然，由传统因素引发的服从感随着民主思想观念的深入人心和自我意识的增强正在逐渐弱化、淡化。

2. 职位因素

职位因素是指个人在组织中的职务与地位。居于领导地位的人，组织授予他一定的权力。而权力使领导者具有强制下属的力量，凭借权力可以左右被领导者的行为、处境、前途以至命运，使被领导者产生敬畏感，领导者的地位越高，权力越大，别人对他的敬畏感越大，他的影响力就越强。职位因素所造成的影响力，是以合法的权力为基础的，表现为影响的强度和影响的范围，与领导者本人的本质条件没有直接关系，它是由社会组织赋予领导者的一种力量。

3. 资历因素

资历因素是指领导者的资格和经历。较长的工龄、丰富的经验等是领导者高资历的突出表现。资历因素是个人历史性的东西。一般人对资历较深的领导者比较敬重。由此产生的影响力也是强制性的。

15.2.2　非权力影响力

非权力影响力是与合法权力相对的，它既没有正式的规定，也没有组织授予的形式，它是一种自然影响力，是靠领导者的自身威信和以身作则的行为来影响他人的。它的产生基础比权力影响力广泛，表面上无合法权力、无正式规范、没有上级的授予，只是依靠威望取得信任、依靠合理取得赞同、依靠心悦诚服取得支持。构成非权力影响力的要素主要有品格、能力、知识三方面因素。

1. 品格因素

品格因素是指反映于言行中的道德、人格、作风等，也可称为思想道德因素。优良的品格包括全心全意为人民服务、以民为本的工作宗旨；一切从实际出发、理论联系实际的工作方法；为人正派、以身作则的工作作风等。这些对成员有较大的影响力，可以使被领导者产生敬爱感，有利于领导者带动组织，控制组织，形成一种人格的魅力，成为组织的领袖。

2. 能力因素

能力因素是主观意图转化为客观现实的关键。能力包括创新能力和综合能力两种。

(1) 创新能力包括洞察力、预见力、决断力、推动力、应变力五个方面。洞察力是指敏锐、迅速、准确地抓住问题的能力。一切创造都源于问题。洞察力是一种直觉力，需要有一定的资质，勤于思考、勇于实践有助于提高洞察力；预见力是指超前把握事物发展趋势的能力，是对未来关系的一种想象力，缺乏想象力的人不具有创造力；决断力是指迅速下定决心，形成方案，它与机遇、风险相连，尤其要在成本效益上把关；推动力是指善于激励下级以实现新意图的能力，表现为感染力、吸引力、凝聚力和号召力等；应变力是指在事物发展的偶然性面前善于随机处置的能力。客观事物是复杂的，不可能预见事物发展的所有可能性，偶然事件、突发事件是难免的，应培养随机应变的能力。

(2) 综合能力包括信息获取能力、知识整合能力、利益整合能力、组织协调能力四个方面。信息获取能力是指领导者通过多元的、多维的、多层次的方式获取信息的能力。利益整合能力是指领导者把有差别的、多元化、分散冲突的利益整合为利益共识，在顾及各方面利益要求的基础上制定政策的能力。例如，在一个组织中，组织成员的工作动机不仅受绝对报酬的影响，也受相对报酬的影响，即成员不但考虑个人的报酬，还关注与同事之间报酬的比较值，作为领导者，就要全面考虑下属不同程度和范围的需要。组织协调能力是指领导者协调整体结构合理要素的能力。只有组织的人力、物力和财力在良好的配合状态下，才能实现整体大于部分之和的效果。领导者要带出富有精神的队伍，要有积极主动追求成功的精神，要根据不同阶段的资源要求，组织不同资源在各自的位置上正常有效地运转。

3. 知识因素

知识因素可以使下属产生对领导者的信赖感。要形成这种信赖感，领导者就要有广泛的科学文化知识和一定的理论素养，包括熟悉马克思主义基本理论；了解一般社会科学、自然科学各方面的知识等。领导者知识方面的素养是长期积累的结果，有一个循序渐进的过程，这就要求领导者勤奋好学，不断地更新自己的知识，扩展自己的知识面，以对下属产生积极的影响。

15.3　领导的功能

15.3.1　领导在社会组织中的地位

1. 领导是社会组织协调统一的保证

社会组织是一个复杂的社会系统，有许多人共同进行着各种各样的管理活动。马克思在论述资本主义生产管理的二重性时指出："凡是有许多个人进行协作的劳动，过程的联系和统一都必然要表现在一个指挥的意志上，表现在各种与局部劳动无关而与工场全部活动有关的职能上。就像一个乐队要有一个指挥一样。"① 要保证社会组织活动的协调和统一，只有使成百上千人的意志服从一个人的意志。这就需要领导的统一意志和统一指挥。随着经济的发展，社会的进步，社会组织日益庞大，涉及的领域越来越广，日常事务也越来越多，人员不断增加，统一意志和统一指挥的必要性和重要性日益突出。社会组织既有高层、中层、基层等纵向层次的区别，又有政治、行政、业务等横向部门领域的划分。但是，形成统一的意志，实施统一的指挥，对所有的社会组织都是"放之四海而皆准"的共同要求。

2. 领导贯穿于社会组织活动的全过程

在大千世界中，社会组织活动是丰富多彩、多种多样的。然而，就具体过程分析，社会活动是一个通过各种环节环环相扣而连接起来的链条，其中的主要环节有建立组织、选材用人、收集信息、确立目标、制订计划、组织实施、检查监督、调节完善。这个过程，实质就是一个不断地制定政策、执行政策的过程，是一个决策—执行—再决策—再执行的循环往复的过程。决策即"出主意"；"使这一切主意见之实行，必须团结干部，推动他们去做"②，即"用干部"。因此，"出主意"、"用干部"是领导干部的根本职责。正是这种领导职责构成了有效的社会组织活动，并贯穿于社会组织活动的始终。

3. 领导正确与否关系到社会组织活动的成败

社会组织是由诸多因素构成的大系统，每一个因素的状况都对它产生影响。由于领导具有"统领"、"引导"的整体管理功能，尤其是领导决策规定了组织目标及达到目标的途径和措施，所以它成为组织行为的指南和准则。组织效能是由

---

① 马克思，恩格斯．马克思恩格斯选集．第 25 卷．北京：人民出版社，1974：431.

② 毛泽东．毛泽东选集，一卷本．北京：人民出版社，1966：493.

领导决策目标和组织效率决定的。我们要求高效能，就不仅要努力提高效率，而且还要保证决策目标的正确。否则，“南辕北辙”的社会活动，效率越高，则损失越大。古今中外，这样的事例屡见不鲜，在现代社会就更为常见。

15.3.2 领导的功能

1. 领导能弥补组织设计中的部分缺陷，促进组织的良性运作

大多数的组织都是高度结构化的，具有相对明确的权力界限、清晰的目标，以及达到这些目标的动力。那么，为什么组织还需要领导？领导确实重要吗？换句话说，它对组织效率有强有力的影响吗？答案有如下四个方面的内容。

(1) 组织的设计并不非常完美。也就是说，没有适用于每一种偶然情况的规定或政策，也不可能设计出一种完美的组织结构，达到在任何时候都有利于组织中每个成员的行动。要想更好地完成工作任务必须施加特殊影响，必须有一种东西来确保人们的行动相互协调，达成组织的目标，这种东西就是领导。

(2) 外部环境每时每刻都在不断地变化着。领导通过迅速的调整以适应外部环境，从而维持一个组织在变动的环境条件下的稳定性。

(3) 当组织内部处在增长和变化的时期，领导作为各冲突方中的一种缓冲，可以促进组织内存在分歧的部门和个人间的内部协调。

(4) 组织是由个体组成的，这些个体在达到组织目标的同时要求自身需要的满足，领导在满足个体不同层次和范围的需要，进而维持一个稳定的劳工队伍方面，起着主要的作用。

因此，领导在一个动态的组织中扮演着关键的角色。它弥补了传统组织设计中的许多空缺，允许更大的组织柔性，可以对环境的变化更敏感，同时，它提供了在组织内部协调不同部门和个人的方法，有利于满足组织成员的个体需要。简而言之，有效的领导往往能将有效率的组织和低效率的组织区别开来。领导对一个组织管理的好坏具有决定性的意义，它是组织各个部门人力、物力、财力，以及调动一切积极因素的关键，是实现组织目标和满足职工需要的带头人。

2. 领导可通过计划、组织、人事、领导、控制去引导和率领下属有效地达成组织目标

组织的成功与否，归根结底在于人的积极性能否得到充分发挥，而影响人的积极性的因素有很多，如人际关系与群体行为，个体的价值观和个性差异，管理工作和劳动报酬，以及组织结构等。但其中最为重要的因素还是领导行为如何及其是否有效。研究成果表明，领导者行使权力和发挥领导作用的方式不同，有的侧重民主与参与，有的侧重独裁与专制，将导致不同组织环境的产生，这将在很大程度上影响着组织成员的工作积极性和整个组织的绩效。领导者率领下属有效达成组织目标的途径和手段，主要有计划、组织、人事、领导和控制等。

（1）计划。计划工作是一个过程。这一过程始于目标，对实现这些目标的战略、政策和详细计划加以定义；这一过程建立起执行决策的组织，并包括对业绩的检查和反馈，以便引入一个新的计划周期。领导的计划工作包括选择任务和目标，以及完成任务和目标的行动，这需要制定决策，也就是说，从各种可选择的、将来的行动方针中进行挑选。计划是艰难的脑力劳动的过程，为选定的目标提供一种合理方法，需要领导有意识地决定行动方向。具体地说，计划工作包括规定将来评定组织成绩的标准，建立各种规章和业务处理的程序，指定工作计划，对执行决策过程中的条件和环境进行分析和预测。

（2）组织。组织意味着一个正式的有意形成的职务结构或职位结构。组织结构的设计应该明确谁去做什么，谁要对什么结果负责，并且消除由分工不明造成的工作中的障碍，还要提供能反映和支持组织目标的决策和沟通网络，即组织结构的目的就是要建立起一种能使人们为实现组织目标而在一起最佳地工作并履行职责的正规体制。具体地说，领导的组织工作包括设立组织开展业务所需的各个部门，给组织的员工分派工作，对下属进行授权，建立职权指挥系统，明确交换和沟通的渠道，对所管辖的人员的工作进行协调。

（3）人事。人事工作是指通过确定劳动力的需求，招聘和选拔人员，使他们能有效地完成自己的工作，并补充、充实组织机构的职位。具体地说，领导的人事工作包括决定选拔哪种人才，进行人员的招聘和选拔，设立衡量员工工作绩效的标准，训练和培养员工，对员工的业务水平进行辅导，评定员工的业绩，对成绩优异的员工进行奖励。

（4）领导。领导工作是指影响人们为组织和集体目标作贡献的过程。领导是一种影响力，影响人们心甘情愿地、满怀热情地为实现群体目标而努力。领导的实质就是追随关系，正是人们愿意追随某人，从而使他成为一名领导者。具体地说，领导工作包括指挥员工完成规定的工作，保护员工的工作热情，在员工积极性不高的情况下对其进行激励。

（5）控制。控制工作是指对业绩进行衡量与矫正，以便确保组织目标能够实现和为达到目标所制订的计划能够得以完成。具体地说，领导的控制工作包括对各项业务设定完成情况的标准，按期检查员工的工作是否达到了规定的标准。如果没有达到，要分析其中原因，如因客观因素或员工本人能力不足，要适时修正和采取调整措施；如因员工个人热情不高，要采取适当的方法对其激励。

3. 领导在率领下属达成目标的同时，还能满足员工的不同需要

领导满足员工需要的功能，可以从正式领导者与非正式领导者二者的区分中加以理解和界定。

（1）正式领导者。正式领导者拥有组织结构中的正式职位、权力和地位，其主要功能是领导员工达成组织目标。例如，制订和执行组织的计划、政策与方

针；提供情报知识与技巧；授权下级分担任务；对员工实行奖惩；代表组织对外交涉；控制组织内部关系，沟通组织内上下意见。正式领导者享有组织赋予的权力影响力，该影响力能实现到何种程度，要以领导者的能力及领导者本身是否为其部属所接受而定。

(2) 非正式领导者。非正式领导者虽然没有组织赋予他的职位与权力，但由于其个人的条件优于他人，如知识经验丰富，能力技术超人，善于关心别人或具有某种人格上的特点，令职工佩服，对员工具有实际的影响力，也可称为实际的领导者。其主要的功能是能满足员工的个别需要。例如，协助员工解决私人的问题（家庭的或工作的）；倾听员工的意见，安慰员工的情绪；协调和仲裁员工间的关系；提供各种资料情报；替员工承担某些责任。

非正式的领导者，因其对员工具有实际的影响力，所以，如果他赞成组织目标，则可以带动员工执行组织的任务；反之，如果他不赞成组织目标，则他亦可能引导员工阻挠组织任务的执行。

由此可知，一个真正有作为的领导者，他应能同时发挥正式领导者与非正式领导者的功能。既能实现组织的目标，也能满足员工的需要，也就是他同时将工作领袖和精神领袖两种角色集于一身，通过实现组织目标和关注部属的社会性及情绪的需要以满足员工的不同需要。但是，这种理想的领导者是不可多得的，通常的领导者皆偏向于工作领袖的性质，在这种情况下，员工中较善于体谅别人者，便逐渐变成大家的精神领袖，担负起安慰、鼓励、促进及协调等功能的责任。

案例：仁慈与严明

旭日的总裁杨创认为，作为现代企业的领导，对待员工应该采取两种态度，那就是仁慈与严明。他认为，仁慈的意思是仁爱、慈悲，也就是爱心及同情心，其表达形式是“己所不欲，勿施于人”，“己欲立而立人，己欲达而达人”，任人唯贤，使人唯能，待人如亲，满足员工生存与事业发展的需要；严明是严格与明确，对于企业的宗旨、信条是清清楚楚的，并且在平常的工作中，在处理事情与人的个案中，始终根据同一标准、同一宗旨、同一信条，即要使大家明白确实要这样做，只有条例而不执行，不叫严明，如果管理者把仁慈用在不努力、作风差、工作吊儿郎当的人身上，这对公司来说无疑是一个灾难，公司就会出现混乱局面，工作也就无法开展。杨创在实际管理工作中就是把仁慈与严明紧紧结合在一起，严而有度，仁而带情，使员工心服口服。以下是体现其实际做法的六个实例。

(1) 一个50岁的职员，工作能力差，但在公司工作已经10年了，对公司有非常深厚的感情，而且由于年龄偏大，要离开公司另找一份称心的工作很难。最近一段时间，他屡屡被投诉，说其办事不力，对自己工作中的失误老是找借口。判案：虽然办事不力，但无破坏行为，可以通过再三教育，甚至警告，指派专人帮助他提高业务水平，不作辞退处理。准则：仁慈。

(2) 一个 38 岁的经理，工龄 10 年，曾为公司立下一些功劳，但现在却完全不负责任，常常不在岗位，屡被投诉，屡次谈话无效。判案：辞退。准则：不能无纪律，他谋生能力强，辞退对他是一种深刻的教育，可能这一教训会让他获益终身。

(3) 一个部门经理，曾在公司工作 8 年，心地善良，工作负责，但头脑不够清醒，工作常犯错误，多次离开公司另外谋生，不久以后要求再回公司工作。判案：接受。准则：仁慈。

(4) 有一分公司经理，工作满口怨言，喜欢评论上司缺点，工作讨价还价，当初要离开公司时，由于还没有找到接替他的人手，公司曾派人找其谈话，希望他能留任一段时间，但他还是跳槽走了；离开公司后，在新的单位工作不顺心，希望重新返回公司工作。判案：不接受。准则：严明。

(5) 一个主管，大公无私，处事公正，勤奋地为公司奔波操劳，为公司立下过汗马功劳，其亲属有小生意与本公司有业务来往。判案：支持。准则：仁慈。

(6) 一个主管，处事平平，工作喜欢计较，其亲属新开一公司，欲用本公司的关系为亲属打开市场。判案：反对。准则：利益冲突，防止不能正确处理公司利益和个人利益，造成公司重大损失。

以上六个实例，有时以仁慈为准则，有时以严明为准则，到底什么情况下用什么准则才是正确的，才能收到良好的效果呢？杨创的看法：对己要严，对人要宽；对近身要严，对远身可宽；对上要严，对下可宽；对不善的人要严，对善者要宽；对搞小动作的人要严，对无心犯错者要宽；对自私自利的人要严，对大公无私者要宽；对搞派别的人要严，对无派别者要宽；对突出个人英雄者要严，对集体主义者要宽；对斤斤计较者要严，对通情达理者要宽；对不合情理的事要严，对合情理的事要宽；对搞形式主义者要严，对注重实效者要宽。总之，一条规律，就是对己要严，待人要宽；工作要认真，处事要公平。这样，我们就不会被认为"妇人之仁"或"太无情义"。

公司能够处理好人与人之间、部门与部门之间的关系，管理者能够公正裁决个案，他们表面上是裁判员的身份，实际上起到了协调、密切各部门、各个人员之间的关系，使公司无形之中形成了一种凝聚力，员工的心情舒畅从而激发起他们的能量，从心里愿意为公司的发展作出自己的贡献。

资料来源：李树林．中国企业管理科学案例库教程．北京：光明日报出版社，2001.

讨论题

1. 你如何评价旭日公司的"仁慈与严明"？
2. 你如何评价旭日公司的用人之道？"情"与"理"矛盾时应该如何处理？
3. 旭日公司的用人标准的科学性如何？如果你是公司的管理者，遇到上述六个事例中的人和事，你将如何处理？

关键词

领导　领导者　被领导者　权力影响力　非权力影响力　正式领导者　非正式领导者

思考与练习题

1. 领导的含义是什么，具有哪些特点？
2. 领导的影响力是什么？
3. 权力影响力是什么，包含哪些因素？
4. 非权力影响力是什么，包含哪些因素？
5. 领导的功能是什么？
6. 领导心理是什么？

领导者的心理素质

在领导活动中，领导者的个体心理素质和领导集体的心理素质的状况，是影响领导活动质量的关键因素。因此，本章将讨论领导者的个体心理素质、领导集体的心理素质及领导决策的心理素质。

16.1 领导者的个体心理素质

领导者自身素质的高低决定着领导绩效的优劣，也是制约领导者权力大小的条件。一个优秀的领导者应具备什么样的素质，领导者本人应怎样有意识地发展自己，是当前人们谈论较多的话题。从政治、思想、道德、知识、能力、身体等方面去论述领导者的素质，也是时代的共识。而个体心理素质在领导者的素质结构中，越来越成为人们重视的部分。个体心理素质主要包括认知、意志、情感、气质、性格、观念等，具体表现为以下六个方面。

1. 战略型观念

现代生产是社会化的大生产，现代经济建设是系统化的经济建设，时代要求领导观念必须要有一个相应的转变，这就是从“生产型”向“经营型”转变和由“事务型”向“战略型”转变。因此，领导不仅要具有着眼于具体的战术观念，更重要的是具有面向现代化、面向世界、面向未来、着眼于实践、着眼于发展的战略型观念。

2. 创新型思维

创新型思维是领导者创新意识的体现，它不受条条框框的束缚和限制，表现出勇于探索、开拓创新的科学态度和进取精神。假若没有这种创新型思维，管理上的新理论、新方法都很难问世。在考虑组织发展时，只有能够在组织内部挖掘出新的资源，并注意技术、经济、社会、心理等方面的变化，不失时机地采取可能成功的新行动，才能不断走向新的成功。同时，只有能够预见到新的限制条件，优化对现有资源的利用和控制，才能为组织带来新的生机。思维上的创新是事业发展的前提，领导者如果没有这种创新型思维，就不会有创新的行动。

3. 主导型心理和行为

主导型心理和行为与依附型心理和行为相对，具有主动性、创造性、责任感等特征。若一位领导者毫无主见，总是依附别人来提出解决问题的办法，他所领导的部门将毫无生气。当然，主导型并不等于专断型，它是在民主集中制基础上的主导，也是在自己职权范围内的主导。

4. 坚忍不拔的意志

开拓创新，难免遭受挫折、失败。领导者只有从失败中吸取教训，从挫折中看到成功，具备不怕挫折和失败而百折不挠的毅力，具备坚定必胜的信念，才能经得起各种风浪的考验，实现领导工作的目标。

5. 敢于决断的气质

果断型作风是与谨小慎微、优柔寡断的拖拉作风相对立的，它要求领导者应当不失时机地、勇敢果断地处理问题，勇于在风险中求生存、求发展。果断型作风是果断、顽强、热情等心理特征的综合体现。

6. 竞争开放的性格

领导者是其所在组织及被领导者的领头人，是协调和处理人与人之间关系和人与环境之间关系的决策者。因此，领导者应有敢为天下先、善于争先的品格。同时，领导者要与各种人打交道，要随时处理各种矛盾，需要具有开放的心态、宽阔的胸襟，一定的交际能力和风度。这样，才能团结众人实现领导工作的目标。

16.2 领导群体的心理素质

16.2.1 领导群体心理的概念

任何一个领导群体，要想充分发挥它的整体效能，达到整体效能大于个体效能之和，有着多种复杂的途径，但心理条件是一个不可忽视的重要因素，因为心理活动自始至终引导和控制着人的行为。而领导群体的心理，虽与领导者个体心理有着密切的联系，但又不同于领导者的个体心理，有着自身的内涵和特征。

从心理学的角度看，领导群体是一种围绕其组织目标并为实现这些目标，在群体内的各个成员之间发生心理共鸣的联系之后，共同对被领导的个人或一定的群体组织施加心理影响，从而协调该集团所及范围内的人际关系，调动其积极性，发挥其能力，并引导其方向，使之在一定环境下，为实现共同目标而进行种种行为活动的领导组织。领导群体心理就是领导群体各成员间的心理联系及影响。

16.2.2　领导群体心理的特征

领导群体心理的特征可以概括为以下四个方面。

(1) 领导群体成员的个体心理，必然与该集团的组织目标有最大程度的一致性。其中，个体心理包括兴趣、能力、气质、性格、意志力等。个体心理的任何一方面都与实现群体的组织目标密切相关，因此，任何一个领导集团成员的个体心理，必须与该群体的组织目标基本一致，至少不能存有决定性的冲突。

(2) 领导集团内的成员，必然存在与其他成员在心理上的联系，并且发生相互间的影响和制约。领导群体内的成员，由于个体心理的差异性，一个领导群体在心理上呈现一种错落有序的格局，有的以能力取胜，有的以意志力见长，各自对他人发生自觉或不自觉的影响，甚至遏制他人某种心理特征的发展，这就是成员之间心理上的相互影响和制约作用。这种影响和制约作用，有三种基本形态：排他型、容他型和尊他型。

(3) 领导集团内各成员，有各自角色的心理差别，这种角色的心理差别可以产生两极效应。每一集团内的角色，是由该集团的职能和组织目标决定的，它赋予每个成员一定的职责、权利和义务。这些因素的差异性，使得集团成员在这个群体内占有并不绝对相等的地位，扮演着各不相同的角色。一般说来，一个领导群体内，有正职、副职的角色差别；有全面、专项领导的角色差别等；还可以根据群体的职能和组织目标对角色所期望达到的标准来划分，这种角色差别必然会带来心理上的感应，即正负两极效应。其中，正效应是指正确认识角色差别，自觉履行角色职分，主动调节心理活动使自己的心理和行为与集团组织目标的需要保持一致。负效应是指由于群体成员斤斤计较角色地位的高低、权力的大小和得失的多少，所以在地位上与集团组织目标相背离，甚至相抗衡，或者是被迫服从，与其他角色相对立。可以看出，正效应是成功的、有效的，而负效应是失败的、无效的。

(4) 领导群体成员的不同心理结合，必然会形成一定的领导群体心理结构。一个领导群体的本身就是一个有组织的结构，那么，由具有不同心理的成员组合起来的群体客观上必然形成一定的心理结构，至于心理结构的优劣，则取决于各种心理因素的搭配、组合情况。

16.2.3 领导群体的心理结构

领导群体心理结构的合理构建，是领导班子建设和领导效能发挥的关键，也是形成合理的领导群体心理结构的组织基础。

1. 领导群体心理结构的类型

领导群体心理结构的类型，可以分为以下三组。

(1) 同质结构和异质结构。同质结构是指集团成员在个性倾向（需要、动机、目标、价值观）、知识能力、性格、年龄方面都比较接近的结构；异质结构是指集团成员在个性倾向（需要、动机、目标、价值观）、知识能力、性格、年龄方面存在较大区别或相距甚远的结构。

(2) 静态结构和动态结构。静态结构是指相对稳定的群体组合；动态结构强调群体组合具有较大的变动性。领导群体心理结构的静态与动态都是相对的，静态离不开动态，静以待动；动态也离不开静态，动中求静。

(3) 完整结构和残缺结构。完整结构是指在完成领导活动过程中所必备的心理因素基本具备的结构；残缺结构是指某些必备的心理素质有所欠缺的结构。结构完整与否的客观标志在于，经过成员的心理互补之后，是否能适应共同领导活动的需要。事实上，绝对的或永久的结构是不存在的，残缺结构恰恰是某一阶段或某一方面的客观必然，是进行结构调整使之趋于完整的现实依据。因而必须强调实行动态的调整，以适应不断变化的社会需要。

2. 领导群体的合理结构

领导群体的合理结构，是一个多序列、多层次、多要素的动态综合体。一般来说，领导群体的合理结构通过领导者的年龄结构、知识结构、智能结构、专业结构、素质结构、气质结构的统一组合体现出来。

1) 年龄结构

领导群体的年龄结构是指领导班子成员的年龄构成状况。领导班子最佳的年龄结构，是根据不同领导层次，由老年、中年和青年干部按照合理的比例构成的综合体。

不同年龄的人有不同的知识和不同的能力，因此，领导班子的年龄结构是十分重要的。领导班子应是老、中、青三者相结合的，但总的趋向是年轻化的。

领导班子的年轻化，实质上是领导班子的平均年龄要年轻些，这是现代社会的客观要求，是适应现代化大生产的需要。但是，也不能把领导班子的年轻化片面地理解为青年化，更不能把年龄作为唯一的绝对的因素，而要从实际情况出发，具体问题具体分析。领导班子年轻化，不是刻意追求年龄的高低，而是领导班子应该有一个合理的老中青结构，应由“老马识途”的老年人、“中流砥柱”的中年人、“奋发有为”的青年人构成一个具有合理比例的综合体，并处于不断发展的动态平衡之中。一方面，要使领导班子既充满活力，又稳重成熟，能很好地胜任工作；另一方面，又要形成梯形结构，寓培育锻炼接班人于有规律的动态系统之中。在这个基础上，逐渐趋于年轻化，既要防止领导班子老化，又要保证领导班子的继承性与领导工作的连续性。从领导层次来看，层次高的年龄可以稍大一些，层次低的应相应年轻一些。还应该指出，在不同的领导阶层中，对年龄的要求、对年轻化程度的要求也不完全一样，而且，个体是有差异的，有人年逾古稀，思维敏捷，精力充沛；而有的人则未老先衰。如果按年龄搞一刀切，就不可能构成最佳年龄结构。

2）知识结构

领导群体的知识结构就是指领导班子的知识构成状况。领导班子的最佳知识结构是将具有不同知识特长和不同专业特长的领导者组成合理的立体知识结构。

知识就是力量。对于从事领导现代化建设的领导班子来说，知识就是指挥的力量。现代化领导班子的成员，必须具有足够的知识水平，在整个社会的知识结构中，他们应该是属于高知识水平范围的，因为，随着社会的发展与科学技术水平的提高，工作在各行各业的专家和工人，都具有越来越高的科学文化水平，作为领导班子的成员，如果不具有较高的知识水平，就不可能有效地影响具有高知识水平的部属的心理和行为，也就不能很好地实现组织的预定目标。

领导班子的知识结构还要注意合理搭配。这里所说的知识，除一般文化知识外，还特别强调专业知识。随着社会分工的发展和科学技术的不断分化，专业门类日益增多。但绝大多数人只是某一方面的“专才”而不是“全才”。只有将各种“专才”很好地组合起来，构成更大的“全才”或“通才”，才能胜任综合而复杂的领导工作。一个单位的领导，特别是高层次的领导，总是要面对全局的、复杂的综合情况，因此，在一个领导班子里，应该既有懂得自然科学技术方面的人才，也有懂得人文科学、社会科学知识方面的人才；既有理论家，又有实干家。总之，一个领导班子应该是具有多种专长的成员的有机组合，以形成具有较宽的知识水平和精深的专门知识相统一的立体知识结构。

3）智能结构

智能是人们掌握和运用知识的能力。领导者不仅要有知识，而且还要有运用知识的能力，即具备智能。领导群体的智能结构，就是领导班子的智能构成状况。在某种意义上，智能比知识更为重要。领导班子的最佳智能结构，是指由不同的智能类型的领导者个体，按照与实际需要相适应的比例构成的多功能的智能综合体。

智能由很多因素构成，主要包括学习能力、思维能力、表达能力、组织能力、决策能力等。人的智能是多种多样的，担负着多种功能的领导群体，必须由不同智能的领导成员协调结合而成。知识的缺乏，可以现缺现补，可是思考问题的能力、设计方案的能力却不是临时可以现用现补的。由于领导处于下属带头人的地位，智能就显得更为重要了。一般来说，一个领导集团合理的智能结构，除挑选主导型人才充任领导集体的“班长”外，还应包括具有高超创造能力的思想家、具有高度组织能力的组织家、具有实干精神的实干家和善于传播沟通的公共关系专家等。如果搞清一色，一刀切，纵然人才济济，其整体功能仍然是单一的，无法发挥最优的整体智能水平，无法适应复杂多变的工作需要。

4）气质结构

不同的人有不同的气质特点，如有的人性格沉稳内向，有的人爽朗豪放。一个群体里的成员如果都是同一气质类型的人，并不见得就好。领导班子的气质结构，是指具有不同气质的领导成员协调配合。也就是说，领导班子成员应具有不同的气质类型，能协调一致，互相补充，取长补短，相得益彰，实现领导班子的多功能化和高效能化。

16.2.4 领导群体心理优化的标准

对领导群体心理优化的标准，中外学者持有各种见解。这里，我们提出四项标准。

1. 心向一致

心向一致就是领导群体内各成员都围绕一个统一的目标而展开心理活动，其外在表现形式，就是领导集团的亲和状态，也可称之为亲和力。这种亲和力具体表现为共同的信念、相互间的认同感、经常性的意见沟通习惯、充分发挥优势心理影响（接受他人）等。

2. 心理集中

心理集中，即领导群体成员心理趋向的同一性，这种同一性的心理趋向蕴藏在领导群体的整体中，形成一种内在的力度感，也可称之为内聚力。这种内聚力包括注意力、意志力和情绪感染力等方面的心理趋向的同一性。

3. 心境平衡

心境是指主体受外界刺激后所引起的一种内在的感情状态，它具有持续性和发散性的特点。领导群体的心境平衡是指领导群体成员在实施领导活动中的一种协调而平和的感情状态。这种协调而平和的感情状态是领导群体得以沉着、冷静地观察与思考问题、分析对策并预见结果的前提。

4. 心理相容

心理相容是指领导群体成员之间及成员与集团之间的相互吸引、相互尊重、相互信任、相互支持、和睦相处等，它是一种融洽的心理交往状态，表现为领导群体成员的信念观点与理想的一致性，只有彼此相容，才能为实现共同的理想而团结一致。

16.3　领导决策的心理素质

16.3.1　决策过程中的领导心理素质

决策是领导的基本职能。从决策过程看，决策包括决策制定、决策实施与决策反馈。领导者作为决策主体，应在各个过程中具备相应的决策心理素质，包括掌握信息的能力、发现问题的能力、确定目标的能力、拟制方案的能力、方案评选的能力、方案实施与追踪反馈的能力。

1. 掌握信息的能力

信息是领导决策的依据和前提。因此，要解决问题必须先发现问题，而要发现问题首先要掌握信息。在现代社会生产和生活中，客观情况错综复杂，如果没有及时准确的信息，领导者也就不可能作出正确有效的决策。科学合理的决策要求信息工作必须做到及时、准确、完整、实用，根据这样的信息，领导者才能及时准确地发现问题，作出判断，进行对策的科学抉择。

2. 发现问题的能力

在掌握大量信息的基础上，要具备发现问题的能力。所谓问题，就是现实的情形与理想之间的差距。问题往往并不是一目了然的，发现问题并不容易。为了能及时地发现问题从而确保有效的决策，领导应当培养自己在信息的海洋中采集重要信息的技能和对于各种有关因素的警觉，并学会发现问题的方法。问题一旦被察觉以后，领导者需要进一步做的工作就是界定问题、确认问题。所谓界定问题就是要把问题的性质，发生的时间、地点、范围，对本组织的影响、需要解决的迫切性及产生问题的原因等弄清楚，以求全面准确地把握问题。

3. 确定目标的能力

问题发现之后，就要确定解决问题所要达到的结果，这就是目标。目标是一个组织希望通过决策的制定和决策的实施所达到的目的和衡量目的的指标。在发现问题的基础上，进一步确立目标是决策的一个重要环节。

尽管目标类型多种多样，但规划目标对所有的领导都是有共同要求的，这就是要有可以定性或定量的衡量标准；要有达成目标的具体时间规定；要有相关的约束条件的确定。既要考虑到需要，又要考虑到条件的可能性。领导者应具备在发现问题后进一步确定合理可行目标的能力。

4. 拟制方案的能力

目标确定以后，就要从多方面寻求实现目标的有效途径，这就是拟制方案的过程。方案拟制好了，目标的实现就有了坚实的基础。拟制方案是决策过程的关键环节。因此，在拟制方案阶段，领导者一定要在领导集体内实行民主集中制，并扩大民主参与，要与研究人员、有多方面知识的人、有实践经验的人平等地、民主地讨论问题，广开思路，集思广益，广开言路，充分发挥各方面人员（特别是咨询参谋人员）的作用，鼓励他们施展自己的才能，从各方面寻求通往目标的正确途径，拟制出多种可供选择的方案。

5. 方案评选的能力

拟制方案的能力是方案评选的能力的前提。只有拟制出多种可供选择的方案，才能比较鉴别，选择最佳的方案。可以按照先发散、后收敛的思维步骤，即先大胆寻找，从各个不同方向上列举和设想各种方案，数量越大越好，然后在此基础上对各种方案精心设计、严格论证和反复推敲。

方案评选的能力，也称决策优化的能力，包括两部分：方案评估及方案优选。二者密切相连。方案评估是方案优选的前提，方案优选是方案评估的结果。

所谓方案评估，即采用一定的方式、方法，对已经拟订的多种方案进行效益、危害、敏感度及风险度等方面的分析评估，以进一步认识各方案的利弊及其可行性。方案优选就是在方案评估的基础上进行决断，俗称“拍板”，即从各种可供选择的方案中权衡利弊，然后选取其一或综合成一。决策评选是领导者的决策行动，是决策工作中最关键的环节，也是一项极为复杂的工作。要做好方案评选工作，必须注意以下两个问题。

（1）要正确处理专家与领导者的关系。现代决策中，领导者与专家的关系要明确：①专家是决策科学化必不可少的因素；②领导是决策的主体，专家只能帮助领导决策，而绝不能代替领导者；③领导者要正确发挥专家在决策中的作用，放手让专家独立研究，允许和提倡专家提出不同意见，以此兼听则明。

（2）要有明确的、科学的价值准则。价值准则是落实目标、评价和选择方案的基本依据，包括以下两方面内容。①要把目标分解为若干层次的确定的价值指标。指标实现的程度就是衡量达到决策目标的程度。价值指标一般有四类：政治价值、经济价值、科学价值和社会价值。每类价值指标又可分解成若干项，每项又可分解为若干小项等，构成一个价值系统。大量的决策是多目标决策，在进行这类决策方案的选择时，需要根据分层目标系统进行。也就是说，既要考虑方案与各分层目标的符合程度，又要考虑它与总目标的符合程度；既要用理想指标加以衡量，又要用最低指标加以衡量，通过全面的比较，才能确定各方案与整个目标系统的接近程度，避免片面依据某个单一的目标作出选择。要同时达到整个价值系统的指标是困难的。因此，要坚持全局性、合理性、效益性、伦理性等选择标准。②要指明实现这些指标的约束条件，正确处理最优和满意的关系。最优决策是指在理想条件下，实现最优目标的决策。满意决策是在现实条件下，有把握地达到一个满意目标的决策。任何决策都是在一定环境下制定的，都不可避免地具有一些约束条件。不顾约束条件，随心所欲地作出选择，即使目标和价值指标都正确，结果也会适得其反。我们只能从现实可能性出发，在方案选择时，采取满意原则，从已有几个方案中选择一个基本上能够满足目标要求的方案。满意原则也要考虑方案的利害、代价，即根据方案的效益高低、危害大小和风险程度高低进行选择。值得注意的是，我们一定要努力追求方案优化，但反对将优化绝对化，只要在现实约束条件下，求得合理与满意即可。对于领导者而言，应具有在约束条件下，组织群体参与决策的品质。考虑客观条件、调动各方面参与决策的积极性是必须认真对待的重要一环，是使决策达到最初确定目标的关键。

6. 方案实施与追踪反馈的能力

决策的目的是实现预定目标，而决策的实施则是通往预定目标的必由之路，是实现目标的一个关键阶段。作为领导者，要抓好以下三个环节。

（1）试验证实。试验证实是指当方案选定后，要首先根据科学态度进行局部试验，以验证其可靠性。其中，可靠性是指在现实条件下和预定的时间内完成既定任务的可能性，一般用“概率”来表示，与可靠相对应的概念是“失效”，要保证可靠就要防止失效或把失效控制在允许的范围内。

（2）制订实施计划。经过试验证实后，就进入全面实施阶段，这就要求制订实施计划。实施计划，要由领导者责成有关部门，吸收相关专家和具体工作人员共同制订。制订实施计划的总要求是把决策具体化，做到周密、细致、具体而灵活。计划一旦制订，就要由决策机关向执行机构下达，通过各方面的工作，把实施计划变为广大相关者的自觉行动。

（3）反馈调节。现代决策的复杂性和决策者个人认识能力的局限性，使得已经作出的决断不符合或不完全符合客观实际的情况经常发生。这就需要领导者在进入决策实施阶段之后，必须注意监督决策实施的情况，根据反馈原理对决策不断地进行调节。反馈是控制论的主要概念，它是由控制系统把信息输送出去，又把结果返送回来，并对信息的再输出发生影响，以达到预期的目的。

以上是领导者在整个科学决策过程中所应具备的六种能力。具备了这六种能力，也就具备了在现代社会中进行科学决策的基本能力。在某一方面欠缺，都会对决策的制定和实施造成恶性的影响，进而影响到整个决策过程。

16.3.2 领导者决策行为的心理素质

决策行为本身就是决策过程各环节的实施，因此，领导者在决策行为中，应同时具备以下三种心理素质。

1. 直觉判断能力

直觉判断与逻辑判断不同。逻辑判断是按部就班地经过一步一步的分析而得出结论。直觉判断是不经过一步一步的分析，没有得到严格的逻辑证明，而突然获得领悟。从某种意义来说，直觉是一种猜测或预感，但这种猜测或预感往往是建立在过去的知识和经验基础上的，并被证明是正确的。领导者只有具备了直觉判断能力，才能未雨绸缪、防患于未然。

2. 决断魄力

决断魄力是掌握决策最佳时机的能力，是领导者在处理问题和进行决策时所表现的及时性、准确性、果断性等意志品质。决断魄力是决策心理因素的有机组成部分。决策的信息总是瞬息万变的，要求领导者在决策时必须善于捕捉时机，当机立断。无论是经济决策还是行政决策，都要敢想敢干，抓住有利时机。这就同打仗一样，失去战机，损失是无法弥补的，正所谓机不可失，时不再来。

3. 创新能力

一个科学合理的决策不但要解释某一具体问题，而且要解释存在问题的环境。领导者怀着这样的想法，才能努力寻求可能的解决办法。但领导者立刻想出一个尽善尽美的解决问题的方法的例子是极少见的，一般情况下，他可能想到若干不同的处理方法而又没有一个完全令人满意的，因而他需要寻找更多的备选方案，以期能从中选择一个较好的方案。备选方案有两个最通常的来源，一是领导自己过去的经验，二是别的领导或别的组织采用的实际做法。

领导者在遇到一个新问题时，很自然地会回顾在相似情况下证明是有效的经验。尽管过去的挑战和目前情况可能有明显的差别，但过去成功的行动至少可作为解决未来问题的一个备选方案。这是对一个问题的最简易的处理方法，而且在多数场合也完全能适用。只要一切能应付自如，领导就极可能重复过去的经验。久而久之，它就成了习惯或传统。但难办的是，昨天的办法可能不适用于今天的问题，凭过去经验提供的备选方案可能跟不上主客观条件的不断变化。领导者也可以通过细心观察别的组织、别人的实践来获得某些可供选择的方案，领导者在借鉴一种有价值的做法时，应该保证本组织与另一组织具有足够的相似条件，而不能急于效法。此外，依靠过去经验和仿效他人的做法，最好的情况也不过是使我们跟上队伍，而不是超越。但尽管如此，我们还是应该始终把有选择的模仿作为一种可供选择方案加以考虑。然而，内外环境的变化使领导者需要拥有新颖的、独创的、与众不同的和独立的思考，来开发可供选择的方案，既不是照抄过去，也不是单纯模仿他人，而是一种独到的和特别适应于我们所处具体环境的东西。

16.3.3 领导决策的创造性思维

创新性决策是指具有新的和有效成分的决策。那些即使有很多重复和模仿成分，但在一些重要的方面与众不同并具有独创性的决策亦属创新性决策。创新性决策需要创造性思维。创造性思维是人类思维的高级形式，它不仅能提示事物的本质，而且能够提供新的、具有社会价值的产物，是创新性决策的重要前提。美国心理学家科勒涅克认为："创造性思维，是指发明或发现一种新方式，用以处理某件事情或表达某种事物的思维过程。"这就需要把握创造性思维的特点，运用创造性思维的各种形式，遵循创造性思维的一般过程，努力提高领导者的创新能力。

1. 创造性思维的特点

创造性思维与一般性思维比较起来，具有以下两方面的特点。

（1）创造性想象的参与。创造性想象参与后，能结合以往的知识与经验，在头脑中形成新的假设、新的形象，这是创造性活动顺利进行的必要条件，创造性想象以它的新颖性、生动性来推动创造性思维的发展。

（2）独立性。创造性思维所要解决的问题，是没有现成答案的，是重复、模仿、常规、传统的方式所不能解决的问题。把某些知识有机地联系起来，才能建立新的知识系统，阐明原先未被揭示出来的事物的规律。

2. 创造性思维的形式

（1）发散型思维。美国心理学家吉尔福特（Joy Paul Guilford）。认为，发散思维是"从所给的信息中产生信息，其着重点是在从同一的来源中产生各种各样为数众多的输出，并且很可能会发生转移作用"。发散思维，是指某一个问题可能有很多答案，即以这个问题为中心，思维的方向像辐射一样，向外散发，找出的答案越多越好。

（2）聚合型思维。吉尔福特认为，聚合思维是"从所给予的信息中产生逻辑的结论，其着重点是在产生独有的或者习俗上所接受的最好的成果，其反应很可能由所给的信息或线索完全决定"。聚合思维，是指某一个问题仅有一种答案，为了获得正确的答案，思维方向指向这个答案。

（3）类比思维。类比思维，是从两个对象之间某些方面的相似关系中，受到启发，使问题获得解决。康德（Kant）说："每当理智缺乏可靠论证的思路时，类比这个方法往往能指引我们前进。"类比思维具有举一反三、触类旁通的作用。

3. 创造性思维的一般过程

美国学者 W. H. 纽曼（William H. Newman）和小 C. E. 萨默（Charles E. Summer）认为创造性思维一般须经过浸润、审思、潜化、突现和调节五个过程。

（1）浸润。浸润是对问题、问题背景由表及里达到全面了解并广而远之熟悉与问题相近的各种活动和见解。

（2）审思。审思是指仔细考虑已有的观念，对其进行分析、重新整理并从各种不同的角度加以推敲。

（3）潜化。潜化是指放松和停止有意识和有目的的研究，忘掉受挫的无效的劳动，让下意识或直觉来起作用。

（4）突现。突现是指找到了绝妙的主意，也许这主意有点古怪，但却是新的、有创见的和充满希望的，意识到这可能就是答案。

（5）调节。调节是指澄清观念，查看它是否像最初设想的那样合乎解决问题的要求，进行再组织和修正，写成书面意见，收集他人对这种观念的反应。

4. 领导者的创新能力

领导者的创新能力是领导者创新思维在领导实践中的具体体现，培养创新能力的过程也就是创造性思维形成的过程。创新型领导者一般具有以下九个特征，而且这些特征能够统一结合地综合体现于领导者一身。

（1）兴趣。创新能力强的领导者的兴趣一般都十分广泛，对新鲜事物有一种强烈的好奇心理；对大家认为很普通很一般的问题，仍然保持着强烈的好奇心和求知欲。兴趣是思考的前提，思考又是发现新问题、新情况的直接动因，因此，兴趣往往是发现新问题的关键。

（2）敏锐的观察力。领导者的敏锐的观察力是指对周围环境有着敏感的反应能力，能发现问题，找到差距。特别是能够觉察到别人觉察不到的细节，发现下属的不同需要和个人的潜力所在，并给予正确的引导。

（3）想象力。领导者的想象力往往是揭开其创新能力的序幕。想象可以放开思路，大胆地想，可以是联想，也可以是奇想，但不是幻想，不是空想。二者的根本区别在于想象是建立在客观现实基础上的。

（4）独立性。独立性也是创新性思维的重要特征。领导者思维的独立性是指不轻附众议，不随波逐流，善于独立行事，有远大抱负，感情开放，态度率直。

（5）独创性。独创性并不是刻意追求新颖，不是故意标新立异，而是指不因循守旧，不墨守成规，敢于除旧布新，别开生面。

（6）自信。创新型领导者总是坚信自己所从事的事业的价值，不怕阻挠，不怕被人误解、曲解，不怕诽谤，具有"不到黄河心不甘"、"不到长城非好汉"的坚强毅力和意志，直到实现自己的理想和预期目标。这种自信应能在处理情况更为复杂的事务时表现得更加突出。

（7）严密性。在受兴趣驱使后，领导者仍能沉着冷静，认真推敲，不会因感性充斥头脑而变得异常冲动，而是由理性、理智支配着个体的心理和行为。

（8）灵活性。创新型领导思路流畅，属立体性思维型人才。能坚持原则性，在原则性问题上立场坚定，不容怀疑，又能举一反三，触类旁通，能想出较多的点子和办法，作出不同寻常的成就。

（9）疑问性。有创新能力的领导，遇事不盲从，敢于大胆设问，提出问题，勇于脱出一般概念的窠臼；不随声附和、人云亦云。

案例：我怎样当总裁

联想集团总裁柳传志曾撰文论述自己怎样当领导的经历。他从四个方面进行了阐释。

一、正视中国环境下的特定风险

在中国目前的环境下，总裁怎么去做？很多从海外回来的博士、留学生，往往过不去环境关，每当遇到环境问题的时候就会暴躁，就会认为中国这也不行、那也不行，就急着要回去。实际上他们是没有认识到环境因素在企业经营中的重要性，至少认识得还不够。

(1) 政策风险。我们的国家处于社会主义初级阶段，很多事情都还缺乏相应的配套政策，这样就使得在企业的生存环境中会有很多不适合发展的东西。这些环境中的问题给总裁进行经营决策带来非常大的困难。也就是说，做总裁就要考虑到对于大环境本身自己能不能进行改造？不能，那么局部环境的改造能不能进行？更小的环境改造能不能进行？有时候，改造小的环境是可以的，有时候还不行，不行怎么办？不行就要忍耐，适应在这种环境下生存，然后等待时机，再来做大的动作。

(2) 机制风险。在环境之中，机制是办好一个企业的必要条件。联想集团在创办初期，虽然中国科学院计算技术研究所所长只给了我们 20 万元，但是给了我们三条非常重要的政策。①人事自主权，不管什么时候，所里绝不塞人进来。②财务支配权，这使得我们可以作内部的激励，大大突破了国有企业的约束。③经营决策权，所里对公司的经营决策绝不干预。这三点非常好，这意味着我们企业是“国有民营”，做好了，成绩、利润是国家的，但是管理由自己决定。虽然这本身也是不完善的，但在当时已经是一个很大的进步了。这就是机制上的一个很大问题。

那么联想集团今天发展得很快，是为什么呢？是因为有一群年轻人站到了第一线。因为，我们的大股东中国科学院给了联想员工持股 35%的分红权。有了分红权，我们就将它分配给那些“元老”，这时候老同事从内心上就会非常高兴和愿意扶持年轻人到第一线上来。因此机制在这个时候起了非常重要的作用。

二、化解环境风险的三点要诀

(1) 总裁的立意一定要高。第一件事情是跟企业员工的关系。总裁必须能够胸怀坦荡，站得更高，做得更多，一切为了企业的利益，这时候你才能成为这个企业的核心。第二件事情是要跟国家这个主人摆正关系。像国有企业，它的“主人”是虚无的，一旦企业亏损，只能是经营者自己去想办法，包括用个人名誉及各种资源去贷款。这些都是非常大的压力。但企业经营成功以后，利润主要的部分却是国家的，这种分配方法本身虽有不合理的地方，但你要能承受委屈。第三件事情跟某些公务员本身水平不够高有关系。这时候你心情一定要平和，要积极，既不要为这个事情气得不得了，也不能动不动就说我不干了，我们还是要继续去积极工作。

(2) 学会“拐大弯”。“拐大弯”是什么意思呢？就是不要事到临头的时候再急着拐。我给自己画了一个底线，就是我不要在改革中犯错误。这其实就是要求必须弄清楚什么事情能做，什么事情不能做，不能在不行的时候强行去改造环境，那一定会碰得头破血流。例如，我们在从中国科学院拿到35%的分红权之前，在内部就先把分红权进行了分配。

(3) 要能够在高温中“孵出小鸡”。我们应该承认，中国目前的企业生存环境还不是最佳的，打个比方，用鸡蛋孵小鸡的最好温度是37.5～39℃。目前，中国企业生存环境的温度大概为40℃。我们一方面对政府呼吁，要改善环境温度。政府不要总是要求鸡蛋的生命力多顽强，那是鸡蛋自己的事，政府应该努力的是如何改造环境，将法律规定得更合理。另一方面，我们这些鸡蛋在一起就是要更好地去研究怎么提高自身的生命力，以使自己能够在环境温度高一点的时候，依然能孵出小鸡来。

三、解读联想集团的“班子”理念

联想集团有一套属于自己的管理理念，其中最核心、也最能体现出中国本土特色的就是“班子”理念。

1. 预防建班子的“常见病”

第一种“病”：“1+1<1。”这是指前边那个1（指总裁），加上后边的班子后，甚至比总裁一个人管还糟糕。这很可能是因为你的班子里有宗派，有各种各样的纠纷性的问题。你怎么去做呢？核心的一点就是看总裁本人是不是把企业的利益放在第一位。总裁如果能够做到把企业的利益放在第一位，能将话放在桌面上说，总裁就会制定出一系列的规章制度，这个问题就好解决。比如联想有规定，绝对不允许子女进公司。还有一点，就是在社会上，有些大的用户及各种各样的社会关系，都会推荐他们的子女或有关的人到公司里来。现在这是社会普遍现象，对此，我们怎么做呢？第一，我们要对这个人进行笔试，考试通过后，要有三个副总裁同时签字来保证，这个人才能作为一个特殊情况进到公司里来，这就表示不是任何一个人的私人关系。而且我们绝不通过这个孩子跟他的家长进行特殊联系。另外企业内必须解决无原则纠纷。我们明确规定，当各个部门的第一把手和第二把手，与他的下级发生了无原则纠纷的时候，第一次我们会毫不客气地把下级调走，或者是降级，不允许无原则纠纷存在。但是处理完了以后，我们也会跟这个第一把手说：如果经调整，新换了人，一旦再有这个情况，你的位置就要注意了。这样一来，每个人都会很小心地注意上下级怎么能够配合好。

第二种“病”：“1+1<2。”这是指有了这个班子后，虽然比你一个人强，但是你调动班子的积极性不充分，本来应该大于2或远大于2，让班子形成一个合力，结果却没做到。这其实是对班子的成员如何进行激励的问题。这里我们主要探讨一下如何进行精神激励？

假如一个人是班子里一个主要成员的话，那么做到以下两条就可以了。

(1) 在这个班子里，他要有责权利相统一的一个舞台，并要能得到保证。这就是说，他要明确，他的工作和整个大的战局是什么样的关系；他必须要知道自己负责的这块业务在大战局里是一个什么位置；自己的管理资源是什么，有什么条件。也就是让他自己来管理，做好了怎样，做不好怎样，他心里要明白。这时候，这个人感觉就不一样了，因为他有一个自己的舞台了。

(2) 这个舞台怎么给呢？要用一定的规则方式给，而不是第一把手随意给。应该有一套规则，我们共同来参与制定这件事情，如果规则有了，而且定规则的时候，是每个骨干签字认可的，你想这是什么感觉？这时候主人的感觉就出来了。企业第一把手跟下级员工之间的关系，就是大发动机跟小发动机的关系，你所带动的就不是齿轮，不是螺丝钉。员工也可以成为一个发动机。而且能跟你同步。如果能做到这样，这个企业活力就非常大了。

2. 破解建班子的四个难题

第一个难题，班子成员不合格的时候怎么办？这时有两点一定要做到：首先，就是在一个企业里建班子的时候，要以德为主。我们的“德”的标准就是看领导者能不能把企业的利益放在第一位。当然，德才兼备最好，实在不能兼备的时候，应该将德放在第一位。其次，要注意在班子更替的时候，把话放在桌面上说。就是当某些成员不合格的时候，要明确地告诉他，有时关着门两个人说，有时当众说，但一定摆在桌面上说，绝不能不说。这样，在调整上就不会有太大困难。联想集团在做这方面事情的时候，屡试屡应。

第二个难题，班子里有分歧怎么办？比如说班子里面共七人，结果一边四个人，另一边三个人。这种情况如果非要靠投票去解决总不太好，因此建议大家注意一点：把话从根本上说起，从原则的地方说起。因为大家的利益归根到底都摆在桌面上，企业利益到底是什么，是可以说得清楚的，然后我们由此一点点往下捋，这时候问题就好解决了。从根本上把问题想清楚以后，具体问题还是好解决的。凡是问题想不清楚，就应退到更高的一个原则角度去考虑。

第三个难题，班子的整体素质怎么提高？对于这个问题，要考虑阶段性这个因素，我们采取的方法如下。首先，当班子成员素质比较低或者能力不是很强的时候，或企业规模比较小的情况下，可以采用指令性的工作方法，就是一把手说了算。这就要求一把手应该想得更多，拿出主要的权力来以你说的为准。其次，当班子的成员也逐渐成熟起来时，一把手可以将指令性方式变成指导性方式，就是大家一起来讨论，班子成员应该参与发表意见，你先提个意见，大家再针对你的意见来讨论，最后定下统一决策。最后，如果再进一步发展，像到了联想今天的规模，干脆就是参与性的方式，也就是将要解决的事情谈清楚，大概是什么情况，然后以班子里其他成员的意见为主，作为一把手则只是积极参与。现在我好像是个制片人，年轻同志是电影导演，片子怎么拍，以导演的意思为主，制片人只把握大方向。总之，用这样的方法就会不停地提高企业员工的素质，也会使年轻人一层一层地涌现出来。

第四个难题，选拔什么样的人才好？组建班子，还涉及如何发现和选拔人才的问题。对于人才，我们特别提出要善于总结和学习。光能把事情做好，那是不够的，因此联想集团强调要能干会说。说本身不光是口头表达，本质是进行归纳。其实一流的人才，就是一个善于总结的人。

四、归纳总裁的四件大事

最后，我也归纳总结一下，做一个好的总裁要做到哪些呢？第一，总裁要明白自己的企业里的事是个什么事；第二，总裁要明白什么样的人能做什么样的事，他应该出现在什么位置上，他具有什么样的特点；第三，总裁手里边的人是个什么状况，他们和总裁想要的状况肯定不一样，总裁必须得明白公司内的关键人员的特性；第四，总裁用什么样的方法使用自己手里的人，或者去发现更好的人才。把这几点做好了，总裁就当好了。

资料来源：柳传志．我怎样当总裁．中外管理，2001，(6)：12-17.

讨论题

1. 你认为柳传志做总裁的成功之处是什么？如何借鉴？
2. 你对柳传志在领导班子建设方面的措施如何评价？你对领导班子建设有何创见？

关键词

领导个体心理　领导群体心理　创新性决策　创造性思维

思考与练习题

1. 领导者的个体心理素质是什么？
2. 领导群体心理是什么，具有哪些特征？
3. 领导群体的合理结构是什么，包括哪些方面？
4. 领导群体心理优化的标准是什么？
5. 决策过程中领导心理素质包括哪些方面？
6. 领导者决策行为的心理素质包括哪些方面？
7. 领导决策的创造性思维是什么，具有哪些特点，包括哪些形式，需要哪些过程？

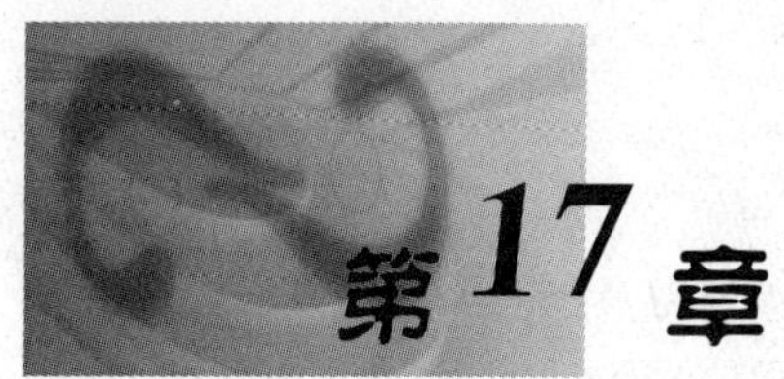

第17章

领导理论及模式

领导活动作为一种古已有之的普遍现象，是人类社会出于生产与生活有序有效运转的需要而进行的一种劳动分工，它贯穿于人类文明的始终。但最初记载于史料中的领导思想因缺乏理论性和系统性而未形成专门的学科，人们对于领导活动的理论判断与科学认识是现代社会的产物。领导理论及模式是现代社会人们对领导现象进行描述、解释，以及对领导活动加以规范的研究范式与理论成果的总括，其根本目的在于研究领导有效性因素及如何提高领导有效性。领导理论及模式是管理学理论研究的热点问题，同样是管理心理学的重要研究领域之一。

伴随19世纪末古典管理理论的产生与发展，孕育在管理科学理论中的领导理论研究成果日益丰厚，并逐渐从管理学中脱颖而出。以20世纪20年代中期至30年代初梅奥的霍桑实验为标志，领导科学被正式纳入科学领域，其后涌现出诸多领导理论流派。正如20世纪60年代管理学家哈罗德·孔茨（Harold Koontz）曾用“丛林”比喻管理理论的“百家争鸣”现象一样，领导理论似乎也呈现出类似的状态。回顾近一个世纪领导理论与实践的发展历程，可以从中厘清主流领导理论的演进脉络：从寻求有效领导者品质特征的“领导特质理论”开始，到探索有效领导者工作风格的“领导风格理论”，再到探讨有效领导行为的“领导行为理论”，又到以情境为视角找寻有效领导方式的“领导权变理论”，展示出人类在不同时期探究领导活动及其规律的经典性理论成果。20世纪70年代末以来，随着社会的发展与管理的日益复杂化，领导替代理论、领导归因理论、变革型领导理论等一系列新的管理理论为领导理论开拓了更为广阔与深入的研究空间。

17.1 领导特质理论

领导特质理论是指从领导者的生理、性格、智力及社会因素等方面，探寻和归纳领导者特有品质或应有品质的理论，也称素质理论。20 世纪 30 年代，在领导理论研究的起步阶段，一些管理学家和心理学家试图将领导者的个人品质作为描述和预测其领导成效的重要因素。他们从个人的生理特质、个性特质、智力特质、工作特质和社会特质入手，从中分离出与领导有效性相关的个人特质，作为区分领导者与被领导者的标准。由此形成了以成功领导者所具备的内在特性为研究重点的理论，即领导特质理论（trait theory of leadership），又称伟人理论。该学派的斯托格第尔（R. M. Stogdill）、切斯利（G. R. Chesley）、沃伦·本尼斯（Warren G. Bennis）等对领导特质理论的产生与发展作出了巨大贡献。每个人都对领导者有着不同的期望，对于有效领导者究竟应具备何种特质，仁者见仁，智者见智。学界有关领导特质的论述异彩纷呈，主要可分为传统领导特质理论和现代领导特质理论。

17.1.1 传统领导特质理论

传统领导特质理论认为，领导者的特质是天生的，与后天的培养、训练和实践无关，生而不具备领导基因的人不能成为领导者。斯托格第尔、亨利（W. Henry）、吉普（J. R. Gibb）的见解被视为比较经典的传统领导特质理论成果。

斯托格第尔认为领导者的特质包括六个方面：①身体特征，如精力、仪表等；②社会背景特征，如受过高层次教育、具备良好的社会地位等；③智慧和才能特征，如专业知识、沟通技巧等；④个性特征，如自信、善于支配他人、进取、独立、适应性、决断力、自律等；⑤与工作相关的特征，如责任感、事业心、创造性、追求成就等；⑥社交能力，如沟通能力、与人合作、善于交际等。

亨利认为成功领导者应具有 12 项特质：①成就需要强烈；②希望承担富有挑战性的新工作；③用积极的态度对待上级；④组织能力强；⑤决断力强；⑥自信心强；⑦思维敏捷，富有进取心；⑧竭力避免失败，并且不断接受新的任务；⑨讲求实际，重视现实；⑩不能只对上级亲近，而对下级疏远；⑪对父母没有情感上的牵挂；⑫忠于组织，尽忠职守。

吉普认为天才的领导者应具备七种性格特征：①善言辞；②外貌潇洒有魅力；③智力过人；④具有自信心；⑤心理健康；⑥善于控制和支配他人；⑦性格外向而灵活敏感。

经过多年的研究和实践，研究者们提出的领导特质理论包罗万象，现实当中并没有充分的论据证明领导者与非领导者在特质上存在非常明显的差异。人们对传统特质理论提出了批评和质疑，认为有关领导特质理论对领导及其有效性的解释是不完善的，任何人都不可能具备所有这些特质，因而将领导特质理论见解视做唯心主义立场上的领导特质先验论。然而，领导特质理论研究没有就此一蹶不振，而是突破原有的研究局限继续发展。

17.1.2　现代领导特质理论

20 世纪 70 年代以来，人们在技术训练和管理方法中得到启示，意识到领导者的特性是在实践中形成的，于是现代领导特质理论应运而生。现代领导特质理论认为，成功领导者的特质不是与生俱来的，而是在后天的实践中逐步培养、锻炼、积累形成的，是一个不断增生的动态过程。现代特质理论否认了领导者特质的先赋性，强调可以通过后天的训练与培养塑造，从这个意义上讲，它较传统特质理论更进一步。

美国心理学家爱德温·吉色利（Edwin E. Chiselli）采用语义差别量表测定了领导者的素质，并对结果进行因子分析后，将领导者素质分为三大类 13 个因子（表 17-1）。表 17-1 中所列素质因子的重要性并非同一的，其中保证领导有效性最强有力的六个因子排列顺序是：管理能力、职业成就需要、智力、自我实现需要、自我督导、决策；不太重要或作用较小的因子的排列顺序是：工作安全需要、工作班子亲和力、创造力、高度金钱奖励需要、行使权力需要、成熟性、男女性别差异。

表 17-1　爱德温·吉色利的领导者素质分类表

一类：能力	二类：个性品质	三类：激励
管理能力	自我督导	职业成就需要
智力	决策	自我实现需要
创造力	成熟性	行使权力需要
	工作班子的亲和力	高度金钱奖励需要
	男女性别差异	工作安全需要

美国普林斯顿大学教授鲍莫尔（W. J. Banmal）认为，企业领导者应具有下列十大条件：①合作精神；②决策才能；③组织能力；④精于授权；⑤善于应变；⑥勇于负责；⑦敢于创新；⑧敢担风险；⑨尊重他人；⑩品德超人。

美国企业管理协会利用五年时间考察了 4000 名经理，调查发现成功的管理人员一般具有以下 20 种能力：①工作效率高；②主动进取精神；③逻辑思维能力；④创造精神；⑤判断能力；⑥较强的自信心；⑦善于帮助他人提高工作的能力；⑧能以自己的行为影响别人；⑨善于用权；⑩善于激发他人的积极性；⑪善于利用谈心做工作；⑫热情关心他人；⑬能使他人积极而又乐观地工作；⑭实行集体领导能力；⑮自我克制能力；⑯自行决策能力；⑰能客观地听取各方面的意见；⑱能够对自己正确估价，能以他人之长补己之短；⑲勤俭艰苦，具有灵活性；⑳具有技术和管理方面的知识。

洛德（Lord）、邸威德（Devader）、亚利格（Alliger）、西拉奇（Szilagyi）和沃伦斯（Wallace）提出的六类素质论包括：①体质特征，如年龄、体重、身高、外貌等；②社会背景特征，如受教育的水平、灵活性、社会地位、社会关系等；③智力特征，如智商、判断力、分析力、果断性、口才等；④性格特征，如独立性、自信程度、支配或依赖他人的程度、进取心、内外向、情绪稳定性等；⑤与工作有关的特征，如对成就的需要、创造性、毅力、责任感、对人的关心程度、对成果的关心程度及安全的需要等；⑥社会特征，如领导能力、合作精神、与人共事的技巧、正直诚实的程度及对权力的需要等。

美国管理学家德鲁克把领导者的特质称为一种后天的习惯，并将其作为一种务实的综合。他认为，领导者的特质可以通过学习获得，有效的领导者特质都具备以下五方面的共同点。①善于处理和利用自己的时间，以认清自己的时间花在哪些地方为起点，领导者认为时间是一项限制因素，时间的供给没有弹性，时间永远是最短缺的，他们及时记录自己的时间，管理自己的时间，减少非生产性工作所占用的时间，善于集中自己的零星时间；②注重贡献，确定自己的努力方向，他们并非为工作而工作，而是为成果而工作；③善于发现和用人所长，包括自身的长处、上级的长处和下级的长处；④能够分清工作的主次，将精力集中于少数的主要领域，在这些领域中，如果已取得优秀的绩效就意味着产生卓越的成果；⑤能够有效地决策，在领导者看来，一项有效的决策必须要在“议论纷纷”的基础上作出判断，而非在“众口一词”的基础上作出的判断。

曾对传统领导特质理论作出贡献的斯托格第尔再次对现代领导特质理论作出概括，认为领导者的共同品质包括 11 个方面：①才智；②强烈的责任心；③完成任务的内驱力；④坚持追求目标的性格；⑤大胆主动的独创精神；⑥自信心；⑦合作性；⑧乐意承担决策和行动的后果；⑨能承受挫折；⑩社交能力和影响别人行为的能力；⑪处理事务的能力等。

美国学者宝德赛克夫（P. M. Podsakoff）、麦肯齐（S. B. Mackenzie）、潘恩（J. B. Paine）、鲍莫尔（W. H. Bommer）将领导者的智能结构分为知识层面、观念层面、能力层面。这三个层面能够反映出对领导者要求的三项标准：①技术技能，又称为战术性技能，即领导者必须通过对以往经验的积累及新学到的知识、方法和新的专门技术，掌握甚至精通必要的专业技术知识，如机械、测量、计算等诸方面知识；②人文技能，即领导者在人际交往与协调过程中所需的知识与能力，领导者必须善于与人共事，而且能对下属实行有效领导，善于把行为科学知识应用于管理中；③观念技能，领导者必须了解整个组织及自己在组织中的地位和作用，了解社会团体及政治、经济、文化等因素对企业的影响，具有良好的个人品质和素质，具有事业心和开拓进取的变革精神。根据美国《幸福》杂志对美国 500 家大公司领导者群体的调查显示，领导者智能结构的三种成分随领导者的级别而变化（图 17-1）。随着领导者级别的提高，领导者智能结构中的观念性成分比重递增，而技术性成分比重递减。

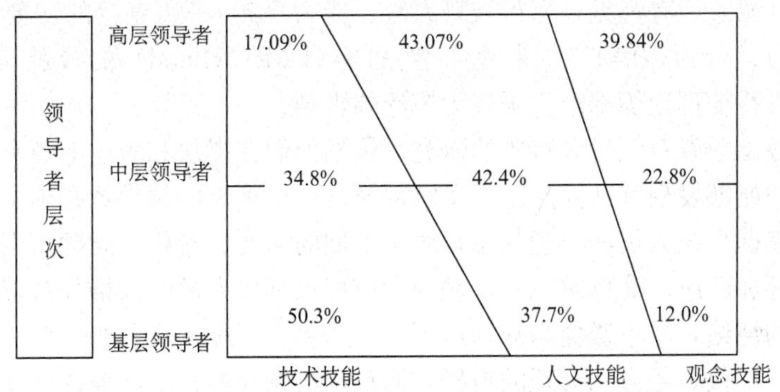

图 17-1　领导者智能结构三要素在不同领导者层次中的比重

美国哈佛大学情商服务中心创始人丹尼尔·格尔曼（Daniel Kahneman）指出，成功的领导者必须具备高度的情商：①自我察觉（self-awareness）；②自我调节（self-regulation）；③动机（motivation）；④同情心（empathy）；⑤社交技巧（social skill）。

日本企业界要求领导者应该具有下列 10 项品德和 10 项能力，其中 10 项品德包括：①使命感；②责任感；③依赖感；④积极性；⑤忠诚老实；⑥进取心；⑦忍耐性；⑧公平；⑨热情；⑩勇气。10 项能力包括：①思维决策能力；②规划能力；③判断能力；④创造能力；⑤洞察能力；⑥劝说能力；⑦对人理解能力；⑧解决问题能力；⑨培养下级能力；⑩调动积极性能力。

法国经济学家让·克雷芝和米·桑蒂在八年时间里曾帮助 500 名青年企业家成功地创办和管理企业。他们得出这样的结论，如果企业家想成功地创办和管理企业，必须具备下列四个条件：①要同时具备三种才干，即愿意独立制订有经济抱负的计划、决心干一番事业并有一定要干成功的志气、殷切希望提高自己社会地位的权欲；②要善于进行管理，领导者首先应该是一个善于决断的行动型人，其次应该是思考型人；③要具有切实可行的实施纲领；④要详细分析打算采用的各种手段。

近 10 余年来，人们对领导特性理论的研究呈复苏迹象。罗伯特·豪斯（Robot House）等学者在魅力型领导理论（charismatic leadership theory）当中，强调了非凡领导者的关键特征，主要包括极高的自信、支配力、对自己信仰的坚定信念。麦吉尔大学的康格（Conger）和凯南格（Kanungo）认为具有领袖魅力的领导者特质包括希望达到的理想目标、全身心的投入和奉献、固执而自信、环境敏感性、不循规蹈矩、激进变革的代言人。约翰·哈伊（John Hay）提出的有效领导者理论认为领导者应具备九项特征：应变力、责任感、影响力、概念化、多视角、预见性、尊重和敏感、沟通、自知之明。此外，库塞基的领导特质理论（诚实、有远见、懂得鼓舞人心、能力卓越）、德克兰的四要素论（个性、想象力、行为、信心）、麦克莱兰（David McClelland）的成就动机理论、领导者动机特征理论等都产生了较为广泛的影响。

通观各国学者对领导者特质的研究，虽然他们在提法和表述上各有千秋，但是从中我们能够发现其共同点。①了解部属。一个优秀的领导者必须了解他的下级，及时掌握下级人员的心理状态，对于他们的需要、希望、问题与困难，应及时给予关怀和解决。②尊重人格。领导者应尊重部属人员的人格与自尊心，善于控制自己的情绪，尽量避免当众训斥下属。③善于激励。企业职工对于他们的劳动或工作，不仅希望得到合理的报酬，而且珍惜领导的肯定和表扬。作为领导者必须善于运用激励手段去调动人们内在的积极性。④以身作则。领导者不能只追求个人的利益，自己的品行要端正，信仰要坚定，不能放纵自己，凡事以身作则。⑤精明果断。领导者每天面临的工作任务是错综复杂的，并且往往在匆忙中必须表态或作出决定。为此，领导者必须有敏锐的观察力、果断的判断力，一旦作出决策，不可轻易改变，领导者一定要有非完成任务不可的魄力，否则下级就会感觉到领导的懦弱与懒散，这样整个组织的工作任务将难以圆满完成。

我国学者对领导者的特质也进行了大量研究，归纳起来主要包括七方面的内容。①政治上，有全心全意为人民服务的思想，有较高的理论和政策水平，有自觉的法治观念。②思想上，有艰苦奋斗的作风，有实事求是、追求真理的科学态度，有民主意识，有时效、绩效观念等。③道德上，大公无私、忠于职守，守纪律、顾全大局，平等待人、严于律己，有自知之明，心胸宽广、宽以待人等。④知识上，具备现代科学管理知识，有广博的知识面和丰富的生活经验与工作经验等。⑤能力上，有认识处理问题的基本能力，有统筹全局和多谋善断的能力，有应变和创新能力，有组织协调能力，有公关能力等。⑥身体上，有健康的体魄和旺盛的精力。⑦心理上，有完备的心理品质，如良好的认识品质、优秀的情感和意志品质、完善的个性心理品质等。

虽然目前仍没有研究证实哪些特性真正能够成为成功领导者必备的条件，但领导特质理论的见解使我们意识到，任何成功的领导者都需要具备一系列超越于非领导者的特质，并大体了解了成功的领导者应具备哪些特征才能够有较大机会有效地领导下属，为我们培养、选拔和考核领导者提供了重要的参考。

领导特质理论的缺陷主要体现在以下五个方面：一是以领导者个人特征为研究重心，忽视了被领导者的需要；二是领导的成败除受领导者特性影响外，还受下属、组织文化、时间、地点等环境因素的影响，而领导特质理论忽视了领导的情境因素；三是领导特质理论只是在表面上迎合了普通人在头脑中形成的对领导者的刻板印象，而特质符合这些印象的人未必是成功的领导者；四是领导特质理论没有分清各种特质之间的主次，似乎各种特质都处于同一重要程度；五是领导特质理论的研究对象都是针对特定历史时期、特定场景下的领导者，研究结果未必具有普遍适用性。

17.2　领导风格理论

领导风格是指领导者在长期的个人经历、领导实践当中，自觉或不自觉地形成的习惯化的、稳定的、具有较强个性化色彩的领导方式。领导风格与工作环境、经历和个性相关。在领导特质理论蓬勃兴起的同一时期，领导风格理论（average leadership style）日渐成熟。领导风格理论侧重研究领导者风格的类型及不同领导风格对领导活动产生的影响，典型的领导风格理论包括库尔特·勒温（Kurt Lewin）的领导风格理论和伦西斯·利克特（Rensis Likert）的领导风格理论。

17.2.1　库尔特·勒温的领导风格理论

20 世纪 30 年代，被誉为"实验社会心理学之父"的美国艾奥瓦大学德裔心理学家库尔特·勒温在其"群体力学"的研究过程中发现，领导问题不可回避，随即从群体氛围和领导风格的关系入手，展开了对领导风格理论的研究。勒温等人根据领导作风和使用权力的不同方式，把领导风格划分为三种类型：专制型、民主型和放任型，这些领导风格对组织成员的工作绩效和工作满意度有着不同的影响（表 17-2）。

表 17-2　勒温的三种领导风格对比表

领导风格 领导方式	专制型	民主型	放任型
权力分配	权力集中于领导者个人	权力在整个组织之中	无为而治，权力分散在每个员工手中
决策方式	领导者独断专行，所有决策都由领导者自己作出，不重视下属成员	让组织参与决策，所有的方针政策由集体讨论作出，领导者加以指导、鼓励和协助	成员具有完全的决策自由，领导者几乎不参与决策

续表

领导风格 领导方式	专制型	民主型	放任型
对待下属的方式	领导者介入到个体的工作任务中，对员工在工作中的组合加以干预，不让下属知道工作的全过程和最终目标	员工可自由选择与谁共同工作，任务的分工也由组织来决定，让下属了解整体组织目标	员工提供必要的信息和材料，回答员工提出的问题
影响力	领导者以权力、地位等因素强制性地影响被领导者	领导者以自己的能力、个性等心理品质影响被领导者，被领导者愿意听众领导者的指挥和领导	领导者对被领导者缺乏影响力
对成员评价和反馈的方式	采取个人化方式，根据个人的情感对员工的工作进行评价，采取惩戒性的反馈方式	根据客观事实对员工进行评价，将反馈作为对员工训练的机会	不对员工的工作进行评价和反馈

1. 专制型领导风格

专制型领导（autocratic leadership）风格，又称集权型或独裁型领导风格。组织的权力集中于领导者个人，专制型领导者只注重工作效率的高低及工作目标的达成情况，较少关心组织成员，完全根据个人的了解与判断来监督和控制成员的工作。组织的目标和工作方针、具体的工作安排和人员调配都由领导者自行制定，属于一种独断专行的领导方式。家长式作风导致被领导者与领导者之间较大的社会心理距离和隔阂，被领导者被认为天生懒惰、不可信赖，无权参与决策；成员对工作的意见不受领导者欢迎，也很少会被采纳，成员容易产生挫折感和机械化的行为倾向，只是被动、消极地遵守制度或执行指令，居于从属地位。领导者对被领导者缺乏敏感性，而被领导者对领导者存在戒心和敌意，处于这种领导风格之下的组织缺乏创新与合作精神。

2. 民主型领导风格

民主型领导（democratic leadership）风格，又称协商型领导风格。组织的权力定位于全体成员，民主型领导者作为指导者或委员会主持人，从人际关系方面考虑管理，采取民主的领导行为，注重鼓励团体成员，关心并满足团体成员的需要，在成员之间进行调解和仲裁，努力在组织中营造一种民主与平等的氛围。组织的一切重要决策都经过充分协商讨论后作出，即组织的目标和工作方针需要征求全体成员的意见并尽量获得大家的赞同，具体的工作安排和人员调配等问题均要经过成员共同协商决定。在民主型领导风格的组织中，领导者与被领导者之间的心理距离较近，有关组织工作的各种意见和建议将会受到领导者重视且很可能会被采纳，被领导者富有创造力，受到激励以后能够自我领导，其工作动机、自主完成任务的能力及责任心较强，工作效率比较高。

3. 放任型领导风格

放任型领导（laissez-faire/free-rein leadership）风格，又称无为而治型领导风格。组织的权力定位于每一个成员，领导者采取无政府主义或俱乐部式的领导方式，置身于组织工作之外，听任成员各行其是，自主决定工作的方式与进程。放任型领导者只从福利方面考虑管理，不重视团体成员的需要，其角色类似于组织的情报传递员和后勤服务员，工作职责仅限于布置任务和提供物质条件，对团体成员的具体执行情况既不主动协助，也不进行主动监督和控制。为避免产生诱导效应，领导者对被领导者的工作成果不作任何评价和奖惩。领导者缺乏对团体目标和工作方针的指示，以及对具体工作安排和人员调配的明确指导。在放任型领导风格的组织中，无规章、无要求、无评估，非生产性活动很多，人际关系淡薄却很少发生冲突，组织工作进展不稳定，效率不高。

根据对领导风格的上述分析，勒温、利克特、怀特等人从 1939 年起进行了一系列有关不同领导风格实施效果的童子军模拟实验，力图运用科学的实验方法识别出最有效的领导行为。他们将一批十一二岁的男学生划分为没有显著差异的三组，从事面具制作活动。让三位经过专门训练后具有不同领导风格的成人分别运用专制型、民主型、放任型领导风格，充当青少年课外兴趣活动小组的领导者，旨在探讨领导风格类型对群体行为和团体效率的影响，从而决定出最有效的领导风格。实验结果显示：①在专制型领导下，组织生产效率最高，但当领导者不在场时，产量就会立即显著下降。成员积极性不高，主动性较差，经常互相推卸责任，很少表现出互助行为，组织内部普遍存在着对抗的情绪，成员间的人际关系很差。与民主型领导的组织相比，发生争吵的概率比后者多 30 倍，挑衅行为多 8 倍。②在民主型领导风格下，成员间的人际关系很好，成员积极主动，有责任感，遇到某种困难时能够团结一致努力解决，并显示出较高的创造性，组织的工作质量和成员的满意度最高。③在放任型领导风格下，由于领导者放弃了领导，所以组织的工作效率最低，数量与质量都非常差。成员仅凭着个人兴趣工作，工作中各行其是，互不影响也互不配合。虽然成员之间关系松散，没有团结一致，却都相安无事，很少发生冲突。

由此，勒温等研究者最初曾认为，民主型领导风格可能带来良好的工作质量和数量，同时群体成员的工作满意度也较高，能够产生出更多的互助行为，这一领导风格可能是三种领导方式中内聚力最高、最有效的领导风格；而专制型领导风格尽管产量高，但有损群体成员的主动性，并且会造成成员的敌对与攻击性态度；放任型领导风格则基本上不能用于生产型组织。然而，研究者们在其后的研究过程中发现了更为复杂的结果，各种不同领导风格的效果是因时因地而异的。领导行为是否有效、是否能够带来较高的工作绩效，不仅与领导风格相关，还取决于领导者自身的能力及领导者所处的环境等。在有些情况下，民主型领导风格产生的工作绩效并非高于（可能低于或相当于）专制型领导风格带来的工作绩效，但成员工作满意度的研究结果则与以前的研究结果相一致，即在民主型领导风格下，成员的工作满意度会比在专制型领导风格下的工作满意度高。通常在现实的组织与企业管理中，很少有极端类型的领导者，领导者们并非拘泥于某一种领导风格，大多数领导者的风格都属于混合型。勒温的领导风格理论从下图中可以得到形象的说明（图 17-2）。

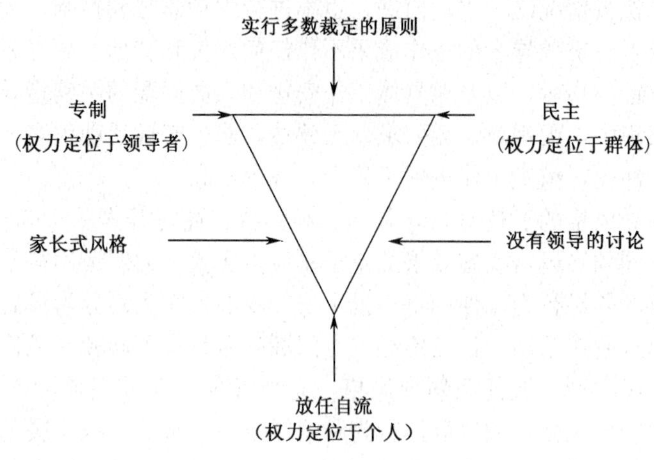

图 17-2　勒温领导风格模式

17.2.2　伦西斯·利克特的领导风格模式

继勒温等人提出专制、民主、放任领导风格类型之后，美国密歇根大学社会研究中心的伦西斯·利克特教授和他的同事于 1947 年开始对领导者类型和风格进行了长达 30 年之久的研究，研究对象包括企业、医院及政府等各种组织机构。1961 年，他们曾从“以工作为中心”（job-centered）和“以员工为中心”（employee-centered）两个角度对领导风格进行比较，前者表现为任务分配结构化、严密监督、工作激励、依照详尽的规定行事；而后者表现为重视人员行为及反映问题，能够利用群体实现目标，给予组织成员较大的自由选择范围。研究者通过比较分析，结果发现后者对生产有效。后来，利克特与卡茨又通过对一家保险公司和一家电力公司内部情绪最高和情绪最低的群体各 40 个共计 500 名职工进行访问，得出下列结论。①高生产效率部门与低生产效率部门相比，其职工的士气并无差别。②凡部门领导者关心职工的，该部门的生产效率就高；经常对职工施加压力的，则生产效率就低。③部门领导人员与下级职工接触多的，该部门的生产效率就高；反之，则生产效率就低。④部门领导者注意向下级授权，听取下级意见，并让他们参与决策的，生产效率高；相反，采取独裁领导方式的，则生产效率就低。

利克特依据大量翔实的材料证明了单纯依靠奖惩来调动职工积极性的管理方式将被淘汰，只有依靠民主管理，从心理上调动职工积极性，才能充分发挥人力资源的作用。相反，依靠独裁管理方式永远不及民主管理方式所能达到的生产水平和职工对工作的满足感。利克特在其所著的 1961 年出版的《管理新模式》一书中将现行的领导风格分为四类（表 17-3）。

表 17-3　利克特的管理系统表

领导风格变量	第一系统（专制权威型）	第二系统（温和专制型）	第三系统（民主协商型）	第四系统（民主参与型）
下属对领导者的信心和信任程度	毫无信心和信任	有点信心和信任	有较大的信心和信任	有充分的信心和信任
下属感到与领导者一起讨论重要问题的自由程度	根本没有自由	只有非常少的一点自由	有较大的自由	有充分的自由
在解决工作问题方面领导者征求和采用下属所提意见和建议的程度	很少采用下属的意见和建议	有时采用下属的意见和建议	一般能听取下属的各种意见和建议，并且能积极地采用这些意见和建议	经常听取下属的各种意见和建议，并且总是积极地运用这些意见和建议
奖惩措施	恐吓、威胁和偶然报酬	报酬和有形无形的惩罚	报酬和偶然惩罚	优厚报酬启发自觉

在这四种领导风格类型中，第一系统属专制权威型（exploitative authoritative），是极端专制的领导系统，领导效能最差，权力集中在最高一级，由主管人员发布指示，下级无任何决策权与发言权，领导者与被领导者之间存在不信任气氛，领导者对被领导者的奖赏少，而恐吓和处分多，组织目标难以实现。第二系统的温和专制型（benevolent authoritative），领导者对被领导者有一种比较和气的态度，它的权力虽然控制在最高层，但也授予中、下层领导部分权力，在执行任务过程中用奖赏兼某些恐吓及处罚的方法鼓励下属。温和专制型领导将某些决策权授予下属，并允许被领导者自下而上传递一些信息，但仍然对此加以严格控制，下层自由非常少。上下级之间的沟通只是表面的、肤浅的。领导对下级并不信任，下级对上级仍存有畏惧心理，因此工作的主动性也有限。第三系统的民

主协商型（consultative），领导者对下级有一定的信任感，通常试图酌情采纳下属的想法与意见，并运用奖赏并偶尔兼用处罚的办法和让员工参与管理的办法来激励下属，上下级之间相互沟通联系比较密切，既存在下情上达又存在上情下达。由上级主管部门针对重要问题制定重要的政策和适用于一般情况的决定，由较低一级的主管部门作出具体的决定。第四系统的民主参与型（participative），领导风格体现为上下级处于平等的地位，遇到问题由全体成员民主协商、讨论，由最高领导作出最后决策。与此同时，按分工授权的原则，在规定范围内，赋予下级一定的自行决策权。领导者可以根据企业目标的要求，向下级提出具体目标，并对他们能够达到目标表示出信心，但不过多干涉下级实现目标的方法，而是给予下级实现目标的支持。在上下级之间不仅有充分的沟通，而且建立了一定的感情联系。上下级之间、同级人员之间信息畅通。

利克特主张采取民主参与型领导风格，他认为有效的领导者是面向下属的，他们依靠信息沟通使所有部门如同一个整体那样行事，群体的所有成员（包括领导者在内）属于一种相互支持的关系，那些具有民主参与型领导风格的领导者一般都极有成就，其管理的组织在制定目标和实现目标方面是最有成效的。受这种领导风格影响的被领导者感到在需求价值、愿望、目标与期望方面存在着共同利益。当然，在非常时期的紧急决策时，没有给组织充分讨论的时间，采用第一、第二系统的领导风格也是可行的。

利克特的领导风格理论，为推行民主管理提供了心理依据。另外，利克特还采用《组织特性》调查表来测评企业领导者属于哪种领导风格，这对于领导风格的研究与评价也有着重要的意义。作为领导者，必须相信被领导者，给予其信心和支持，与之建立良好的感情联系，并赋予其一定的参与管理权、决策权，才能充分调动被领导者的积极性，从而提高效率，实现企业目标。利克特认为，专制管理方式永远也达不到民主管理方式所能达到的生产水平和职工对工作的满足感。

在倡导利用集体决策的方法促使组织实施民主参与型管理的同时，利克特提出了“联结销”（linking pin）的概念，以更精确的群体对群体的关系来代替组织中传统的个人对个人的关系。组织是由互相关联的交迭的群体组成的，这些群体则由位于几个群体交迭处的个人来联结的，利克特称之为“联结销”（图 17-3），承担联结销的个人，把上级和自己所在的单位联结起来，发挥承上启下的作用。他既是上级组织的成员，又是本单位的领导者。在这样的组织体系中，每个下级组织的领导者是上一级组织的成员，他们同时兼顾上下级单位的利益，顺利地将组织的整体目标贯彻到基层部门。联结销把整个组织联结成一个整体，突破了古典组织理论一人一个职位及各个部门之间的严格界限。管理人员不能只求完成管理者的工作，还要做好联络工作。联结销结构的组织，在沟通、管理、目标达成等方面具有一种向上的倾向性。

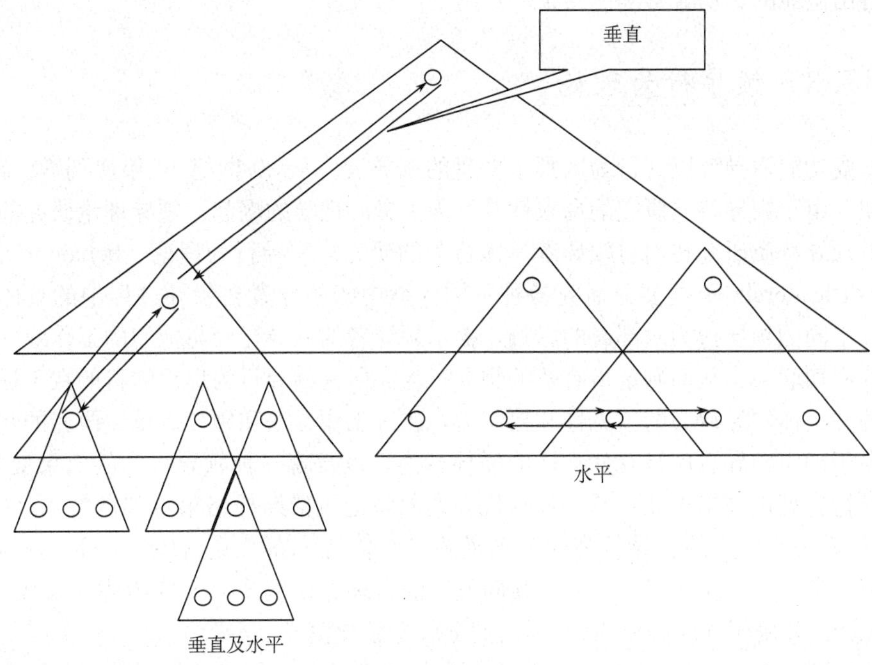

图 17-3　联结销

图 17-3 中的圆圈是组织中的联结销，每个三角形顶部的圆圈为小组的领导者，此时组织易达成个人参与和有效沟通。下级的意见可以通过领导者向上反映，领导者在组织中的作用既是领袖又是中层三角形的下属，因此能够发挥出交互影响的最佳状态。利克特在之后的研究中还加入了横向联系，反映了组织成员在沟通、影响、激励和协调等方面的需要。在联结销的结构中，所有群体必须同样有效，任何一个群体失效都会影响整个组织的效果，即联结销链的强度决定于最弱的那个联结销的强度。

在领导风格理论研究中，也有人对勒温、利克特的观点提出异议。例如，桑费尔（Sanforel）和海桑（Haythorn）等人证明独裁型性格的人喜欢有指挥能力的专制领导。斯科特（Scott）通过对军队的调查发现，具有专制风格的人所领导的军队战斗力强。总之，这些研究都表明专制风格的工作效率最高。也有人认为三种不同领导风格对群体可能产生同样的影响，它们既可促成群体工作的高效率，也可导致群体工作的低效率。综上，研究者们并未对有关领导风格理论达成共识，也没有统一确定哪一种领导风格最理想。在领导风格理论的研究过程中，人们仅仅以闭合系统为对象进行研究，而忽视了领导是一个动态过程，领导工作的效率取决于领导者、被领导者和环境的相互作用。对领导风格理论的研究，脱离了被领导者的特性、环境特性，这种孤立地对领导风格理论进行研究，必然不能得出全面的、切合实际的结论。

17.3 领导行为理论

成功的领导者以其行为区别于平庸的领导者。从 20 世纪 40 年代到 60 年代中期，由于领导特质研究的局限性及行为主义心理学的崛起，领导理论研究的重心由领导特质研究转向对领导者具体行为的研究。领导行为理论（behavior theory of leadership）主要是研究各种不同环境中的领导者在领导过程中的具体行为及不同的领导行为对部属的影响，揭示领导者的领导行为与他们的工作效率之间的密切联系，从而判定最有效的领导行为。研究领导行为理论的目的在于提高对各种具体领导行为的预见性和控制力，改进工作方法和领导效果。研究的侧重点在于确定领导者应具有什么样的领导行为，以及哪一种领导行为的效果最好。领导行为理论成果丰硕，其中较具代表性的理论包括斯托格第尔和沙特尔（Chartres）等人创立的领导行为四分图模式、罗伯特·布莱克（Robert R. Blake）和简·莫顿（Jane S. Mouton）共同发展的管理方格模式、卡特赖特（D. Cartwright）和詹德（A. Zander）提出的 PM 型领导模式。

17.3.1 领导行为四分图模式

领导行为四分图模式（four-scenarios model of leadership behavior）又称俄亥俄（Ohio）模型。1945 年，在美国俄亥俄州立大学的斯托格第尔和沙特尔两位教授领导下，研究者们开展了一项关于领导行为的广泛调查，共列出 1000 余种刻画领导行为的因素，通过筛选和高度概括，最后归纳为两个方面：着手组织和体贴精神，即“抓组织”（initiating structure）和“关心人”（consideration）。前者强调以工作为中心，是指领导者以完成工作任务为目的，仅注意工作是否有效完成，侧重于组织机构设计、明确职权关系、确定工作目标与要求、制定工作程序与制度，而忽视部属本身的问题，对部属进行严密的监督控制。后者强调以人际关系为中心，是指领导者强调在领导者与被领导者之间建立互相尊重、互相信任的关系，领导者平易近人，平等待人，尊重下属的意见，给下属以较多的工作主动权，体贴下属的思想感情，注意满足下属的需要。

研究者们按照这两类行为内容设计了“领导行为自述问卷”（leadership opinion questionnaire，LOQ）和“领导行为他述问卷”（leadership behavior description questionnaire，LBDQ），前者由督导或愿意知道自己行为风格的领导者填写，后者由部属完成，以便勾勒他们所感知的领导行为的图画。问卷中“抓组织”和“关心人”两项各列出 15 个问题，分发调查。调查结果表明，每一方面都有高低之别，两类领导行为在同一个领导者身上有时一致，有时并不一致，领导行为是两类行为的具体结合。研究者们采用两个坐标的平面组合表示两类行为变量，即以对组织、对工作的态度为横坐标，以对职工的态度为纵坐标，以四个象限表示领导行为的四种具体结合（图 17-4）。

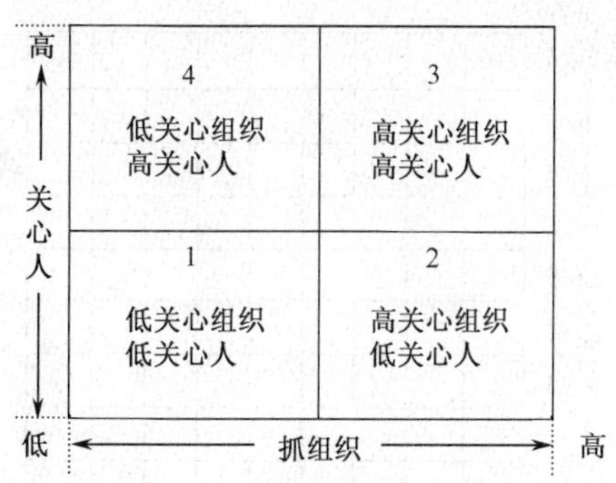

图 17-4　领导行为四分图

由图 17-4 可知，领导行为可分为四种情况：一是低关心组织低关心人的领导者，对组织和人都漠不关心，一般而言，这种领导方式效果比较差；二是高关心组织低关心人的领导者，最关心工作任务而忽略对人的关心；三是高关心组织高关心人的领导者，对工作和人都比较关心，一般来说，这种领导方式效果比较好；四是低关心组织高关心人的领导者，大多数较为关心领导者与部属之间的合作，重视互相信任和互相尊重的气氛。四种领导行为哪种最好、哪种最差，不能一概而论，要根据具体情况而定。许多研究证实，在生产部门，效率与“抓组织”成正比关系，而与“体贴人”成反比关系；在非生产部门，情况恰恰相反。通常，高关心组织低关心人将引发更多的旷工现象、事故和抱怨。

领导行为四分图模式是从两个角度考察领导行为的首次尝试，为以后进行领导行为的研究指出了一条新途径。继俄亥俄州立大学之后，密歇根大学的管理心理学家们也提出了领导行为的两大方面：员工导向和生产导向。员工导向的领导者重视人与人之间的关系，以及下级的需要，并承认成员的个别差异；生产导向的领导者重视工作的技术以及任务的完成状况，成员被视做达成目标的工具。此外，员工导向的领导者倾向于较高程度的集体生产、给予职工较大的满足，而生产导向的领导者倾向于较低程度的集体生产、给予职工较少的满足。

17.3.2　管理方格模式

得克萨斯大学的行为科学家罗伯特・布莱克（Robert R. Blake）和简・莫顿（Jane S. Mouton）在俄亥俄州立大学的领导行为四分图基础之上，就领导方式作以进一步研究，于 1964 年提出了管理方格模式图（Management Grid Model）。他们把领导行为四分图的纵、横坐标都分为九等分的方格图，横坐标表示领导者对生产的关心程度，纵坐标表示领导者对人的关心程度，纵横交错便形成 81 种领导方式的“九・九图”（图 17-5）。每个小方格表示“关心生产”和“关心人”这两个基本因素相结合的一种领导方式。

由图 17-5 可知，领导者关心生产与关心人员的程度由低 1 到高 9 递增，任

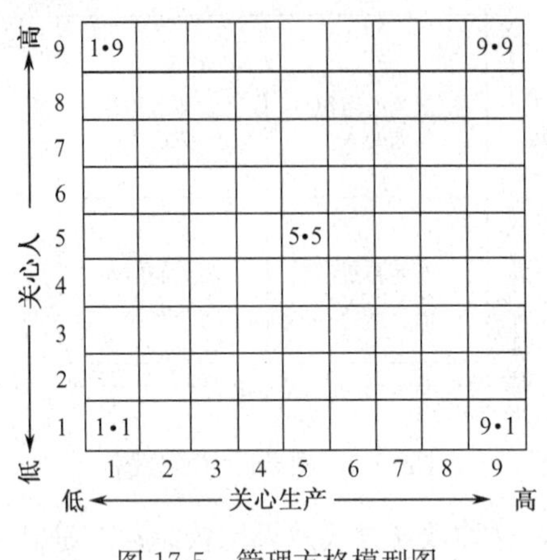

图 17-5 管理方格模型图

务定向（task orientation）的领导者主要关心工作或生产的问题，人员定向（person orientation）的领导者主要关心人的问题。工作与人是密切联系在一起的，在评价领导者时，可根据其对生产的关心程度和对职工的关心程度，在图上寻找交叉点。这个交叉点就是他的领导行为类型。布莱克和莫顿在 81 个方格中，列出了五种领导方式的基本类型，并对每种领导方式的行为特征加以描述。

“1·1”型：平庸型领导（impoverished leadership），又称虚弱型领导。这种类型的领导者既不关心生产又不关心人的情感与福利等需要，缺乏主见，逃避责任，仅以最小的努力最低限度地完成任务。这种最低能的领导方式极易导致管理失败。

“9·1”型：任务型领导（task-centered leadership），又称任务中心型领导。这种类型的领导者非常关心生产和效率，但不太关心人。他们借助权力组织人们完成任务，独断专行，压制不同意见。只准下属服务，却不给予其积极进取、发挥才智的机会。在短期内这种领导者可能提高生产效率，但由于不关心人，不注意提升职工的士气，所以生产效率无法持久。

“1·9”型：俱乐部型领导（country club leadership），又称城郊俱乐部型领导，也有人称其为逍遥型领导。这种类型的领导者只关心人，而不太关心生产。由于高度重视友好的人际关系，对下属一味迁就，以多方面满足人们的需要来换取人们的支持和拥戴。但这种领导行为不利于生产效率的提高，在竞争激烈的现代社会生活中难以立足。

“5·5”型：中间型领导（middle-of-the-road leadership），又称中间道路型领导。这种领导者推崇“折中”，甘居中游，对生产的关心度和对人的关心度保持正常状态，安于现状。在处理生产与人的需要的矛盾上，没有寻求对生产和人都有利的优化策略，而是寻找两者可以妥协的地方，仅维持一般的工作效率与士气。例如，将生产目标降到人们乐于接受的程度，不能促使下属充分发挥创造革新的精神。因此，这种领导行为虽然既要求完成必要的任务，又要求保持必要的士气，但工作效率与人们的积极性都有较大的局限性。

“9·9”型：团队型领导（team leadership），又称集体协作型领导。这种类型的领导者既非常关心生产，又非常关心人。他们总是努力寻找解决问题的优化方法，使关心生产与关心人得以统筹解决。其目标是通过协调和综合各种活动，促进生产的发展，并实现人的和谐相处并发扬集体合作精神。这种领导行为是比较有效的，关心生产与关心人两个方面相互促进。

除上述五种典型的领导形态外，管理方格图当中还存在其他一些领导形态，这里不再逐一详述。就这五种类型的领导行为而言，大多数研究者认为存在优劣之分。布莱克与莫顿认为“9·9”型最佳，其次是“9·1”型，再次是“5·5”型、“1·9”型，“1·1”型最差。

布莱克和莫顿在为上述五类领导行为排序的基础上，提出了实现“9·9”型领导的六个步骤：一是在一周内让领导者熟悉和理解方格图，并根据方格图来分析自己的领导行为；二是集中各部门的领导者，让他们了解方格图，以提高评价自己领导方式的能力，并促进领导层内部的团结；三是组织各个作业小组讨论“9·9”型领导模式的要求及本小组内的不利因素，以消除组织内原有的问题；四是确定组织目标，由各级领导根据“9·9”型领导模式的要求确定企业各项目标；五是提出实现目标的计划并采取适当的行动予以实施；六是对整个计划和实施过程进行评估，巩固成果。

实际上，在具体管理实践中，究竟哪种领导行为的效果最好，将会随着情境的变化而变化。管理方格模式作为较具影响力的领导行为理论之一，为领导者评价自己的领导行为提供了依据，对于改革企业管理当中的领导方式有一定意义。

17.3.3　PM 型领导模式

PM 型领导模式（performance-maintenance model）是美国学者卡特赖特和詹德在其《团体动力学》一书中提出的。他们认为，所有团体的组成目的均可归结为三种：或以达成特定的团体目标为目的，或以维持和强化团体关系为目的，或两者兼而有之。为达成特定的团体目标，领导者需要将成员的注意力引向目标，将问题明确化，拟定工作程序，运用专门知识，评价工作成果等；为维持和强化团体关系，领导者需要维系愉快的人际关系，调停成员间的纠纷，激励大家，增强成员的自主性，增强成员的交互作用。领导者为达成不同的目的而采取不同的领导行为，依领导行为的倾向可将其划分为三类：目标达成型（P 型）、团体维持型（M 型）、两者兼备型（PM 型）。

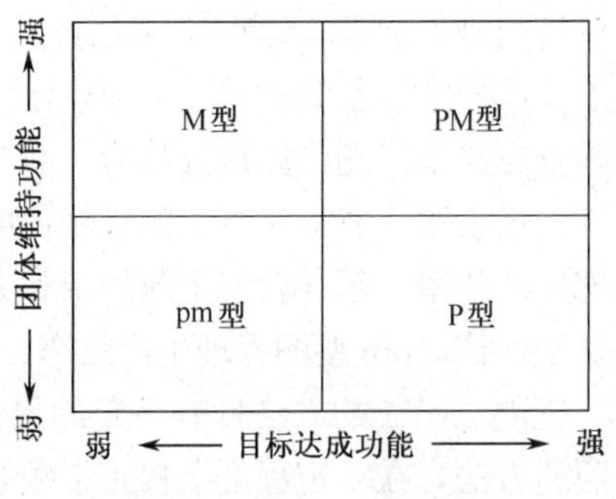

图 17-6　领导行为类型图

后来，日本大阪大学教授三隅二不二集众家之长发展了这一理论，增加了一个 pm 型，即两者兼弱型。同时，他提出了具有一定国际影响力的 PM 调查表。P（performance）职能是领导者为完成团体目标所做的努力，主要考察工作效率、规划能力等；M（maintenance）职能是领导者为维持和强化团体所起的作用。PM调查表将领导行为分成四种类型，即PM型、P型、M型、pm型，这种方法类似管理方格的做法（图17-6）。

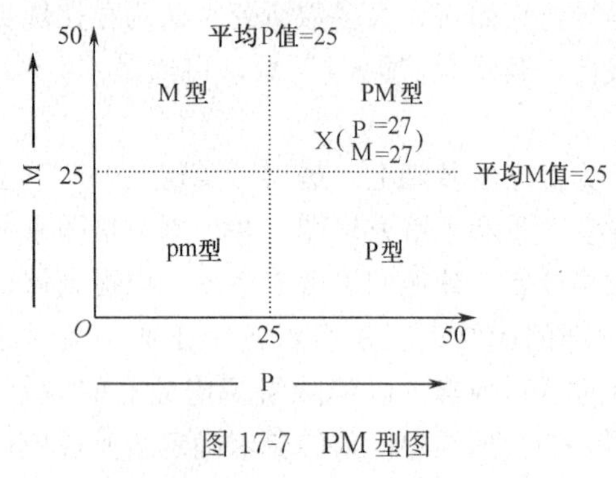

图17-7 PM型图

为了测量P、M两项职能的因素，三隅二不二根据有关下属情况的八个方面，设计出测定P、M两项职能的问卷。八个方面包括工作激励、对待遇的满足程度、企业保健、精神卫生、集体工作精神、会议成效、沟通、功效规划。每个方面都有五个问题，每个问题的回答采用5记分制。根据调查问卷分别统计单位平均的P、M分数和领导者个人的P、M分数，然后将结果画在一个两维的坐标上。把每个人的得分点与该单位的平均分数加以比较，就能明确地得出某个人的领导行为类型处于四个区域中的哪个区域。在与平均值相比较之后，即可确定某个人属于哪种领导行为类型。例如，某单位的P、M的平均值分别都为25，而某个人的P、M得分点分别都为27，则他的领导类型落在PM区域内，属于PM类型（图17-7）。

如果该领导者的得分不变，该单位P的平均值较高，为28，则该领导者的领导行为类型反落在M的区域内，他的领导行为类型就属于M型（图17-8）。

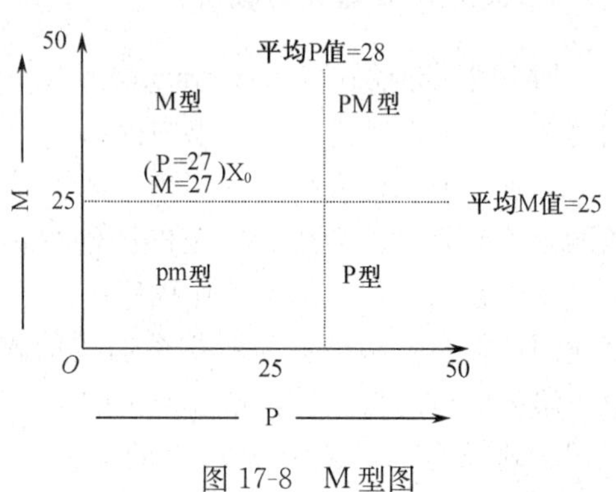

图17-8 M型图

三隅二不二进行了大量的现场调查，包括煤炭、电力、钢铁、燃料、机械、石油化工、铁路、公路运输等行业，到1978年10月已经实测了15万件以上的案例。后来，这种调查方法推广到诸如地方政府、政党、教育界等领域，但所用的问卷有所区别。研究结果表明，成员对组织的依赖程度与领导者的领导方式有密切关系，PM型的管理生产效率、领导者与下属的亲和力、成员对组织的依赖度均为最高；P型、M型属于中位；pm型的管理生产效率、成员对组织的信赖度最低（表17-4）。

三隅二不二的方法具有一定的灵活性，同时他还采用了领导者自评与他评相对照的方法，在一定程度上校正了领导者自我评价不符实际的偏差。PM型领导模式在鉴定组织管理水平、选拔和培养管理人员等方面，发挥了一定的作用。

表 17-4　管理类型与效果

管理类型	生产量	对组织的信赖度	内聚力
PM	最 高	最 高	最 高
P	中 间	第二位	第三位
M	中 间	第三位	第二位
pm	最 低	最 低	最 低

综观领导行为理论的研究热点发现，领导行为理论较领导特质理论的突出优势在于其涉足领导方法领域，研究者们在确定领导行为类型与领导成效之间的一致性关系上获得了一定的成功。领导行为理论研究者们从领导者的行为出发，试图寻求对各种情境普遍适用的领导行为模式，然而，领导方式因环境变化而异，该理论忽略了与领导现象相关的领导环境的重要作用，因而有些结论在实践中会显现出矛盾现象。

17.4　领导权变理论

领导权变理论是继领导行为研究之后发展起来的领导理论，主要研究与领导行为有关的环境因素对领导效力的潜在影响。正如美国心理学家伍德沃德（J. Woodward）等人所言，不存在一成不变的、普遍适用的最好的管理理论与方法，任何领导者都应根据环境的变化采取随机应变的方法。学者们意识到，领导的有效性不仅取决于领导者个体的特质、某些固定不变的风格或领导行为，还取决于领导者、被领导者和环境条件三者的配合关系（图 17-9）。

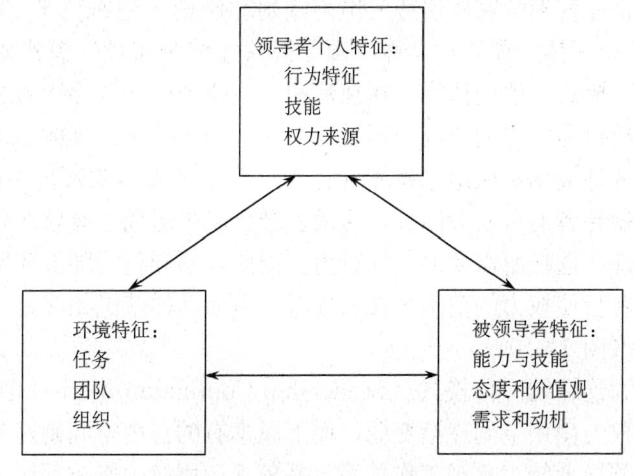

图 17-9　领导有效性的影响因素

自20世纪60年代中期以后尤其是70年代以来，领导理论的研究者们在不排斥已有的有益领导理论成果的同时，立足于效能，进一步发展出领导权变理论(contingency theory/situation theory of leadership)。

领导权变理论，又称应变理论、情景理论或情势理论，是领导环境理论之核心内容。领导权变理论是指以领导者特质、领导者行为与被领导者及领导环境的交互影响来探究和解释领导现象，确定领导方式，从而创造出来的一套比较全面的领导理论体系。这里的领导环境因素主要包括被领导者的条件、工作性质、时间要求、组织气氛等，是影响领导者行为有效性的变量。该理论否定固定不变、普遍适用的领导方式，认为任何领导方式均有可能成为最有效的领导方式。权变领导理论以统合的方式和权变的观点解释了领导现象的复杂性，以领导者与组织情境的"匹配"模式取代了以往为各学派所推崇的"最佳"领导模式。

领导权变理论的主要学派有罗伯特·坦南鲍姆（Robert Tannenbaum）和沃伦·施密特（Warren H. Schmidt）的领导行为连续统一体模式、弗雷德·菲德勒（Fred E. Fiedler）的菲德勒模式（Fiedley conting ency model）、罗伯特·豪斯（Robert J. House）和伦斯·米切尔（Terence R. Mitchell）的通路-目标模式（path-goal model）、维克多·弗罗姆（Victor Vroom）和菲利普·耶顿(Phillip Yetton）的领导参与模式（Leader-participation model）、克里斯·阿吉里斯（Chris Argyris）的不成熟-成熟理论（immature-mature theory）、由卡曼(A. K. Korman）提出并由保尔·赫西（Paul Hersey）和肯尼斯·布兰查德(K. Klanchard）予以发展的领导生命周期理论（life cycle theory of leadership）。

17.4.1 领导行为连续统一体模式

美国著名企业管理学家罗伯特·坦南鲍姆和沃伦·施密特于1958年提出了"领导行为连续统一体"模式，又称"领导模式连续分布场"模式或"从独裁到民主的统一体"模式。他们认为，在独裁和民主两个极端领导行为之间存在着一系列过渡性领导行为，它们与极端领导行为共同构成一个连续体。领导者不是仅从独裁和民主两种极端机械地选择领导行为，而是依照客观环境中的历史条件、任务性质、被领导者的素质等因素，将两者结合起来运用，有效的领导方式是能够在特定的条件下选择所需要的领导行为。因此，领导行为随着环境因素的变化而变化，领导者行使权力的范围与被领导者自由活动的范围始终处于此消彼长的动态变化之中（图17-10)。

由领导行为连续统一体模式（Leadership Continuum Model）图可见，从左至右领导者的权力使用空间逐渐变弱，而下属享有的自由空间则逐渐增强。偏向于独裁一端的领导者较为重视工作关系，并善于运用权力影响部属，因此被称为以上级为中心的领导模式；而偏向于民主一端的领导者较为重视群体关系，善于

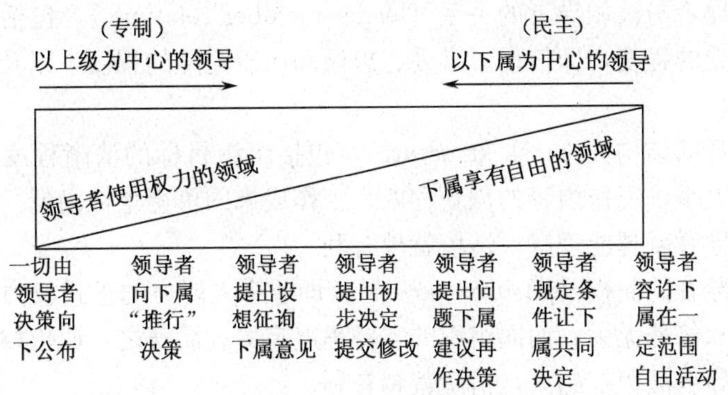

图 17-10　领导行为连续统一体模式

给予下属一定的工作自由，因此被称为以下属为中心的领导模式。

坦南鲍姆等人认为，一个领导者在选择其领导方式之前，应从实际出发，考虑领导者的"能力"和下属的"能力"。领导者的"能力"主要体现于他的经历、知识、经验和价值观等因素的影响力；下属的"能力"主要体现于他们对承担决策任务的愿望，有效地处理问题，对组织的目标有足够的认识等。一般来讲，当领导者认为他的下属有才干，能够独立地处理好问题，就可以采用以下属为中心的领导行为，即较为民主的领导方式。反之，如果领导者认为其下属无能，就可以采用以上级为中心的领导行为，即较为独裁的领导方式。

领导连续统一体模式告诉人们，领导行为有效性的条件之一是要根据具体情况决定"民主"程度，既不能固着在独裁一端，也不能沉湎于绝对民主一端。有效的领导者要有较强的适应性和相当的灵活性，能够根据自己的能力、下属的素质和组织的目标，有效地赋予下属适当权力，以应对不断变化的情况。

17.4.2　菲德勒模式

美国当代著名心理学、管理学专家弗雷德·菲德勒首次将人格测量与情境分类结合起来研究领导效率，并从 1951 年开始其长达 15 年之久的研究。他将人格测验和环境分类相结合后加以匹配，创建了一个有效领导权变模式，通常被称为菲德勒模式。菲德勒认为，没有普遍有效并适用于任何情况的领导模式，任何领导方式均有可能有效，关键是要与环境情境相适应。有效的领导行为依赖于领导者与被领导者的相互影响的方式，以及任务结构和职位权力给予领导者施加控制和影响程度的一致性，这就是菲德勒模式的核心。

1. 确定环境的类型

经过调查研究，菲德勒发现情境是否有利取决于以下三个变量。

（1）领导者与被领导者的关系（leader-member relations），包括领导者为被领导者所接受的程度，即信任、喜爱、忠诚和愿意追随的程度，以及领导者对下属的吸引力。

（2）任务的结构性（task structure），包括组织目标的清晰程度、工作方法的可选择性大小、工作内容的创新程度、工作成果的可衡量性高低。任务越是结构化，被领导者就越能理解，情境就越有利。

（3）领导者的职权（position power），即非个人能力的正式权力，同领导者的自身水平和修养无关，而同组织的支持程度有关。简言之，职位权力就是现管的权力，领导者的职权越大，情境就越有利。

如果按照任务结构性的明确与不明确、领导者职权的强与弱、领导者与被领导者关系的好与差组合，可得出八种主要的领导形态。如果以上三个条件均具备则是最有利的领导情境；如果三个条件中有一项或两项具备则是较为有利或中间状态的领导情境；如果三个条件均不具备则是最不利的领导情境（表 17-5）。

表 17-5　菲德勒关于领导方式与领导有效性调查的情况比较

领导的有效性	有利			中间状态				不 利
情境类型	1	2	3	4	5	6	7	8
领导者与被领导者的关系	好	好	好	好	较差	较差	较差	较差
任务结构	明确		不明确		明确		不明确	
领导者的职位权力	强	弱	强	弱	强	弱	强	弱
应选择的领导方式	任务导向型			人际关系型		/	/	任务导向型
对情势的控制力	高度			中度		低度		

2. 测定领导者的领导方式

鉴于领导者的基本领导方式是影响领导有效性的重要因素之一，菲德勒为此设计了最不受欢迎的共事者（least preferred co-worker，LPC）问卷（表 17-6）。这种问卷的使用方法是让领导者对其最难共事的同事进行评分，在 16 组形容词中，每个词汇都要按 8 个分数等级，由领导者对他最不喜欢的同事进行评估，给出 1～8 分的分值。按照 LPC 问卷的调查，将 16 个问题的得分相加取平均值，如果领导者对与自己最难共事的同事给予很低或较低评价，LPC 问卷成绩在 1.2～2.2 分，该领导者被认为是以工作为中心的任务型领导；如果 LPC 问卷成绩在 2.3～4.0 分，该领导者被认为是处于中间状态的中间型领导；如果领导者对与自己最难共事的同事仍给予很高或较高评价，LPC 问卷成绩在 4.1～5.7 分，该领导者被认为是关心人或有宽容心的关系型领导（因为所评价的对象是领导者最不喜欢的同事，所以在实际操作中没有出现 5.7 以上的高分）。

表 17-6　LPC 问卷

令人愉快	8	7	6	5	4	3	2	1	使人不快
友好	8	7	6	5	4	3	2	1	不友好
拒绝	1	2	3	4	5	6	7	8	接受
紧张	1	2	3	4	5	6	7	8	轻松
疏远	1	2	3	4	5	6	7	8	接近
冷漠	1	2	3	4	5	6	7	8	热情
支持	8	7	6	5	4	3	2	1	敌对
乏味	1	2	3	4	5	6	7	8	有趣
爱争吵	1	2	3	4	5	6	7	8	和睦
抑郁	1	2	3	4	5	6	7	8	快活
诽谤	1	2	3	4	5	6	7	8	忠实
靠不住	1	2	3	4	5	6	7	8	可依赖
平庸	1	2	3	4	5	6	7	8	高尚
易相处	8	7	6	5	4	3	2	1	难对付
伪善	1	2	3	4	5	6	7	8	诚实
仁慈	8	7	6	5	4	3	2	1	冷酷

菲德勒通过对 1200 个团体的领导者研究调查，根据每个领导者的成绩（16 项分数相加取平均值）测量其人格特征与领导风格，将结果绘成图 17-11。

图 17-11 横坐标代表八种不同的情境类型，纵坐标代表各种情境下领导者

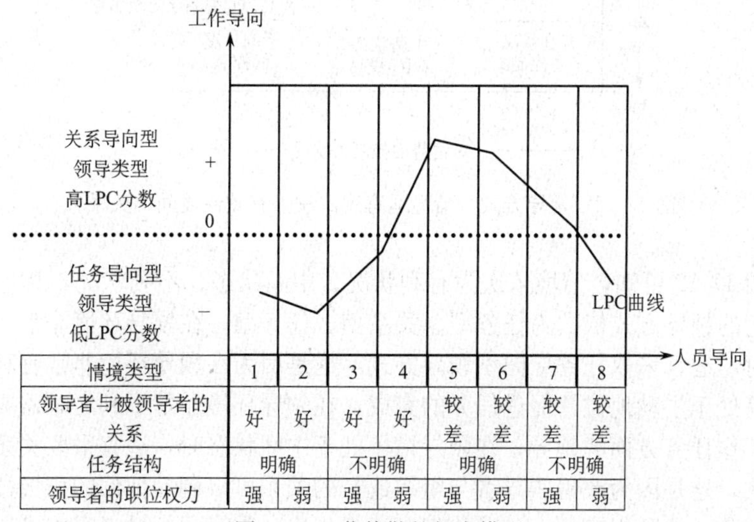

情境类型	1	2	3	4	5	6	7	8
领导者与被领导者的关系	好	好	好	好	较差	较差	较差	较差
任务结构	明确		不明确		明确		不明确	
领导者的职位权力	强	弱	强	弱	强	弱	强	弱

图 17-11　菲德勒的权变模型

LPC 问卷测验成绩与领导绩效间的相关系数。图中虚线为零相关，曲线是每种情境下领导者 LPC 问卷成绩与领导绩效相关系数平均值的连线。LPC 曲线作为研究结果的轨迹，它清晰地表明，不存在单一的、固定不变的有效领导模式，权变领导模式要求组织按照所处环境选用合适的领导者。在最有利和最不利的两种极端情境下，领导者的 LPC 问卷成绩与领导绩效之间是负相关关系，适宜采取任务导向型领导类型；在情境处于中等状态时，领导者 LPC 问卷成绩与领导绩效之间是正相关关系，适宜采取关系导向型领导类型。

3. 领导方式与情境的匹配

菲德勒根据其对上述 1200 个团体的领导者研究调查结果，收集了“将领导风格同对领导的有利条件或不利条件的三维情境因素联系起来”的数据，证明了在各种情境因素下采取何种领导方式更为有效（图 17-12）。按照菲德勒模式，如果领导风格与管理情境不协调，只能通过两种途径加以改变：一是替换领导者以适应新环境或改变领导者的领导方式，寄希望于领导者改变其固有的领导风格难度太大；二是改变领导情境，寄希望于改变组织在多数情况下并不合适，但在可能的条件下，改变领导工作所面临的具体情况，能够发挥领导者个人固有的领导方式。在菲德勒看来，通常应对领导风格与管理情境不协调的办法是“匹配”，将恰当的领导者安排到恰当的组织，即让合适的人去做合适的事。因此，增强领导有效性的方法是能够帮助领导者认识自己的人格特征，并使之与情境相匹配。

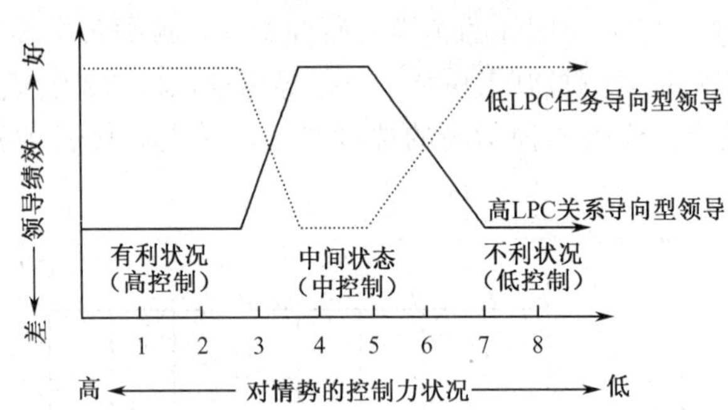

图 17-12　领导方式、情境适宜度、领导有效性之间的关系

由图 17-12 可知，情境依次为有利状况、中间状态、不利状况，相应地，最与之匹配的领导方式依次为任务型、关系型、任务型。在领导环境非常有利或非常不利时，适宜采取任务导向型领导方式，这是因为在领导环境非常有利之时领导者容易处于主动地位并促进任务的完成，在领导环境非常不利之时需要强化领导者在工作任务方面的领导；在领导情境处于中间状态时，适宜采取关系导向型领导方式，这是因为改善领导者与组织成员的关系可以调动他们的积极性，促进任务明朗化，从而提高效率。菲德勒进一步指出，在高层领导者当中可以通过改

变管理情境来实现领导活动的有效性；改变领导者的职位权力，赋予其独断的决定权或规定他必须同部属商议才能作出决定；改变工作任务结构，下达明确具体的作业计划或下达边界模糊、内容笼统的工作轮廓指示；改变领导者与部下的关系，为其安排价值观念相近、经历类似、有较多共同语言的同事和部下或安排文化修养不同、性格差异较大、价值取向有别的同事和部下。

菲德勒的权变理论意在说明，不存在一种适合一切情况的最佳领导形态，领导者的领导方式必须适应变化着的实际情况。菲德勒理论及模式的贡献在于确认了两种领导风格与三项情境因素，对领导方式与情境的匹配进行了深入探讨，将经验性常识转变为可操作、可衡量、可验证的结论。他的模式为 20 世纪七八十年代有关领导问题的研究开辟了一种新途径，对菲德勒模型总体效度的大量考查肯定了该模式的积极作用。然而，该模型目前还存在一些欠缺：模型中还需要补充一些变量加以改进；在 LPC 问卷及该模型的实际应用方面也存在着一些问题，如 LPC 的重要价值尚未得到较好认识；领导者的 LPC 问卷成绩并不稳定；一些权变变量对于实践者而言过于复杂、操作困难；在实践中很难确定领导者与被领导者关系的好与坏、任务结构化程度的高与低及领导者拥有职权的大与小。

17.4.3 通路-目标模式

通路-目标模式，又称目标导向模式，是近年来在国外颇受重视的理论之一。该模式最初由加拿大多伦多大学教授 M. G. Evens 于 1968 年提出，后由其同事罗伯特·豪斯进一步发展，于 1974 年与米切尔合作成型，并于 20 世纪 90 年代中期对该模式作补充和完善。

通路-目标模式源于激励理论体系中的期望理论，期望理论的代表人物弗罗姆认为，个人的态度取决于目标效价（达到某一目标对于满足个人需要的价值评价）和期望概率（通过自己努力达到某一目标的概率高低）。豪斯认为，领导者作为使下属获得更好的激励、更高的满意程度及工作成效的关键人物，其领导活动恰恰影响部下的目标效价和期望概率。根据通路-目标模式，领导者可以通过两种途径实现有效的领导：一是阐明对下属工作任务的要求，根据他们的工作表现和任务完成情况，满足其需要并提供成长发展的机会；二是帮助下属排除实现目标的障碍，为其顺利达成目标排除障碍、提供条件。

通路-目标模式是从领导行为类型与权变因素两方面展开实验和研究的，豪斯认为，领导行为四分图中的“高工作”与“高关系”的组合不一定是最有效的领导方式，在这里还应该补充情境因素。豪斯在实验的基础上，归纳出可供同一领导在不同环境下选择的领导行为类型。①指令型，又称工具型（instrumental style），指令型领导者能够为下属制定出明确的工作标准，并向下属详细地阐述规章制度，对下属需要完成的任务进行仔细说明，包括对他们有什么希望、如何完成任务、完成任务的时间限制等。决策完全由领导作出，下属不参与；②支持型（supportive style），领导者对下属的态度友好，平等地对待下属，尊重下属的地位，充分地关心和理解下属，关注下属的福利和需要并提供真诚帮助，但是不太注意通过工作使人满意；③参与型（participative style），参与型领导者能同下属一道进行工作探讨，征求他们的想法和意见，邀请下属一起参与决策，认真考虑和接受下属的建议，并将之融入到组织将要执行的决策当中；④成就型(achievement-oriented style)，成就型领导者鼓励下属最大限度地发挥潜力，将工作做到尽量高的水平，为下属制定很高的工作标准以寻求其工作的不断改进，领导者还非常信任下属有能力制定并完成具有挑战性的目标。

四种领导类型可以存在于同一个领导者身上，领导者究竟要选择哪种领导方式还要考虑环境权变因素与被领导者的权变因素（图 17-13），以权变观念选择最佳领导方式。

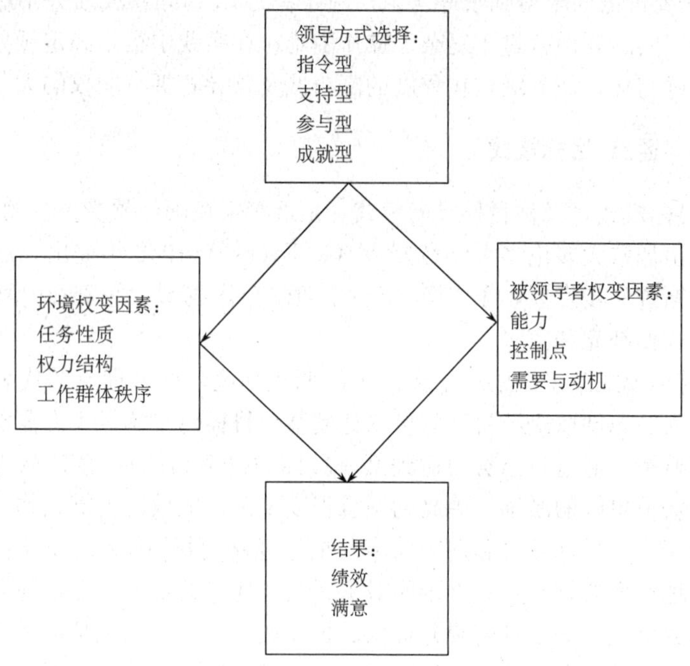

图 17-13　领导方式选择的两方面决定因素

(1) 环境权变因素，通过影响被领导者的动机和行为影响领导有效性。其主要包括三方面内容。①任务性质。当工作任务模糊时，被领导者无所适从，他们希望有“高工作”型的领导，帮助下级作出明确的规定和安排。当工作任务比较清晰或面对常规性的工作时，目标和达到目标的途径都很明确，则需要“高关系”的领导方式，以满足被领导者心理与感情所需。②权力结构。如果组织内权责明晰，控制严密，无须领导者给予过多指令。③工作群体秩序。当组织运作步入正轨、一切有序时，领导者无须事必躬亲。

（2）被领导者的权变因素，影响对领导行为的接受程度与满意程度。其主要包括三方面内容。①能力。当被领导者能力较低时，愿意接受指令型领导，反之愿意接受支持型领导。②控制点。如果被领导者将所有发生的事情都视做自己的直接控制之下，即为内控型的人，反之则为外控型的人，前者愿意接受参与型领导，后者愿意接受指令型领导。③需要与动机。追求成就的被领导者喜欢成就型领导，具有强烈合作需求的被领导者喜欢支持型、参与型领导。

豪斯的通路-目标模式同利克特的领导风格模式有相似之处，但利克特单纯强调领导者与被领导者的关系，而豪斯不仅关注被领导者的因素，还考虑到了领导活动的各种情境因素。豪斯与菲德勒在坚持权变的观点上也存在一定程度的重合，但菲德勒更多地强调领导方式的稳定性、情境因素的权变，而豪斯则强调领导方式的弹性化。随着时代的发展，豪斯于 20 世纪 90 年代中期和他的同事们根据多年的实证研究，在通路-目标模式的基础上，综合了领导特质理论、领导行为理论及权变理论的特点，提出了以价值为基础的领导理论。组织成员在对领导者所持有的价值观产生强烈认同并内化为自身的价值观后，将得到强烈的激励效果。具体内容包括：清楚地表达组织愿景、向员工展示领导者的良好素质、领导者对愿景的不懈追求与牺牲精神、传达对员工的高档次期望、树立追求组织愿景的个人榜样、以智慧的手段将富有创造性的人团结在领导者周围。通路-目标模式的不断发展，显示出其理论容量和广阔的前景。

17.4.4　领导-参与模式

领导-参与模式是管理心理学家维克多·弗罗姆和菲利普·耶顿在 1973 年提出的，如图 17-14 所示。该模式把领导行为与参与决策联系起来，提出有效的领导者应该根据不同情况，让职工不同程度地参与决策。领导方式主要取决于下属参与决策的程度。领导-参与模式与菲德勒模式的区别在于：菲德勒模式强调领导方式基本上固定不变，应根据不同环境选择不同领导者；而领导-参与模式则认为领导方式不是机械的，应根据环境的具体需要随时变动，该模式与坦南鲍姆和施密特的领导行为连续统一体模式相似。

领导-参与模式认为，领导决策有五种方式。①领导者运用手上的资料，自己作出决策，单独解决问题。②领导者从下级取得必要的供决策所需的信息资料，然后自己作出决定。向下级收集资料时，可能说明原因，也可能不说明原因。下级只是提供资料，并不提供或者评价解决问题的方案。③领导者与个别有关的下级直接接触，获得他们对决策的意见。但这些下级并不属于决策成员，领导决策时可能吸取也可能不吸取下级的意见。④领导者把决策意图告诉下级，让下级集体讨论，提出意见和建议，然后领导作出也许考虑也许不考虑下级意见的决策。⑤让下级集体了解问题，并且领导者与下级共同提出和评价可供选择的方案，尽量取得解决问题的一致意见，领导者只是以决策成员的身份参与讨论，并不强求下级遵从他的意见，而是接受和贯彻整个集体所支持的决策。

合适的领导方式取决于八个情境因素的结合：①决策质量的重要性；②领导

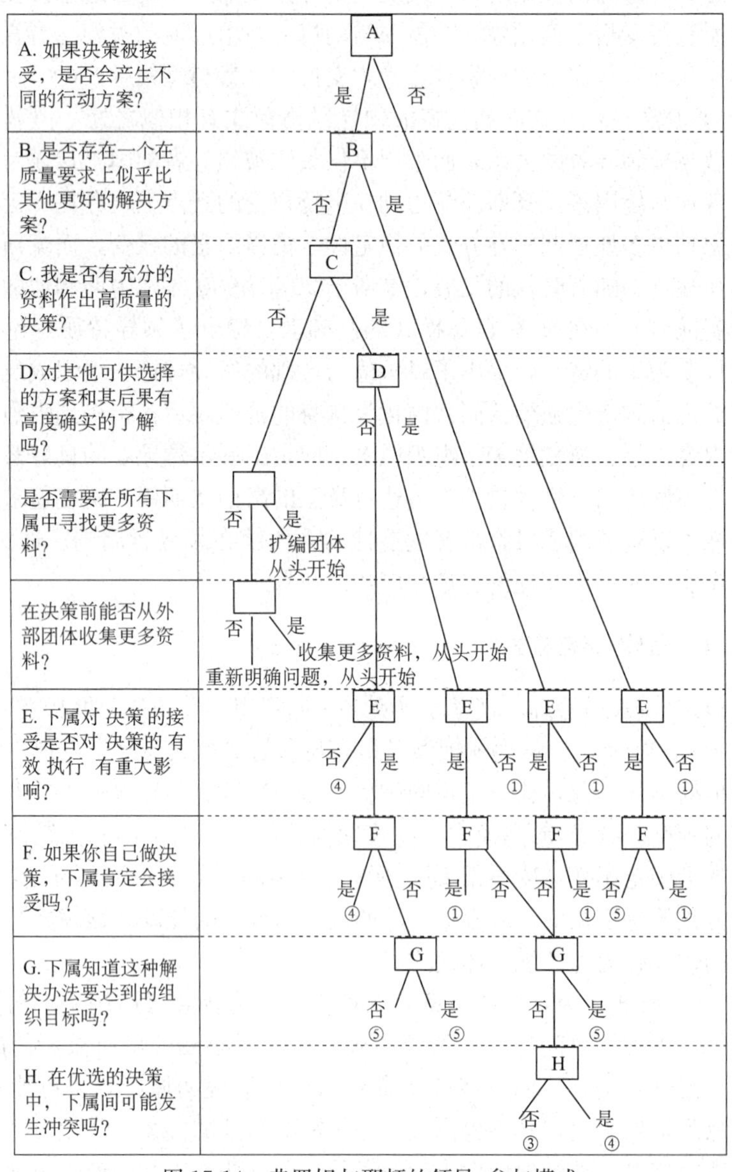

图 17-14　弗罗姆与耶顿的领导-参与模式

者作出高质量决策所需掌握的资料和技能的程度；③为提出高质量决策，下属作为一个集体，掌握必要资料的程度；④问题的明确程度；⑤下属接受决策对贯彻执行决策的影响程度；⑥领导者的独断决策为下属接受的可能性；⑦下属对叙述问题中明确的组织目标所表现出的积极性；⑧准备采用的方案可能引起下属之间发生矛盾的程度。

领导-参与模式可以采用规范化决策树形式加以描述，进而提出一系列应遵循的连续规划，以确定在不同情境下参与决策的方式和程序（图 17-14）。

弗罗姆和耶顿认为：领导者在进行决策时，可能会遇到图 17-14 中 A～H 八种情境因素；领导者分析自己所面临的情境，可以在决策树上的五种领导方式中选择一种最有效的方式。弗罗姆和耶顿还提出了选择领导行为的七条原则：①信息原则；②目标合适原则；③非结构原则；④接受性原则；⑤冲突原则；⑥合理原则；⑦接受最优原则。为了有效地决策，还应注意决策质量的重要性、领导者的有关问题领域的知识、问题的结构性等影响决策的因素。

领导-参与模式对于培训领导者、选择使他们能够及时作出高质量决策所采取的领导方式是一个重大突破。随着研究的深化，弗罗姆与杰格在原有的弗罗姆与耶顿的领导-参与模式基础上，通过对 26 000 个实例的研究与高度概括，进一步发展了新模式并于 1986 年正式提出。新模式认为，决策的有效性与否取决于“决策质量＋决策拥护－决策时间”，决策的全效益大小取决于“决策有效性－决策代价＋下属发展”。新模式修正了旧模式的不足，展示了以 12 种情境因素为内容的 12 个问题，以及回答每一个问题的 5 种选择（表 17-7），使新模式的深度与广度得以增强，准确性得以明显提高。

表 17-7　弗罗姆与杰格的新决策模式

问题 1：决策质量的重要性如何？				
1	2	3	4	5
不重要	不太重要	一般	比较重要	非常重要
问题 2：决策接受的重要性如何？				
1	2	3	4	5
不重要	不太重要	一般	比较重要	非常重要
问题 3：你是否拥有足够的信息作出高质量的决策？				
1	2	3	4	5
不重要	不太重要	一般	比较重要	非常重要
问题 4：要解决的问题是否很明确？				
1	2	3	4	5
不重要	不太重要	一般	比较重要	非常重要
问题 5：如果独自决策，你的下属是否拥护？				
1	2	3	4	5
不重要	不太重要	一般	比较重要	非常重要

续表

问题 6：下属是否为决策中得到的组织目标分担责任？				
1 不重要	2 不太重要	3 一般	4 比较重要	5 非常重要
问题 7：下属意见的分歧是否会影响决策结果？				
1 不重要	2 不太重要	3 一般	4 比较重要	5 非常重要
问题 8：下属是否拥有足够的信息以作出高质量的决策？				
1 不重要	2 不太重要	3 一般	4 比较重要	5 非常重要
问题 9：决策严格的时限是否妨碍下属的参与？				
1 否	2 是	—	—	—
问题 10：把分布在各地的下属召集起来的代价是否很高？				
1 否	2 是	—	—	—
问题 11：你认为压缩决策时间重要吗？				
1 不重要	2 不太重要	3 一般	4 比较重要	5 非常重要
问题 12：你认为尽可能向下属提供发展机会的重要性如何？				
1 不重要	2 不太重要	3 一般	4 比较重要	5 非常重要

17.4.5 不成熟-成熟理论

美国著名行为学家克里斯·阿吉里斯于 1957 年 6 月从他的著作《个性与组织》中节选了一篇名为《个性与组织：互相协调的几个问题》的文章，文中集中体现了影响深远的不成熟-成熟理论。所谓成熟，是指被领导者具有的知识技能和经验的多寡，以及独立工作能力、承担责任的态度和对成就的向往等，也即心理成熟。

不成熟-成熟理论认为，组织行为是由个人和正式组织融合而成的，组织中的个人作为一个健康的有机体无可避免地要经历从不成熟到成熟的成长过程。在这一过程中主要有七方面的变化（表 17-8）：①从婴儿的被动状态发展到成人的主动状态；②从婴儿依赖他人发展为成人的相对独立，相对独立指在自立的同时又和其他人保持必要的依存关系；③从婴儿有限的行为方式发展为成人多种多样的行为方式；④从婴儿拥有经常变化和肤浅、短暂的兴趣发展为成人相对持久、专心一意从整体上深入研究某一问题的全部复杂性；⑤从婴儿时期只顾及当前发展到成人时期有长远的打算；⑥从婴儿时期在家庭或社会上的从属地位发展为成年人与周围的人处于基本平等的地位甚至支配他人的地位；⑦从婴儿时期的缺乏自觉发展为成人的自觉自制。

表 17-8　由不成熟到成熟转变的比较

不成熟		成熟
被动	→	主动
依赖	→	独立
少量的行为	→	能做多种的行为
错误而浅薄的兴趣	→	较深与较强的兴趣
时间知觉性短	→	时间知觉性较长（过去与未来）
附属的地位	→	同等或优越的地位
不明白自我	→	明白自我，控制自我

阿吉里斯认为，由不成熟到成熟的变化是一个持续的、循序渐进的过程，也是一个从被动到主动、从依赖到独立、从缺乏自觉自制到自觉自制的过程。在这一过程中，个体的进取心和迎接挑战的能力都会逐渐提高，而且随着自我意识的觉醒，个体将把自己的目标与所处环境作对比，个体在组织中所处位置在一定意义上代表着个体的自我实现程度。

阿吉里斯在长期观察中发现，一个正式组织的传统原则是专业化分工、等级层次结构、集中统一领导等，组织希望个人能够循规蹈矩、严格依照组织的规章制度行事。可见，这些完全理性的、纯逻辑化的原则将消除独立个人之间的个性差别，要求员工始终处于依赖、被动、从属的地位。因此，正式组织与成熟个性之间存在矛盾，正式组织所要求的不成熟成员特性与个体实际经历的成长过程的矛盾将导致组织秩序的混乱，如何解决个体成长和组织原则之间的矛盾是领导者的任务之一。

为了在健康的组织中培养出健康的个人，协调组织和个人的需要，领导者应在领导实践中建立权宜应变的领导模式。认真评估员工的成熟水准，对员工的发展成熟度之高低采取灵活变通的行动策略，以发挥领导的最大功效。对于不够成熟或智力水平较低的人，适宜采取任务导向型领导方式，为其制定工作目标，并协助其顺利实现，随着员工成熟水准的提高，渐次减少任务导向的领导行为而增加关系导向的领导行为；对于比较成熟或智力水平较高的员工，领导者应该创造一个有利于发挥其才干并有助于其成长的社会环境，实行以员工为中心的参与型领导方式，激发员工的责任心和创造性，更多地依靠员工自我指挥和自我控制，实行关系导向型领导方式。

17.4.6　领导生命周期理论

领导生命周期理论，又称领导寿命循环理论。该理论是由俄亥俄州立大学的心理学家卡曼首先提出来的，后由保尔·赫西和肯尼斯·布兰查德予以发展。领导生命周期理论与其他权变理论的不同之处在于：该理论强调依据下属所处的职业生涯发展阶段，采取相应的领导方式，即领导者应当依据下属的年龄、工作经验、技术水平与能力、受教育程度、成就感、责任心、自我控制力等条件，采取不同的领导行为。因此，有效的领导行为应该把工作行为、关系行为和下属的成熟程度结合起来考察。

卡曼认为，高工作、高关系的领导并不经常有效，低工作、低关系的领导也不一定完全无效，领导者要根据下属不同的年龄、不同的成就感、不同的责任心和不同的能力等条件采取不同的领导行为。卡曼在分析研究“三度空间领导效率模型”的基础上，加入了下属的成熟程度这一因素，领导生命周期理论结合了“领导行为四分图”和“不成熟-成熟理论”，创造了三度空间领导效率模式，能够清晰地反映出“抓工作”行为、“抓关系”行为与下属成熟度三者之间的曲线关系（图 17-15）。

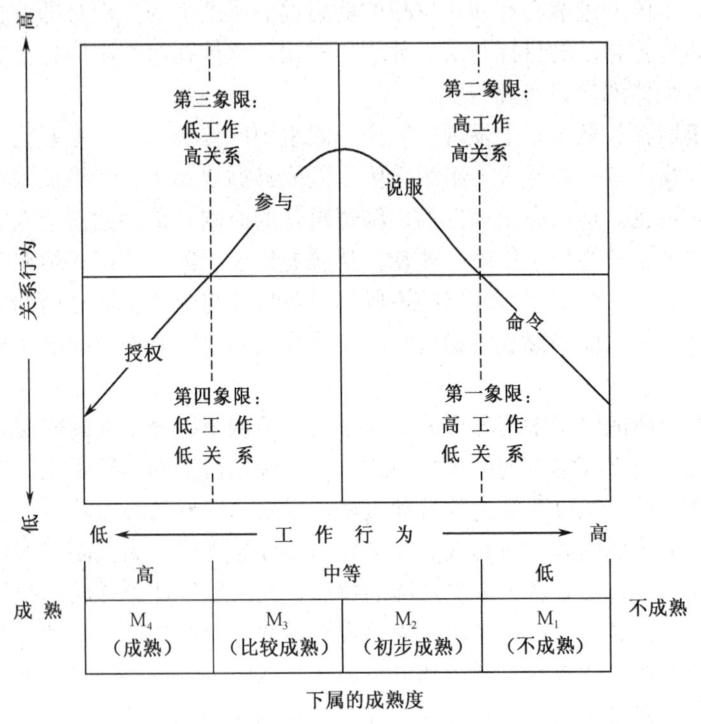

图 17-15　领导生命周期模式

赫西和布兰查德对图 17-15 中的每个部分都赋予了特定的含义。①工作行为，指领导者用单项沟通方式向下属人员说明应该干什么，在何时、何地、用何种方法去完成任务。②关系行为，指领导者用双向沟通的方式，用心理的、培养社会感情的措施指导下属，并照顾他们的福利。③有效的领导方式，指领导的方式能适应环境，对于各种特定的情景，能作出正确的决定。④无效的领导方式，指领导方式不能适应规定的环境，对于特定的情景，不能提供正确的领导。⑤成熟度，指成就动机、负责的意愿和能力、组织经验和教育程度。年龄是一个成熟的因素，但并非是唯一的和重要的因素。这里的成熟度是指心理上的而非生理上的。

在图 17-15 上半部分，曲线表示依情势而变的有效领导方式，横坐标代表以抓工作为主的工作行为，纵坐标代表以关心人为主的关系行为；图 17-15 的下半部分用于测定下属的成熟度，赫西和布兰查德将下属的成熟程度分为四等，即不成熟、初步成熟、比较成熟和成熟。由右向左成熟度递增，分别用 M_1、M_2、M_3、M_4 表示不同的成熟程度。

由图 17-15 可见，在一个组织当中，随着组织成员年龄的增长、技术的提高，其成熟程度的平均水平呈现出由不成熟→初步成熟→比较成熟→成熟的发展过程；随着组织成员成熟度的提高，领导行为也应该按照高工作低关系→高工作高关系→低工作高关系→低工作低关系的顺序逐渐推移。与此相对应，领导方式应依次选择命令型→说服型→参与型→授权型。

第一象限：下属处于事业生涯的早期，处于不成熟阶段，年轻且无经验，不愿意也无能力主动承担责任。领导者应采用高工作低关系的领导行为类型，即第一象限的命令型最有效。领导者通过单项沟通的方式明确地布置工作任务，制定工作规程，给予下属具体、清晰的指导。

第二象限：下属处于事业生涯的早中期，进入初步成熟阶段，初识业务且跃跃欲试，无能力却急于承担工作责任验证自己的潜力。领导者应采用高工作高关系的领导行为类型，即第二象限的说明型最有效。领导者通过双向沟通的方式向下属阐明工作任务的意义，解释有关工作方法的道理和决策方案的理由，提高下属把握工作任务的能力和对工作的胜任感，既给予他们直接指导又鼓舞其工作热情，使之按照领导者指出的方向和目标努力工作。

第三象限：下属处于事业生涯的中期，进入比较成熟阶段，经验丰富，工作积极主动，虽然对自己的工作缺乏十足信心，但能够独立地进行工作，不希望领导者过多地批示和约束。领导者应采用低工作高关系的领导类型，即第三象限的参与型最有效。领导者与下属通过双向沟通方式平等交流、协商，同时鼓励下属参与决策，并为其创造施展才华、发展事业的条件。

第四象限：下属处于事业生涯的后期，发展到成熟阶段，无论在事业上、修养上都已近于炉火纯青，一切都可自律自主且有把握独当一面。领导者应采用低工作低关系的领导类型，即第四象限的授权型最有效。当下属具备足够能力和信心担负起工作的重任时，领导者可授权给下级，让下级“各行其是”，而领导者只起到宏观控制、监督保障的作用。

领导生命周期理论强调了领导行为选择的情境性与灵活性，特别强调了下属成熟度这一最关键的情境因素，深受各界管理者的青睐。一方面领导者可以根据每位下属的个人成长过程采取不同的领导方式，另一方面也可以通过培训等措施使下属更快地成长起来。显然，根据下属的成熟度来变换领导方式的方法既可针对同一个人的不同发展阶段，也可用于同一时期不同的人。

17.5 领导理论及模式研究的新进展

自 20 世纪 70 年代末以来，伴随着全球化进程的推进，组织间的竞争日趋激烈。在多元化时代背景下，企业组织和公共组织都面临知识经济的新环境，领导现象随之变得繁复化，原有的领导方式面临着巨大的挑战。领导科学作为一个开放的理论体系，在实践中不断得以丰富和拓展。新的学术视野和研究领域培育出新的理论生长点，一些具有发展潜力的领导理论及模式应运而生。

17.5.1 领导替代理论

1978 年，史蒂文·克尔（Steven Kerr）和约翰·杰迈尔（John Jemier）首次提出了领导替代理论（leadership substitutes theory)。随着现代社会知识经济的兴起，员工的工作能力和个人素质普遍提高，他们对领导者的依赖程度逐步降低，在许多情境下领导者的部分职责将被各种因素替代，领导者的重要性就会被大大削弱。该理论将环境变量分为两组：替代因素和抵消因素。替代因素是指因下属、任务和组织自身已经具备应有的工作任务所需的技能和知识，使领导行为变得多余和不重要；抵消因素则是指下属、任务和组织中阻碍领导发挥作用或使领导行为无效的一些特点，使领导行为没有任何意义。在早期的理论模型中，克尔和杰迈尔主要热衷于为命令型领导和参与型领导确定替代因素和抵消因素。

克尔和杰迈尔指出，如果下属、工作任务、组织这三个层面具备相应的条件，领导的作用就会被替代或被抵消。下属层面的条件包括能力、经验、知识、独立性、专业化和对名利的淡泊。如果下属曾接受过培训，具有丰富的经验，就没有必要对他们加以更多的指导。工作任务层面的条件包括任务清晰度、程式化、工作方法的一致性、任务自身带有的评价体系及完成任务给人带来的满足感。如果下属对自己所从事的任务具体明确或工作本身比较简单化、程序化、常规化，下属能够很快掌握完成该任务所需的适当技能，无须领导进行广泛的培训和指导，那么指令型领导就是多余的。组织层面的条件包括高度的正规化、部门化、和谐的工作团队、制度化的奖惩（非人为干涉）、领导和下属有较大的空间距离等。如果组织有着明确的远景和目标、详细的规章制度和政策、积极的文化氛围，下属在认真学习后，过多的指导就显得多余。规章和政策既可视为替代性因素，也可视为抵消因素。当以上三个层面条件部分或全部成立时，领导的作用就可以部分或全部被抵消。

发生领导替代的条件主要有七个：一是建立在相互信任的基础上情感化的管理，上级的信任和下级的忠诚都是必需的；二是工作任务明确；三是完善的、规范的管理制度；四是被领导者自己知道应该做什么、怎么做，并能自觉做、主动做且做好；五是被领导者具有一定的工作能力，有自主意识且善于自我激励；六是通过企业文化鼓励组织成员的创造性和自主性；七是利用通信工具保持联系，对下级难以解决的突发事件及时拿出解决方案，保持对计划的实施过程进行监督、约束，发现偏差及时调整和控制。

由查理·曼茨（Charles Manz）和亨利·西姆（Henry Sim）提出的“自我领导和超级领导”理论可视为一种更为有效的领导替代理论，该理论认为对下属的所有控制最终要靠下属的自我影响发生作用。自我领导是指员工通过运用自我观察的行为技巧、自我设定目标、暗示管理、自我回报、自我批评等自我激励和自我导向的方式，使自己实现工作目标。自我领导是一个注重发挥员工自我影响力的过程，自我领导是在超级领导的支持下成长起来的。超级领导是领导者发动下属自己领导自己的新型领导方式，它一改传统那种通过统治手段让下属服从的方式，把下属视做富有主动精神和责任感的“准领导者”，注重将积极释放下属的能力置于首位、激发下属无穷的才智并使他们成为自我领导者，让其充分发挥应有作用，以领导的角色推进整个组织的共同事业。与传统的金字塔形组织结构相比，实现自我领导和超级领导的组织结构趋近于扁平化，领导主体不再高高在上，而是与领导客体处于基本平等的状态。

领导者应该从三个方面应对领导替代的挑战。一是随着社会的发展，人们素质的日益提高，加之事业的发展需要依靠组织整体的创业精神和创新能力，领导者个人影响力正逐步减弱。因此，领导者要善于运用领导替代方式，从而激发被领导者的积极性和创造性。二是领导替代是时代进步的产物，而不是以个人意志为转移的，如果盲目地加以限制或放任自流，就会导致领导活动走向集权或过于分权两个极端。因此，应建立一套科学、完善的管理制度，既不至于使领导者的权利失控，同时又能使被领导者在制度规范内发挥潜能。三是领导替代是对领导者部分权利的剥夺或转移，其根本原因是领导者自身的素质没有适应时代的发展。因此，领导者应不断提高自身的综合素质，扩大认知领域。

17.5.2　领导归因理论

归因是指个体对他人或自己行为的原因进行解释的过程，个体能够通过归因明确他人或自己的行为基于内因还是基于外因，从而有助于理解、评价、影响他人或自己的行为。归因理论原是社会心理学中探讨人们行为原因的一种社会认知理论，后被用来探讨和解释领导行为，从而形成了领导归因理论（attribution theory of leadership）。领导归因理论是由华盛顿大学的管理学教授特伦斯·米契尔（Terence R. Mitchell）于1979年首先提出的一种领导理论。领导归因理论认为，领导的基础是对人们的行为作出归因，而领导行为则是对不同归因所作出的反应。领导归因的主要过程是：领导者根据对下属的行为表现及其所处环境进行观察，作出归因分析和判断，再根据归因结果采取相应的领导行为（图17-16）。

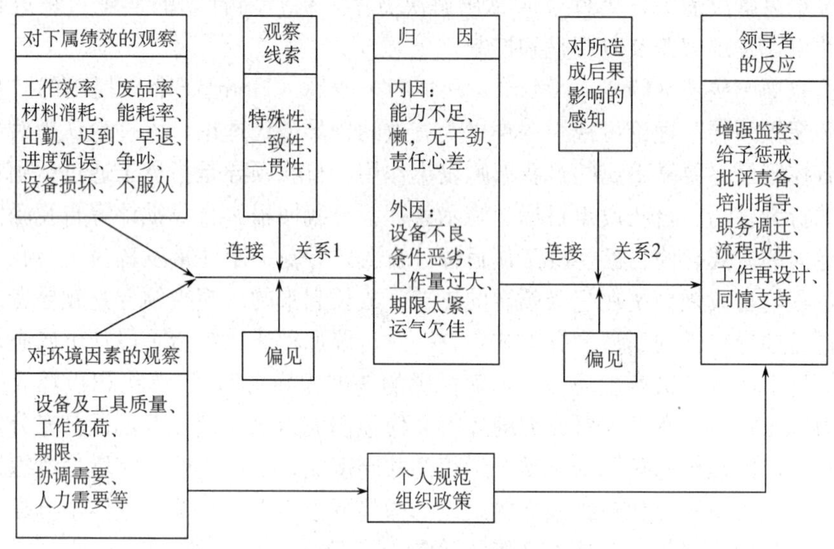

图17-16　领导归因模型

在归因过程中，领导者受两方面因素的影响。一方面，领导者要考虑下属行为仅针对一项工作还是所有工作？仅此一个下属还是全体下属都有此类行为？该下属的行为仅此一次还是一贯如此？另一方面，领导者对下级行为的归因可能存在个人偏见，倾向于将下属行为归结为内因，从而减轻领导者本身应承担的责任。领导者典型的归因偏见是将成功归因于自己，而将失败归因于外部条件。因此，克服领导者的归因偏见是实现有效领导的重要条件之一。研究发现，领导者对下属的归因常犯基本归因错误，即个体在对他人的行为进行归因时，倾向于低估外在因素的影响，高估内部因素的影响。此外，对于地位高的员工来说，领导者倾向于把绩效高归为内部因素；对于地位低的员工来说，领导者倾向于把绩效低归为内部因素。

将问题归咎于不同的原因，将导致不同的领导行为反应：如果领导者将问题症结归因于下属的懒惰等因素，他将采取批评、惩罚、训斥、监控等方式对待下属；如果领导者将问题症结归因于下属的能力低下，他将采取培训、指导的领导方式；如果领导者将问题症结归因于下属以外的因素，他将同情并帮助下属渡过困境。同样，领导者对下级行为归因的公正程度与准确程度，也将影响下属对领导者遵从、合作及执行领导者指示的意愿。如果领导者能够作出客观、正确的归因，并采取适当的领导行为，领导效能将会得到提升。

17.5.3 变革型领导理论

20 世纪 70 年代后期，世界开始步入高速变化时期，价值多元化、竞争激烈化为社会各领域尤其是管理界带来了诸多不确定性，一些复杂问题超出了传统领导理论及模式的解释和解决范畴，实务界的领导者们面临极其严峻的挑战与考验。诞生于 20 世纪 70 年代末的变革型领导理论（transformational leadership theory）顺应了领导理论创新之需，对于需要变革或处于变革中的社会组织提供了借鉴意义，作为一种领导理论研究的新范式，变革型领导理论研究超越了传统理论仅围绕单一变量对领导进行阐释的局限，囊括了特质、行为、情境理论的众家之长，它的产生与发展标志着领导理论的革命性突破。变革型领导理论主要流派包括詹姆斯·麦格雷戈·伯恩斯（James Macgregor Burns）、巴斯（B. M. Bass）与阿华利（B. J. Avlio）的交易型和变革型领导理论（Transactional & Transfor mational Leadership Theory），罗伯特·豪斯（Robert J. House）、杰·康格（Jay A. Conger）与卡伦果（R. N. Kanungo）等人的魅力型领导理论（Charismatic leadership theory）。

1. *交易型和变革型领导理论*

美国政治领导学研究的先驱詹姆斯·麦格雷戈·伯恩斯在其《领袖论》中，明确界定了交易型领导和变革型领导这两种类型。伯恩斯根据对政治领导的分析指出，领导是一个连续体，连续体的一端是交易型领导，另一端则是变革型领导。伯恩斯认为，交易型领导者与下属间的关系以两者间一系列的交换和隐含的契约为基础，即在一定的体制和制度框架内，领导者以资源奖励（包括有形资源奖励和无形资源奖励）作为交换的条件获得被领导者对领导者的服从，双方在一种默契的契约约束之下完成交换过程。整个领导过程类似于一场交易，因此被称为交易型领导。以往大多数领导理论，如行为理论和权变理论所强调的均为交易型领导；而变革型领导与之形成鲜明对比，伯恩斯将变革型领导定义为领导者通过改变下属的价值和信念，激发下属的高层次需要或扩展下属的需要和愿望，让下属意识到工作目标的价值或组织愿景，并帮助下属学习新技能、开发新潜能，从而使下属达到超出预期的工作绩效，增进组织的整体效能。

根据伯恩斯对两种领导类型的界定，可以进一步区分两者。首先，交易型领导以满足下属较低层次的需求为基础，双方进行的是一种基于私利引导的交换；

变革型领导以满足下属较高层次的需求为基础，将领导者和下属的需求统一到清晰的组织愿景当中，并试图在两者之间创造出一种能提高双方动力和品德水平的互动过程。其次，交易型领导者的任务包括制订组织计划、分配任务、通过权力控制与监督下属的工作、回应组织出现的新情况；而变革型领导者的任务包括寻求适应组织共同需要的愿景，传达愿景并激发鼓舞士气、赋予下属自主权并帮助其顺利完成任务、预见并预先采取一定措施应付组织可能出现的新情况。最后，交易型领导鼓励下属表达其自我利益，但以下属对领导者的顺从为前提，并没有在下属内心产生一股积极的热情，其工作的内在动力也是有限的，因此，交易型领导无法使组织获得更大程度上的进步；变革型领导者通过自身的行为表率及对下属需求的关心来优化组织内的成员互动。同时，领导者通过对组织愿景的宣扬，在组织内营造起变革的氛围，在富有效率地完成组织目标的同时，推动组织的适应性变革。

伯恩斯之所以使用“变革型领导”这一概念，一方面意在同传统的、倾向于管理的交易型领导相对应；另一方面强调在领导过程中个体的转化与变革。实际上，伯恩斯界定的交易型领导与变革型领导这对范畴，在组织行为学意义上可以被分别诠释为管理和领导。伯恩斯扮演了领导理论变革中的思想先驱角色，他阐明了变革型领导的概念及道德基础，但并未解释变革型领导者要采取怎样的行为策略，也未关注变革型领导者的具体个性特征及试图变革的具体社会组织环境。

巴斯等人深化和发展了伯恩斯的变革型领导理论内容，于 1985 年提出了变革型领导的正式概念。巴斯指出，变革型领导和交易型领导并不是一个连续体的两端，而应该是两个独立的概念。变革型领导重视内在的变化，在此过程中，领导者首先勾勒出一幅有吸引力的组织愿景并积极地进行宣传，同时向被领导者灌输共同的理想和价值观，不断发展他们的知识和技能，并使他们认识到其所从事工作的价值和重要性，让他承担更多有关工作方面的责任，以建立互相信任的氛围，从而进一步增强对组织的认同感和归属感。巴斯认为，以往的领导行为研究都把下属的绩效和满意度作为评价领导效能的结果变量，而变革型领导理论则把下属对工作任务的情绪反应、自尊、价值观，以及对领导者的信任和信心等作为变量。研究表明，变革型领导与低离职率、高生产率和高工作满意度的相关性，远高于其他类型的领导模式，其领导效果也更好。

巴斯建立了变革型领导的测评工具——多因素领导问卷（multifactor leadership questionnaire，MLQ），并总结出变革型领导主要的三个维度，即魅力-感召力领导（charismatic-inspirational leadership）、智能激发（intellectual stimulation）和个性化关怀（individual consideration）。后来，巴斯和阿华利进一步改进了变革型理论的测评工具，将魅力-感召力领导分解为魅力和感召力两个维度，从而产生了变革型领导的四维结构。

一是领导魅力（charisma/idealized influence），指领导者具有令下属心悦诚服的伦理道德行为标准和较强的个人特质，与下属共同分担风险，考虑下属的需求胜过自己的需求，深受下属的爱戴并成为被下属崇拜和学习的理想对象，下属心甘情愿地认同并支持他所倡导的愿景规划。二是感召力（inspirational motivation），指领导者善于激发员工的工作动机，通过向下属提出富有意义和挑战性的工作、展示组织的总体目标、明确告之对下属的工作期望、鼓舞下属积极乐观的工作劲头等方式，使下属产生强烈的向心力和团队精神。三是智能激发（intellectual stimulation），指领导者不断启发下属发表新见解，鼓励下属运用全新的思想和革新性的方法解决问题，通过智力激发使下属在意识、信念及价值观的形成等方面发生变化，以适应时代发展的要求。四是个性化关怀（individual consideration），指领导者给下属以个别的关心，并根据每一个下属的不同情况和需要区别性地培养和指导每一个下属，为其提供智力激励、寄予厚望、树立榜样、促进合作和提供个人支持。领导者充当教练和顾问的角色，帮助下属在应付挑战的过程中成长。

尽管变革型领导理论目前尚缺乏准确的理论描述、理解和运用，不是一个非常成熟、系统的理论，且适用范围有限。然而，该理论仍作为一门有价值的学说，在现代社会被广泛地学习和应用，不仅在改善组织发展、制定组织决策、进行质量创新和机构重组等方面起到了举足轻重的作用，而且在人力资源的管理与开发领域也发挥了其独有的优势。

2. 魅力型领导理论

魅力型领导这一概念最初由古典组织学派的奠基者马克斯·韦伯（Max Weber）在 19 世纪 20 年代研究组织形式与权利类型过程中，为遏制社会的理性化对人类自由构成的威胁而提出的。韦伯将魅力（charisma）定义为“存在于个体身上的一种品质，超出了普通人的品质标准，因而会被认为是超自然所赐，超凡的力量，或者至少是一种与众不同的力量与品质”。魅力型领导就是“基于对一个个体的超凡神圣、英雄主义或者模范性品质的热爱，以及由他揭示或者颁布的规范性形态或者命令”的权威。

从 20 世纪 70 年代后期开始，一些学者对这一概念作重新解释和定义，充实了新的内容。曾经提出通路-目标理论的罗伯特·豪斯（Robert J. House）首先引入实证观察法研究魅力型领导模式。豪斯认为，魅力是领导者对下属的一种先天的吸引力、感染力和影响力。魅力型领导理论主要用以确认魅力型领导所具有的一些品质和技能、他们如何采取行动，以及魅力型领导最可能出现的时期和条件。

豪斯试图找到一套实际易测的假设用以界定魅力型领导的本质特征与表现形式。通过对社会学和政治学文献的汇编，豪斯总结出一套可用于实证研究的命题，主要包括魅力型领导者个性特征、行为表现和对追随者的影响三方面（表 17-9）。

表 17-9　豪斯对魅力型领导的实证研究命题

个性特征	行为表现	对追随者的影响
支配性	树立强烈的角色榜样	信任领导者的理念
渴望影响他人	显示出能力	追随者与领导者的信仰接近
自信	清晰表达目标	无怀疑地接受
坚定的价值观	寄予高期望	喜欢领导者
	表露信心	服从
	唤起动机	认同领导者
		情感投入
		目标提升
		增强自信

魅力型领导成功的关键因素是领导者个人的特质和魅力。豪斯认为，魅力型领导者具有三种个人特征，即高度自信、支配他人的倾向和对自己的信念坚定不移，从而获得下属信任，使下属愿意服从领导者的领导，并甘心投入到组织的目标当中为之努力工作，完成更高的绩效目标。

豪斯与沙米尔、阿瑟共同分析了魅力型领导者影响下属的态度和行为：①描绘一个有吸引力的愿景；②以强烈感人的方式与下属沟通；③采取个人冒险和自我牺牲去实现愿景；④树立积极实现愿景的榜样；⑤表达对下属的信任、赞赏和期待；⑥授权下属并表达较高的期望；⑦建立组织认同。

另外，还有一些学者就魅力型领导理论提出了独到的见解。沃伦·本尼斯（Warren Bennis）在对 90 名美国最有成就的领导者进行了深入研究后发现，魅力型领导者有四种共同的能力：①有远大目标和理想；②明确地对下级讲清这种目标和理想并使之认同；③对理想的贯彻始终和执著追求；④知道自己的力量并善于利用这种力量。

康格（J. A. Conger）与卡纳果（R. N. Kanungo）引入了下属对领导者魅力的归因解释，提出了魅力型领导的四阶段模型：①对环境作持续评估，形成愿景；②运用动听的、说服性的语言与组织成员进行愿景沟通；③构建组织成员的信任和忠诚；④运用角色模范、授权及一些非传统技术以实现愿景。随后，他们又进一步修正发展了系统的魅力型领导理论，概括出魅力型领导者有别于无魅力领导者的品质和特征：①魅力型领导者反对现状并努力改变现状，设置与现状距离很远的目标愿景；②与那些无魅力领导者相比，对自己的能力和判断力充满自信的领导者更可能被认为是有魅力的；③领导者采取个人冒险、付出巨大代价、作出自我牺牲实现他所主张的愿景，这样的领导者更可能被认为是有魅力的；④经常突破现有秩序的框架，采用一些新奇、异乎寻常的手段实现目标愿景的领导者，常被视做有魅力的领导者；⑤领导者不仅使用合法权力来实现组织的目标，还经常依靠专长权力和参照权力去执行创新战略；⑥领导者对环境的变化非常敏感，反对现状并采取果断措施改变现状，被认为是改革创新的代表人物。

凯茨德·维尔斯（Kets de Vries）和林霍尔姆（Lindholm）根据弗洛伊德的心理动力学观点，采用移情、退化、投射等心理过程，解释下属对领导者强烈的个人认同及下属对领导者魅力的归因。依照弗洛伊德的心理动力学观点，曾经在童年遭受孤立、恐惧和有罪恶感的下属，将因魅力型领导者对他们的授权而改变处境，从而体验到身份转变的愉悦。

尽管各流派对魅力型领导者的个性特征、行为方式与效果、影响追随者的有效性及变革组织策略等方面的论述各有所长，但概括起来，各流派存在着明显相似的基本主张：一是超越交易型领导者与下属的关系，以领导者和追随者的情感、价值和信念为基础展开领导；二是以组织及其成员的美好图景作为领导的核心要素；三是相对于维持现状的交易型领导而言，魅力型领导是实现个体（包括领导者与下属）和组织变革的过程；四是各流派对于魅力型领导行为特征的描述有着大致相似之处，包括愿景行为、树立形象、授权行为、冒风险和自我牺牲行为、智力上的刺激、支持性的领导行为、适应性行为等。

变革型领导与魅力型领导方式在强调人的发展、愿景的作用、运用愿景激励下属为组织的共同目标服务、主张改变现状等方面存在重叠，因此被学界纳入到变革型领导结构当中。但比较而言，两者存在着一定的区别，变革型领导更多强调对下属的关怀与激励，以下属为着眼点；而魅力型领导则更多地强调领导者的个人魅力，以领导者为着眼点。虽然，研究表明变革型领导优于交易型领导，但正如巴斯所指出的那样，两者并不是两个互相独立的领导模式，而是一个连续体。在实际的工作中，领导者可以根据实际的工作情境适时地选择交易型或变革型领导模式。

领导理论作为一个认识和理解领导活动现象、谋求领导行为改进之道、寻求提高领导有效性途径的有机系统，从产生至今历经了近一个世纪的发展历程。在回应领导实践领域的新问题、新要求的过程中，领导理论在研究理念、研究视角、研究对象、研究方法等方面不断超越既往模式，整个领导理论体系逐渐得到拓展和充实。本章通过回顾和梳理领导特质理论、领导风格理论、领导行为理论、领导权变理论及新领导理论的主要流派、研究方法、基本主张，揭示了领导理论在不同时期的研究视角与所关注的核心问题。随着新领导理论研究的不断深入，领导特质、领导风格、领导行为和领导权变理论将呈现融合趋势，虽然社会发展日新月异，对领导理论资源的需求与日俱增，但是经典的领导理论将永远在历史的长河中熠熠生辉，成为新的领导理论研究及模式选择无可争议的参照系。

案例：如何做好情境领导

全同在某大型家电产品公司工作，前几年因为工作业绩突出，从基层职员被提拔为西区的大区经理，手下管理着10名员工。

全同认为自己是“富有人情味的人”，但并非他手下所有员工的工作效率都很高。在他接任大区经理以来，下属工作业绩出现了分化趋势，一部分人有能力而且积极地完成工作任务，而另一些人则显得对工作漠不关心且难以完成工作任务。

有两个典型：王强和吴力。王强已经工作四年，是个靠得住的人，平时关心顾客，工作有效率，全同相信王强能够在没有监督的情况下完成工作；而吴力的情况则完全不同，他在这个岗位上工作的时间还不到一年。平时，吴力在与同事的交往上耗费的时间过多，而且每天都是公司第一个下班的人，他几乎从未完成过公司规定的标准工作量的75%。

全同几番找吴力谈话，明确地告之公司员工应该达到的工作目标和工作标准，但吴力的工作绩效并未得到提高。

全同以为，从前他要求吴力等人取得更高的工作绩效并建立纪律严明的工作习惯，是对他们施加了过大的工作压力。因此，全同决定对每位员工更加友善并热心指导他们的工作，尤其是对吴力等表现较差的员工，他加倍关心他们的工作和生活，理解他们的感受，期望能够促进其逐渐成长并进入良好的工作状态。

然而，之后两星期的事实证明，全同在自己领导风格方面所作的改善显然是不成功的，不仅吴力的业绩没有提高，而且王强等表现较好的员工的工作业绩与以前相比，都有所下滑。而此时假日购物的黄金季节正处于关键时刻，全同的老板正在不断地向他施加压力，要求他马上进行改进。全同想知道：到底哪里出了问题呢？

在现实生活中，每个领导者都有自己习惯使用的领导模式，并在无意识中用惯有的领导行为模式领导所有的下属。因此，作为领导者，了解自己的风格范围，时刻注意在必要时克服惰性和缺点，调整风格，就至关重要。

资料来源：根据案例库网 http：//www.anliku.com/html/34/t-134.html. 《做好情境领导》改编而成。

讨论题

1. 根据领导行为理论判断全同惯用何种领导模式？其领导方式是否与“情景”相匹配？

2. 根据领导生命周期模式图评判王强、吴力各自处于何种工作成熟度状态，并指出他们分别需要何种领导模式？

3. 为何在全同进一步完善领导行为后，并未达到预期效果，王强等曾经表现较好的员工其业绩反而下滑？

4. 全同应如何增加领导的有效性？

关键词

领导特质理论　领导风格理论　专制式领导风格　民主式领导风格　放任式领导风格　利克特的领导风格理论　专制权威型　温和专制型　民主协商型　民主参与型　联结销　领导行为理论　领导行为四分图模式　领导方格模式　PM 型领导模式　领导权变理论　领导行为　连续统一体模式　菲德勒模式　通路-目标模式　领导参与模式　不成熟-成熟理论　领导生命周期理论　领导替代理论　领导归因理论　变革型领导理论　交易型和变革型领导理论　魅力型领导理论

思考与练习题

1. 简述领导理论的发展脉络及各个阶段的领导理论主流思想，研究这些理论对于管理实践具有何意义?
2. 根据领导特质理论总结出适合当前中国国情的企业领导者必备的特质。
3. 勒温的领导风格理论包括哪些内容? 并举例说明具有不同领导风格的领导者适合于何种职业?
4. 利克特的四种领导风格类型分别适用于何种情形的组织?
5. 领导行为理论主要包括哪三种模式，三者的共同点有哪些?
6. 运用领导方格模式图或领导行为连续统一体模式分析您所了解的某位领导者的领导方式。
7. 领导权变理论主要包括哪些模式? 并阐述这些模式的基本要点。
8. 根据通路-目标模式指出，哪些领导方式可供同一领导者在不同环境下选择使用?
9. 简要描述领导——参与模式当中的领导决策方式，并根据该模式分析自己亲身经历的一项决策。
10. 领导行为四分图模式与领导生命周期模式存在哪些联系与区别?
11. 指出交易型领导模式与变革型领导模式各自的优势，简述两者各适用于何种情景。
12. 根据领导理论的演进过程，简要分析未来领导模式的发展趋势。

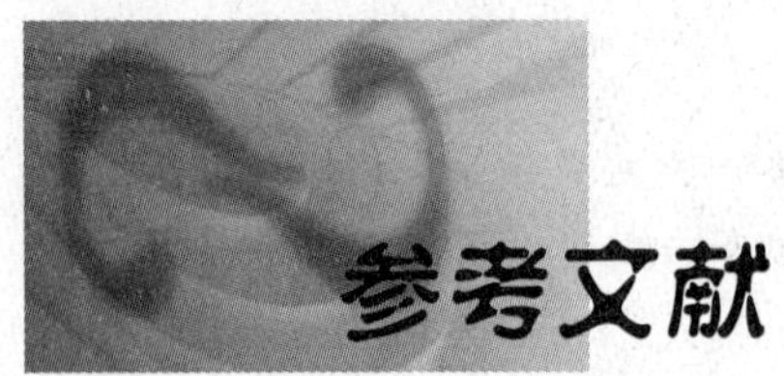

参考文献

安应民. 管理心理学新编. 北京：中共中央党校出版社，2002

毕然. 组织管理心理学. 长春：吉林人民出版社，1986

波特·马金，凯瑞·库帕，查尔斯·考克斯. 组织和心理契约. 北京：北京大学出版社，2000

程正方. 现代管理心理学. 北京：北京师范大学出版社，2003

丹尼尔·A. 雷恩. 管理思想的演变. 北京：中国社会科学出版社，2000

哈罗德·孔茨，海因茨·韦里克. 管理学. 第十版. 北京：经济科学出版社，1998

黑尔里格尔，斯洛克姆，伍德曼. 组织行为学. 北京：中国社会科学出版社，2001

黄希庭. 心理学导论. 北京：人民教育出版社，1991

黄种杰. 管理学基础. 北京：经济科学出版社，1996

况志华，徐沛林. 管理心理学. 南京：南京师范大学出版社，2003

乐国安. 管理心理学. 北京：中国物资出版社，1990

勒德洛 R.，潘顿 F.. 有效沟通. 北京：中信出版社，1999

李建周. 管理心理学. 北京：教育科学出版社，1992

李剑锋. 组织行为管理. 北京：中国人民大学出版社，2000

纽曼 W. H.，小 C. E. 萨默. 管理过程——概念、行为和实践. 北京：中国社会科学出版社，1995

芮明杰. 管理学：现代的观点. 上海：上海人民出版社，1999

斯蒂芬·P. 罗宾斯. 组织行为学. 北京：中国人民大学出版社，1997

苏东水. 管理心理学. 上海：复旦大学出版社，1999

苏慧文，姜忠辉. 管理学原理与案例. 青岛：青岛海洋大学出版社，1999

孙明书，马杜兰. 管理心理学. 北京：北京邮电学院出版社，1992

孙彤. 组织行为学教程. 北京：高等教育出版社，1990

唐伟，杜秀娟. 现代管理与人. 北京：北京师范大学出版社，1998

王乐夫. 领导学：理论、实践与方法. 广州：中山大学出版社，1998

王希永，晁瑞峰. 管理心理学. 北京：首都师范大学出版社，1994

吴照云. 管理学原理. 北京：经济管理出版社，2000

夏国新. 心理规律在管理中的作用. 北京：中国城市出版社，1995

夏书章. 行政管理学. 第二版. 广州：中山大学出版社，1998

薛春海. 管理心理学. 石家庄：河北人民出版社，1987
严学丰，夏健明. 新编管理学. 北京：立信会计出版社，1995
杨文士，张雁. 管理学原理. 北京：中国人民大学出版社，1994
杨锡山. 西方组织行为学. 北京：中国展望出版社，1986
阴国恩. 普通心理学. 天津：南开大学出版社，1998
于显洋. 组织社会学. 北京：中国人民大学出版社，2001
于秀芬，卢圣兴. 行政管理心理学. 沈阳：辽宁人民出版社，1990
俞文钊. 管理心理学. 兰州：甘肃人民出版社，1985
喻国华，徐俊贤. 普通心理学. 北京：中国科技大学出版社，1995
张康之，齐明山. 一般管理学原理. 北京：中国人民大学出版社，1996
赵慧军. 现代管理心理学. 北京：首都经济贸易大学出版社，2000
赵淑文. 心理学新编. 北京：首都师范大学出版社，1996
周健临. 管理学. 上海：上海财经大学出版社，1996
周妙群. 管理心理学. 厦门：厦门大学出版社，1990
周三多，陈传明，鲁明泓. 管理学——原理与方法. 上海：复旦大学出版社，1999
朱国云. 组织理论：历史与流派. 南京：南京大学出版社，1997
竹立家. 国外组织理论精选. 北京：中共中央党校出版社，1997
竺乾威，邱柏生，顾丽梅. 组织行为学. 上海：复旦大学出版社，2002